가벼움의 시대

DE LA LÉGÈRETÉ

by Gilles Lipovetsky

© Editions Grasset & Fasquelle, 2015
Korean translation copyright © Moonye Publishing Co., Ltd., 2017

Published by arrangement with Editions Grasset & Fasquelle
though Sibylle Books Literary Agency, Seoul

가벼움의 시대

우리 시대를 지배하는
가벼운 것의 문명

질 리포베츠키 지음
이재형 옮김

문예출판사

일러두기

- 원주는 후주로 처리했다.
- 옮긴이가 추가한 설명은 본문에서 〔 〕로 처리했으며 끝에 '—옮긴이'라고 밝혔다.
- 인명과 지명 등은 국립국어원 외래어표기법을 따라 표기했다.

○ 서문

우리가 이처럼 가볍고, 유동적이고, 빠르게 이동하는 물질세계에서 살았던 적은 결코 없었다. 가벼움이 이만큼 기대와 욕망, 강박감을 만들어 낸 적도 결코 없었다. 가벼움이 이만큼이나 많이 사고팔게 만든 적도 결코 없었다. 니체Friedrich Wilhelm Nietzsche가 한 말("가벼운 것이 좋은 것이다."[1])이 우리 귀에 이렇게까지 크게 울린 적도 결코 없었다.

가벼운 것은 우리의 물질세계와 문화 세계에 점점 더 넓게 확산되고 있으며, 우리의 일상적 행동에 큰 영향을 미치는 한편 우리 상상세계의 구조를 바꿔 놓았다. 가벼운 것은 오직 예술 분야에서만 찬미의 대상이 되었지만, 이제는 사물과 육체, 스포츠, 음식, 건축, 디자인 등 수많은 분야에서 하나의 가치와 이상, 절대적 필요성이 되었다. 하이퍼모던 시대에 가벼움에 대한 다형多形 숭배가 어디에서나 확실히 이루어지고 있는 것이다. 그 영역은 한정적이고 주변적이었다. 그러나 이제는 그 경계선을 볼 수가 없을 만큼 우리 사회생활과 개인생활의 모든 국면 속으로, '사물'과 존재, 꿈과 육체 속으로 끼어든다.

기술과 경제의 영역에서는 우선권이 오랫동안 무거운 설비에 주어졌다. 그렇지만 이제는 우선권이 매우 가벼운 것과 소형화·비물질화에 주어진다. 무거운 것은 존중할 만한 것과 진지한 것, 부유한 것을 연상시켰고, 가벼운 것은 싸구려 상품과 가치의 부재를 연상시켰다. 그러나 이 세계는 더 이상 우리의 세계가 아니다. 우리는 기술과 시장이 무거운 것의 논리보다는 가벼운 것의 논리를 더 많이 참조하는 물질세계의 거대한 혁명을 겪고 있다. 이 같은 역학은 너무나 오랫동안 과소평가되고 멸시받았던 가벼운 것이 긍정적인 가치를 갖게 되었다는 점에서 상징적 혁명도 역시 동반한다. 가벼움은 더 이상 악덕과 결합되지 않고 이동성이나 가상적인 것, 환경의 존중과 결합된다.

이제는 엄청난 약속을 담보하지만 동시에 끔찍한 위협도 가하는 가벼운 것의 시대가, 꿈을 품는 가벼운 것의 시대가, 찬사받고 욕망받는 가벼운 것의 시대가 된 것이다. 가벼운 것이 복수하는 시대가 된 것이다.

세계로서의, 문화로서의 가벼움

가벼움은 더 이상 달콤한 시적 몽상으로 제한되지 않는다. 가벼움은 기술화된 우리의 일상을, 소형화된, 유목민처럼 이동하는 우리의 세계를 참조한다. 작은 것이 아름답다. 우리의 기술 세계는 어쩔 수 없이 소형화되고 가벼워지고 비물질화된다. 우리는 공기처럼 가벼운 장치를 이용하여 전 세계의 모든 음악을 듣는다. 호주머니에 쏙 들어가는 태블릿을 이용해 영화를 본다. 마이크로 전자기술, 초소형 로봇, 현미 수술, 나노 기술 등 무한히 작은 것이 혁신과 발전의 새로운 경계로 자리 잡았다. 이제 가벼움은 스타일보다는 새로운 소재와 디지털 네트워크, 극단적 소형화에서 읽힌다. 우리는 상상의 가벼움에서 세계로서의 가벼움으로 옮겨온 것이다.

소형화와 미세한 것의 정복은 무시무시한 속도로 이루어지고 있다. 우리 시대는 원자를 마음대로 다루고, 물질의 속성을 바꾸고, 생체 소재를 융합하고, 유전자를 조작하고, 나노미터 수준에서 생체 소재와 불활성 소재를 융합하는 '소인국의 공학'이 태어나는 것을 본다. 가벼움의 혁명은 허구의 상상세계에 속하지 않는다. 그것은 극히 미세한 영역에까지 침투하여 모든 생활 분야에 관련되는 세계를 만들어 낸다. 그 하이테크의 순간과 일치하는 새로운 가벼움의 시대가 시작되고 있다.

그와 동시에 화석 자원의 고갈과 지구온난화로 말미암은 산화탄소 생혼의 적하라는 시련에 대응하기 위해서는 더 이상 석유와 원자력에 의지하지 않고 풍력 에너지와 태양 에너지, 지열 에너지, 해양 에너지 등 재생 에너지에 의지하는 새로운 산업혁명이, 에너지 혁명이 있어야 한다. 우리는 1차 연료를 덜 사용하고 더 이상 자연자원을 집중적으로 개발하지 않음으로써 환경에 미치는 영향을 줄이는 '가벼운 에너지'의 도입과 연성 에너지의 비약적인 발전을 목격하고 있다. 우리는 에너지의 변화가 의미하는 작업을 '헤라클레스적'이라고 이름 붙일 수 있었다. 미래 세대의 장래를 보장하고 지속 가능한 가벼운 것의 문명을 이루어 내기 위해서는 이 일을 해낼 필요가 있다.

가벼움의 목표는 패션과 디자인, 장식, 건축 등 매우 다양한 영역에서 표현된다. 또한 육체와의 관계에서도 공기처럼 가벼운 것과 '선'의 열정이 폭발한다. 공기 중에는 패러글라이더와 소형 글라이더가 떠다닌다. 활주 스포츠에 몰두하는 공기처럼 가벼운 육체가 물 위와 눈길 위, 아스팔트 위를 움직인다. 지금 과연 누가 영원히 젊고 날씬한 육체를 간직하기를 꿈꾸지 않겠는가? 다이어트를 다룬 책이 우후죽순 출판되고 있으며, 가벼운 상품이 모든 슈퍼마켓의 진열장 안에 자리 잡고 있다. 많은 사람이 지방 흡입을 하고, 피트니스센터가 번창하며, 톱 모델들은 '거식증에 걸린' 사람의 모습을 보여주고, 매끈하고 호리호리한 몸매의 여성들 사진이 잡지와 TV 화면을 도배한다. 유행의 아이콘인 케이트 모스Kate Moss는 지방脂肪을 혐오하는 이 문화 속에서는 "날씬한 것보다 좋은 것은 아무것도 없어요"라고 말한다.

가벼운 것의 질서는 생활이나 다른 사람들에 대한 개인적 태도로 환원되지 않는다. 이제 그것은 포괄적인 경제적·문화적 기능 방식으로 자리 잡았다. 경제생활의 전체 측면은 과도한 소비자본주의와 더불어 끊임없는 변화와 유동성, 그리고 유혹으로 이루어지는 가벼운 논리로 재구성되고 있다. 유행의 시스템과 유사한 기능이 유혹의 자본주의로서의 하이퍼모던한 자본주의를 조직한다. 기발한 제품과 재미난 광고, 텔레비전 게임과 비디오, 버라이어티 음악, 공연. 경제적인 것과 하찮은 것의 대립이 무뎌졌고, 우리의 현실원칙은 이제 가벼움의 원칙과 뒤섞였다. 필요의 세계와 하찮은 세계는 서로 뒤섞이고, 서로 교차하고, 서로 교배한다. 가벼운 것의 논리는 이제 더 이상 경제적 현실과 다른 것이 아니라 그것의 핵심이 되었다.

우리는 지금 본래의 의미에서나 비유적 의미에서나 가벼움이 승리하는 시대를 살고 있다. 소비의 세계가 쾌락주의적인 것과 유희적인 것들을 찬양하면서 매스미디어화된 일상적 가벼움의 문화가 우리를 지배하게 되었다. 지속적으로 오락을 즐기며 손쉽게 즉시 느낄 수 있는 쾌락을 '받아들이라고' 부추기는 분위기가 상품과 여가 활동, 텔레비전, 광고를 통해 널리 퍼져 나가고 있다. 소비사회는 강제를 유혹으로, 쾌락주의를 엄격한 의무로, 유머를 엄숙함으로 대신함으로써 일체의 이념적 엄숙성과 의미의 두께를 제거한 하나의 세계로 드러나는 경향이 있다. 우리가 본래의 의미나 비유적 의미에서 이해하는 가벼움은 우리 시대가 반영되는 커다란 거울 중 하나가 되었다.

얼마 전까지만 해도 서민계급과 부자계급은 무거운 것과 '거친 것'(서민계급), 가벼운 것과 세련된 것, 그리고 스타일(부자계급)같이 주요한 대조에 근거를 둔 생활양식으로 서로 구별되었다.[2] 우리는 서로 다른 아비투스habitus(사회화를 통해 무의식적으로 획득되는 지각·발상·행위 따위의 특징적 양태─옮긴이)를 가진 이 세계에서 빠져나왔다. 즉 계급 문화가 붕괴되면서 무거운 것과 살찐 것은 모든 집단에서 그 자격을 상실했고, 각 개인은 그 뒤로 음식과 외모, 이동성, 의사소통, 생활양식에서 가벼움을 탐욕적으로 추구하기 시작했다. 모든 사회집단이 가벼움의 가치를 그들의 상상세계와 행동에 통합시킨 것이다. 사회를 구성하는 집단들의 실제 생활방식은 물론 똑같지 않다. 아니, 절대 똑같을 수가 없다. 그럼에도 불구하고 이 같은 실제적 차이는 사회 곳곳에서 날씬한 것과 유행, 여가 활동, 이동성, 가상적인 것을 찬양하는 문화를 배경으로 전개된다. 사회라는 세계는 분리되어 있지만, 가벼운 것의 규범은 모든 단계에서 성공을 거두고 있다.

가벼운 것의 유토피아

집단생활과 개인생활의 변화는 가벼운 것이 확장되고 있다는 사실을 또 다른 방식으로 증명한다. "물처럼 유동적이고"(지그문트 바우만Zygmunt Bauman) 가변적인 유형의 두 번째 현대성이 첫 번째 현대성(엄격하고, 도덕적이며, 관례적인)과 단절하면서 분명하게 모습을 드러내고 있다. 하이퍼모던 시대에 개인의 삶을 특징짓는 것은 불안정성이다. 이들은 끊임없는 변화와 일시적인 것에 지배당하고, '쉴 새 없이 움직이고 싶은 욕구'에 시달린다. 짓누르는 듯 갑갑한 집단적 강제가 사라지고, 셀프서비스가 일반화되는 한편 고용과 계약이 불안정해졌다. 바로 이것이 이리 갔다 저리 갔다 하며 계속 이동하는 개인주의가 확실히 자리 잡게 만든 하이퍼모더니티의 사회적 동력이다. 세계와의 관계가 극단적으로 개인주의화되는 현상이야말로 가벼운 것이 혁명을 일으키도록 만든 가장 큰 사회적 원동력인 것이다. 성생활은 자유롭게 이루어지고, 가족과 종교는 제도에서 벗어난다. 풍속과 개인은 쿨해지고 싶어 한다. 개인들은 종교와 가족, 이념에 얽매이지 않고 '분리되고' 풀리고 이탈하여 마치 사회적으로 부유 상태에 있는 원자들처럼 기능한다. 그러면서 역설적인 결과를 낳는다.

이 같은 맥락에서 우리는 더 이상 '우유와 꿀이 흐르는 나라'를 기다리지도 않고, 더 이상 혁명과 해방을 꿈꾸지도 않는다. 그냥 가벼움을 꿈꿀 뿐이다. 어떤 사람들은 자기들의 현재를 잊거나 완화하기 위해 소비지상주의적인 '아직도 더'의 길로 접어든다. 또 다른 사람들은 시장경제를 추종하며 인간을 소외하는 '가짜' 가벼움을 '진짜' 가벼움과 대립시킨다. 이 경우에 '삶을 변화시킨다는 것'은 곧 우리 삶을 짓누르는 과도한 무게를 덜어 버리고, 내적 가벼움의 기술을 사용하여 소비지상주의의 무거운 가벼움과 맞서는 것을 의미한다. 지금은 '해독'을 해야 할 시간이기도 하지만, 또한 명상과 요가를 하고, 몸과 마음의 긴장을 풀 수 있는 기술을 발휘하고, 풍수지리를 배우고, '지금보다 더 낫게 살아야 할' 시간이다. 다시 말해, '몸도, 마음도 편안해지는' 일을 해야 할 시간인 것이다.

우리 삶을 짓누르는 물질주의의 무게를 떨쳐 버릴 방법을 알려주겠다는 야심을 품은 책이 수없이 쏟아져 나온다.[3] 삶의 단순함과 절제, 깔끔함을 찬양하는 잡지 기사는 이제 셀 수 없을 정도로 많다. 더욱 풍요롭고, 안정되고, 가벼운 내적 생활을 위한 것은 그보다 적다. 욕망의 유토피아는 정신과 육체의 가벼움에 대한, 스트레스를 덜 받는 일상에 대한, 견디기가 덜 힘든 현재에 대한 기대로 이어졌다. 더 잘 산다는 것은 이제 더 이상 존재의 가벼움과 분리되지 않는다. 자, 이제 더 적은 것의 유토피아의 시대가, 가벼운 유토피아의 시대가 온 것이다.

가벼운 것의 문명과 그 한계

엄청난 힘을 가진 역학이 작동하여 새로운 부류의 문명을 구축하고 있다. 바로 '가벼운 것의 문명'이다. 이 문명은 이제 겨우 시작되었을 뿐이지만, 하루가 다르게 새로운 영역을 확장해 가면서 새로운 위업을 달성하고, 새로운 희망과 불안을 동시에 불러일으킨다. 가벼운 것의 하이퍼모던한 혁명은 클라우드 컴퓨팅에서 바이오테크놀로지에 이르기까지, 나노 물체에서 첨단 기술 제품에 이르기까지, 날씬함에 대한 숭배에서 가벼운 먹거리에 이르기까지, 활강스포츠에서 긴장 해소 테크닉에 이르기까지, 패션의 경향에서 엔터테인먼트 산업에 이르기까지, 이질적이고 다양한 형태의 수많은 장치를 통해 진행된다.

가벼움은 문체론적 이상이거나 도덕적 악습이었다. 그러나 그것은 이제 하나의 포괄적 역학이 되었고, 수많은 영역을 관통하는 하나의 패러다임이 되었으며, 기술적·경제적·기능적·심리적·미학적·실존적 가치를 가진 하나의 '총체적인 사회적 사실'이 되었다. 앞으로는 무거운 것에 맞선 가벼운 것의 싸움을 표현하는 영역이 급증할 것이다. 하이퍼모던 시대는 현기증이 날 만큼 빠른 속도로 진행되는 다차원적인 가벼움의 혁명과 불가분의 관계를 맺고 있다.

건축 재료, 커뮤니케이션, 의학, 교육, 농업, 기업, 여가 활동, 이 모든 영역은 디지털 기술과 나노 기술, 바이오 기술이 가벼운 것의 혁명을 일으키면서 급변했다. 이 혁명은 그것이 물질적이며 자연적인 환경과 건강, 그리고 삶 자체의 영역에서 거의 무한정한 지평을 열었기 때문에 엄청나게 중요하다. 가벼운 것은 정말 하찮고 무의미했으나 이제는 세계를 변화시키는 가장 큰 힘이 되었다. 하이퍼모던 시대에 세계의 모습을 바꾸는 것은 무거운 것에 대한 힘이 아니라 엄청나게 가벼운 것에 대한 힘이다. 이제 막 시작된 이 시대에 무한히 작은 것에 대한 기술적 지배야말로 가능한 것의 지평을 무한대로 열어 지금까지는 불가능하다고 여겨졌던 것을 실재하는 것으로 만들 수 있게 되었다. 나노 물질과 나노 의학, 나노 로봇과 더불어 전례 없는 변화가 이루어지고 있는데, 이러한 변화는 계급투쟁이나 기타 영웅적인 대립으로 이루어진 것이 아니라 엄청나게 가벼운 것의 정복을 통해 이루어졌다. 우리로 하여금 세상을 변화시키도록 하는 것은 이제 더 이상 '혁명운동'이 아니라 '나노 파워'의 확실성과 무한히 작은 입자들의 제어, 비물질의 지배다. 거대한 정치적 혁명의 시대가 지나가고 이제 나노 혁명의 시대가 확실히 오고 있으며, 이 혁명은 그것이 지각되지 않는 것과 손댈 수 없는 것에 대해 이루어지기 때문에 더더욱 강력한 힘을 발휘한다.

이 역학이 모든 영역에서 똑같이 발달하는 것은 아니라는 점을 우선 분명히 해두자. 전 세계의 에너지 소비에서는 화석 에너지(석유, 가스, 석탄)가 여전히 우위를 차지하고 있는 실정이다. 핵에너지는 전기 공급에서 여전히 중요한 몫을 담당하고 있다. 대규모 인프라와 엄청난 규모, 거대한 시설은 전혀 사라지지 않았다. 아니, 그 정반대다. 심지어는 은행도 너무 커져서 망하려야 망할 수가 없어졌다. 그렇기는 해도 가벼움의 원칙은 에너지와 항공학, 전기통신, 자동차, 은행, 외과학뿐 아니라 게임과 음악, 사진, 영화, 건축, 디자인에 이르기까지 점점 더 많은 영역으로 침투하면서 무서운 속도로 확대되고 있다.

그런데 가벼운 것의 문명은 결코 가볍게 산다는 것을 의미하지 않는다. 왜냐하면 사회적 규범의 무게는 가벼워졌지만 삶은 더 무겁게 느껴지기 때문이다. 실업, 불확실성, 부부관계의 불안정, 빠듯한 일정, 위생상의 위험. 오늘날 삶의 무거움이라는 감정을 불러일으키지 않는 게 과연 뭐가 있는지 생각해 보라. 어디에서나 피투성被投性〔우리가 스스로 결정하지 않았음에도 이미 세계 속으로 던져져 있다는 것을 나타내는 단어―옮긴이〕의 징후, '문명 속에서의 불안'을 나타내는 새로운 표현이 증가하고 있다. 일자리에 대한 위협, 보건과 의학 관련 정보로 삶은 다시금 심각해진다. 가벼운 장치들이 아무리 많아져도 시장의 메커니즘과 개인화의 역학은 계속해서 수많은 폐해를 만들어 내고 있다.

하이퍼모던 시대의 아이러니는, 지금 가벼움이 무거움의 정신을 배양하고 있다는 것이다. 왜냐하면 가벼움의 이상은 사람을 지치게 만들고 때로는 의기소침하게 만들기까지 하는 까다로운 규범을 동반하기 때문이다. 즉 날씬한 몸매를 갖는다는 것은 곧 거의 대부분의 경우에 카르페 디엠(현재를 즐겨라)의 평온함을 포기한다는 것을, 태평스러운 삶과 정반대되는 삶을 살아간다는 것을 의미하기 때문이다. 많은 사람에게 소비라는 것은, 끈질기고 진지한 탐구와 비교로 이루어지는 '작업'과 흡사한 행위 및 일상적 문제의 원천으로 인식된다. 과거처럼 내세에서 구원을 받으려면 현세에서는 묵묵히 참고 따르라고 가르치는 사회에서 행복하지 않은 것보다는, 쾌락주의적 가벼움의 이상을 찬양하는 문명에서 행복하지 않은 것이 더 힘들게 느껴진다. 우리 세계는 충족시키는 것이 불가능한 행복의 욕망을 탄생시켰다. 그래서 별로 가볍지도 않고, 재미있지도 않고, 유동적이지도 않은 삶이 실망감을 확산한다. 공기처럼 가벼운 삶의 느낌은 감소하는 반면 오락문화와 극도로 가벼운 것의 물질적 장치들이 자리를 잡고 있다. 새로운 '무거움의 정신'이 우리 시대를 사로잡은 것이다.

가벼움의 원형들

가벼운 것이 이처럼 새롭게 힘을 발휘하는 것은 역사상 전무후무한 일이다. 그렇지만 모든 문명은 가벼운 것에 대해 모르지 않았다. 그것에 어떤 이름을 붙여 주었든지 간에 가벼운 것에 대한 탐구는 세월이 지나면서 사회생활의 형태뿐 아니라 개인적·집단적 상상세계 속에서도 구체화되었던 것이다. 아주 오랜 옛날부터 가벼움은 매우 다른 형태로 실행되면서 늘 부러움의 대상이 되었고, 신화와 콩트, 전설, 예술 행위에 끊임없이 자양분을 제공해 왔다. 가스통 바슐라르Gaston Bachelard는 주저하지 않고 "가벼움의 본능"이야말로 "삶의 가장 심오한 본능 중 하나"[4]라고 말했다. 가벼움을 상상력의 인류학적 구조로 생각하는 동시에 항상 사회생활 속에서 구현의 형태들을 발견했던 인간적 열망으로 간주해야 할 것이다. 그것은 몇 가지 기본적 원형을 중심으로 전혀 다른 형태를 띤 하나의 인류학적 상수였다. 여기서 나는 그것의 윤곽을 극도로 도식화하여 그릴 생각이다.

공기 같은 가벼움. 하늘로 올라가 보고 싶다는 꿈은 이미 태곳적부터 시작되었다. 올라가는 이미지와 상승의 표현, 하늘에 도달하는 데 필요한 상징을 통해 이러한 매혹을 표현하는 신화와 콩트, 종교적 믿음은 수없이 많다. 샤먼의 힘은 정령들이 살고 있는 하늘로의 체외여행에 대한 믿음과 떼려야 뗄 수 없는 관계에 있다. 몇몇 동굴벽화는 제비와 날개 달린 동물로 변신한 샤먼들을 보여준다. 부처는 공중부양을 했고 예수는 '물 위를 걸었다'고 전해진다. 부양력은 아시시의 성 프란체스코와 성 이냐시오 로욜라, 성 십자가의 바울도 갖고 있었다고 전해진다. 헤르메스 신의 날개와 이카로스의 비상, 천사의 무중력도 공기의 상상계가 발휘하는 매혹의 힘을 증언한다.

그리고 아주 오래전에 인간은 날 수 있는 장치들을 발명했다. 연은 고대 중국에서 출현하여 군사적 목적으로 사용되었을 뿐 아니라 악운과 악령을 쫓기 위해서도 사용되었다. 르네상스 시기부터는 다빈치를 비롯한 기술자들이 살아 있는 형태에서 영감을 받아 날아다니는 기계의 설계도를 그렸다. 18세기와 19세기에 기술 발전 덕분에 중력에 도전하고, 지상에서 자기 몸을 들어 올리고 싶다는 수천 년 이래의 꿈을 실현함으로써 우리를 땅에서의 압박감에서 해방시켜 줄 때까지는 그랬다.

가벼움-이동성. 사회생활이 이루어지다 보면 가벼움은 더 이상 상상적인 것의 표현 영역에 머물러 있지 않게 된다. 그것은 아주 오래전부터 유목민들의 전통 가옥을 통해 표현되어 왔다. 산막과 텐트, 중앙아시아의 오두막집, 원추형 천막집은 가벼움과 적응성, 이동성을 결합한다. 건축자재의 가벼움은 유목민들로 하여금 지구상에서 가장 혹독한 기후 속에서 살아갈 수 있게 해주었다. 오랜 세월이 지난 뒤에, 그리고 완전히 다른 역사적 맥락 속에서 가벼운 것에 더 큰 가치를 부여하는 것은, 새로운 자재의 발견뿐 아니라 인터넷에 접속하면 시간적·공간적 제약에서 벗어나 디지털화되는 노마디즘과 유동성으로 이루어진 새로운 운동성을 만들어 낼 수 있게 해주는 사물의 소형화를 통해 그 어느 때보다 현재성을 띠게 되었다.

가벼움―기분 전환. 삶의 무게를 가볍게 해주고 세계와 규범의 중압감에서 벗어날 수 있도록 해주는 사회적 약호와 행위는 어느 시대에나 존재했으며, 그 숫자도 헤아릴 수 없이 많다. 고대 그리스 시인들은 즐거움을 제공하는 것이 시의 목적이라는 것을 대체로 인정했으며, 헤시오도스Hesiodos에 따르면 제우스신은 인간들이 "불행을 잊고 근심걱정에서 벗어날 수 있도록" 시를 만들어 냈다고 한다. 축제와 익살, 소극, 농담, 분장은 인류가 태어난 이래로 쭉 존재해 왔다. 재미있어하는 것, 즐겁게 노는 것, 장난치는 것, 농담하는 것. 가벼움은 웃음의 가벼움일 뿐 아니라 놀이와 여가 활동의 가벼움이기도 하다. 그 어떤 사회도 집단생활의 속박을 느슨하게 만들어 '호흡'과 휴식, 기분 전환의 순간을 살고 싶은 욕구를 충족해 주는 여러 가지 장치를 설치하지 않고는 존재할 수 없다.

변덕스러운 가벼움. 이 가벼움은 패션과 화장, 화장술, 그리고 매혹적인 외모를 만들어 주는 모든 '사소한 것들'의 분야에서 구체화된다.

또한 이 가벼움은 한 가지 생각에서 다른 생각으로 나비처럼 옮겨가야 하고, 그 어느 것도 깊이 파고들어서는 안 되고, 오직 중요하지 않은 것에 대해서만 이야기해야 하고, 그 어떤 주제에 대해서도 길게 늘어놓아서는 안 되는 살롱의 사교계 생활에서 영광의 시간을 누렸다. 우리는 지금의 소비제일주의에서, 가벼움-기분 전환과의 관계가 명백하게 드러나는 이 패러다임을 가장 잘 보여주는 최종적 형태를 볼 수 있다.

지조 없는 가벼움. 섹스 산업과 부정不貞, 오래 지속되다 보면 싫증이 날 수밖에 없는 사랑과 관련되어 있는 이 가벼움은 모든 시대에 존재했다. 지조 없는 가벼움은 18세기부터 사랑의 감정과 정복의 차원에서 변화와 쇄신을 일으키는 가치체계로, 생활규범으로 자리 잡았다. 방탕과 엽색, 사랑의 모험, 부정, 휴가철의 하루살이 사랑, 어쩌다 만난 사람과의 섹스. 그 형태는 매우 다양하며, 욕망의 불안정성과 유동성에 근거하고 있다. 그것은 유혹하는 남성에게 위엄을 부여하며, 여성들은 '바람기가 있고' 방탕하며 정숙하지 못하다고 비난하며 낮게 평가하는 경향이 있다.

스타일 – 가벼움. 예술은 가벼움의 인류학적 요구가 구체화되는 거대한 영역 중 하나인 것처럼 보인다. 음악에서 춤에 이르기까지, 장식예술에서 회화에 이르기까지, 시에서 건축에 이르기까지 예술의 역사는 세련되었다고 인정받는 가치를 보여주는 예로 가득 차 있다. 모든 예술작품이 다 가벼운 이미지를 제공하는 것은 아니지만, 수천 년 수백 년 전부터 시와 장식, 세련됨, 형태의 우아함, 움지인외 멋이 매우 다양한 문명의 예술에서 표현되었다. 여기서 가벼움의 미학이 차지하는 탁월한 위치를 인정하지 않고 아름다움의 역사를 생각한다는 것은 불가능한 일이다.

지혜-가벼움. 경박한 삶, 그리고 경박한 삶의 항상 새로운 쾌락 속으로 도피하는 현상만으로는 가벼움의 상상세계를 남김없이 파헤칠 수 없다. 경박함의 원형은 마음의 평정으로 정의되는 행복의 아주 오래된 이상, 그리고 인간이 두려움과 거짓 욕망으로부터 해방되는 평화로운 상태를 가리키는 평온함-가벼움의 원형과 대조된다. 고대인들의 경우에 지혜나 행복한 생활이란 헛된 정념과 세평에서 벗어나기만 하면 얻을 수 있는 영혼의 평화가 아니고 무엇이었겠는가? 고대 철학자들이 가르친 것은 평화롭고 소박하며 내적인 이 생활 모델이며, 이 모델은 여러 점에서 불교를 의미한다. 영적 식이요법, 영혼의 의학, '정신의 정화.' 철학의 목표는 바로 인간을 치유하고, 인간의 영혼을 정화하고, 인간의 영혼에서 두려움과 정념을 몰아내고, 인간의 영혼에서 고통의 무게를 덜어 내는 것이다.

의심의 여지 없이, 가벼움이라는 개념은 고대철학 속에는 거의 존재하지 않는다(아예 존재하지 않는 건 아니지만). 그럼에도 불구하고 이 상상세계는 두려움과 불필요한 것, 순식간에 사라져 버리는 쾌락으로부터 해방된 삶과 영혼의 평온함이 불러일으키는 삶의 즐거움이라는 이상의 원칙으로 작용한다. 행복이란 일과 야망, 미래에 대한 온갖 두려움의 중압감으로부터 해방된 영혼의 상태다. 이 원형은 서양 고유의 것이 아니다. 그것은 특히 이 세계의 비영속적인 현실에 '집착하지 않음으로써' 마음의 평화를 얻으려고 하는 불교에 존재한다. 불교의 교리는 일체의 고통에서 해방됨으로써 영혼의 평화와 평정, 깨달음, 열반에 이르는 길로 설정된다. 쾌락주의가 그렇듯 불교도 이 행복한 상태에 굳이 가벼움이라는 이름을 붙이지는 않지만, 그 상태는 가

법다.

현대 세계는 경박한 가벼움에 확실하게 우월한 위치를 부여한다. 그러나 오래전부터 계속되어 온 신앙생활과 불교, 과잉소비사회에 대한 비난이 지금 현재 불러일으키고 있는 관심의 회복이 보여주듯, 지혜-가벼움의 모델 역시 여전히 존재한다. 경박한 가벼움, 균형으로서의 가벼움. 이 두 개의 모순된 극단은 행복으로 가는 길을 앞으로도 오랫동안 나눠 놓게 될 것이다.

지혜가 마음을 끄는 것은 그것이 일시적이고 간헐적인 쾌락이 아니라 삶 전체와 관련되기 때문이다. 지혜는 균형과 평화, 존재의 충만함, 행복, 그리고 그것의 본질이라고 할 수 있는 삶의 즐거움을 추구한다. 장자크 루소Jean-Jacques Rousseau는 유명한 저서에서 자기 자신에 대한 애착과 기억, 미래에 대한 생각이 일체 배제된 순수한 삶을 느끼는 즐거움에 동반되는 "충분하고 완벽하고 충만한 이 행복의 상태"를 찬양한다. "이런 상황에서 무엇을 즐기는가? 자기 자신의 외부에 있는 것은 아무것도 즐기지 않는다. 자기 자신과 자기 자신의 삶이 아닌 것은 아무것도 즐기지 않는다. 이 상태가 지속되는 한 우리는 우리 자신으로 충분한 것이다."[5] 삶의 즐거움, 삶의 총체적 감정이 불러일으키는 즐거움. 이것이야말로 최상의 가벼움을 체험하는 것이 아니고 무엇이겠는가.

이 세상에 있다는 즐거움의 체험 속에서, 그리고 충만하게 존재한다는 즐거움 속에서 느껴지는 삶의 행복. 스피노자는 즐거움을 우리가 살아갈 수 있게 하는 힘이 증가할 때 느껴지는 감정으로 정의했다. 그러나 현상학적 차원에서 즐거움은 행동할 수 있게 하는 힘의 증가로 체험되기보다는 삶의 무게를 가볍게 해주는 것으로서, '공중부양'

으로서, 올라가는 경험으로서, 존재의 황홀로서 체험된다. '기뻐서 펄쩍 뛴다.' 날아다니는 것 같은 느낌이 들고, '작은 구름 위'에 있는 듯한 느낌이 든다. 공중에서 사는 듯한 체험인 즐거움이 '날고 싶다는', 삶의 중압감에서 벗어나고 싶다는 인간의 보편적 꿈을 구체화한다. 즐거움이란 주관적 가벼움의 표현 중에서 가장 아름답고 완벽한 형태다.

가벼움의 문제를 다시 살펴보다

이 책에서는 가벼움에 대한 정치적·도덕적 찬양도 찾아볼 수 없고, 비난도 찾아볼 수 없다. 가벼움은 어떤 미덕이나 악덕으로 분석되는 것이 아니라 하이퍼모던 시대에 엄청난 중요성을 띠는 하나의 인류학적 요구로서, 사회조직 원리로서, 미학적이며 기술적인 가치로서 분석된다. 이 책에서 다루어지는 것은 '영원하거나' 형이상학적인 그 자체로서의 가벼움이 아니라 관찰 가능한 구체적 형태 속에서, 사회의 역사 속에서, 더 특별하게는 현대세계 속에서 구현되는 가벼움이다. 이제부터 하게 될 분석을 주도하는 것은 가벼움에 대한 인류학적·사회학적 접근법이다.

말하자면, 대문자로 쓰인 통역사적 가벼움을 다루는 것이 아니라 그것을 구현하는 기술적·문화적·사회적 장치들과 이 장치들이 생활양식과 사물, 우리 자신, 우리 육체, 타인들에 대한 관계를 변모시키는 방식을 다루는 것이다. 하나의 가벼움이 있는 것이 아니라 서로 닮지 않은 원칙과 목표를 따르는 가벼움들이 있다. 비록 최근에 가벼움이 사회적으로 우위에 서도록 만든 토대가 하이퍼모더니티hypermodernité를 조직화하는 큰 힘들(기술과학과 시장, 개인주의)이라 할지라도, 최근에 출현한 가벼움의 문명이 꼭 단일한 가벼움의 모델이 출현했다는 것을 의미하지는 않는다. 이 복수의 가벼움이 바로 이 책의 목표다.

독자 여러분은 이미 이해하셨겠지만 현대 세계의 무의미함을 계속해서 악마화해서도 안 될 것이고, 경박한 것을 찬양해서도 안 될 것이다. 내가 볼 때 이 두 가지 태도 모두 아무 근거가 없다. 왜냐하면 '심오한 것'을 숭배하는 사람들이 있는 반면 소비경제를 조직하는 것으로 여겨지는 경박함의 실증성을 포함한 가벼움의 사회적 실증성도 존재하기 때문이다.[6] 가벼움의 대규모 산업화는 민주적 자유의 세계를 공고히 하고 더 평화로워지고, 더 개방되고, 더 개인화된 세계를 구성하는 데 크게 기여했다. 이 세계는 비록 그 자체의 '악폐'를 적잖게 갖고 있지만, 그럼에도 불구하고 가벼운 것의 혁명은 물질적 안락과 선택, 자기관리의 세계를 탄생시켰다. 이 점에서 가벼운 것의 문명은 민주적이고 인간주의적인 현대성의 모험에서 새로운 단계를 의미한다.

그렇지만 가벼운 것의 찬양은 견디기 힘든 무언가를 가지고 있다. 지적 댄디즘의 냄새를 너무 심하게 풍기는 것이다. 대담함의 외관 아래 도발의 용이함과 논술 연습의 묘기가 숨겨져 있다. 삶의 원칙이나 이상으로 여겨지는 가벼움은 무책임할 뿐 아니라 받아들여질 수도 없다. 가벼움이 고급문화의 가치와 경제적 효용을 감소시키고, 소비할 수 있는 것에 대한 강박을 만들어 내며, 생태계를 훼손하는 데 기여하는 지금 도대체 어떻게 소비지상주의적 가벼움을 찬양할 수 있겠는가? 노동과 이성, 교육에 대해 진지하게 생각해 보지 않고 도대체 어떻게 자유와 안락함을 완전한 상태로 만들 수 있단 말인가? 노력하지 않고, 이성과 기술을 정복하지 않고 어떻게 더 가벼운 물질세계를 구상할 수 있단 말인가? 가벼움의 원칙에 토대를 두고 있는 모든 교육은 실패로 이어진다. 일정한 한계를 넘어서면, 경박한 가벼움은 되풀이되면서 권태를 불러일으킨다. 지나친 가벼움이 가벼움을 죽이는 것이다. 그렇다면 행복의 분야에서 가벼운 것의 문명이 실패하고 만다는 사실을 어찌 강조하지 않을 수 있겠는가? 가벼움은 아름답고 바람직하지만, 인류의 행위를 인도하는 원칙으로 정립될 수는 없다.

소비지상주의의 세계와 불가분의 관계에 있는 가벼움을 악마화해서는 안 된다. 그러나 그것은 아름답고 분별 있는 삶을 이끌어 나가기에는 부족하다. 무한히 작은 세계의 정복은 특별한 가능성으로 가득 차 있다. 아마도 그것은 지상에서 살아가는 우리 삶의 조건을 근본적으로 바꿔 놓을 수 있을 것이다. 그런데 어떤 분야에서 그런 변화가 일어날까? 가장 좋은 부분뿐 아니라 가장 나쁜 부분도 포함하고 있는 이 엄청난 혁명이 어떤 결과를 낳을지, 당분간은 아무도 모른다. 어쨌든지 간에 이것은 지금까지는 부차적이고 평범했지만 이제는 우리 운명을 결정지을 만큼 중요한 문제가 되었다. 이 책에서는 태어나기 시작하는 단계에 있는 이 가벼운 것의 문명을 조명하려 노력할 것이다.

마지막으로 한마디 하겠다. 내가 알기로 그 자체로서의 가벼움이라는 주제를 다룬 책은 다섯 손가락으로 꼽을 수 있을 정도로 적다. 매우 오래된 전통은 이 가벼움이라는 주제가 쓸모도 없고 관심 가질 필요도 없다고 판단했다. 오직 예술 창조의 우아함만이 문인들의 관심과 감탄을 받을 만하다는 것이다. 그런데 가벼움은 우리 사회와 삶에서 매우 진지한 일로 인정된다. 이처럼 확인된 사실이 나로 하여금 이 문제를 다시 철저히 고찰하도록 만들었다. 가벼움이 우리 세계에서 처음 갖게 된 엄청난 중요성을 고려해 볼 때 이 책은……

차 례

제 1 장

삶을 가볍게 하기:
안락함, 경제, 소비

Alléger la vie :
bien-être, économie et consommation

우리는 모더니티를 합리화나 기능에 따른 구분, 개인화, 탈종교화, 또는 세계의 상품화 같은 구조적 논리로 정의할 수 있다. 그러나 이 문제를 감각적이고 암시적인(또는 상징적인) 도식을 사용하여 더 형이상학적인 방식으로 이해하는 것 역시 가능하다. 이러한 관점에서 볼 때, '삶을 가볍게 하기'라는 개념보다 현대사회의 역할, 즉 "무거운 것과 가벼운 것의 전쟁"[1]을 더 잘 이해할 수 있게 하는 개념은 없다.

이 개념은 17세기와 18세기에 철학적 모험을 시작했고, 과학적·도덕적·정치적 이성이 그것을 지탱했다. 혁명적 행동뿐 아니라 더 나은 삶을 실현하고 욕구의 속박 상태를 해결하며 불행과 고통의 짓누르는 듯한 중압을 없앨 수 있다고 여겨지는 기술과학의 발전에도 엄청나게 큰 희망이 담겨 있었다. 이것은 꿈으로만 남아 있지는 않았다. 18세기 말이 되자 기아와 흑사병으로 말미암은 엄청난 재난의 시대는 막을 내렸다. 대기근은 서서히 사라지고, 위생 상태가 개선되었으며, 평균 노동시간이 줄어들었다. 인간들을 덜 짓누르는 물질적 조건들을 통해 삶을 가볍게 만드는 현대의 모험이 시작되었다는 사실을 알려주는 현상은 얼마든지 있다.

계몽주의 시대부터 시작된 가벼운 것과 무거운 것의 싸움은 20세기 중반에 소비경제가 비약적으로 발전하면서 결정적인 단계를 통과했다. 개발경제에서는 일상생활을 수월하게 할 뿐 아니라(위생적이고 안락한 주거, 가전제품, 자동차) 정보를 만들어 내고 전달하며(텔레비전, 전화, 컴퓨터, 인터넷), 아름답게 만들고(기성복, 화장품, 장식품), 즐겁게 만드는(텔레비전, 오디오, 음악, 영화, 게임, 여행) 것을 목적으로 하는 재화가 도처에 넘쳐난다. 소비의 세계가 삶을 가볍게 하기 운동과 밀접하게 연결되는 것은, 그것이 계속해서 더 많은 안락함을 제공하고, 물질적인 충족의 여유와 편리함, 즐거움을 발전시키기 때문이다.

소비의 시대가 되면서 쾌락적인 가벼움이 승리를 거둔다는 분명한 특징을 갖는 일상 문화가 등장한다. 엄청나게 많은 도피의 이미지와 쾌락의 약속이 도처에서 난무한다. 도시의 벽에는 완벽한 행복과 해방된 에로티즘의 표지들이 나타난다. 관광이나 휴가와 관련된 광고들은 천국에서 행복해하는 것 같은 분위기를 풍긴다. 광고, 여가 활동의 증가, 단체 활동, 게임, 패션. 우리의 일상생활에서는 육체와 감각의 쾌락, 오락, 삶의 가벼움에 대한 찬가가 울려 퍼진다. 소비지상주의적 문명은 소비가 안겨 주는 행복과 놀이, 에로티즘의 이미지를 사방에 전파하면서 쾌락의 원칙을 해방하고, 인간을 그 결핍과 강제, 금욕주의로 이루어진 오래된 과거로부터 구해 내겠다는 야심을 공공연히 과시한다. 지금 여기에서의 안락함과 오락, 행복에 대한 숭배와 더불어 가볍고 쾌락주의적이고 유희적인 삶의 이상이 세계를 지배한다.

그와 동시에 경제 자체는 가벼움의 원칙에 의해 재조직된다. 소비사회가 유혹과 변덕스러움, 모델의 끊임없는 쇄신에 따라 구조적으로 기능하기 때문이다. 그에 따라 생산과 욕구의 질서를 지배하는 시스템-유행의 출현을 알리는 논리도 다양하게 등장한다. 이러한 배경에서 사물들은 이제 더 이상 엄밀한 사용가치로만 정의되는 것이 아니라 그것들을 가벼운 것 쪽으로 움직이게 만드는 경향이나 어떤 유희적 의미를 획득한다. 즉 모든 물체는 극단적인 경우에 비실용성을 갖추고 유희적 유혹의 성격을 지닌 제품이 되는 것이다.[2] 이제는 생산기계의 무거움이 아닌 일종의 초超심미적 가벼움이 소비재를 포장한다. 실용적이기도 하고, 미적이기도 하고, 기발하기도 한 소비용품은 물리적으로 점점 더 가벼워지고 있을 뿐 아니라 경박한 상징적 차원으로 둘러싸이기도 한다. 가벼운 것은 소비경제사회의 상징이나 주조主潮처럼 보인다.

소비자본주의와 지금의 하이퍼hyper 소비자본주의는 가벼움의 사회적·문화적 역사에서 한 가지 큰 변화를 이루어 내고 있다. 지금까지 가벼움은 공간과 시간 속에 한정된 상태(축제, 놀이, 공연)로 전통이나 사교 생활의 코드(외양, 패션, 대화)에 의해 작동되는 현상들을 가리켰다. 그러나 이제 더는 그렇지 않다. 소비만능주의 시대에 가벼움은 일반적인 규범으로, 보편적·지속적 이상으로, 시장경제의 질서가 촉진하는 사회생활의 기본 원칙으로 확실히 자리 잡고 있다. 소비주의를 통해 우리는 모든 사람을 위한 일상적 가치와 생활방식으로 찬양받는 가벼움을 합법화하고 사회적으로 일반화하는 시대를 살고 있다.

과거에는 가벼움이 사회생활의 부치적이며 주변적이라고 인정된 영역을 가리켰다. 이 차원에서의 변화는 철저하게 이루어졌다. 경제제도 자체가 생산하고 요구하며 대중매체에 의해 전파되는 가벼움은 보편적인 분위기가 된 동시에 생산세계와 상업세계의 중심에 자리 잡은 중추적 역학이 되었다. 우리는 지금 가벼운 것이 더 이상 진지한 것과 반대되지 않으며, 극도로 물질적이고 신경증적인 우리 현실의 일부가 더 이상 가벼운 것과 분리되지 않는 순간을 살고 있다. 이제는 진지한 것에 대해 가볍게 이야기해야 할 뿐 아니라 시장경제를 따르는 세계를 가벼움의 형태로도 만들어 내야 한다.

기술경제의 영역에서도 변화가 일어났다. 20세기 중반까지만 해도 경제발전에서 결정적 역할을 해낸 것은 석탄과 철강 산업, 수력전기와 화학 산업, 공작기계다. 성장은 광산 산업과 대규모 공동 설비에 의해 이루어졌다. 지속성 있는 소비재가 아직은 매우 제한적으로 사회에 보급되고 있었으므로 핵심 역할을 한 것은 무거운 것의 생산이었다. 소비재는 1920년대부터 미국에서 빠른 속도로 증가했지만, 가벼운 것의 경제가 대량소비자본주의의 출현과 더불어 지배적 위치를 차지하게 된 것은 제2차 세계대전이 끝나고 난 뒤의 일이다.

이 새로운 경제에서 비약적인 발전은 지속성 있는 소비재와 서비스 생산을 토대로 이루어졌다. 소비사회는 가벼운 재화와 용역이 무거운 제품과 설비를 능가하는 사회다. 지금 현재 프랑스와 미국의 가계 소비는 각각 국민총생산의 60퍼센트와 70퍼센트를 차지한다. 가계 소비가 우리의 경제성장을 받쳐 주는 주요한 지렛대가 된 것이다.

바로 이것이 가계가 소비하도록 되어 있는 물질재화뿐 아니라 경제에서 차지하는 비중이 점점 더 커져 가는 용역을 대규모로 생산하는 경제 시스템이다. 용역경제와 '정보사회'는 이제 은밀하게 연결되어 있으며, 때로 '비물질적 자본주의'라고 불리는 것을, 즉 그 안에서 무엇보다도 비물질적 자원(혁신, 브랜드, 지식, 조직 등등)에 토대를 두고 가치가 창조되며, 거의 대부분의 제품이 그 자체로 비물질적인 경제를 구성한다. 물질재화에서 용역에 이르기까지 우리 경제의 모습을 다시 그려 내는 것은 '가벼운 것'의 질서다.

고대인들의 가벼움, 현대인들의 가벼움

물론 무거운 것에 대한 가벼운 것의 싸움은 현대를 구성하는 요소이지만, 그렇다고 해서 이전의 사회가 인간들의 삶을 가볍게 하고 싶은(최소한 일시적으로나마) 심리적 욕구를 충족해 달라는 요구를 무시한 것은 아니다. 인류학적·역사적 자료는 인간 사회가 온갖 종류의 고통을 완화하고, 삶의 불행을 떨쳐 버리고, '진지한 것'의 과중함을 잊도록 해주는 관행과 제도, 신앙을 갖추고 마음대로 이용할 수 있었다는 사실을 충분히 보여준다. 가벼움을 '마땅하지 않거나' 우발적인 체험으로 간주하기를 멈춰야만 한다. 인류학적 차원에서 볼 때 가벼움은 우선적인, 그리고 무엇보다도 인간 본성에 고유한 심리적 필요성이며, 평안한 상태를 느끼는 방법으로서 휴식과 놀이, 긴장 완화를 체험하도록 부추기는 근본적 욕구다. 모든 사람이 원하는 이 가벼움의 상태는 흔히 일시적이며, 어떤 사회냐에 따라 크게 달라지는 방식을 통해 도달할 수 있다.

아주 오랜 옛날부터 놀이와 축제·농담·공연·희극·익살·주연은 거의 모든 사회를 즐거움과 웃음과 환희의 순간으로 채웠는데, 이것들은 사회적인 것의 중압감에서 벗어나고 진지한 것이 구속과 인간들을 짓누르는 여러 가지 두려움에서 해방될 수 있는 방법이었던 것이다. 유희적인 가벼움(놀이, 조소, 농담, 짓궂은 장난, 익살, 웃기는 행동, 웃음,

유머). 미학적인 가벼움(희극, 춤, 음악, 기타 예술). 도취적인 가벼움(마약, 알코올). 인간의 재능은 불행과 어려움을 몰아내고, 불안감을 줄이고, 고통을 잊게 만드는 긴장 완화와 이완, 기묘하거나 승화된 호흡장치들을 계속해서 만들어 왔다. 16세기에 웃음의 옹호자가 이미 썼던 것처럼, "우리 인간은 모두 틈새가 잘못 메워진 포도주통 같아서 만일 지혜의 포도주가 신앙심과 신에 대한 두려움으로 끊임없이 발효된다면 결국은 터져 버리고 말 것이다. 포도주가 상하지 않게 하려면 지혜의 포도주에 공기를 불어넣어야 한다."[3] 인류학적 차원에서 보면 가벼움은 인간의 조건에 내재한 하나의 요구로, 하나의 보편적인 욕구로 보인다.

샤머니즘에서부터 철학에 이르는 기타 활동과 행위는 인간의 고통 완화와 깊은 관련이 있다. 고대 그리스에서 철학 학파들은 인간을 근심걱정의 중압감과 죽음에 대한 공포, 신들에 대한 두려움으로부터 해방하겠다는 계획을 품었다. 그들은 자신들을 인간의 불안과 불행을 치유해 주는 치료사로 소개했다. 모든 고대 그리스 철학 학파는 우리의 사고방식을, 더 정확히 말해 우리가 사물에 대해 행하는 가치판단 방식을 변화시킴으로써 인간 영혼을 치료하는 것을 목표로 삼았다. 중요한 것은 사회적 관습(견유학파)과 거짓 욕망, 거짓 두려움(에피쿠로스학파), 거짓 여론(회의주의자), 쾌락과 이기적인 사리사욕의 추구(스토아학파)가 촉발하는 불행으로부터 인간을 해방하는 일이다. 철학 또는 영혼의 평정에 도달하고, 존재의 순수한 즐거움에 접근하고, 무위無爲의 무관심과 내적 평화·평정·소박한 기쁨 속에서 신들처럼 살아갈 수 있도록 해주는 수단.[4]

그리하여 고대 철학의 영혼 수련과 다른 금욕주의적 생활규범은 충만함과 균형, 평정을 안겨 준다고 하는 영적·육체적 종목으로서의 요가 같은 동양의 테크닉에 가까워질 수 있다.[5] 동양(불교)에서와 마찬가지로 서양(철학)에서도 영적 추구의 목표는 개인생활과 불가분의 관계에 있는 불만 상태를 줄이고, 인간으로부터 삶의 무게를 덜어 주고, "부담을 내려놓기"[6]가 의미하는 즐거움의 경탄을 불러일으키는 것이다.

그리고 종교가 신의 분노에 대한 공포와 지옥의 영원한 고통에 대한 공포를 만들어 낸 것도 사실이지만, 그것은 또한 "성직자의 약물 치료"(니체), "인민의 아편"(마르크스), 진통제, 도피나 위안의 수단(프로이트)으로 기능하기도 했다. "종교는 그것 자체가 만들어 내고 유지하는 악을 치유하기 위한 진통제와 치료제를 제공한다"라고 니체는 말했다. 축제, 종교, 마술. 매우 다양한 사회에서 고통을 완화하고 인간의 불행을 일시적으로나마 덜어 주는 것을 목표로 하는 장치와 실행 방법들이 시행되었다. 모스가 '육체의 테크닉'이라고 불렀던 것이 존재했듯이, 삶을 가볍게 해주는 테크닉도 모든 사회에 존재했다.

인류학적 상수가 근대인들이 이룩한 변화를 은폐해서는 안 된다. 이전의 사회에서는 인간의 삶을 가볍게 만드는 도구들의 목표가 또 다른 지상세계의 출현이 아니었다. 그 기본적인 흐름이 신의 뜻에 달려 있기 때문에 인간의 의지에서 벗어나는 듯 보이는 '눈물의 계곡'(구약 〈시편〉 84장 7절에 등장하는 바카 계곡을 가리킨다 — 옮긴이) 한가운데에 제한적이고, 일시적이며, 기본적으로 영적인 안도감을 불어넣는 것이 목표였던 것이다. 인류는 스스로를 구원할 수 있는 능력은커녕 자신들의 수단에 의해 발전해 나갈 수 있는 능력조차 갖고 있지 못하므로, 현세에서의 지속적인 개선이라는 포괄적인 계획이 위안을 주는 것의 기반을 이룰 수 없었다. 오직 신만이 눈물을 마르게 할 수 있으며, 오직 신앙만이 삶이 안겨 주는 시련을 견뎌 낼 수 있도록 도와준다. 체념, 고통과 비참을 겸허하게 받아들이기, 믿음을 순화하는 시련, 저승에서의 행복한 삶을 준비하는 고통이 설교되었다. 전통적인 기독교 교리에서 가치를 갖는 유일한 목표는 영혼과 마음을 순화하고, 우리가 저지른 원죄의 무게에서 해방되고(기도와 참회, 고해, 신에 대한 사랑을 통해), 믿음 속에서 살며 자비에 의해 영원한 구원을 얻는 것이다. 고통에서 벗어나는 것은 도달할 수 없는 목표로 보인다. 그렇지만 우리는 현세의 삶을 수월하게 하기보다는 내세의 것과 기독교의 덕성을 위해 헌신해야 한다는 것이다.

근대인들의 문명은 이 같은 관점과 정반대되는 곳에 구축되었다. 근대인들은 이승에서 자유와 행복의 지배를 실현하겠다는, 바꿔 말하면 최대한 많은 사람이 최소한 고통스러운 삶을 살 수 있도록 하겠다는 야망을 품고 운명에 대한 비극적 개념과 과거의 '억압적' 힘과 싸우러 갔다. 근대가 되면서 사회악을 치유하겠다는 이상과 받아들일 수 없는 모든 고통을 사라지게 만들겠다는 의지가, 기독교 세계에서 하늘나라에 가겠다는 희망 또는 구원이 차지하고 있던 자리를 차지했다.[7] 인간을 과거의 무거운 짐에서 해방하는 것, 인간을 짓누르는 불운과 다른 물질적 중압감을 완전히 덜어 주는 것. 현대 세계는 사실 삶을 가볍게 만들겠다는 프로메테우스적 계획과 다르지 않은 진보의 이데올로기와 그 행복의 약속을 중심으로 구축된다.

근대인들과 더불어 이 계획은 보편적 진보라는 이상에 의해 움직이며, 활동과 정치·기술·과학에 영감을 불어넣는 하나의 총괄적 선택, 핵심적인 계획, 주도적 도식이 되었다. 가벼운 것과 무거운 것의 싸움은, 하늘과 땅의 관계를 다시 정의하면서 지속적 발전을 추구하는 사회 자체에 대한 사회의 작업을 이끌어 가는 의미의 발생원, 구조의 방향, 주요한 조직 규범으로 받아들여진다.

이러한 관점에서, 그리고 만약 전체를 조망하는 역사적 접근법을 채택한다면, 우리는 가벼운 것과 무거운 것의 현대적 싸움이 구체화된 주요한 역사적 단계를 세 개로 구분할 수 있다. 첫 번째 단계는 18세기부터 20세기 중반까지다. 기본적인 물질적 욕구의 속박을 줄이겠다는 기술적·정치적 의지가 이 단계를 지배한다. 삶을 가볍게 만드는 과정은 시작되었지만, 여전히 사회적으로 제한되어 있었다. 두 번째 단계는 1950년대에 시작되었다. 이 단계의 특징은 물질적 충족의 사회적 전파와 대량소비주의, 사회적 규율에 반대하는 투쟁, 대규모 집단관리로부터의 개인 해방이다. 이제 우리는 전자와 디지털 분야의 하이테크 혁명이 공간·시간적 무거움에서 해방되어 쉽고 빠르게 움직이는 가벼움을 만들어 가면서 주도해 나가는 세 번째 단계를 목격하고 있다. 각 단계마다 새로운 전략이 그 시대를 선도하고, 이전 단계와 겹쳐지면서 삶을 가볍게 만드는 오랜 작업을 계속해 나간다.

유혹의 자본주의 : 가벼움의 경제

소비경제의 비약적 발전과 더불어, 이때까지만 해도 위안의 약속 (긴 역사의 흐름을 통해 실현되게 되어 있는)에 불과했던 것이 "풍요가 실현된 유토피아", "풍요가 물질화된 유토피아"[8]가 되었다. 그것은 이제 더는 내일을 기약하는 하나의 이상이나 프로그램이 아니다. 이제는 지금 이곳에서 인간의 삶을 덜 고통스럽게 해주어야 하는 기술재와 상품재가 풍부해진 것이다. 2세기 이상에 걸쳐 진보주의적 예언이 이루어지고 난 뒤 시장경제는 필수품의 무게에 대한 물질주의적 가벼움의 승리를 굳히는 데 몰두했다.

영광의 30년(대부분의 선진국이 가파른 경제성장을 이루고 생활수준이 크게 향상되었던 1946년부터 1975년까지의 30년을 가리킨다—옮긴이) 동안 대량소비가 이루어지면서 국민 전체의 생활수준이 크게 향상되었다. 장 푸라스티에Jean Fourastié에 따르면, 프랑스는 1700~1946년보다 1946~1975년에[9] 더 크게 변화했다. 국민들의 생활수준은 세 배 높아졌으며, 가장 낮은 수준이었던 봉급은 네 배로 늘어났다. 생활 여건이 개선된 징후는 뚜렷하게 나타난다. 이 시기에 비위생적인 주거지가 감소했고, 주거 환경이 전반적으로 개선되었으며, 각 가정이 전기화·기계화되었고, 현대적인 가정의 안락함을 가능하게 하는 기본 요소들이 대중화되었다. 1970년대 말부터는 노동자 가족 중 4분의 3 이상이 자동차와 텔레비전, 냉장고, 세탁기를 보유하게 되었다.

이때부터는 가벼움의 원칙이 일상생활의 세부에 적용되기 시작했다. 현대적인 용품들은 일상적인 일을 단순화했고, 시간을 절약해 주었으며, 위생과 내밀함을 제공했고, 여성들을 오래전부터 해온 힘든 집안일에서 '해방했다.' '검은색 제품들', 즉 오디오 제품과 비디오 제품은 텔레비전과 녹음된 음악으로 오락의 세계를 대중화했다. 가정의 기계화는 대규모 관광에 유리하게 작용했다. 또한 많은 사람들이 일상에서 벗어나고, 세상 구경을 하러 가고, 바다나 산으로 휴가를 떠나고, 여행을 하고, 주말에는 집에서 멀리 탈출할 수 있게 했다. 안락함과 휴가, 여가 활동이 만들어 낸 가벼움의 신화는 일상생활과 대중적 열망의 한가운데 자리 잡았다.

○── 소비지상주의적 가벼움의 사회적 일반화

소비재를 많은 사람에게 대량으로 보급함으로써 자본주의는 무거운 것에 대한 가벼운 것의 이데올로기적 승리를 표현하는 새로운 삶의 이상을, 새로운 규범을 전파했다. 소비자본주의와 더불어 가벼운 것의 승리는 물질생활뿐 아니라 문화와 이상, 가치에서도 읽힌다. 바로 이것이 새로운 종류의 일상적 문화를, 쾌락주의적이고 유희적인 대상에 집중하기 때문에 본질적으로 '가벼운' 문화를 형성하면서 구축되는 경제다. 소비자본주의는 상품과 광고, 여가 활동, 미디어, 유행을 통해 어디에서나 즐거움을 고양하고, 현재 속에서 살아가고, 지금 당장 즐거움을 만끽할 것을 권유한다. 내일을 걱정하지 않고 하루하루 무사태평하게 살아가는 것이 소비자본주의에 의해 정당화되는 것이다. 대문자로 쓰였던 이데올로기는 즉각적인 만족의 윤리에, 그리고 육체와 유행, 휴가, 신상품이 안겨 주는 즐거움에 집중하는 유희적·쾌락주의적 문화에 자리를 양보했다. 거창한 집단적 목표와 희생, 청교도적 엄격함을 거부하는 안락한 삶의 이상, 우스꽝스러운 도덕fun morality〔강요된 삶을 살 수밖에 없었던 어른 세대가 젊은 세대에게 자유를 만끽하라고 강요하는 도덕―옮긴이〕이 승리를 거두고 있다. 인간들은 현재의 순간을 즉시 즐기면서 가볍고 경박하게 살아갈 권리를 획득한 것이다.

18세기부터 문예공화국이 종교적 윤리에 반대하여 행복한 삶과 쾌락을 복권하는 데 성공한 것은 사실이지만, 그것을 가지고 2세기 뒤에 일상생활에서 구현되는 대중적 윤리를 만들어 낸 것은 경제적 질서다. 쾌락의 가벼움은 더 이상 철학 저술을 통해 고양되지 않고 소비경제의 물질적·이념적 장치를 통해 고양된다. 쾌락의 가벼움을 경멸하던 시대는 이제 끝난 것이다. 쾌락의 가벼움은 이제 더 이상 윤리적으로 나쁜 행동도 아니고 부끄러워해야 하는 결함도 아니다. 그것은 인간적 욕망의 '진실'과 일치하는 삶의 이상이다. 즐거움이 없는 삶은 더 이상 진정한 삶이 아니다. 소비지상주의적 가벼움이 없는 삶은 뚜렷한 목표 없이 지겹기만 한 삶과 동의어가 되었다.

소비자본주의가 전파하는 것은 유희와 오락으로 이루어지는 쾌락주의 문화이며, 모든 것은 일종의 깨어 있는 꿈속에서 쾌락을 느끼라는 초대이고 도피하라는 격려다. 1950년대와 60년부터는 소비품들이 유희와 젊은이다움의 후광으로 둘러싸였다. 주크박스와 당구, 스쿠터, 트랜지스터, LP 디스크, 팝 스타일의 가구, 진 바지와 미니스커트는 젊음과 에로스, 오락과 결합하여 소비의 세계를 재미있고 가볍게 만드는 과정을 보여주는 상품이다. 영화와 텔레비전 시리즈물, 여가 활동, 방송 프로그램, 버라이어티 음악은 오락의 세계를 연속적으로 창조해 낸다. 광고에서 출판에 이르기까지, 만화에서 버라이어티 방송에 이르기까지, 기발한 제품에서 디자인에 이르기까지 거의 어디에서나 감각의 무거움과 심각함을 거부하는 대신 오락적인 분위기를 계속 받아들이는 재미있고 유머러스한 수사학이 정립된다.

유혹의 자본주의가 만들어 내는 것은, 오락의 표지들과 비극적인 것의 부정이 지배하는 일상적 세계다. 이제는 영혼을 고양하고, 우월한 가치를 주입하고, 모범적 시민을 양성해야 하는 것이 아니라 단지 더 잘 팔기 위해 즐겁게 해주어야 한다. 이제 양식良識과 의무의 문화는 사라지고 도피와 여가 활동, 무사태평하게 지낼 수 있는 권리의 문화가 등장한 것이다.

기분을 전환할 만한 것을 연속으로 제공하고, 이미지와 음악을 쉴 새 없이 전파하고, 모든 주제를 오락의 관점에서 다루고, 모든 것(문화, 정보, 예술)을 쇼 비즈니스 공연으로 변모시키는 소비문화는 곧 일반화된 엔터테인먼트 문화다.[10] 이것은 새로운 현상이다. 전前근대사회에서는 축제가 정해진 날짜에 벌어졌다. 관습과 종교가 동기를 부여하는 축제는 주요한 사회적·상징적 기능을 해냈다. 우주적 질서를 재생하고, 집단의 통합을 보장하고, 집단적 감정을 확고히 한 것이다. 그러나 지금은 더 이상 그렇지 않다. 가벼움은 모든 것에 존재해야 하고, 소비자들의 유일한 개인주의적 즐거움을 위한 지속적 환경으로 자리 잡아야 하는 것이다. "즐기기의 파시즘"(슬로터다이크)에 대해 이야기하지 말고 가벼움의 원칙에 의해 개편된 경제와 문화에 대해 이야기하자.

심지어는 정보의 세계도 이 논리에서 완전히 벗어나지는 못한다. 뉴스는 계속해서 비극적인 이미지를 밀물처럼 흘려보내고, 더 한층 드라마틱한 사건과 스캔들을 폭로한다. 이 세상의 온갖 슬픈 일이 일반인들에게까지 알려지는 이 정보에서는 행복감이 전혀 느껴지지 않는다. 그렇기 때문에, 서로 간에 아무 관계없이 불연속적으로 매우 빠르게 처리되는 이 이질적인 정보들은 서로를 사냥한다. 단 몇 초 만에 끔찍한 비극에서 오락으로 넘어가는 것이다. 심지어는 비극적인 것까지도 이 빠른 리듬을 통해 가벼움으로 둘러싸인다. 정보의 스펙터클은 마치 일상에 활기를 불어넣듯, 감정적이며 감각적인 쇼를 하듯 기능한다. 내용은 끔찍할 수 있지만 전체적인 형식은 가벼우며, 순간적인 것과 망각, 스펙터클한 것의 원칙에 맡겨진다.

○—— 자본주의의 하이퍼모드 단계

소비자본주의와 가벼움의 관계는, 인간들의 일상생활을 짓누르는 물질적 위협을 해소하는 차원을 훨씬 넘어선다. 바로 이것이 가벼움의 논리에 따라 체계적으로 기능하는 경제 유형이다. 시장경제 질서가 유행의 특징인 가벼움과 급속한 변화, 유혹의 논리를 매우 많은 분야에 적용하는 데 성공했다는 점에서, 가벼움의 원칙이 잠재적으로 부상하게 하는 주요한 요인 중 하나가 자본주의라는 사실을 인정해야 한다. 상품과 광고, 식품과 여가 활동, 음악과 스포츠, 미디어와 부티크. 이제는 이 세계의 그 어느 것 하나도 패션과 무관하지 않다. 고전적인 패션의 세계는 옷 장식에 집중되어 있었다. 그러나 이것은 더 이상 우리의 세계가 아니다. 새로운 모더니티 시대가 출현하면서 하이퍼모드hypermode 경제가 자리를 잡았다. 달리 말하면 유행이 생산과 소비, 판매와 홍보, 여가 활동, 예술과 문화 분야를 마치 문어발식으로 흡수하여 보편화되고, 어디에나 존재하며 지배하는 시대가 된 것이다. 이제 우리는 일회용과 항상 새로운 것, 유행의 경박함으로 기능하는 가벼움의 산업경제 시대를 살고 있다.[11]

하이퍼모드 시대는 변화하는 속도의 가속화 및 모델과 이미지, 프로그램의 지속적 쇄신이 소비와 여가 활동, 통신을 주도해 나가는 시대를 가리킨다. 새로운 휴대폰 모델이 8개월에 한 번씩 선보여 판매되고, 새로운 농구화 모델이 계절이 바뀔 때마다 등장하며, 새로운 영화가 끊임없이 개봉되고, 히트곡은 겨우 몇 주일 만에 사라진다. 단명短命 전략, 점점 더 빨라지는 신상품 발매, 파생상품의 증가 등 유행 세계의 특징이 소비 위주로 바뀐 경제의 주요 원칙으로 확립된다.

그와 동시에 하이퍼모드 경제는 소비재에 적용되는 유혹의 미적 원칙이 일반화되는 현상과 일치한다. 하이테크 상품, 가정용품, 스포츠용품, 상품 포장. 이제부터 상품과 기호는 디자인 프로세스, 쇼윈도와

매장 디스플레이, 유행 창조의 논리(판타지, 유머, 젊은 이미지, '쿨'한 스타일)에 따른다. 미적 유혹의 원칙은 이제 더 이상 유행과 예술, 사치품에만 국한되지 않는다. 그것은 소비의 세계에 유행의 변덕스러움이라는 특징을 부여하여 널리 확산한다. 경량 산업을 통해 본질적으로 변덕스러운 하이퍼 소비경제가 구축된다.

소비지상주의의 세계는 매일같이 조금씩 더 유행의 세계에 보조를 맞춰 나간다. 심지어 옛날에는 '진지해 보이던' 상품들도 이제는 미적 경박함의 향기로 둘러싸여 있다. 전화와 목욕탕에서 쓰는 물건들, 칫솔, 속옷, 운동화, 안경테, 손목시계는 이제 더 이상 '기술적'인 상품에 머물지 않고 끊임없이 새것으로 바뀌지고, 시즌 컬렉션에 소개되며, 상표가 붙은 패션 액세서리로 드러난다. 이제는 기술적 장점을 지닌 상품을 출시하는 것으로는 충분하지 않다. 혁신을 해야 하고, 외양을 보여주며 유혹해야 하고, 재미있거나 '공감이 가는' 효과를 불러일으켜야 하고, 유행하는 컬렉션에 맞추어 새로운 계통의 제품을 체계적으로 만들어 내야 한다. 심지어 몇몇 자동차 시리즈는 트렌드에 맞으면서도 창조적인 외관을 보여주기 위해 유행하는 브랜드와 공동작업으로 설계된다. 경제와 경박함, 유혹이 미학적으로 교배해서 하이퍼모던한 가벼움을 만들어 내는 것이다.

유행-유혹의 원칙은 또한 바와 호텔, 온천의 세계도, 더 일반적으로 말하자면 영업장소도 다시 정의한다. 우리는 세련된 라인과 대형 스크린, 빛의 효과, 아방가르드 장식 등을 갖춘 라운지 바와 트렌드 카페, 디자인 카페가 크게 늘어난 것을 볼 수 있다. 획일화된 대규모 체인 호텔에 대한 반발로, 독창적인 디자인과 특정 주제를 중심으로 유기적으로 구성된 특이한 스타일을 보여주는 '부티크 호텔' 역시 증가하고 있다. 소비자를 미적으로 유혹하기 위해 공간의 리모델링 작업을 점점 더 자주 벌인다.

독특한 건축법과 독창적인 연출을 보여주는 임시 매장(팝업 스토어)과 콘셉트 스토어 역시 하이퍼모드 시대의 작품이다. 즐겁게 쇼핑하면서 변화에 대한 취향을 만족시킬 수 있도록 해주는 창조적 분위기와 다양화, 개인화의 요구가 어디서나 명확히 드러난다. 지금은 마치 오락을 하듯이 구매하게끔 하는 것이 목표인 편 쇼핑을 통해 매장을 '매혹적인 장소로 만드는' 전략을 구사하고, 대화를 통해 활기를 불어넣으며, 냄새와 색깔과 음악을 통해 감각을 자극한다. 이 판매 장소들은 '모험 공간'으로, 상업과 즐거움, 긴장의 이완, '트렌드', 감각성을 결합한 쇼핑의 매개물로 변모했다.

상품, 매장, 판촉, 인터넷 사이트, 광고. 하이퍼모드가 가볍게, 경박하게, 미적으로 우리를 지배하면서 일상적인 상업 환경 일체가 크게 바뀌었다.

○── 가벼움의 산업화

'소비자본주의는 곧 산업화된 가벼움의 자본주의다'라고 말한다는 것은, 그것이 다름 아닌 유혹의 자본주의나 초미학적 자본주의라고 말하는 것이나 마찬가지다. 가벼움이 산업화되는 시대에 자본주의는 꿈과 감정을 대량으로 생산해 내고, 가장 일반적인 상품과 상품 포장, 판매 장소, 기차역과 공항, 카페와 식당, 관광지 등을 미적으로 만든다. 모든 것이 '트렌드'를 만들고, 감정을 동원하고, 소비자들을 유혹하기 위해 구상된다. 그와 동시에 미적 유혹이 무한정하게 이루어지고, 우리 일상생활의 환경은 완벽히 연출된다. 이제는 사용가치만

44

판매하는 것이 아니고 스타일과 성적 매력, '최신 트렌드', 장신구까지 판매한다. 주로 무거운 것을 생산하던 시대가 가볍고 미학적이고 유희적인 유혹의 시대로 바뀐 것이다.

광고와 창조 산업은 둘 다 예술화와 유혹의 움직임에 따른다. 즉 이 두 가지는 일체화된 가벼움의 논리에 따라 함께 기능하는 것이다. 광고 이미지와 메시지의 영역에서는 짧고 단순해야 할 뿐 아니라 유혹하고, 즐겁게 하고, 놀라게 하고, 자극해야 한다. 광고는 구조적으로 볼 때 커뮤니케이션-유혹의 가벼운 형태다. 문화 산업은 아무런 교육도 필요로 하지 않고 특별하거나 학술적인 문화적 기준도 요구하지 않기 때문에 누구나 접근 가능한 도피를 통해 영화와 텔레비전의 관객과 음악의 청중들이 꿈꾸고 즐거워하도록 노력한다. 어디를 가나 소비자본주의는 새로움과 편리함, 놀라움, 아름다움, 스타 만들기, 감동, 연출, 효과의 추구 등 유혹의 원동력을 대규모로 활용한다. 이러한 관점에서 볼 때, 소비지상주의적인 가벼움의 세계는 유혹이 연속적으로 이루어지는 거대한 무대처럼 보인다.

게오르그 지멜Georg Simmel에 따르면, 교태는 사회성의 "가장 가볍고 유희적인" 형태를 잘 보여주는 유혹의 놀이다.[12] 소비경제가 산업의 차원에서 만들어 내는 것은 바로 이 유혹과 유희성遊戲性, 가벼움의 차원이다. 간단히 말해, 여기서 유혹은 더 이상 인간들 간에 벌어지는 사회적 놀이가 아니라 경제의 조직 원칙이며, 일반화된 상업 전략인 것이다. 이러한 관점에서 우리는 소비자본주의를, 오락의 즐거움과 욕구를 끊임없이 자극함으로써 소비자를 유혹하는 시스템으로 정의할 수 있다.

현재 문화 산업은 제조업과 마찬가지로 항상 새로운 것과 기분 전환, 미적 창조에 집중하는 가벼움의 생산 방식을 이용한다. 하이퍼모던 시대는 곧 공업 기술과 미디어 기술을 통해 가벼움을 관리하는 시대다. 그것은 대량 소비를 위해 가벼운 것을 산업화, 미디어화, 상품화하는 것으로 정의할 수 있다. 소비사회는 새로운 경제와 생활방식, 감각 방식을 만들어 냄으로써 가벼움을 산업화된 세계와 일상적인 환경, 주요한 사회적 상상세계로 만들었다.

○── 난폭함, 미학, 가벼움

유혹의 자본주의가 등장하면서 그것이 문화와 아름다움에 미치는 부정적 결과를 비난하는 담론이 무수히 쏟아졌다. 바로 이것이 공공장소를 '시각적으로 오염시키고', 어리석음과 저속함·섹스·폭력이 지배하는 프로그램을 방송하는 사회다. 바꿔 말하면, '인간이 쉴 새 없이 뇌를 쓰도록 만드는' 사회인 것이다. 저속함, 미적 빈약함, 하향평준화, 유치함, 바로 이것이 진정한 문화를 훼손하고 말살하는 시장의 작품이다. 세계는 날마다 조금씩 추해지는데, 소비자들은 문화적 동질성을 상실한 파뉘르주의 양 떼moutons de Panurge〔라블레의《팡타그뤼엘》에 등장하는 인물로 부화뇌동하는 사람을 가리킨다─옮긴이〕로 바뀌어 가고 있다. 뭔가 위험한 것이 완전히 상업적인 것의 가벼운 문화에 자리 잡고 있는 것이다.

이제 더 이상 위대하고 고상한 것은 없다. 인간들이 끊임없이 감탄하는 위대한 작품들과는 달리 가벼운 것의 문명은 오직 일시적인 기분 전환을 위해 '일정 기간'만 사용하는 상품들을 만들어 내고 있다. '한 번 쓰고 버리는 일회용'과 무가치한 것이 사방에 넘쳐나는 이 문명은 미적 감수성을 위축시키고 파괴적인 재평 행위를 보편화하는 새로운 형태의 '야만'이다. 일반적으로 상징과 상상이 점점 더 빈약해지고, 소비자들이 서서히 프롤레타리아로 변해 가는 것이다.

산업화된 가벼움에 대한 이 거침없는 비난에 이의를 제기해야 한다. 왜냐하면 허접한 제품들을 만들어 낸다고 해서 디자인과 패션, 영화, 음악, 장식 등 다양한 분야에서 수많은 명품을 못 만들어 내는 것은 아니기 때문이다. 상업적 논리의 힘이 아무리 크더라도 창조 행위는 소멸하지 않는다. 비록 수준 이하의 작품이 우후죽순처럼 확산되고 있는 것은 사실이지만, 우리는 또한 더 많은 숫자의 '중간 수준' 작품들도 가지고 있으며, 이런 작품들은 비록 걸작의 지위에 오르기를 바라지는 않지만 그럼에도 어느 정도 수준을 갖추고 있어서 감상자를 감동시킬 수 있다. 산업화된 가벼움의 생산이 반드시 단조로움의 반복과 창조성의 완전한 부재를 의미하는 것은 아니다. 이것은 그 경향들 중 하나일 뿐 유일한 경향은 아니다.[13]

그와 동시에 가벼움의 산업화는 취향과 기대, 미적 열망을 민주화했다. 이제 개인들은 집단으로 자연과 예술의 아름다움을 감상하고, 음악을 듣고, 집 안을 장식하고, 공연을 보고, 여행을 하고 싶어 한다. 유혹의 자본주의는 감동과 디자인, 음악, 이미지, 풍경을 끊임없이 탐구하는 미학적 소비자를 만들어 내는 데 크게 기여했다. 이 시스템은 가벼운 상품과 기호를 대량으로 만들어 냈을 뿐 아니라 미적 태도의 일반화를 통해 세계와의 관계를 더 가볍게 만들었다. 본래 미적 관점이란 실용적 목적을 배제한 채 거리를 두고 이해관계를 배제한 관점이 아니고 무엇이겠는가? 가벼운 것의 문명은 소비자의 감수성을 떨어뜨리기보다는 오히려 그것을 예술화했다.

◦──── 산업화된 가벼움, 경제의 과중한 무게

유혹의 자본주의가 주류 경제의 전부는 아니다. 가벼운 것의 산업화가 비약적 발전을 이룩하는 것과 동시에 전례 없는 비대 현상이, 즉 글로벌화된 금융의 지배력과 시장의 비대 현상이 전개되고 있다. '총체적 자본주의'의 시대는 곧 '터보turbo 자본주의'의 시대다. 과거에는 시장의 힘과 균형을 이루었던 이데올로기와 제도, 사회 세력을 조직화하는 힘이 약화되고 보호주의적인 행정 조처들이 해제되며, 금융 거래를 규제하는 주요 규정이 완화되거나 폐지된다. 자본주의가 자유화되면서 금융과 주식 분야가 팽창하고, 통화에 대한 투기적 움직임이 일어나며, 대출이 증가하면서 결국은 투기로 인한 '거품'이 연속으로 형성되었다. 이처럼 글로벌화된 시스템에서 처분 가능한 국제자본과 단기적 '유동자본'의 총액이 순전히 금융 논리에 따라 엄청나게 증가했다. 이러한 금융화는 금융 분야의 자율적인 발전으로 이어졌다. 금융의 자율화는 하나의 신화인 동시에 불가항력적인 현실이다. 실물 경제와의 간극이 너무 커지면, 과도한 대출의 결과로 투기 '거품'이 터지면서 경제가 붕괴한다. 글로벌화된 규제 완화와 거래의 컴퓨터화는 내부 견제 장치가 없는 금융 경제를 탄생시켰는데, 유동적이며 불안정한 '가상 경제'라고 이름 붙여진 이 경제는 가벼운 것의 문명의 경제 버전에 해당한다.

바로 여기서 금융화된 자본주의가 태어나는데, 그것이 동시에 자본의 순간적·유동적·가상적 유통에 따라 기능하기 때문에 그 비대함은 역설적이다. 부는 이제 원료나 가공 상품을 판매한 결과라기보다는 비물질적인 유통의 결과가 되어 가고 있다. '탈물질화되고' 유동적이며 신속한 금융과 전자경제 시스템은 옛날식으로 느리고 '무거운' 물질자본주의의 자리를 최소한 부분적으로 빼앗았다. 앞면에는 가볍고 유희적인 유혹의 자본주의가 있다. 그리고 뒷면에는 탐욕스럽고 비대한 신성불가침의 금융자본주의가 있다.

하이퍼자본주의는 비물질적인 조작에 점점 더 의지하게 되고, 그런 이유로 가벼운 것의 혁명을 구성하는 요소 중 하나가 된다. 그러나 이 가벼움은 엄청난 사회적·정치적 무게를 가진다. 그 어느 것도 시장과 자본의 지배에서 벗어날 수 없다. 예술 분야든 스포츠 분야든 문화 분야든, 세계와 그 활동을 지배하는 것은 글로벌화된 비즈니스 문화다.

시장경제는 엄청나게 강력해져서 은행가든 국제기관(예를 들면 국가)이든 일체의 통제에서 벗어나는 시스템을 탄생시켰다. 이러한 맥락에서 국가의 완전한 지배라는 원칙은 국가가 힘을 발휘할 여지가 점점 더 적어지면서 쇠퇴하고 있다. 비대해진 경제, 보잘것없거나 무력한 국가. 모든 것이 속도와 유동성, 불안정성을 기반으로 하여 기능한다. 그러나 이 집단적인 움직임을 이끌어 나가는 것은 확고한 시장의 법칙이다. 산업화된 가벼움과 비물질화된 유통의 영향하에, 민주주의 국가에서 정치를 무력화하는 경제와 재정의 비중이 증가한다.

소비자의 급변동성, 변덕스러움, 경박함

그렇다고 해도 무거운 것에 대한 가벼운 것의 전쟁이 소비자본주의의 출현과 더불어 결정적인 단계로 넘어섰다는 사실에는 변함이 없다. 지금까지만 해도 오직 부유한 계층만 소비재와 가볍거나 경박한 관계를 만들어 낼 수 있는 구매력을 무제한으로 발휘해 왔다. 그러나 지금은 많은 사람이 생활필수품을 사는 데 필요한 최소한의 금액보다 더 많은 수입을 올리게 되면서 대중소비경제는 이러한 사회적 상황을 크게 바꿔 놓았다. 이제는 상위 계층뿐 아니라 일반 서민들까지도 자기들에게 기본적으로 필요한 것 이상을 '그냥' 사서 소비할 수 있게 되었다. 그리하여 거의 대부분의 소비자는 소비지상주의라는 새로운 생활 영역에 접근하게 되었는데, 이 영역은 엄격한 생리학적 욕구를 버리라고 요구한다.

'기본적' 욕구가 만족되면 소비는 기능적·실용적 영역에서 벗어나 기분 전환과 오락을 점점 더 추구하는 경향을 보인다. 그중에서도 특히 가젯gadget〔혁신적인 기술이 적용되어 크기가 작아지고 성능이 뛰어난 작은 기계장치나 도구, 부속품 등—옮긴이〕과 게임, 패션, 공연, 음악, 영화, 여행 등 모든 분야에서 새로움과 감각을 추구한다. 이제 우리는 소비자들이 매일같이 음악과 영화, 텔레비전 시리즈물, 패션, 여행을 소비하는 세계에 살고 있는 것이다. 오늘날 청소년들 삶의 중심에는 외모와 외출, 청바지 마크, 비디오게임, 페이스북 사진 업로드가 자리 잡고 있다. 그리고 신기한 제품과 스펙터클, 패션, 게임, 여행에 대한 열광은 모든 사회적 부문에 관련된다. 삶이 점점 더 상품화하면서 가벼운 에토스ethos〔성격과 관습을 의미하는 옛 그리스어로 사람의 특징적인 성질이나 태도를 말한다—옮긴이〕가 사회의 외면에 계속하여 퍼져 나가고 있다. 하이퍼모던한 가벼움은 재미있고, 유희적이고, 오락적인 소비의 차원이 일반화되는 현상과 일치한다.

○── 급변동성

대부분의 사람들이 가지고 있는 생활필수품에 대한 취향은 감소하는 대신 유행 상품과 '신상품'에 대한 취향, 일시적인 열광, 지속적인 쇄신에 대한 욕구는 증가하고 있다. 소비자들은 휴대폰을 1년 반에 한 번씩 바꾼다(휴대폰의 실제 수명은 그보다 훨씬 길다). 이런 맥락에서 볼 때, 신新소비자들은 "경험의 수집가"[14]로, 즉 사회적 과시라는 강박 관념에 사로잡히기보다는 한 번도 느껴 본 적이 없는 만족을 느껴야 한다는 강박관념에 더 사로잡힌 소비자로 보인다. 소비는 이렇게 '정 태적'이기보다는 동태적으로, 과시적이기보다는 감정적으로, 소유를 목표로 하기보다는 항상 쇄신되는 즐거움을 목표로 하여 이루어진다. 유혹의 자본주의 시대가 되면서, 세계에 고정되어 있기보다는 마치 그 위를 미끄러져 가듯 끊임없이 움직이는 것처럼 보이는 변덕스러운 소비자와 불가분의 관계에 있는 소비의 미학이 확립되고 있다.

새로운 디지털 방식의 도구로 한층 더 강화되는 역학이 판매 장소 까지 이동해야 하는 의무에서 소비자를 해방한다. 인터넷 거래 덕분 에 웹 소비자는 밤낮을 가리지 않고 어느 시간에나 자기 컴퓨터 앞에 서, 또는 스마트폰 덕분에 길거리에서 상품을 주문할 수 있다. 소비는 상업세계의 시공간적 제약에서 해방됨으로써 전에 없던 가벼움과 유 동성을 획득했다.

게다가 우리는 소비 행태가 집단적 배경과 종교적 규범, 지금까지 중시되었던 계급적 습관과 규칙에서 벗어난 시대를 살고 있다. 상품 선택 가능성의 풍부함과 개인화의 역학은 집단적 강제를 와해하고, 그 결과 관습과 계급의 순응주의에 얽매이지 않고 끊임없이 이동하 는 변덕스럽고 불충실하며 조직화되지 않은 구매자로 자리 잡는 새로 운 소비자 유형을 만들어 낸다. 개인들이 그들의 계급 문화에 긴히는 일이 줄어들면서 소비는 선택의 개인화 및 집단적 규범과 아비투스에 대한 당사자들의 자유로운 행동으로 특징지어진다. 계급 귀속 의식이 점점 더 희박해지는 동안 구매자들의 선택은 계급 아비투스에 의해서만 결정되는 일이 점점 더 줄어드는 반면 예측이 불가능해지고, 파편화되고, '탈脫경계화된다.' 따라서 소비는 전통에서 벗어난 가벼움이 집단적 통제의 무거움에 대해 거둔 하이퍼모던적 승리를 기록한다. 현대의 소비자를 특징짓는 운동성은 규제 완화와 탈전통화, 하이퍼모던적 개인화 과정의 결과다.

이 새로운 배경에서, 아주 오랜 옛날부터 소비 영역을 조직화하는 변별적 기호를 소유하려는 대립 전략과 투쟁은 흔히 뒤로 밀리기 일쑤다. 우리는 소비가 그것이 옛날에 가지고 있던 갈등의 차원을 비우는 경향이 있는 순간에 살고 있다. 이제는 인간들 간의 도발 논리와 규정상의 경쟁, 상징적 대립의 부담이 대폭 줄어들었으며, 더 내면화되고 쾌락주의적인 소비가 우세하다. 사회적 신분을 과시해야 할 필요성에서 해방되어 덜 경쟁적이고 덜 연출하는 소비는 명예를 중시하는 그것의 전통적이고 사회적인 의미가 크게 완화되는 경향을 분명하게 보여준다.

마지막으로, 신소비자는 사회적 '무게'를 다른 사람들에게 보여주려 하기보다는 계속 움직이면서 현재의 갑갑함을 잊어버리고자 한다. 상징적인 계급투쟁에 이어 개인적 체험을 가볍게 하겠다는 목표가 등장한 것이다. 지금 소비는 충족되지 않는 욕망의 일시적 완화제로, '사기를 올리고 위로하기 위한' 수단으로, 각자의 불행과 실망과 욕구불만을 잠시나마 잊게 할 수 있는 작은 도취로 폭넓게 기능하고 있다. 사람들은 쉴 새 없이 바뀌는 소비재가 일상에 다소간 활력을 부여해 하루하루의 답답함에서 벗어날 수 있기를 기대한다. 오늘날의 소비는 여행과 흡사하다. 그것은 현재에 산소를 공급하거나 생기를 불어넣는 기능을 하는 가벼운 여행처럼 보인다. 생기 없는 삶의 시간에 맞서 싸우고, 관례의 무게를 더 이상 느끼지 않도록 해주고, 체험된 현재를 강화하거나 '새롭게 하는' 현대적인 소비는 삶을 가볍게 하는 일시적이지만 일상적인 도구로 생각되어야 한다.

∘── 여가 활동

노동시간이 점차 줄어들고 생활수준이 높아지면서 개인들은 여가 활동과 스포츠, 기분 전환에 점점 더 많은 시간과 돈을 할애하고 있다. 지금은 15세 이상 사람들이 여가 활동과 사교 활동에 할애하는 시간이 깨어 있는 시간의 30퍼센트를 차지하는데, 이 시간은 집안일을 하는 데 할애하는 시간보다 많다. 지금까지 개인은 대부분 노동을 가장 중요한 활동으로 생각했으나 이제는 여가 활동과 바캉스, 스포츠, 게임, 여행, 공연에 점점 더 많은 관심을 기울이고 기대한다. 기분을 전환해 주거나 오락적인 생활 방식과 "유희적인 삶의 개념"(에드가 모랭Edgar Morin), 그리고 삶의 도피 욕구는 노동이 더 이상 사회적으로 지배적인 시간이 아닌 순간에 할애된다.

이런 의미에서 가벼운 삶의 형태는 크게 민주화되었다. 즉 그것은 더 이상 방탕한 생활을 그린 벽화나 살롱의 대화에서 구체화되지 않고 여가 활동과 공연의 소비에서, 게임과 관광과 상업과 관련된 오락에서 구체화된다. 여기서는 일시적으로나마 일의 부담을 덜어 버리고 삶의 지겨움에서 벗어날 수 있는 방식으로서 새로운 감각과 감정의 도취, 태평스러운 '작은 모험'의 행복 같은 존재의 가벼움이 찾아지고 이따금은 발견되기도 한다. 우리의 동시대인들은 게임과 공연, 음악, 관광여행, 놀이공원에 점점 더 탐욕스러워지는 욕구를 보여준다.

바로 이것이 일과 일상의 경화증硬化症에서 벗어나 긴장을 풀고, 재미 있게 시간을 보내고, '욕구를 발산하기 위해' 추구하는 즐거운 감각과 끊임없이 바뀌는 소비, 바캉스와 여가 활동에서 구현되는 하이퍼 소비지상주의 시대의 가벼움이다.

◦—— 여행

쾌락주의자인 하이퍼모던한 소비자는 또한 끊임없이 이동한다. 전 세계를 통틀어 수십억 명의 국내 여행객이 있으며, 해외관광객의 숫자는 끊임없이 증가하여 1950년에 2500만 명이었던 것이 1980년에는 2억 7800만 명으로, 2012년에는 10억 명으로 늘었다. 2030년이 되면 이 숫자는 18억 명에 이를 수 있다. 휴가를 떠나건 아니면 직업적인 이유에서건, 점점 더 많은 여행이 항공기를 통해 이루어지고 있다. 하늘을 나는 것. 인류가 태곳적부터 꾸어 온 이 가벼움에 대한 꿈은 가장 간단하고 쉽고, 엄청난 숫자의 사람들과 관련되는 행위다. "나는 단 몇 초 만에 나를 하늘로 보낼 수 있습니다." 이것은 항공권 가격 비교 사이트인 릴리고닷컴Liligo.com의 유머러스한 광고다. 전 세계에는 모두 1만 4000개의 공항이 있고, 항공기가 1초에 한 대씩 이륙하여 매년 2920만 회의 비행이 이루어진다. 항공기라는 교통수단 덕분에 장거리 이동의 부담이 엄청나게 줄어들었으며, 먼 거리를 쉽게 통과할 수 있게 되었고, 개인들은 우리 지구의 아름다움을 발견하고 싶어 한다. 그들은 자기들이 일상생활을 하는 장소에 점점 더 짧게 머무른다. 가상의 유목 생활은 대규모의 항공 유목 생활을 동반한다.

우주공간에서의 유목 생활도 이제 막 시작되었다. 2001년에 데니스 티토Denis Tito가 처음으로 이런 종류의 비행을 한 이후로 여덟 명의 백만장자가 국제우주정거장에서 머물렀다. 지금은 여러 회사가 지구를 보며 감탄하고 무중력 상태의 순간을 체험하기 위해 우주공간을 여행할 것을 제안한다. 우주공간에 호화판 호텔을 여는 문제도 거론되었다. 우주공간을 여행하고 지구의 인력에서 벗어나겠다는 꿈은 더 이상 실현 불가능한 것이 아니다. 당분간 이 꿈은 초부유층만 실현할 수 있을 것이다. 그러나 보통 사람들도 이 꿈을 실현할 날이 멀지 않았다.

사람들의 이동성은 우주공간이라는 영역을 훨씬 넘어서서 증가한다. 도시들이 넓게 펼쳐지고, 주거지와 직장이 점점 더 멀어지고, 여가 활동이 활발해지고 외출이 늘어나면서 개인들은 점점 더 자주 이동한다. 모든 동기를 다 합쳐서 따져 볼 때, 사람들은 1982년 주중 하루에 평균 17.4킬로미터를 돌아다녔고, 2008년에는 주중 하루에 평균 25.2킬로미터를 돌아다녔다. 2005년에 프랑스인은 1인당 평균 1만 6600킬로미터를 돌아다녔다. 이동성은 연령에 상관없이 증가했고, 특히 더욱 자주, 더욱 멀리 이동하는 어린아이들과 75세 이상의 고령자들에게서 크게 늘어났다. 하이퍼모던 시대의 개인은 점점 더 많이 움직인다.

자동차는 가장 많이 이용되는 운송 수단이지만, 주거 지역이 밀집되면서 자동차 이용은 감소되는 추세에 있다. 현재 대도시에서는 잘 알려진 일련의 불편함을 피하기 위해 대중교통수단뿐 아니라 자전거와 도보를 이용하는 사람들이 점점 더 증가하고 있다. 그렇기는 하지만 도시에서 자전거를 타는 것은 여전히 매우 제한적이다. 프랑스의 도시에서 자전거는 모든 기계화된 이동수단의 겨우 5퍼센트를 차지할 뿐이다.

여기서도 또한 가벼운 것의 문명은 대중교통수단의 확대뿐 아니라 자전거 전용도로의 설치를 요구하며 발전하고 있다. 오염과 교통체증 문제를 점점 더 민감하게 느끼고 있는 프랑스인들의 90퍼센트가 이런 유형의 시설물을 설치해 줄 것을 요구하고 있다. 그럼에도 불구하고 최근의 조사 결과를 보면 자전거는 여전히 거의 이용되지 않는 이동 수단으로 남아 있다. 이 분야에서 프랑스는 다른 유럽 국가에 '뒤처져 있다.' 이미 1990년대에 자전거는 암스테르담에서 모든 교통수단의 28퍼센트를, 코펜하겐에서는 26퍼센트를 차지했다.[15] 이렇게 많은 사람이 자전거를 타는 것은 북유럽 소비자들의 문화적 요인이나 특별한 취향에서 비롯된 것이 아니다. 그것은 수십 년 전부터 특별한 의지를 갖고 자전거를 우대하는 정책을 펴온 결과다. 1999년에 프랑스와 비교될 수 있는 상황을 보여주었던 독일은 몇 개의 선도 도시에서 상당수의 자전거 보급 정책을 펴서 어느 정도 성공을 거두었다. 가벼운 것의 문명은 '느리고', 경쾌하고, 지속적인 이동성을 갖춘 더 유동적인 이동 수단의 발전을 촉진하기 위해 이런 정책을 요구한다.

하이퍼모던한 개인은 단지 움직이거나 이동하는 소비자인 것만은 아니다. 그들은 기분 전환을 하며 더 한층 안락하고 쉽게 여행하고 싶어 한다. 변화가 큰 폭으로 이루어졌기 때문에 지금은 꼭 자기 집에 있는 것만큼이나 편안히 여행할 수 있게 되었다. 항공사들은 이용객들에게 음악과 영화, 가상 게임, 인터넷 등 더 많은 서비스를 계속 제공한다. 유람선은 테니스장과 수영장, 미니 골프장, 조깅 코스, 피트니스 룸, 해수요법 치료소, 영화관, 카지노, 상점, 디스코텍을 갖추고 있다. 모험의 범주는 유희적인 운송 수단에 자리를 양보했다. 여행이 안락함의 질을 떨어뜨리지 않도록 모든 것이 준비된다. 이제는 빨리 가는 것보다는 여행자의 체험을 가볍게 만들 수 있는 운송 시간에 대한 질적質的 접근을 우선시해야 한다.

물론 관광을 위한 이동성이라는 측면에서 모든 소비자가 동등한 것은 아니다. 최근 몇 년 동안 프랑스 사람 둘 중 하나는 돈이 없어 여름휴가를 떠나지 못했으며, 5~18세의 어린아이 중 4분의 1 이상이 여름휴가를 떠나지 못했다. 어떤 사람들은 지구 반대편에 가고, 또 어떤 사람들은 자기가 사는 동네조차 벗어나지 못한다. 그런 이유로 이따금 빈곤한 하부infra 노마드와 세계화된 하이퍼hyper 노마드가 확실하게 대비되는 것이다. 이런 대비는 부인할 여지 없이 어느 정도는 진실이지만, 이동성의 대규모 민주화와 디지털 도구들이 기반을 이루는 초超이동성의 증가, 저가 여행 상품 출시, 이동의 새로운 용이함 같은 주요 현상을 지나치게 은폐한다. 가벼운 것의 문명에서 모든 사람은 이동을 꿈꾸며 휴가 계획을 짜고, 모든 대양에서 해수욕을 하고, 유명 유적지를 방문하고, 전 세계의 유명 박물관을 보고 싶어 한다. 지금은 덜 멀리, 덜 오랫동안, 덜 비싸게, 그러나 더 자주 떠나는 것이 추세다. 젊은이들과 은퇴자들은 점점 더 자주 여행한다. 최소한 전자통신의 영역과 '머릿속'에서 우리는 모두 하이퍼 노마드다. 이 말은 지나칠 정도로 사실이기 때문에 여행을 하지 않는다는 것, 한 장소에만 있다는 것은 조금 부끄럽고 창피한 일이다. 가벼운 것의 혁명은 하나의 고정된 장소에 묶여 있는 것을 점점 더 견딜 수 없게 만든다.

○── 웃음

현대인들은 상품과 이미지, 여행만 대량 소비하는 것이 아니라 웃음과 유머도 소비한다. 수많은 텔레비전 시청자들이 재미있고 웃기는 토크쇼와 방송 프로그램을 열광하며 즐겨 본다. 흉내나 풍자를 전문으로 하는 배우가 공연을 하면 관객들이 만원 사례를 이룬다. 프랑스 사람들에게 좋아하는 인물을 꼽아 보라고 하면 풍자 전문 배우나 희극배우가 상위권을 다툰다. 플로랑스 포레스티Florence Foresti는 2012년에 프랑스인들이 가장 좋아하는 여성으로 뽑혔고, 최근 몇 년 동안 관객이 가장 많이 든 프랑스 영화는 모두 코미디영화였다. 〈크티스네 집에 오신 걸 환영합니다Bienvenue Chez les Ch'tis〉와 〈건드릴 수 없는 사람들Intouchables〉이 각각 2000만 명과 1500만 명의 관객을 동원하자 사회학자 폴 요네Paul Yonnet 같은 이들은 "어디를 가나 웃음소리가 크게 울려 퍼지는"[16] 시대가 왔다고 말했다.

물론 인간 사회는 항상 익살이라든가 여흥, 농담 등 오락의 형태들을 이용해 왔다. 그러나 과거와 달리 지금의 웃음은 인간들이 서로 가까이 지내고 영향을 미치면서 '마음을 터놓고 웃는' 웃음이 아니라 그냥 소비하는 웃음이다. 모든 점에서 볼 때, 소통의 웃음은 점차 사라져 가고 있다.

브라질에서 돌아온 장 드 레리Jean de Léry (1536~1613. 프랑스 여행가이자 작가. 〈브라질 여행기〉를 썼다. ─옮긴이)는 인디언들이 끊임없이 웃는다며 놀라워한다. "그저 웃기만 한다. 정말 대단치 않은 사건에도 웃는다."[17]

프랑스인들은 하루에 4.6회 웃는데, 이 횟수는 나이가 들면서 줄어든다. 25세 이하는 하루에 일곱 번 정도 웃는 반면 50세가 넘으면 하루에 네 번밖에 웃지 않고, 특히 65세가 넘은 사람의 21퍼센트는 하루에 한 번도 웃지 않는다. 몇몇 설문 결과를 믿는다면, 거침없는 웃음은 감소하고 있다. 거침없는 웃음은 1939년에는 하루 평균 20분이었으나 1980년대 초에는 6분으로 줄어들었고, 지금은 성인들 중 3분의

1 이상이 하루에 겨우 1분 정도만 거침없이 웃으며 즐거워할 뿐이다. 사람들이 하도 안 웃어서 지금은 웃음을 통한 치료법인 '웃음 치료'와 웃음 클럽, 더 잘 더 가볍게 살 수 있도록 도와주기 위한 웃음 요가 강의까지 생겨난다. 웃음은 하나의 치료법이 되었고, 과학을 동원하는 하나의 주제가 되었으며, 우리를 억제에서 해방하고 불안을 감소시키고 스트레스를 풀어주고 팀 교육과정의 분위기를 활기차게 하는 진지한 것이 되었다. 마치 가벼운 것의 문명이 레몽 드보Raymond Devos의 "웃음은 그걸 갖고 농담을 하면 안 되는 진지한 것이다!"라는 말을 확인이라도 하려는 듯, 모든 일이 벌어지고 있다. 어떻게 되었든지 간에, 재미있는 문화는 사실 웃음의 가벼움의 문화는 아니다.

우리는 텔레비전 앞에서는 웃는다. 그러나 공공장소는 그다지 즐겁지도 않고 즐거움으로 진동하지도 않는다. 사무실과 길거리, 교통수단, 식당에서 '큰 소리'로 웃는 일도 드물다. 심지어는 축제 때도 목청껏 웃는 웃음소리를 듣기가 힘들 정도다. 이제는 누가 짓궂은 장난을 하고 허풍을 떠는 것도 보기가 쉽지 않다. 우리 사회가 유머러스한 모습을 더 많이 드러내면 드러낼수록 미친 듯한 웃음은 덜 울려 퍼진다. 우리는 웃음을 폭발시키는 대신 외관상의 가벼움을 가지고 있다. 심지어는 고등학생들과 중학생들까지도 옛날처럼 왁자지껄하게 얘기를 나누기보다는 SNS를 통해 의사소통하는 걸 더 좋아한다. 매스컴을 타는 공연이 점점 더 많은 웃음을 촉발할수록 인간들이 상호 관계 속에서 폭소를 터뜨리는 일은 그만큼 적어진다. 이제 개인들의 웃음을 책임지는 것은 문화 산업이다. 하이퍼모던 시대의 가벼움은 자연발생적이라기보다는 소비된다고 보아야 한다.

이제는 짐이 되어 버린 소비

비록 소비사회가 가벼움의 특징을 띠는 것은 분명하지만, 엄격한 의미의 무사태평한 삶을 만들어 내는 데 성공하려면 아직 멀었다. 소비의 영역이 계급의 강제와 전통에서 벗어나 더 유동적이면 유동적일수록 새로운 무거움이 우리 삶을 짓누르는 게 더 잘 느껴진다는 사실은 매우 역설적이다.

1950년대는 행복감을 자아내는 소비가 사람들을 즐겁고 뿌듯하게 만들던 시대였다. 이제 그런 시대는 지나갔다. 시장이 인간 생활의 거의 모든 측면에 영향력을 넓혀 가는 동안 소비자들의 불신과 항의, 의문은 점점 더 증가하고 있다. 교통체증에 시달리고, 시내에 주차하고, 슈퍼마켓에서 장을 보는 것, 이 모든 것은 흔히 고역의 순간으로 체험된다. 소비자들은 이런 일을 일종의 억압으로 생각하며 피곤해한다. 새로운 도시 공간의 단조로움과 밀려드는 관광객들에 훼손되는 풍경, 광고의 습격, '바보상자' 텔레비전을 비난하는 불평불만은 수도 없이 많다. 시장 질서가 체험된 경험을 경제적으로 지배하면서 불만과 실망이 늘어나 삶이 가벼워지지 못하도록 가로막는 장애가 된다. 쇼핑 충동에 저항하지 못하고, 몸에 안 좋은 음식을 너무 많이 먹고, '형편없는' 텔레비전 프로그램을 보느라 시간을 허비하고, '아무 쓸모가 없거나' 너무 비싼 상품을 샀다며 자책하는 소비자의 새로운 형태의 죄책감이 여기에 덧붙여진다. 즉 여기서는 무거운 것이 행복한 가벼움보다 우세한 것이다. 오랫동안 유희적이며 무사태평한 차원과 동일시되었던 현대의 소비는 그 양상을 바꾸었다.

관습이 지배하는 세계에서 당연시되던 모든 것이 의심스러워지는 경향이 있다. 언론이 전달하는 정보를 보유하고 있는 신소비자는 더

주의를 기울이고, 더 비판적이며, 물건을 살 때는 여러 가지 지식을 동원하여 끊임없이 상품과 위험을 평가한다. 휴대폰으로 통화하고 전자레인지를 사용하는 것은 위험하지 않을까? 유전자 변형 식품에 대해 불안해하고, 오염된 상품과 살충제를 피한다. 이제 어떤 상품을 산다는 것은 곧 지식과 정보, 비교, '식견을 갖춘' 선택을 구체화한다는 것을 의미한다. 우리는 소비를 하나의 문제로 변형함으로써 그것을 관심과 의문의 대상으로 만드는 소비자 반성反省의 시대를 살고 있다.

신소비자의 일은 '손수 만드는 취미do it yourself'와 더불어 계속되고 있다. 즉 소비자가 키트로 산 가구를 직접 조립하는 것이다. 이러한 역학은 새로운 정보통신 기술과 더불어 비약적으로 발전했다. 이제는 소비자 자신이 프로그램을 자신의 컴퓨터에 설치해야 하고, 인터넷 접속이 안 되면 소비자센터에 알아봐서 힘들게 수리해야 한다. 슈퍼마켓에서 과일과 야채의 무게를 재고, 거기다 가격표를 붙여야 한다. 바캉스를 가기 위해서는 호텔과 이동 시간, 가격 등에 관한 정보를 인터넷에서 직접 검색하고, 예약도 자기가 직접 한다. 하이퍼모던 시대의 소비자는 어디서나 자신이 직접 이 모든 일을 함으로써 서비스 생산에 기여한다. 하이퍼모던 시대의 소비자는 소비하기 위해 일해야 하는 사람이다. 그는 자기가 소비하는 것의 공동생산자, 즉 프로슈머prosumer가 되는 경향이 있다.[18] 소비사회가 소비자의 유치증을 발달시켰다는 말을 자주 한다.[19] 그러나 소비사회가 특히 소비자에게 일종의 '프로정신'을, 때로는 힘든 일을 요구한다는 사실을 잊어서는 안 될 것이다. 하이퍼모더니티는 가벼운 소비의 폭발보다는 그것의 감소에서 더 두드러지게 나타난다.

◦── 계산하고, 알아보고, 절약한다

소비의 세계는 희귀성을 부인하면서 감각의 즐거움과 파급된 오락의 분위기를 찬양하는 노래를 소리 높여 부르는 일종의 화려한 축제처럼 보인다. 광고와 잡지, 반짝이는 쇼윈도, 여가 활동 등 모든 것이 욕망을 발산하라고, 지금 당장 '아무 생각 없이' 살라고 권유한다. 일단 즐기시고 돈은 나중에 내세요. 모든 걸 다 잊어버리고 클럽 메드로 떠나세요. 하이퍼모던 시대의 소비는 행복을 안겨 주는 풍요로움과 걱정 없는 가벼움의 특징을 띠고 이루어진다.

우리는 이 이미지가 지금 물질적 어려움에 시달리고 있는 현대의 소비자들이 체험한 것의 수많은 국면과 모순을 이루고 있다는 사실을 인정하지 않을 수 없다. 경제적 위기가 오래도록 지속되고 있기 때문에 새로운 형태의 항구적 빈곤이 선진사회에 나타났으며, 최빈곤 계층은 자신들의 상황이 불안정해지거나 구매력이 떨어지는 것을 보고 있다. 또 많은 사람들이 지금 빈곤의 문턱에서 살고 있다. 필요한 것은 따라잡기 힘들 만큼 빠른 속도로 늘어나는데 소득은 그 속도를 따라잡지 못하고, 강제적이거나 줄일 수 없는 지출(대출금 상환, 집세,[20] 에너지……)은 늘어난다. 최빈곤 가구의 경우 2001년에서 2006년 사이에 이러한 성격의 지출이 50퍼센트에서 70퍼센트로 증가했다. 이런 지출이 늘어나면 자동적으로 비강제적이고, 쾌락주의적이고, 심미적이고, 불필요한 지출의 몫이 줄어들게 된다. 이러한 맥락에서 대부분의 사람들에게 소비라는 것은 이제 더 이상 풍요의 광고나 공연이 전파하는 낙원의 이미지를 닮지 않게 되었다.

그리하여 많은 가구는 그들의 난방 예산을 대폭 줄이고, 건강과 음식에도 지출을 제한한다. 점점 더 많은 소비자들이 가장 싸거나 세일하는 상품을 찾아내기 위해 끊임없이 뛰어다니고, 세일이 시작되기를 기다리고, 떨이로 파는 세일 상품을 찾고, 할인 쿠폰을 사용하고, 물물 교환을 하고, 인터넷 사이트에서 할인된 상품을 사고팔고, 받은 선물을 되판다.[21] 가장 취약한 상황에 있는 사람들은 길거리나 가게 쓰레기통에서 쓸 만한 물건을 찾으러 다닌다. 이러한 움직임에 발맞추어 관련 잡지들은 돈을 덜 쓰기 위한 아이디어를 모아 놓은 가이드북과 현명한 계획을 되풀이해서 싣는다. 강제적인 지출이 늘어날수록 '현명한 소비자'도 발전하여 유리한 거래를 하려고 시간과 에너지를 투자하고, 가격을 비교하고, 자기가 가진 예산을 맞추려고 끊임없이 계산한다. 앞뒤 안 가리고 충동적으로 소비하는 것이 아니라 '소비자-관계자'로서 '현명한 계획'과 '유리한 거래'를 이용해 가장 효율적으로 지출하려 애쓰는 것이다.

최빈곤 계층의 경우 그들을 지배하는 것은 더 이상 난방을 못할지도 모른다는, 더 이상 생필품을 못 살지도 모른다는, 더 이상 집세를 못 낼지도 모른다는, 월말에 계좌가 마이너스가 될지도 모른다는 두려움이다. 좀 더 폭넓게 얘기하자면 늘 절약해야 하고, 훌륭한 정보를 찾아내야 하고, 이것저것 알아봐야 하고, 계산해야 할 필요성이 존재하는 것이다. 유희적이고 충동적인 구매 대신에 알뜰하고 계산적인 소비가 발달하고, 불필요한 것에는 관심을 갖지 않고 상품과 판매 장소, 정보 루트에 관한 평가와 반응을 동원하는 소비가 발달한다. 경박한 가벼움의 반대편에서는 일련의 '직업' 활동을 요구하는 일의 논리에 따라 소비가 이뤄진다.

경박함의 감소는 특히 생태학적이고 책임감 있는 소비에서도 관찰되지만, 상호부조와 물물교환, 교환, 증여, 임대, 대여, 개인들 간의 재

판매에 토대를 둔 '협업 소비'에서도 관찰된다. 즐거움과 여유를 경험하면서도 예산상의 제약 때문에 특히 최저가와 지출의 합리화를 우선시하는 새로운 행동 방식이 출현한다. 가벼운 것의 혁명은 인터넷 사용과 개인들 간의 판매 및 임대와 관련된 인터넷 플랫폼, 자동차 함께 타기 사이트, 그리고 공동 세탁 사이트에 토대를 두는 이 새로운 소비 모델과 무관하지 않다. 지금은 프랑스 인구의 거의 절반과 관련되는 이 새로운 행동 방식은 돈을 덜 쓰고 월말에 적자를 안 낸다는 목적뿐 아니라 지구를 위해 행동하고, 낭비를 줄이고, 서로 돕고, 사회적 관계를 다시 구축하는 등의 목적까지 갖고 있다. 또 소비지상주의적 경박함과는 거리가 매우 먼 동기와 목적도 있다. 웹의 자원을 이용하고, 소유보다 이용을 우선시하는 이 새로운 소비 방식이야말로 가벼운 것의 혁명임이 분명하다. 하지만 이런 방식으로 소비를 한다 하더라도 가벼움의 정신은 쇠약해진다. 아무 생각 없이 하는 구매는 줄이고 '현명하고' 알뜰한 구매를 늘리는 것, 바로 이것이 가벼운 것의 문명이 지향하는 새로운 정신이다.

결국 하이퍼모던 시대의 재화의 풍부함은 가벼움의 정신을 매우 불균등하고 불완전하게 만들어 놓을 뿐이다. 마셜 살린스Marshall Sahlins 가 매우 잘 보여주었듯이, 소비자의 무사태평함은 발전된 경제에서가 아니라 사냥과 채집으로 이루어지는 초기 경제에서 발휘된다.[22] 구석기시대에 먹을거리를 헤아려 보거나 비축해 놓지 않고 닥치는 대로 먹어치웠던 사냥꾼들은 미래가 항상 자신들에게 풍성한 먹을거리를 제공해 줄 것이라고 생각하며 미래에 대해 놀랍도록 무관심하고 거침없는 태도를 보여주었다. 현대 문명은 물질적 제약의 완화를 목표로 정했지만, 그 결과는 이런 목표와는 거리가 멀다. 사실 태평스러움으로 말하자면, 필수 재화에 대해 처음으로 유일하고 집단적인 가벼움의 교훈을 주는 데 성공한 것은 우리 동시대인들이 아니라 초기 경제의 원시인들이다.

가벼움의 새로운 추구

우리 시대에 이것저것 따져 보고 계산해 보는 소비자가 늘어나면서 새로운 가벼움의 욕망이 크게 증가했다. 시대가 달라지니 다른 것을 기대하게 되는 것이다. 혁명은 이제 더 이상 그 누구도 동원하지 못하고, 정치는 탈유토피아화했으며, 과도한 소비에는 어김없이 실망이 뒤따른다. 이제 사람들은 자신의 삶을 가볍게 하고 싶어 하지만, 그렇다고 해서 소비사회에서 완전히 벗어나는 것은 원치 않는다. 하이퍼모던 시대의 개인은 세상을 바꾸겠다는 야망도, 계급 없는 사회와 새로운 인간을 만들겠다는 야망도 더 이상 표방하지 않는다. 그저 '숨쉬고' 싶어 할 뿐이다. 그저 더 잘, 더 '가볍게' 살고 싶어 할 뿐이다. 그 결과 새로운 정신생활에 대한 관심이 높아지는 한편 '더 많이'라는 물질주의적 압박을 거부하고 살며 소비하는 새로운 방식을 찾게 되었다.

○── 선택식 종교

1970년대 말부터 서양 사회는 새로운 종교적 움직임과 영적 유형에 대한 기대와 의문이 다시 나타나는 것을 목격하고 있다. 불교와 신비주의 신학, 종교문학, 오래전부터 전해 내려온 지혜가 주목할 만한 반향을 불러일으키고 있는 것이다. 물질을 통해 행복을 찾는 길은 이제 막다른 골목에 도달할 뿐이라고 사람들은 생각한다. 그래서 '패러다임의 변화'가 필요하며, 내적 자기완성과 심리적·영적 활동을 통한 해방이 요구된다. 진정한 행복에 이르는 길은 외부적인 '것'에서는 만들어질 수 없다. 그 길은 정신과 육체의 조화이자 의식의 확대인 '지혜'를, 영적 차원을 고려하는 접근을 필요로 한다. 세상을 바꾸는 것은 이제 한계에 도달했다. 이 모든 사조가 중요하게 생각하는 것은 정신의 차원에 재투자하고, 의식이 이용되지 않은 잠재력을 발휘하도록 일깨움으로써 그것을 바꾸는 일이다.

이처럼 되살아나는 영적인 것에 대한 관심은 현대사회가 세속화되면서 사라져 버린 '의미에 대한 욕구'에서 비롯되었다는 주장이 흔히 제기된다. 그런데 '의미의 추구'라는 것이 과연 무엇을 뜻하는가? 실제로 요가와 선禪 명상, 불교의 계율, 그리고 자신을 변화시키는 다른 방법은 여러 가지 신체 단련을 통해 행복감과 경험의 질을 개선하고, 삶과의 관계 속에 어느 정도의 평정과 가벼움을 부여하는 것을 목적으로 한다. 비교와 신비주의 신봉자들이 추구하는 것이 이 세상에서의 행복이 아니고 뭐란 말인가? 충만함과 조화, 자기 자신과의 일치와 동의어인 '더 나은 삶'이 아니고 뭐란 말인가? '삶의 의미'는 타인과의 관계로 풍요로워질 뿐 아니라 더 나은 개인적 삶으로 이루어지기도 하는 삶의 개념과 밀접하게 연관되어 있다. 가벼운 것의 문명이 발달하면서 삶의 의미는 더 나은 개인적 삶의 매체로 기능하면서 주관화되어 가고 있다. 엄격한 의미의 신자들뿐 아니라 새로운 '무신無神종교'[23]는 자아의 실현을 원칙으로 내세운다. 사람들은 이제 종교에서 내세의 구원을 기대하는 것이 아니라 현세의 더 나은 주관적·상호주관적 삶을 기대한다. 영생을 준비하는 종교가 아니라 내적 조화와 평화, 자아의 완전한 개화, 즐거운 삶을 이루도록 도와주는 종교를 원하는 것이다. 영적 흐름이 누리는 인기는 절대적 의미를 찾으려는 욕구의 표현이라기보다는 삶을 가볍게 만들려는 탐색이라고 생각할 여지가 충분하다.

신비주의자들과 비교주의자들의 신앙이 애매모호한 것과 불확실한 것, 양면적인 것에 의해 특징지어진다는 것은 분명한 사실이다. 즉 그들의 신앙은 '어쩌면'과 '그럴지도' 같은 말투로 표현된다. 또 진리의 범주는 더 나은 삶과 개인적 체험의 범주에 비하면 부차적이다. 중요한 것은 그 자체로서의 진리가 아니라 우리가 더 잘 살 수 있게끔, 우리가 삶의 문제를 실제적으로 해결할 수 있게끔 도와주는 일이다.[24]

그리고 이러한 영성의 추구가 이동성과 불안정성, 변동의 특징을 보여준다는 사실이 여기 덧붙여진다. 우리는 주요 종교 권위자들이 설파하는 진리에 대한 거부와 신앙의 감정화, 개인적 선택에 의한 개종, 소속되지도 않고 참여하지도 않는 신앙을 통해 종교적인 것으로부터 탈제도화된 시대에, 또는 후기전통사회Post-traditionnel에 들어섰다고 말할 수 있을 것이다. 지금은 선택식 종교와 재평, 종교적 오불관吾不關의 시대이며, 믿음과 행동이 주관화되는 시대다. 그리하여 우리는 동양과 서양의 영적 전통과 불교, 기독교가 조금씩 절충되는 것을 보게 된다. 새로운 신봉자들이 끊임없이 종교를 바꾸고, 교파와 영적 지도자를 바꾸고, 마치 변덕스러운 신소비자처럼 하나의 '영적 제공물'에서 다른 '영적 제공물'로 옮겨간다. 호모 렐리기오수스Home Religiosus는 제도의 강제라는 부담에서 해방된 호모 모빌리스Homo Mobilis의 세계 속으로 스며들어 가고 있다.

고대의 지혜는 인간이 헛된 욕망에서 벗어나게 하는 것을 목표로 했다. 생활방식에서 이러한 혁명을 일으키려면 영적 수양을 되풀이하고, 엄격하게 자신을 통제하고, 가혹할 정도로 수양을 하고, 금욕적 생활을 해야만 했다. 그러나 지금은 그렇지 않다. 우리는 희생이나 고행, 영적 수양 없이 당장 가벼움을 원한다. 몇 차례의 강독과 몇 시간의 긴장 완화 훈련, 주말을 이용한 영적 수양만 하면 된다. 즉 지금은 즉각적으로 효과를 발휘하는 지혜의 시대, 오늘날의 변덕스러운 하이퍼 소비자와 일치하는 가벼운 지혜의 시대인 것이다. 세상을 포기하는 금욕주의적 방법은 사라지고 물질적 성공과 내적 평안함, 성공과 평정을 동시에 준다고 하는 방법들이 등장했다. 요컨대 더 이상 고행을 하지 않아도, 외적인 것(물질적 충족과 직업적 성과, 섹스, 오락)을 포기하지 않아도 내적 행복을 줄 수 있다고 주장하는 방법이 등장한 것이다. 개인은 자신의 생활 스타일은 바꾸지 않은 채 가벼움을 열망한다. 체험은 가볍게 하지만 영적 노력을 지속적으로 하지도 않고, 고행 생활의 규범을 지키지도 않고, 현대 세계가 제공하는 이점을 포기하려고도 하지 않는다. 현재 요가와 명상은 런던 도심에서 근무하는 증권맨들 사이에서 일로 받은 스트레스와 피로를 극복하고, 집중도를 높이고, 생산성을 최대한 끌어올릴 수 있는 마인드 컨트롤 방법으로 대성공을 거두고 있다. 그렇기 때문에 종교적인 것과 옛 지혜로 돌아가는 현상은 '패러다임의 변화'라기보다는 다른 방법에 의한 능률정신과 소비지상주의의 연장이라고 볼 수 있다. 성과 위주의 사회는 이 새로운 신앙심의 내적 가벼움에 아무 관심이 없다. 하지만 이 새로운 신앙심은 성과 위주 사회의 심오한 에토스를 채택한다.

○── 만족스러운 소식 小食

소비에 대한 새로운 태도는 덜 힘들게 느껴지는 삶에 대한 열망을 표현하기도 한다. 소비를 향한 광적인 질주에 반대하여 이제는 "행복한 절제"(피에르 라비Pierre Rabhi)와 욕구의 자기통제, 기본으로의 회귀가 권장된다. '더 많은 소유'의 숭배는 맹렬하게 비난받는 반면 '잘 살 수 있는' 길로서의 시장경제 질서가 차지하는 비중이 감소하고 있다는 믿음은 분명하게 드러나고 있다. 즉 덜 소유하고, 덜 낭비하고, 속도도 덜 낸다는 것이다. 새로운 구원은 지나치게 비대해진 소비지상주의의 살을 빼는 것에서 이루어진다. 속도를 줄이고, 가진 것을 줄여 '덜 갖고 더 잘 살고자 하는' 지금은 해독과 물질의 감축, '단순함의 기술'의 시대다.

그리하여 많은 책에서 환경 재앙과 무한 성장의 막다른 골목을 피할 수 있게 해주는 길로 감축과 '행복한 검소함'의 원칙을 옹호하고 있다. 과소비의 악순환은 불필요한 것을 없애 버리고, 덜 많은 '것들'로 살고, 물질적 속박에서 최대한 자유로워지고, 양보다 질, 소유보다 존재, 각자도생보다는 나눔과 상부상조를 우선시하는 '자발적 단순함'으로 바뀌어야만 한다.

목표는 다름 아니라 물질생활에서 거추장스러운 것들을 없애 버림으로써 '숨을 돌리고 자유로워지는 것'이다. 자동차를 타기보다는 걷기, 휴가 때 비행기 덜 타기, 옷 덜 사기, 신상품으로 바꾸지 않고 수명이 다할 때까지 계속 쓰기, 사기보다 빌리기, 가볍게 먹기, 그 지역에서 생산된 먹을거리를 먹기. 우리의 시간과 욕망을 독점함으로써 삶의 질과 타인과의 관계를 악화하는 '중독에 가까운 소비 의존 상태'에서 벗어나야 한다. '물질은 더 적게, 관계는 더 많이.' '즐거운 절제' 덕분에 우리는 시간을 벌 수 있고, 일을 덜 할 수 있고, 친구들에게 관심을 더 많이 기울일 수 있다. 마음이 가벼워질수록 우리는 '숨을 쉬면서' 더 잘 살 수 있다. 이제는 상업과 기술을 발달시키는 것이 아니라 삶을 짓누르는 소비의 무게를 줄여야 삶을 가볍게 만들 수 있다.

과소비에 대한 이러한 비판은 도저히 부인할 수 없을 만큼 정당한 근거가 있다. 프랑스인들은 여전히 더 많은 물건을 사고, 여전히 더 많은 여가 활동을 즐긴다. 하지만 그런다고 해서 그들이 더 행복한 것은 아니다. 소비지상주의의 확대는 진정한 삶의 이상으로 간주될 수 없다. 예로부터의 지혜가 말해 주듯이 바람직한 삶은 과잉과 비정상, 무용한 것의 확대를 거부한다. 다시 말해 그러한 삶은 단순함과 소박함, 정신의 가벼움 속에 존재한다. 삶의 질에 높은 가치를 부여하는 길이 가장 올바르고 바람직한 길이다.

그런데 과연 많은 사람들이 '합리적'이라고 주장되는 이 삶의 방식을 채택할 가능성은 어느 정도나 있을까? 과도한 소비지상주의적 변덕은 '행복한 검소함'으로 바뀌게 될까? 이 '행복한 검소함'이 미래를 지배하는 윤리가 될 수 있을까? 대답은 그럴 가능성이 매우 희박하다는 것이다. 내가 이렇게 대답하는 것은 소비지상주의의 열풍이 마케팅 활동과 관련되어 있는 것이 아니라 새로운 것에 대한 욕구와 '무한의 병'이 분출하는 민주적이고, 현대적이며, 탈전통화된 사회적 상태와 관련되어 있기 때문이다. 19세기의 위대한 사상가들은 근대성이 일시적인 것과 덧없는 것(샤를 피에르 보들레르Charles Pierre Baudelaire), 영속적인 변화와 밀접한 관계를 맺는다는 사실을 강조했다. 알렉시 드 토크빌Alexis de Tocqueville은 민주적 인간들이 "새로운 것에 대한 욕구를 지속적으로 느낀다"고 지적한다. 그들에게는 "그들을 그들 자신으로부터 끄집어내는 뜻밖의 것과 새로운 것, 강렬하고 생동감 있는 감정"[25]이 필요하다. 에밀 뒤르켐Émile Durkheim은 '무한에 대한 열광'에 대해 이야기한다. 욕구는 전통의 제약에서 벗어나 폭발한다. 개인들은 이제 자신들의 운명에 만족하지 않고 "불가능한 것을 꿈꾸며", "새로운 것과 맛보지 못했던 쾌락, 뭐라 이름 붙여야 할지 알 수 없는 감각을 갈망한다."[26] 현대인들의 새로운 것에 대한 열광은 사회규범의 권위 약화와 궤를 같이하며, 민주적인 사회 상태에 뿌리박고 있다.

민주적인 현대 문화와 불가분의 관계에 있는 이 새로운 것에 대한 열광이 당장 내일이라도 사라져 버릴지 모른다고 어떻게 단 한 순간이라도 믿을 수 있단 말인가? 시장경제에서 새로운 것들은 그것이 물질적인 것이든, 오락적인 것이든, 아니면 문화적인 것이든 간에 일시적인 즐거움을 주고, 체험한 순간을 가볍게 만들어 주고, 일상생활의 근심걱정을 잊게 해주고, 공허감을 메워 주고, 무력감을 상쇄해 준다. 이러한 상황에서 변화(생태교통, 생태소비, 협력소비)가 일어난다고 해도 소비지상주의 이후의 일반화된 검소한 문화가 출현하지 않으리라는 것은 분명하다. 그 어느 것도 새로운 것에 대한 열광적 반응을 멈추지는 못할 것이다. 왜냐하면 이러한 반응은 현대사의 특징인 탈전통화에 뿌리박고 있으며, 끊임없는 혁신에 의거한 경제 질서와 쾌락주의 문화에 의해 계속 되풀이되기 때문이다. 이동성의 사회와 불가분의 관계에 있는 이 기본 현상을 보면 새로운 것에 대한 열광이 사라질 거라는 생각이 들지 않는다.

그렇긴 하지만, '다른 식으로, 즉 더 지속적이고 책임감 있게 소비하려는 요구가 급증하는 현상'이 관찰된다. 즉 낭비를 피하고, 사는 대신 빌리고, 버리는 대신 수리하고, 기계의 수명을 늘리는 것이다. 오래된 기계를 고쳐 쓰려는 리페어 카페가 이미 자리를 잡고 있다. 인터넷상에서는 여러 사이트와 동영상이 기계를 직접 고치려는 사람들을 도와

준다. 상품의 보증 기간을 늘리도록, 예를 들어 6개월에서 2년으로 늘리도록 정한 법도 존재한다. 기업은 상품의 품질과 내구성을 개선하여 에너지 낭비를 막는 데 몰두한다. 상품의 대체와 공급 경제에서 수리와 기능성 경제로 이행하리라고 예고하는 사람은 아무도 없다.[27]

이러한 변화는 비록 바람직하기는 하지만, 새로운 것 일반에 대한 열광을 식히는 한편 소비지상주의 이후의 문화가 출현하게끔 할 기회는 거의 갖지 못한다. 기계를 더 오래 쓴다고 치자. 하지만 유행과도 뗄 수 없는 관계에 있고, 800년 전부터 서양에서 맹위를 떨치고 있는 열광이 느닷없이 사라질 것이라고 과연 누가 믿을 수 있겠는가? 쾌락에 몰두하는 하이퍼모던한 인간들이 최신 음악과 영화 출시를 기다리는 것을, 음악회에 가는 것을, 새로운 식당을 찾아가는 것을, 게임과 축제, 관광의 즐거움을 느끼는 것을 그만둘 수 있으리라는 상상을 도대체 어떻게 할 수 있겠는가? 그리고 무엇인가를 빌린다는 것은 소비를 그만둔다는 얘기도 아니지만, 또한 새로운 것을 포기한다는 얘기도 아니다. 우리가 지속적인 소비에 더 많은 관심을 갖게 되는 동시에 서비스와 여가 활동, 패션, 문화 상품을 더욱더 소비하게 될 것이라는 시나리오가 예고된다.

여행과 공연, 통신수단, 몸단장, 새로운 영화와 음악·게임·스포츠에 대한 열광. 변화하는 모든 것이 제공하는 즐거움에 대한 욕구는 사라질 기미를 보이지 않는다. '행복한 검소함'이 제공물提供物과 즐거움을 갈망하는 신소비자를 변화시킬 수 있는 새로운 모델이라고 본다면 그건 좀 순진한 생각이다. 매우 많은 사람들에게 분배와 교환 경제는 하나의 이상이라기보다는 필요(미덕이 된)에 가깝다. 이러한 상황에서 '선택된 검소함'의 사회적 보편화 및 '행동주의'와 쇼핑 열풍의 종말은 신화의 영역에 속한다. 삶의 가벼움을 추구하는 일은 그 일탈에도 불구하고 앞으로도 오랫동안 소비지상주의와 그것이 제공하는 즐거움, 그리고 역설적으로 그것의 증가하는 영향력을 통해 이루어질 것이다.

○── 감속

시간에 쫓기고 성과를 강요당하다 보니 미친 듯한 가속에 맞서 싸우고, 여유 있게 살아가고, 체험된 순간들을 만끽하자고 호소하는 여러 흐름이 나타났다. 1986년에 출현한 슬로 푸드 운동의 연장선상에서 일상생활의 리듬을 줄여 삶의 질을 높이려는 새로운 길, 예컨대 슬로 머니라든가 슬로 매니지먼트, 슬로 시티, 슬로 섹스, 슬로 투어리즘 등의 길이 나타나고 있다. 지금은 느림을 찬양하는 시대이며, 더 많은 것보다는 더 나은 것을, 소유보다는 존재를, 양보다는 질을 우선시하는 슬로 라이프 사고방식의 시대다.

감속 자체를 위해서가 아니라 우리가 하는 일과 우리가 사는 공간, 타인과의 관계를 더 잘 체험하기 위해 '서두르지 않고 여유를 갖는 것.' 영광의 30년 동안 삶을 가볍게 하는 것은 곧 일상생활의 과학기술적 합리화와 가정의 전기화·기계화, 시간을 벌어 주는 한편 힘은 덜 들이되 더 빨리 더 많이 일할 수 있도록 해주는 모든 제품의 소유와 동일시되었다. 생활 주기와 관련한 이러한 변화는 주목할 만하다. 이제 우리는 기술적 환경이 우리의 부담을 덜어 주기는커녕 점점 더 속도가 빨라지면서 견디기 힘들 정도로 우리 삶을 짓누른다고 느낀다. 그때부터 삶을 가볍게 한다는 것은 이제 더 이상 일상적 활동을 더 빨리 하는 것이 아니라 그 반대로 속도를 줄이고, '멈추고', 되찾은 느린 속도의 리듬에 맞추어 숨을 쉬는 것이다. 즉 천천히 시간을 갖고 일하며, 일정을 여유 있게 잡고, 걸어 다니고, 자전거를 타고, 친구들을 더 깊이 사귀고, '살아남기 위해 줄인다'는 것이다.

삶의 속도를 줄이고 삶을 가볍게 만들겠다는 계획은 도시 공간으로 확대되었다. 많은 대도시가 문어발처럼 사방으로 뻗어 나가는 도시와 교통체증의 두려움에 맞서 자동차 운행을 제한하고, 대중교통수단과 소규모 편의점에 우선권을 부여하고, 보행자 구역과 녹지 공간을 늘리고, 쓰레기를 줄이려고 노력한다. 지금은 느린 녹색 도시에서 가벼워진 삶을 사는 유토피아의 시대다.

이러한 흐름의 운명은 어떻게 될 것인가? 슬로 플래닛이 등장할 것인가? '슬로 시티' 헌장이 인구 6만 명 이하의 도시에만 적용되는 반면 거대도시의 숫자는 증가하고 있다는 사실을 명심하자. 인구가 1000만 명이 넘는 거대도시가 2005년에 전 세계를 통틀어 23개에 달했다. 이 숫자는 2015년에 36개로 늘어났다. 전 세계적으로 볼 때 '가벼워진 도시'보다는 비대한 도시가 지평선상에 그 모습을 더 많이 드러냈다. 사람들은 슬로 시티를 꿈꾸지만 늘어나는 것은 '움직이는 도시', 온갖 종류의 교통수단이 일 년 내내 낮이나 밤이나 일을 위해서뿐만 아니라 여가 활동을 위해서도 점점 더 많이 왕래하는 도시다.

느림을 찬양하고 시간과의 평화로운 관계를 권장하는 책과 글이 늘어나고 있다. 그렇지만 소비자들은 점점 더 한층 성급하게 굴고, 더 이상 줄 서서 기다리는 것을 참지 못하며, 4G로 연결된 웹을 더욱더 빠른 속도로 서핑하려고 한다. 걷기와 산행, 자전거 타기, 슬로 트래블slow travel 만세! 하지만 그와 동시에 국제 여행은 계속해서 증가하고 있다. 더 느리게, 더 단순하게 사는 것, 만세! '덜 가지면서 더 잘 사는 것' 만세! 가벼운 것을 찬양하는 이 글귀는 훌륭하다. 그러나 사실

프랑스인들은 전자제품을 1990년대보다 여섯 배나 더 많이 사들이고 있다. 슬로 라이프라는 이상은, '특정 기간 계약'을 하고 부정기적으로 일하는 수많은 신봉자들을 발견할 가능성은 많지만 삶의 일반 모델로 정립될 가능성은 전혀 없다.

하이퍼모던 시대의 개인은 다색성多色性을 띤다. 그는 가속과 감속, 강화와 이완 사이로 갈짓자를 그리고 가면서 순간적인 속도로 재주를 부린다. 이제 삶의 질은 더 이상 단 하나의 매개물에만 좌우되지 않는다. 그것은 때로는 더 빠른 속도를 요구하고(운송, 전기통신 등), 또 때로는 덜 서두를 것을, 덜 안달할 것을 요구한다. 앞으로 삶을 가볍게 하는 체험은 가속이라는 수단뿐 아니라 감속이라는 수단으로도 이루어질 것이다.

○── 자신을 표현하기, 창조하기

소비와 새로운 관계를 모색하는 것만이 삶을 가볍게 만들고자 하는 현대인들의 요구가 표현되는 유일한 방법은 아니다. 많은 사람들이 동영상과 사진을 찍어 인터넷에 올린다. 글쓰기 연구회와 하이쿠俳句 사이트, 와카和歌 사이트가 성행한다. 1970년 이후로 아마추어들이 악기를 연주하고 연극을 공연한 횟수는 두 배가 늘었으며, 아마추어들이 춤을 추는 일은 세 배나 늘었다. 지금은 무언가를 만들어 내고 자신을 표현하고자 하는 욕구가 확대되고, 전문가와 아마추어 간의 간격이 좁아지는 추세에 있다.[28] 하이퍼소비사회를 완전한 수동성의 사회와 동일시하는 것은 정확하지 않다. 우리 사회에서는 이미지를 만들어 내고, 글과 음악·노래·춤·연극을 통해 자신을 표현하려는 열정의 민주화가 이루어지고 있기 때문이다. 많은 사람들이 예술적 욕망에 사로잡혀 있다.

　이러한 현상은 자율과 성취, 자기표현의 욕망을 찬양하는 새로운 개인 문화의 출현과 연관시켜야 한다. 쾌락주의적이며 심리학적인 대상들을 더 많이 참조함으로써 더 풍요롭고 창조적이며, 특이하고 개인적인 활동을 통한 자아실현의 욕구를 좀 더 쉽게 충족할 수 있게 되었다. 이 요구는 굵직굵직한 정치적 약속들이 삶에 의미를 부여하는 능력을 잃어버렸기 때문에 더더욱 강력하다. 일과 마찬가지로 소비도 하이퍼모던한 개인의 '우월한' 야심을 충족할 수 없다는 것은 분명해 보인다. 소비는 수동적이고 일은 흔히 단조로움과 자율적 행동의 부재, 개인적 특성의 억압과 동일시되기 때문에 개인들은 그들 자신이 될 수 있고, 그들을 열광시킬 수 있고, 그들 자신과 다른 사람들이 볼 때 그들에게 더 높은 가치를 부여할 방법을 창조 활동에서 찾는다.

　이렇게 창조적 활동으로 삶을 가볍게 만들려고 할 때는, 서로 전혀 다른(심지어는 완전히 반대되는) 방법들을 사용할 수 있다. 어떤 방법은 소비를 통해 뭔가 부수적으로 보상을 받는 듯한 가벼움의 느낌을 받는 것이다. 예술 창조의 영역에 속하는 또 다른 방법은 완전히 다른 식으로 호흡하도록 자극하는데, 이 호흡은 물론 전혀 다른 수준에서 이기는 하지만 니체가 언급한 형식들의 즐거운 변화와 삶의 풍요로움, 심미적인 행복과 결합되어 있다. 음악을 하고, 춤을 추고, 사진을 찍는 것. 이것은 갑갑하고 판에 박힌 삶에서 벗어나고, 창조성을 발휘하여 유일한 자아를 드러내고, 더욱 풍요로운 개인적 삶을 산다는 느낌을 가질 수 있는 방법이다. 미적 창조에서 가벼움은 선과 악을 넘어서 구해지는 것이 아니라 직업 생활의 지루한 반복과 소비지상주의적인 일상의 무가치함을 넘어서서 구해진다.

참을 수 없는 소비의 가벼움?

소비지상주의의 세계에서는 수많은 개인이 삶이 가벼워지기를 원하고 있다. 그런데 이러한 현상을 어떻게 해석해야 할까? 소비자본주의를 구성하는 장치들이 우리의 삶에 견디기 힘든 중압감을 준다는 것을 뜻하는가? 이 점에 관해서는 밀란 쿤데라Milan Kundera가 쓴《존재의 참을 수 없는 가벼움Nesnesitelná lehkost bytí》의 사유 도식을 다시 살펴보는 것이 흥미로울 듯하다. 쿤데라에 따르면, "가벼운 것과 무거운 것의 대립은 모든 대립 중에서 가장 미스터리하고 애매모호한" 반면 가벼움으로서 인정되고 체험된 모든 것은 어느 순간부터 그 반대되는 것으로 변모한다. 즉 변덕스럽고 방탕한 남자는 믿고 의지할 수 있는 연인으로 바뀌고, 순간의 숭배는 공허함의 짐이 되는 것이다. 이러한 역전은 상업세계와 정치 세계에서도 일어난다. '키치'는 이미지를 과장되게 미화하여 경박하고 피상적인 방법으로 기분 전환을 시킴으로써 하나의 표준화되고, 반복적이고, 천편일률적인 세계를 그려 낸다. 그것은 존재의 밀도를 갖지 못하는 가짜 가벼움이며 현실 세계와 역사, 자아의 심오한 진실을 망각한다는 뜻이다. 가벼움은 무의미와 지겨운 타성, 짓누르는 중압감으로 끝난다. 바로 이것이 가벼움의 참을 수 없이 비극적인 무게다.

"무엇을 선택할 것인가? 무거움을 선택할 것인가, 아니면 가벼움을 선택할 것인가?"[29] 이처럼 철학적인 질문을 이 높이에서 던지면, 쿤데라의 관점을 굳힐 수 있는 논거가 적지 않다. 그러나 만일 이보다 낮은 높이에서 가벼움의 몇몇 형태에 곁들여지는 무게를 체험에 비추어 더 세세히 따져 보면, 이 문제는 그렇게 단번에 해결될 수 없을지도 모른다. 소비지상주의는 가벼움의 비극이라는 개념에 대해 다시 한 번 생각해 볼 것을 권한다.

　소비지상주의적 가벼움의 무게가 존재한다는 사실은 부인할 수 없다. 그런데 어떤 무게인가? 어느 정도의 강도인가? 이것이야말로 진짜 질문이다. 왜냐하면 무거움과 마찬가지로 가벼움도 정도의 문제이기 때문이다. 모든 무거운 것들과 모든 가벼운 것들은 똑같은 식으로 무겁거나 가볍지 않다. 그것들의 정도를 고려하지 않고 가벼움과 무거움의 문제를 제기한다는 것은 문제의 복잡성을 가리는 지적 안이함에 불과하다. 여러 가지 체험에 동반되는 것은 하나의 가벼움이 아니라 가벼움들이다. 가벼운 것과 무거운 것을 항상 그것들 자체와 동일한 실체적인 것들로 취급하지 말자. 앙리 루이 베르그송Henri Louis Bergson처럼 말하자면, 그것은 수많은 뉘앙스를 허용하면서 더 드러나기도 하고 덜 드러나기도 하는 의식 상태들인 것이다.

　물론 우리는 심각한 대립과 역설적 급변을 강조할 수 있다. 그렇지만 그 복합성 속에서 보이는 세계를 계속 지켜보고 있어야 하는가? 소비지상주의적 삶이 있다고 치자. 우리는 무엇을 보는가? 과시된 가벼움에서 짓누르는 무거움으로의 역전은 일어나는가? 진실은 다르다. 극단적인 상태를 제외하면, 소비지상주의적 경박함의 체험이 무거운 것에 대한 두려움에 빠지는 것은 매우 예외적이다. 즉, 가벼움이 예외 없이 무조건 무거워지지는 않는다. 실제로 다수의 사람들에게서 관찰되는 것은 무거운 짐을 짊어진 느낌보다는 '늘 새로운' 것에 대한 욕망이고, 무게보다는 계속해서 숫자가 많아지고 다양해지고 다시 태어나는 욕망들이다. 소비지상주의적 삶이 여러 가지 욕구불만과 불만족의 무게 없이 영위되지는 않는다는 것은 확실한 사실이다. 그러나 모든 욕구불만과 불만족이 '견딜 수 없는' 것과는 거리가 먼 것도 분명한 사실이다. 거의 대부분의 경우에 개인은 자신의 물질적 상황에 적응하고, 자기가 있는 곳에서 자기가 갖고 있는 것에 만족한다. 그리고 점점 더 권태로워지면 그들은 또 다른 유형의 소비를 추구함으로써 반응한다. 텔레비전은 이제 지겨워! 태블릿 만세! 소비는 부담스러워질 수 있지만, 대부분은 세세한 부분에 한해서이고 게다가 일시적이다. 소비의 가벼움에 대한 약속은 그것의 무거움보다 의미심장하다. 하이퍼소비사회가 가하는 중압감은 실제적이지만 그 중압감은 "견딜 수 없는 것"의 범주에 들어가지 않고, "비극적인 것"[30]과 연결되는 견딜 수 없을 만큼 무거운 짐과 동일시될 수도 없다.

더 이상 그 어느 것도 삶 속에서 무게나 의미를 갖지 못할 때 사람들은 '가벼움의 무게'가 있을 수 있다는 사실을 인정할 수밖에 없을 것이다. 의미의 깊이가 없으면 필연적으로 삶이 무겁게 짓눌리게 된다. 소비사회와 하이퍼소비사회는 의미와 가치의 차원을 갖지 못한 세계의 무한한 가벼움과 전혀 일치하지 않는다. 하이퍼개인주의 사회는 도덕적 휴머니즘의 원칙들 속에서 지금도 매우 광범위하게 인정된다. 주요한 도덕명령(정직, 상부상조, 무사무욕, 인권, 연대의식, 어린아이에 대한 존중, 폭력과 잔인함의 처벌)은 결코 완전히 없어지지 않는데, 상당한 규모의 구호기금 액수나 자원무료봉사의 확산, 여러 비정부기구, 반인종차별기구가 그 사실을 증명해 준다. 이것은 도덕적 가치의 사막과 흡사하지 않은 사회적 풍경이다. 비록 도덕의 갈등 및 가치체계들 간의 대립이 증가하기는 하지만, 하이퍼모던 시대의 불일치에는 한계가 있다. 즉 그러한 불일치는 어떤 허무주의적 퇴폐 상태나 도덕적 무중력 상태와는 전혀 다른 것이다.

사실, 가장 무겁게 사람을 짓누르는 것은 소비지상주의적 경박함이 아니라 실제적 빈곤, 모자랄지 모르니 늘 계산을 해보야만 한다는 강박, 전망과 미래의 부재다. 가장 무거운 것은 상업적인 키치보다는 주체 간의 갈등과 노동 세계의 불만족, 주관적 상처 속에 존재한다. 우리 현대인의 비극은 무게의 비극이 아니라 가벼움의 비극이라는 생각은 그 역설적 양상으로 사람들을 매혹한다. 그런데 이런 생각 역시 잘못되었다. 실제로 소비의 변덕스러운 즐거움은 그것의 무거움보다 더 강하다. 그리고 무거운 짐이 온몸을 무겁게 짓누르는 듯한 느낌이 가장 강하게 드는 것은 감정적·직업적·주관적 영역과 심오한 실존적 의미로 충만한 영역에서다.

주목할 만한 역전은 일어나지 않는다. 가벼운 것은 여러 면에서 여전히 가볍고, 무거운 것은 점점 더 무거워진다. 완전한 확실성으로 둘러싸인 가벼움을 찬양하며 찬사를 늘어놓는 게 중요한 것이 아니다. 확산되는 소비지상주의에 대한 비판이 필요한 것은, 그것의 무거움이 가정되었다는 사실 때문이 아니라 그것이 '풍요한' 삶을 실현하는 데 충분하지 않기 때문이다. 인간다운 삶에 어울리는 삶은 이러한 차원으로 귀결될 수 없다. 그 정도까지 삶의 다른 전망이 부족하기 때문이다. 소비를 부추기는 가벼움은 가치를 갖지 못한다. 지배적이고 편재적인 삶의 규칙이 될 때 그 가벼움은 인간적으로 빈약한 것이 되고 말기 때문이다.

인간존재들이 더 이상 무게나 의미를 갖지 못해 이리저리 흩날리는 깃털 같을 때, 가벼움에 관한 성찰은 이 문제가 형이상학적 체험으로 귀착하지 않도록 애써야만 한다. 사실 우리가 이미 보았듯이 가벼움은 무엇보다도 몸을 편안하게 하고, 기분 전환을 하고, 생활의 긴장을 풀어야 할 필요에 부응하는 기본적이며 보편적인 심리적 욕구다.

이러한 차원에서, 그리고 그것의 '빈약함'이나 윤리적 결핍과는 상관없이 가벼움의 체험은 바람직하고 좋다. 그것이 반드시 무거운 짐으로 변하지는 않기 때문에 더더욱 그렇다. 여행이나 콘서트, 독서,[31] 친구들끼리의 식사, 기분을 전환해 주는 공연 등 모든 것은 '영원히' 가벼운 것으로 남아 있다. 순수한 가벼움의 순간들은 비록 짧기는 하지만 분명히 존재한다. 가벼움이 그 자체로 비극적 체험을 포함하는 일은 없다. 비극적인 것은 존재의 가벼움이 아니라 가벼움의 부재다.

제2장

새로운 몸

Un nouveau corps

우리는 사물의 혁명뿐 아니라 몸의 놀라운 변화를 목격하는 증인이 되기도 한다. 이러한 변화는 평균수명이 연장되고, 노동과 배고픔과 고통으로 기진맥진해진 몸들이 감소하고, 몸이 운명이라고 여기고 감내하던 출산에서 해방되고 노쇠의 파멸에서 벗어나면서 이루어진다. 삶을 가볍게 만든다는 현대의 계획을 가장 의미심장하게 보여주는 표현이라고 할 수 있는 새로운 인간조건이 이러한 몸의 변화를 통해 명확히 드러나고 있다.

몸의 변화는 그것을 바라보는 시선에서도, 특히 우리가 날씬함과 젊음에 관해 갖고 있는 미적 기대에서도 드러난다. 이 새로운 미학이 갖고 있는 힘을 드러내 보여주는 현상은 많다. 가벼운 요리와 '성분을 가볍게 만든' 상품, 다이어트, 피트니스, 비만에 대한 병적 공포 등은 지금 날씬함이라는 이상에 발을 맞추는 몸 문화의 요소들이다.

가벼운 것의 혁명은 또한 새로운 활주 스포츠를 통한 이카로스적 감각의 추구뿐 아니라 복지와 휴식, 육체와 정신의 조화에 대한 요구

속에서도 이루어진다. 현대의 가벼움은 바로 민감한 몸에 대한 이 같은 '작업'을 통해 찾아진다.

어디서나 기름진 음식을 피하고, 몸을 유연하게 만들고, 납덩어리처럼 몸을 짓누르는 육체성에서 벗어나는 것이 목표다. 하이퍼모던 시대에는 공기처럼 가벼운 즐거움과 꿈뿐만 아니라 악몽까지 포함하는 가벼움의 초미학적 문화가 승리를 거둔다. 무거운 것에 대한 가벼움의 상징적 승리가 확실해지는 동안 새로운 무거움의 원천인 건강과 '보디라인'에 대한 강박은 점점 더 심해지고 있다. 바로 이것이 하이퍼모던 시대의 가벼움이 안고 있는 아이러니다.

고통 없는 몸

우리는 우리의 가벼움을 과소평가하는 것이 아닐까? 의학과 위생, 예방접종과 의약품의 발전으로 가능해진 우리의 가벼움을 과소평가하는 것은 아닐까? 18세기에는 평균수명이 25세여서 신생아 셋 중 하나는 돌이 되기도 전에 죽었고, 어린아이 둘 중 하나는 채 성인이 되기도 전에 죽었으며, 가임기의 여성 중 10퍼센트는 아이를 낳다 죽었다. 옛날에는 흔히 느꼈지만 진정되는 경우는 드물었던 신체적 고통은 피라미드 모양을 한 사회계층도의 위에서 아래까지 모든 사람들을 괴롭혔다. 그냥 체념하고 기독교에서 속죄의 가치를 지닌 고통을 견뎌 내는 것이 최선이었다.

하지만 그것은 아주 오래전의 일이다. 20세기 후반에는 통증을 완화해 살아가는 동안 대부분 그것을 느끼지 못할 정도로 만들어 주는 진통제가 개발되면서 옛날에는 치명적이었던 질병이 눈에 띄게 줄어들었다. 여성들은 되풀이되는 임신과 옛날에는 피할 수 없다고 판단되었던 출산의 고통에서 해방되었다. 그다지 심각하지 않은 통증도 거의 대부분은 금방 사라졌다. 미셸 세르Michel Serres가 말했듯이, 우리는 전혀 다른 몸이 출현하는 것을 목격하고 있다. 이제 몸이 일상적인 신체적 고통에서 벗어나고, 아주 오랫동안 고통과 요절에 시달리다가 해방되어 행복해하는 시대가 된 것이다. 죽을 때까지 단 한 번도 아파하지 않고 사는 것이 가능해졌다.[1] 이러한 차원에서 볼 때, 가벼운 것은 계속하여 그 영역을 확대해 가고 있다. 왜냐하면 고통과 신체장애의 무게에 짓눌린 상태에서는 가벼움을 즐길 수가 없기 때문이다.

1800년부터는 의학 치료가 발달하고 농업기술과 영양 섭취가 개선되었으며, 건강관리가 확대되고 예방접종 정책이 실시되면서 평균수명이 연장되고 영유아 사망률이 크게 줄었다. 또한 그런 까닭에 최빈곤층을 더 잘 치료하고, 더 잘 먹이고, 더 잘 입힐 수 있게 되었다. 150년 만에 평균수명이 두 배로 늘어났다. 1900년에서 1999년 사이에 평균수명은 30년이나 늘어났다. 최근 30년 동안 평균수명이 1년에 3개월씩 늘어나는 동안 노화의 의미도 달라졌다. 만년을 제외하면 노화가 신체 손상과 동의어가 되는 일은 점점 더 드물어졌다. 우리는 노인의 삶을 살지 않고, 나이의 무게와 비참함을 느끼지 않고 점점 더 오래 산다.

역동성과 이동성이 젊음의 활력과 결합되었다. 이제 은퇴자들은 전 세계 곳곳으로 날아가고, '새로운 인생을 살기 위해' 이혼을 하고, 조상들은 이미 죽었을 나이에 운동을 한다. 예순네 살의 디아나 나야드는 쉰세 시간 만에 쿠바에서 플로리다까지 170킬로미터를 헤엄쳐 건넜다. 일본에서는 많은 60대들이 회사를 설립한다. '나이 든' 서핑맨도 많고, 랩 그룹도 많다. 한 70대는 에베레스트 산 등반에 성공했고, 또 다른 70대는 보스턴 마라톤 경기에서 채 세 시간도 되지 않아 코스를 완주하기도 했다. 나이는 들었지만 여전히 활기에 가득 차 있으며, 민첩하고 활발하게 움직인다.

노년층이 삶을 가볍게 하면서 평균수명이 늘어났다. 하지만 이것은 이제 겨우 시작된 과정이다. DNA 제어 및 재생의학과 나노 기술, 생물공학이 그만큼 엄청난 가능성을 갖고 있기 때문이다. 가벼운 것의 역사적 승리는 육체적·정신적 고통에서 벗어난 몸이 출현했고, 아주 많이 나이 들 때까지도 이동성과 가용성을 발휘할 수 있다는 것을 의미한다.[2]

이렇게 해서 우리는 그 나름의 중요성을 지니는 한 가지 사실에 주목하게 된다. 최근에 과학기술의 발전과 관련하여 불안감이 점점 더 커지고 있는데, 이러한 발전이 인간존재의 가벼움이라는 측면에서 인간에게 초래하게 될 모든 결과를 거듭거듭 강조해야 한다. 지혜와 영성만이 정념을 치료할 수 있다고 주장하는 학파들은 영혼의 치유와 자유는 자기 자신에 대한 자기 자신의 작업과 영적 훈련, 내면의 변화가 가져온 결과라고 주장한다. 그러나 신체적 고통의 무게가 온몸을 짓누르고 있는데, 어떻게 가벼움을 즐길 수 있단 말인가? 역경과 고통에 맞선 스토아학파 현인들의 용기는 칭찬받아 마땅하다. 하지만 그렇게 역경과 고통을 이겨 내면서 과연 가벼움의 느낌을 받을 수 있을까? 우리는 고통스럽지만 신음하지 않고 의연한 자세를 유지하면서 '지금 자신에게 일어나고 있는 일을 받아들일 수' 있다. 그러나 끔찍하게 고통스러워하면서 존재의 가벼움을 느낀다는 건 불가능한 일이다. 우리를 괴롭히는 고통에서 벗어날 수 있는 정신적 능력에는 한계가 있다. 육체적 고통은 그 사실을 비극적으로 보여준다. 육체의 고통과 삶의 가벼움은 이율배반적이다. 우리를 육체적 고통에서 해방함으로써 이 차원에서 가벼움을 어느 정도 체험할 수 있도록 해주는 가장 좋은 수단은 과학과 기술의 쾌거로 보인다. 이 가벼움은 사실 잘 느껴지지 않으며, 일단 고통이 사라지면 더 잘 잊힌다. 우리는 거의 대부분 통증이 사라진 몸을 갖고 있다. 그렇지만 우리는 우리가 가볍다고 느끼는 즐거움을 누리지 못한다.

∘── 건강 및 의료 시설의 보급

게다가 이 가벼움을 누리기 위해서는 대가를 치러야 한다. 하이퍼모던 사회에서 건강은 어디에나 존재하는 걱정거리와 강박관념, 일상적 대화는 물론 미디어에도 매일같이 등장하는 주제가 되었다. 옛날에는 건강 관련 전문가들의 활동과 무관했던 분야가 점점 더 늘어나고, 의학 전문가들이 여기 뛰어들면서 생활방식과 일상적 소비가 빠른 속도로 의학의 영역에 흡수되었다. 사회의 의료화라는 이러한 맥락에서, 위험하다고 판단되는 현상들은 이제 헤아릴 수 없이 많다. 유전자 조작 식품, 휴대폰 전자파, 전자레인지, 풍력발전기, 담배, 태양, 설탕, 지방, 진드기 등 오늘날 위협적이지 않은 것이 뭐가 있는가? 이런 식으로 과학과 의학 정보는 개인들이 걱정하지 않고 평온하게 살아가는 것을 가로막는다.

개인들은 자신들의 건강 상태에 따라 일상적인 행동과 생활방식을 수정하고 새로운 방향으로 나아간다. 의학은 이제 치료하는 것으로 만족하지 않고 병을 예방하고, 있을지도 모르는 위험에 관해 알려주고, 건강을 관리하고 질병을 검진할 것을 권유한다. 예방의학에 새로운 지위가 부여되면서 건강한 사람들에게 위험이 내재된 행동을 바꾸고, 몸 관리를 위해 운동을 하고, 정기적으로 건강을 체크하고[3] 자각하게 할 모든 준비가 갖춰져 있다. 의료화의 시대에는 체험된 현재와의 태평스럽고 가벼운 관계를 끝내고 예방과 감시, 위험 요소의 제거 같은 태도를 취해야 한다. 우리가 오랜 건강 상태의 혜택을 더 많이 입으면 입을수록 의학 테스트와 검사가 더 많이 필요해지고, 불안감과 경계심도 더 커진다. 이제는 되는 대로 인생을 즐기는 것이 아니라 미리미리 병에 대비해야 한다. 생활이 의료화되면서 '카르페 디엠'은 널리 확산되기보다는 쇠퇴하고 있다.

우리는 단독으로 정보를 처리하는 휴대폰의 공급과 클라우드 컴퓨팅의 발전과 더불어 한층 더 강화될 이 과정의 시작 단계에 있을 뿐이다. 이미 어떤 스마트폰에는 화면에 심전도가 표시되는 장치가 갖춰져 있다. 심장질환으로 고통받는 환자는 자신의 심장박동수를 직접 녹음해 클라우드에 저장했다가 이메일로 주치의에게 보낼 수 있다. 스마트폰은 혈당수치를 측정해서 보여주고, 체지방 비율과 '생리학적 스트레스' 수준을 계산하고, 약을 복용하라고 상기시킬 수 있다. 환자는 매우 가볍고 성능 좋은 의학 도구들을 이용해 자신의 건강을 더 잘 보살피고, 실시간으로 자신의 몸 상태를 체크하고, 혈당과 생리학적 데이터를 측정할 수 있을 것이다.

우리는 자신을 더 잘 책임지고 비관적 상황이 출현하기 전에 미리 개입하는 호모 메디쿠스homo medicus의 출현과 생활의 의료화를 한층 더 강화하게 될 "동적動的이고 개인화된" 예방을 향해 나아가고 있다.[4] 우리는 더 건강하게 더 오랫동안 살지만, 이 엄청난 특권은 심각한 불안과 자기치료의 대가를 치러야만 누릴 수 있다.

기술과학과 시장의 역학은 우리를 큰 고통과 불편으로부터 해방시켰고, 그 결과 풍요가 넘쳐난다. 이것은 의심의 여지 없이 삶의 무게에 대한 가벼움의 승리라 할 수 있다. 그렇지만 우리들 각자는 자신의 삶이 항상 무겁고, 힘들고, 불만족스럽다는 느낌을 갖고 있다. 살기 힘들다는 표현과 의기소침, 불안, 마약중독, 자살, 향정신성 약품 복용이 증가 추세에 있다. 물질적 안락이 행복감을 가득 안겨 주는데도 불구하고 주관적으로는 점점 더 불편해지면서 존재의 가벼움을 느낄 수 없게 된다.

긴장의 이완과 조화

하이퍼모던한 몸은 또한 새로운 실천[5]과 생활 스타일로도 눈에 띈다. 비록 의학이 고통을 없앨 수 있는 능력을 매일같이 보여주기는 하지만, 가벼움에 대한 개인들의 새로운 요구를 충족하기에는 아직 충분하지 않다. '더 안락한 삶'이라고 불리는 것과 관련된 방법과 활동의 비약적 발전이 그 사실을 증명해 준다. 그 같은 방법과 활동이 긴장을 해소해 주고, 스트레스를 떨쳐 버리게 해주고, 차분함과 내적 균형·몸과 마음의 조화를 되찾게 해주기 때문에 안락함의 테크닉은 존재의 가벼움을 누릴 수 있게 해주는 새로운 수단으로 자리잡고 있다. 앞으로 사람들은 객관적인 가벼움(날씬한 몸매)에 강박을 느끼면서도 또 한편으로는 신체적인 동시에 심리적인 안락함의 동의어인 감각적이고 주관적인 가벼움을 추구하게 될 것이다. 이러한 가벼움의 추구는 완전히 육체적이다. 그래서 내적 균형을 발견하고, 정신적·신체적 조화를 이루기 위해 동원된 민감한 몸의 잠재적 능력에 호소한다.

1980년대 이후로 더 잘 살기 위한 실천 행위는 시간이 갈수록 더 큰 성공을 거뒀다. 엄청나게 많은 것들이 제안되었다. 요가부터 태극권에 이르기까지, 기공부터 기치료에 이르기까지, 유토니eutonie부터 전체론적 체조에 이르기까지, 내적 평온함의 느낌을 발견하고 정신적·신체적 조화를 이루기 위한 방법은 얼마든지 있다. 시아추 마사지부터 발바닥 마사지에 이르는, 캘리포니아 마사지부터 타이 마사지에 이르는 다양한 마사지 기술 역시 몸과 마음의 긴장을 풀어 주고 편안한 느낌을 준다. 이 마사지들은 치료가 아니라 긴장을 풀고, 스트레스를 줄이고, 긴장을 완화하는 데 기여하는 안락함이 목표다.

가벼움의 추구는 온천과 대중목욕탕, 사우나, 분류식 기포목욕탕, 물마사지, 그리고 그 밖의 아로마 치료 요법과 음악 치료 요법, 포도주 치료 요법과 크롬 치료 요법이 인기를 끄는 현상에서도 읽힌다. 전 세계에서 1억 5000만 명이나 되는 사람들이 2만 개에 달하는 온천을 찾는다. 평온과 긴장 완화, 가벼워지는 느낌을 제공하는 것이 목적인 수많은 장소와 테크닉이 있다. 심지어는 '피트니스'도 웰니스로 바뀌는 경향이 있다. 20여 년 전부터 헬스클럽에 드나드는 사람들은 근육 강화보다는 오히려 건강과 몸 관리, 긴장 완화를 원한다. '몸매'가 점점 더 조화와 안락함의 동의어가 되어 가고 있는 것이다.

물론 가벼움-안락함에 대한 이러한 열망을 속도와 시간 부족, 기업에서 증가하는 스트레스, 일상생활의 여러 가지 압박으로 특징지어지는 새로운 생활방식 및 노동 조직과 분리해 생각할 수는 없다. 더 안락한 삶의 숭배는 이렇게 해서 흔히 성과 위주 사회의 비약적 발달에 대한 반발이나 보상으로 보인다. 과로가 심해지고 자꾸 스트레스가 쌓이다 보면 필연적으로 긴장을 풀고 싶은 욕구를 느낄 수밖에 없다.

그러나 효율성의 강요가 무시할 수 없을 만큼 큰 역할을 한다고 해도, 이것 하나만으로는 이러한 현상을 설명할 수 없다. 더 안락한 삶의 실천은 생산제일주의적 활동주의가 끼치는 자각적 악영향에서 벗어나기 위해 '기계적으로' 이루어지지는 않는다. 즉 그러한 실천은 쾌락주의적 가치와 안락함에 대한 갈망, 자기관리의 욕구가 띠는 새로운 중요성을 표현하는 것이다. 우리 사회는 성과의 원칙뿐 아니라 몸과 몸이 느끼는 쾌락에 대한 가치 부여에도 기초를 두고 있다. 더 안락한 삶의 숭배는 이 쾌락주의적 문화의 표명에 불과하다. 이 모든 실천은 '사기를 북돋기 위한' 일종의 강장제로서뿐만 아니라 더 안락하게 살기의 원천으로서도 행해진다. 사람들이 이렇게 더 안락한 삶을 원하는 것은 지나친 과로에서 벗어나고 싶어서이기도 하지만 또한 자신에게 귀 기울이고, 감각적 즐거움을 만끽하고, '자신의 몸과 머리속에서 자신을 더 잘 느끼고' 싶어 하기 때문이기도 하다. 마사지와 사우나, 캘리포니아욕은 원기를 회복하기 위해서뿐만 아니라 컨디션이 좋고 가벼운 느낌에 따르는 다감각의 즐거움을 느끼기 위한 방법으로서도 역시 높은 평가를 받는다. 그러므로 더 '안락한 삶'의 추구는 곧 이 단어의 어원적 의미에서의 호모 에스테티쿠스homo estheticus(미학적 인간)가 등장하는 한편 현대 개인주의의 특징인 취미와 소비, 생활방식의 미학화가 자리잡아 간다는 것을 의미한다. 가벼운 몸의 표준화된 이미지와 신체적·정신적 가벼움의 감각이 제공하는 쾌락을 발견하겠다는 욕망에 사로잡힌 새로운 자기애적 개인주의가 하이퍼모던 시대에 자리를 잡아 가고 있다.

더 안락한 삶에 대한 자기애적 숭배의 원리에는 경험의 질을 추구하는 현상이 자리 잡고 있다. 이제 가벼움에 대한 욕망을 유지하는 것은 해방에 대한 개인들의 열광이나 '의미의 탐구'가 아니라 지금 현재 살고 있는 삶의 질이다. 그러므로 가벼움에 점점 더 열광하는 현상은, 사회와 개인의 현재를 우선시하는 하이퍼모더니티의 특징이라고 할 수 있는 시간의 차원이 크게 변화한 것과 밀접한 관계에 있다. 현재가 지배적인 시간축으로 자리 잡을 때, 가벼움-안락함에 대한 욕망이 증가한다.

활주 또는 이카로스의 복수

오랫동안 춤은 몸이 중력과의 싸움에서 거두는 승리를 가장 잘 보여주는 행위로 보였다. 지금 우리는 다른 활동들이 가벼움의 욕망에 새로운 구체화의 기회를 제공하는 것을 본다. 그것은 1980년대 이후로 마치 놀이를 하듯 허공에서 중력에 도전하여 성공을 거둔 '공중' 스포츠다.

도전과 경쟁, 수치화된 기록에 집중하는 전통 스포츠와는 달리 이른바 활주 스포츠는 정해진 틀과 표준화된 제약 대신 강렬한 자극과 아찔함, 흥분을 추구하는 것이 특징이다. 다른 사람을 이기는 것이 목적이 아니라 움직임의 미학과 행위의 양식화, '동작의 예술적 수준'이 목적인 새로운 스포츠 문화가 자리를 잡았다. 이제는 동작의 효율성만 중요한 것이 아니라 그것의 형식적인 또는 미학적인 수준과 행위의 완벽함, 내밀한 미적 감각도 중요해졌다.

활주를 하는 사람들은 '자신을 공중으로 보내고', 지상에서 도약하고, 중력의 법칙을 자기 마음대로 위반하려고 애쓴다는 공통분모가 있다. 이 점에서 이카로스적 행위와 탐구에 관한 지적은 정확하다.[6]

파도마루에 올라가고(서퍼), 물에서 도약하고(윈드서퍼), 자전거를 타고 높은 산에 올라가고(산악자전거), 하늘을 날고(패러글라이더), 공중에 형상을 만드는(하프파이프) 등 비상으로 특징지어지는 활동은 다른 사람들과 자신을 구별 짓는 것이 목적이 아니라 높은 곳이 낮은 곳에 대해 승리를 거두도록 하는 것이 목적이다. 올라갈 때의 아찔한 감각을 느끼고 싶어 하는 활주자는 다른 사람들에게 보여주기 위해 연출하는 것이 아니다. 그는 자기 자신의 관람객이다.[7] 그리고 인도 위를 미끄러져 가며 보행자들 사이를 빠져나가는 롤러는 마치 비행기가 하늘 위를 날아가듯 자신의 공중곡선을 계속 연결한다. 심지어는 '덩크슛'을 하는 농구 선수도 스카이워커〔하늘을 걷는 사람—옮긴이〕라고 불린다. '에어 조던'이라는 별명으로 불리는 마이클 조던은 팬들에게 '나랑 같이 날아 보아요'라고 제안한다.[8] 아스팔트와 절벽, 바다, 눈에서 날아오른다. 신활주자들은 중력에서 해방되고 싶어 했던 이카로스의 꿈에 견고함을 부여한다. 이 신스포츠는 효율성을 아름다움과, 스포츠를 동작의 우아함과, 위험과 조화를 자연원소들과, 모험을 미학과, 패션을 '필링feeling'과, 놀이를 자연의 힘에 대한 도전과, 사회성을 행복하게 만드는 감각과 뒤섞는다는 점에서 가벼움의 미학에, 더 정확히 말하면 가벼움의 통미학에 속한다.

공중에서의 이러한 행위(어떤 사람들은 '마술적 행위'라고 말한다)를 "영성의 형태"[9]와 동일시하지 말아야 한다. 알리스 샬랑세Alice Chalanset는 다음과 같이 주장한다. "가벼움에 대한 갈망은 정신적(반드시 종교적이지는 않아도)·철학적 가치가 다시 큰 중요성을 갖게 되는 세계의 전조일 수도 있다. 가벼운 것의 숭배는 정신과 영혼이 의미를 찾고, 이상을 품고, 다른 곳을 꿈꿀 수 있는 권리를 요구한다는 사실을 서투르게 표현한다."[10] 이러한 주장을 믿지 않을 수도 있다. 이곳에 '영혼의 문화'는 없고 오직 감각과 재미, '폭발'의 유희 문화만 있다. 그것 말고는 없다. 활주 스포츠의 신봉자들은 자신들의 의식을 고양하거나 '확장하는' 것이 아니라 자신의 몸을 느끼고, 진동하고, 도취하면서 현기증이 날 정도로 엄청난 감각을 추구한다. 그것은 쾌락주의적이고 내밀하고 감각적이고 일체의 사회적·정치적·윤리적 목적이 배제된 활동으로서, 하늘과 파도 위 또는 땅 위에서 이루어진다. 중력에서 해방되고, 우리가 처한 상황의 무거운 틀에서 벗어난다는 공감각적 즐거움을, 즉 "4차원"[11]의 즐거움을 제공해 주는 디오니소스적 도취는 몽환적인 가벼움으로서 가벼움 자체를 위해 욕망된다. 신활주자들의 활동은 공감각적 개인주의의 표명일 뿐 정신적 목적은 갖지 않는다.

필리프 뮈레Philippe Muray는 비물질화되고 디즈니랜드화된 역사 이후post-historie의 징후로 소개되는 도시의 신新스케이터들과 "롤러스케이트를 타고 다니는 저능아들"을 신랄하게 비꼬며 수차례 공격했다. 롤러스케이트를 타는 사람들은 자신의 환각적인 활동을 통해 현실-역사세계의 갈등과 모순, 대립의 해결 과정을 잘 보여줄 뿐이다. 비극적인 역사세계에 이어 무중력 상태의 세계가, "중성적이고 바람처럼 가벼운"[12] 스케이터들이 하늘을 미끄러져 가는 청소년풍의 놀이공원이 등장했다. 이제 현실적인 것은 없다. 더 이상 하나의 세계가 아니라 '비물질적이고 환각적인' 흐름의 문화 속에서 오직 '천사처럼 날아다니며 행복해하는' 글라이더들만, '살아 있는 것 같기도 하고 죽은 것 같기도 한' 활강자들만 있을 뿐이다.

필리프 뮈레가 가지고 있는 우상파괴의 재능이 분석의 논거가 부족하다는 사실을 감춰서는 안 된다. 인터넷에 등장하는 활강과 서핑

스포츠가 유동적이고, 매끄럽고, 비물질화된 세계(인라인스케이트)의 출현을 보여준다는 것은 사실이 아니다. 신스포츠는 비물질적이거나 초자연적이지 않다. 서퍼와 네티즌의 유사성은 금방 그 한계를 발견한다. 우선 극한스포츠는 목숨을 담보로 해야 할 만큼 엄청난 위험을 안고 있다. 그리고 활동이 유동적이라고 해서 그것이 '물질적' 장애와 저항에 부딪히지도 않고, 무한정 반복되는 힘든 연습도 필요 없다는 것을 의미하지는 않는다. 몸은 늘 힘들게 현실과 싸우며 성공과 실패를 거듭한다. 자연력과의 싸움이 밖으로 드러나 보이지 않는다고 해서 부재하는 것은 아니다. 가벼움은 여기서 모든 것이 힘든 작업 없이 만들어진 것처럼 보이는 예술적 걸작품에서 획득된 가벼움과 흡사하다. 자신을 변화시키고 지금 현재 있는 것을 부정하는 일은 통미학적인 가벼움 속에서, 그리고 통미학적인 가벼움을 통해 지속된다.[13]

민감하고, 자유롭고, 미학적인 리듬에 몰두하는 공기처럼 가벼운 몸에서 구현되는 하이퍼모던한 가벼움을 쓸모없는 것으로 치부하여 폐기할 필요는 없다. 시장과 유행의 부당한 강요가 만들어 내는 '나쁜' 가벼움도 있지만, 아폴로적인 것과 디오니소스적인 것이 뒤섞여 있는 자유롭고 도취적인 '좋은' 가벼움도 있다. 왜냐하면 비상의 디오니소스적인 도취나 황홀은 오직 자연원소들에 대해 행해지는 아폴론적 지배 활동으로만 완전히 이루어지기 때문이다. 우리는 몸의 통미학적 가벼움을, 니체가 '위대한 스타일'이라고 불렀던 것과 접촉하는 것으로 생각해야 한다. 이런 점에서 볼 때, 통미학적 가벼움의 즐거움은 자기지배와 승리의 의지, 몸짓의 이상적인 안벽함을 의미한다. 바로 이 같은 주체의 '폭발'과 '아름다운 형태'가 합쳐짐으로써 공중에 떠 있는 활주의 황홀감이 성취된다.

가느다람에서 날씬함으로

날씬함에 대한 숭배 역시 몸에 적용된 가벼운 것의 혁명을 특별히 함축적으로 상기시킨다. 날씬함에 대한 강박은 모든 사회계층에서 일반화되어 있고, 모든 연령대와 관련되어 있으며, 이제 남자들과도 무관하지 않다. 톱모델들은 날씬한 몸매를 과시하고, 식품회사들은 모든 상품의 성분을 가볍게 만들고, 의학과 체육은 과체중에 선전포고를 한다. 또한 성형술은 비만이라고 생각되는 모든 것을 줄이고, 흡입하고, 제거한다. 영양 섭취와 더 안락한 삶, 아름다움과 건강은 가벼운 몸 없이는 이해될 수 없다.

물론 현대에 들어서 처음으로 길쭉하고 호리호리한 형태에 높은 가치를 부여한 것은 아니다. 그렇지만 긴 역사를 살펴보면, 이러한 현상은 드문 데다가 비교적 최근의 일이다. 아주 오랫동안, 그리고 대부분의 전통 문명에서 살의 풍만함에는 높은 가치가 부여되었고, 때로는 '의무적이었다.' 카메룬의 방와족 추장은 자신의 뚱뚱한 몸이 부족의 번영을 보장한다고 생각해 추장이 되면 두 달 넘게 살을 찌웠다. 전 세계 어디에서나 풍만한 몸매는 생식 능력과 부유함, 아름다움의 징후였으므로 살찐 여성은 욕망과 감탄을 불러일으켰다(너무 뚱뚱한 경우는 제외하고). 기름지게 배 터지도록 먹고, 많은 양의 음식물을 섭취하면 힘과 활기, 아름다움을 얻을 수 있다고 생각되었다.[14]

서구 세계는 이런 식으로 여성들을 살찌우지는 않았지만 엄청나게 많은 음식과 포동포동한 몸매, 뚱뚱한 남자, 허리가 두꺼운 여성을 찬양했다. 중세시대에 귀족 생활의 표시로서 가장 높이 평가된 것은 풍성하고 기름진 음식과 푸짐한 진수성찬, 식도락이었다. 비만은 높은 가치를 부여받은 반면 마른 여성은 기아와 흑사병, 가난, 우울함을 상기시켜 사람들에게 공포를 안겨 주었다. 한마디로 아름다운 여성은 '뚱뚱하고 살찐' 것으로 묘사되었다. 최소한 19세기까지는 살찐 몸과 부드러운 피부가 긍정적인 이미지의 혜택을 받았다. 오노레 드 발자크Honoré de Balzac는 《행동방식의 이론Théorie de la démarche》에서 이렇게 말했다. "우아함은 둥글둥글한 형태를 원한다." 그리고 브리야사바랭Jean-Anthelme Brillat-Savarin은 반복해서 말했다. "아름다움은 특히 둥근 형태와 우아하고 둥근 선에 존재한다."[15]

그렇다고 해서 날씬한 몸매에 높은 가치가 부여되지 않은 것은 아니었다. 13세기 말부터 가느다란 허리와 작은 젖가슴이 여성미의 기준이 되었다. 르네상스 시대에는 전쟁 사회의 특징인 무게의 중시에 반대하여 외모의 우아함과 기품, 궁신의 풍채가 장려되었다. 16세기 초에 루카스 크라나흐Lucas Cranach라는 화가는 몸매가 호리호리하고 휘었으며, 가슴은 작고, 골반은 좁은 뮤즈와 비너스 여신을 그린 그림으로 유명해졌다. 이러한 여세를 몰아 16세기와 17세기에는 '뚱뚱한 인간들'에게 상처를 내는 현상이 뚜렷해졌다. 뚱뚱함과 포동포동함의 여러 정도를 명시하는 단어들(포동포동한, 살찐, 배가 나온, 오동통한, 토실토실한, 살이 약간 찐)이 증가했다. 의사들은 지방 과다로 말미암은 위험을 더 한층 경고하고 나섰다. 비록 여성의 야윈 몸매는 여전히 보기 흉한 것으로 판단되었지만 뚱뚱하고 덩치가 큰 몸매도 인기를 잃어버리고, 뚱뚱해지면 어떡하나 하는 두려움이 점점 더 커져만 갔다. 몸의 새로운 모델이 드러나기 시작했는데, 뚱뚱하다는 것은 세련되지 못하고, 상스럽고, 저속한 것과 연관되면서 부정적인 가치를 갖게 되었다.[16]

르네상스 시대에 쓰인 아름다움에 관한 책들은 가느다란 허리와 탄탄하고 매끈하며 불룩하지 않은 배의 아름다움을 찬양했다. 살찌는 것을 막기 위한 방법으로 몇 가지 종류의 식품이 추천되었는데, 심지어는 백악을 먹고 식초를 마셨다(신 것이 살을 빼는 효능을 가졌다고 알려졌기 때문이다). 18세기에는 폭식이 더 이상 유행하지 않고 요리의 성분이 가벼워졌다. 또한 여성들에게 "뚱보"[17]로 보이는 것보다 나쁜 일은 없었다.

가벼움의 이상은 19세기 들어 한층 더 강화되었다.[18] 19세기 후반에 접어들면서 비만과의 싸움은 한층 더 치열해졌다. 온천에서 치료를 하는 동안에도 계속 몸무게를 쟀다. 19세기 말에는 배와 허리 치수를 줄일 수 있다는 광고가 배포되고, 온천수를 이용한 치료가 증가했다. 숫자와 치수에 수반되는 세련됨의 요구가 분명하게 드러났다. 그냥 날씬하기만 한 것으로는 이제 충분하지 않았다. 비율과 숫자가 주어진 것이다. 그러나 가느다람은 우리가 이해하는 그런 날씬함이 아니다. 유연함과 부드러움의 매혹 없이는 여성의 아름다움을 생각할 수 없기 때문이다.[19]

○── '라인'의 미학

진정한 의미에서 가벼움의 현대적 혁명이 일어나고, 여성의 날씬함에 관한 원칙(여성의 몸을 전체적인 관점으로 바라보는)이 세워지는 것을 보려면 1910년이 될 때까지 기다려야 한다. 이제는 코르셋이나 다른 인공적인 술수로 뚱뚱함을 가리는 것이 아니라 몸을 다듬고, 포동포동한 몸매를 객관적으로 축소하고, 비만과 싸워야 한다. 무조건 '살을 빼야' 하는 것이다. 이제 은폐 전략을 쓰면 안 되고(이에 관해서는 4장에서 더 자세히 검토할 것이다) 여성의 몸을 실제로 가볍게 만들어야 한다.

가벼움은 이제 사교적인 연극성의 세계에서 현대주의적인 조작성과 효율성의 세계로 넘어왔다.

과체중이 건강에 위험하고 여성의 아름다움과 양립할 수 없는 것으로 여겨지면서 제1차 세계대전과 제2차 세계대전 사이에 미국에서 개인용 저울이 등장했다. 1920년부터는 길고 단단한 다리와 불룩하지 않은 배, 마르고 호리호리한 몸매를 이상화하는 여성미의 모델이 찬사를 받았다. 가벼움이 새로운 의미를 갖게 된 것이다. 가벼움은 더 이상 원래 여성의 속성이라고 간주되는 타고난 나약함과 민감함의 이름으로 찬양되는 것이 아니라 이제는 활기와 이동성, 자기관리의 징후로서 찬양된다. 더 이상 전통적인 여성의 매력에 높은 가치가 부여되지 않고 이제는 좁고 허리가 없는 '라인'과 날씬하고 곧은 몸에 더 큰 가치가 부여된다. 무슨 일이 있어도 살을 빼는 것이 지상의 과제로 등장하면서 비만은 점점 더 빈번한 조롱의 대상이 되어 갔다. 이때 윈저 공작부인이 다음과 같은 유명한 말을 했다. "여성은 절대 너무 뚱뚱하지도 않고 너무 마르지도 않는다."

이 점은 강조되어야 한다. 새로운 가벼움의 미학이 자리를 잡았는데, 의학적 처방 때문에 이렇게 된 것이라기보다는 패션의 명령과 영화 이미지들, 스포츠나 해변에서 여가를 보내며 하는 새로운 행동 때문에 이렇게 되었다고 보아야 한다. 자신들의 물 흐르듯 날씬한 몸매를 자랑스레 과시하는 톱스타들과 모델들은 사람들로 하여금 꿈을 꾸게 만든다. 미인대회에 출전하는 여성들도 날씬한 몸매라는 이상이 사회적으로 장려된다는 사실을 잘 보여준다. 좀 더 일반적으로 말하면, 가게를 가득 메우고 있는 체중과 치수들은 수치화된 인체의 측정치와 측정된 아름다움, 실현하기가 점점 더 어려워지고 계속해서 수정할 것을 요구하는 신체적 이상에 대한 강박을 가리킨다. 키가 160 센티미터인 여성이 있다고 치자. 〈당신의 아름다움 Votre Beauté〉이라는 잡지는 1929년에 이 이 여성의 이상적 체중을 60킬로그램으로 정했지만, 10년 뒤에는 51.5킬로그램으로 정했다.

날씬함에 대한 강박

20세기 초에 일어난 미학적 혁명에도 불구하고 마른 몸매는 1960 년대까지 여전히 '건강하지 않음'의 징후로 남아 있었으며, 50년대의 인기 배우들은 여전히 '포동포동했다.' 그러나 60년대에는 날씬함의 문화가 새로운 단계를 통과한다. 즉 과잉의 논리 및 다이어트의 욕망과 실천의 사회적 확대로 특징지어지는 하이퍼모던 단계로 들어선 것이다. 이처럼 날씬함이라는 이상이 강화되면서 가벼움의 문명을 전형적으로 보여주는 현상 중 하나가 자리 잡는다.

○── 몸 사이즈

트위기 Twiggy나 페넬로페 트리 Penelope Tree, 진 슈림턴 Jean Shrimpton처럼 비쩍 마른 모델들이 거둔 성공이 그 사실을 증명한다. 즉 1966년에 트위기의 키는 169센티미터인데 몸무게는 41킬로그램이었다. 최근에 케이트 모스는 키가 173센티미터에 몸무게는 53킬로그램, 아나 카롤리나 Ana Carolina는 키 174센티미터에 몸무게는 40킬로그램이었다. 굶어서 비쩍 마르고 뺨이 움푹 들어간 패션모델들이 아름다움의 전형이되었다. 패션은 정상적인 것으로 간주된 IMC[20]보다 적은 체중을 가진 몸의 아름다움을 찬양하게 되었다. 과장되고 극단적이며 최종적인 가벼움의 단계에 도달한 것이다.[21] 피골이 상접하거나 '거식증에 걸린' 패션모델들이 등장하면서 가벼움은 하이퍼모더니티의 특징인 과장된 논리를 따른다. 가벼움은 그것이 몸의 부드러운 유려함, 우아함의 매력과 유지할 수 있는 관계를 끊었다. 그리고 충격과 무제한, 극히 과장된 연출이 지배하는 세계 속으로 들어갔다.

미스 아메리카로 선발된 이들의 몸 사이즈가 보여주는 변화를 보아도 날씬함의 미적 기준이 강화되는 것을 알 수 있다. 1920년대에 선발된 이들은 몸무게가 평균 63.5킬로그램, 키가 평균 173센티미터였으나, 80년대 초에 미스 아메리카가 된 여성들의 경우에는 평균 체중 53킬로그램에 평균 신장은 176센티미터였다. 이러한 미의 이상을 기준으로 따져 본다면, 심지어 메릴린 먼로Marilyn Monroe도 좀 '통통해' 보인다. 청소년 같고, 활력이 느껴지고, 역동적이고, 때로는 '거식증에 걸린 것 같은' 몸매가, 즉 두 뺨과 허리가 움푹 파이고, 갈비뼈가 드러난 몸매가 마치 '모래시계처럼 생긴'(풍만한 가슴, 가느다란 허리, 큰 엉덩이) 몸매를 대신했다. 이제 날씬한 것으로는 충분하지 않고 엄격한 다이어트와 운동으로 마르고 완전히 날씬하며 핏줄이 드러나도록 창백한 몸매의 소유자가 되어야 하는 것이다.

○── **가볍게 먹기**

마른 몸의 이상을 실현할 기술적 수단이 많이 늘어나면서 가벼움에 대한 욕구가 폭발적으로 증가했다. 다이어트가 확산되는 동시에 식탁에 가벼운 음식이 등장하기 시작한 것이 그 증거다. 1970년대에는 클로드 피슐러Claude Fischler가 '지방공포증'이라고 이름 붙인 것이 자리를 잡았는데, 이 공포증은 지방을 혐오하고 지방에 대해 가차 없는 싸움을 벌이는 것이 특징이다.[22] 이러한 상황에서 붉은 살코기[23]와 달걀, 버터, 설탕 소비가 감소한 반면 가벼운 소스[24]와 닭고기, 생선, 채소 소비는 증가했다. 아주 오래된 기아의 불안보다는 체중이 늘어날지도 모른다는 미적 두려움이 더 큰 시대가 된 것이다. 지나치게 뚱뚱해지는 것을 피하기 위해서가 아니라 비만의 흔적 없이 날씬하고 건강하게 살기 위해서 덜 '기름지게' 먹어야 한다. 80년대 중반부터 가벼운 것이 괄목할 만한 발전을 보인 것도 같은 현상에 속한다. 이 시기에는 '지방 성분이 덜 들어간 상품'과 '칼로리가 낮은 상품', '콜레스테롤이 포함되지 않았다'거나 '설탕이 덜 들어갔다'거나 '지방 성분 0퍼센트'라고 표시된 상품이 폭발적으로 증가했다. 60년대에 탈지유와 반탈지유가 출현했지만, 20년 뒤에는 돼지고기 가공업과 조리된 음식, 육류, 식전주, 아이스크림, 잼, 비스킷, 당과, 음료, 초콜릿 등의 다른 모든 분야도 가볍게 하기에 투자한다. 가볍게 하기는 지방 함량뿐 아니라 설탕과 콜레스테롤, 알코올, 카페인, 소금에까지도 적용되었다. 80년대 말에는 1억 가까운 미국인들이 성분이 가벼워진 상품을 소비했다.

1990년 파리에서 열린 국제식품전시회에 전시된 신상품 중 절반 정도가 성분이 가벼워지거나 가벼운 상품이었으며, 전 세계에서는 매달 150종의 '가벼운' 상품이 출시되었다. 프랑스의 경우 1970년대 초만 해도 성분이 가벼워진 상품의 종류가 슈퍼마켓에 겨우 300개밖에 진열되어 있지 않았지만, 20년 뒤인 90년대에는 그 숫자가 4500개로 늘어났다. 1995~2003년에 이러한 상품의 판매고는 매년 평균 9퍼센트씩 늘어났다. 그러나 지금은 증가 속도가 둔해져 2008년에 프랑스에서 성분이 가벼워진 상품의 판매액이 60억 유로였던 데 비해 2011

년에는 15억 유로였다.

성분이 가벼워진 상품들은 처음에는 1990년대의 다이어트 열풍에 휩쓸려 발전했다. 그러고 나서 이 상품들은 2000년대의 건강과 안락함, 자연 상태라는 추세가 뒷받침되면서 한층 더 발전했다. 비록 더 많은 사람들이 자신의 체중에 신경을 쓰면서 다이어트를 했지만, 가벼운 것이 시장에서 차지하는 몫은 줄어들고 그 대신 건강한 상품과 유기농 상품의 몫이 늘어났다. 그 이후로 프랑스인 둘 중 하나는 최근 들어 지나치게 인공적인 이미지 때문에 타격을 입은 가벼운 성분의 상품을 피하거나 아니면 예외적으로만 소비해야 한다는 생각을 갖게 된다. 가벼운 성분의 상품은 많은 사람들에게 아무 영향도 미치지 못하는 미끼로 작용하면서 이제 더 이상 기적의 상품으로 여겨지지 않는다. 오직 가벼운 음료의 판매량만 계속 늘어나고 있다.

○── 적극적 행동주의와 소비지상주의

날씬함은 이제 단지 미적 이상일 뿐 아니라 지속적으로 확대되는 산업이자 대규모 시장으로 자리 잡고 있다. 이 다원적인 시장은 한편으로는 상품들(가벼운 상품, 영양보조식품, 식사대용품, 식이요법 상품, 다이어트용 화장품)을, 또 한편으로는 날씬하게 만들어 주는 서비스와 치료를 포함하고 있다. 우리 시대에는 영양학 의사와 영양사, 영양보조식품과 식이요법 상품을 만드는 공장, 살빼기와 식이요법 훈련 강사, 다이어트 전문가 등을 비롯한 관련 종사자들의 숫자가 증가하고 있다. 시장조사기관 XERFI에 따르면, 프랑스의 경우 2010년에 살빼기 시장(영양보조식품, 식이요법 상품, 서적, 날씬해 보이게 만드는 치료)은 가벼운 성분의 상품을 제외하고 15억 유로에 달했다. 2008년에 미국인들은 과체중과 싸우기 위한 상품과 프로그램을 사는 데 620억 달러를 썼다.

우리는 지금 남성, 여성, 어린아이 할 것 없이 모든 사람이 과체중에 대한 공포에 사로잡혀 살고 있다. 프랑스의 경우 남자 두 명 중 한 명이, 여자 열 명 중 일곱 명이 몸무게를 줄이고 싶어 한다. 미국인 여성 열 명 중 여덟 명, 프랑스인 여성 두 명 중 한 명은 다이어트를 최소한 한 차례 시도해 본 경험이 있다. 여성들의 약 30퍼센트는 이미 다섯 차례의 다이어트를 해보았고, 9퍼센트는 열 차례 이상 다이어트를 해보았다. 그리고 나이 든 사람들보다는 젊은 사람들이 이러한 현상에 더 많이 휩쓸리고 있다. 18~24세의 63퍼센트가 이미 다이어트를 해보았고,[25] 미국 대학생의 63퍼센트는 여러 번 다이어트를 했으며, 10~13세 소녀들 중 80퍼센트는 살을 빼기 위해 노력했다고 말한다.[26] 또한 다이어트 문학도 잡지와 도서관을 점령했다. 2010년에 IPSOS-리브르 엡도가 조사해 발표한 인기 순위에 따르면, 프랑스에서 가장 많이 팔린 작품 다섯 권 중에서 세 권은 영양학 전문의인 피에르 뒤캉Pierre Dukan의 작품으로, 《나는 살 빼는 법을 몰라Je ne sais pas maigrir》는 60만 부 정도 팔려 나갔다.

가벼움에 대한 하이퍼모던적 강박은 피트니스 산업과 실천에서도 읽힌다. 2008년에 성인 인구의 3분의 1 정도 되는 1400만~1500만 명의 프랑스인들이 집이나 체육관에서 피트니스와 근육 강화, 체력 단련에 몰두했다. 남자들보다는 여자들이 피트니스 활동을 더 많이 했고, 피트니스를 하는 사람들의 주요한 동기는 건강이었지만 열 명 중 여섯 명은 '몸매를 가꾸고', 근육을 키우고, 체중을 줄이고자 하는 욕망을 내비쳤다. 프랑스에 있는 약 1만 개 정도의 비영리 체육관에서

2500~3000개의 영리 클럽이 운영되고 있다. 2008년에는 350만 명의 프랑스인들이 체력 단련을 목적으로 하는 클럽에 등록했는데, 매출총액이 약 20억 유로에 달했다.

다이어트 상품과 기술, 방법들이 한없이 늘어나 비약적으로 발전하는 시장을 이루었다. 살을 빼주는 젤과 패치, 다이어트용 크림과 셀룰라이트 제거 천개술, 메조테라피 등 신체의 과잉 지방질을 없애는 기술이 크게 증가했다. 슈퍼웨트 테크닉, 투메선 지방흡입술, 레이저 지방흡입술 등 다양해진 지방흡입술이 점점 더 국부적으로 적용되면서 활황을 누리고 있다. 미국의 경우에는 2000년에 지방흡입을 한 횟수가 1990년에 비해 열 배나 늘어났다. 전 세계에서 지방흡입 수술이 성형 행위 중에서 유방 확대 수술을 제치고 1위를 차지했다(전체 수술 가운데 18퍼센트 이상이다).

다이어트, 피트니스, 성형수술. 몸무게를 줄이는 것은 많은 사람에게 노력과 금욕, 자기조형造形을 전제로 하는 지속적 관심사가 되었다. 우리는 행동주의적·개인주의적·소비지상주의적 가벼움의 시대로 들어섰다. 이제 더 이상 느리고 유희적인 가벼움이 아니라 미디어가 만들어 내는 이미지를 통해 전달되는 모델과 일치하는 젊고 날씬한 몸매를 갖기 위해 자기가 직접 악착같이 자기 자신에 대해 작업할 것을 요구하는 가벼움의 시대가 된 것이다. '뚱뚱하다'는 것이 곧 못생긴 것과 의지 부족, 태만의 동의어가 되었기 때문에 우리는 외모를 개선하기 위해 모든 수단을 동원해야 한다. 여기서는 가벼움이 더 이상 이카로스를 참조하는 것이 아니라 나르키소스를 참조한다. 하이퍼모던한 나르키소스는 자신의 외모를 가장 효과적으로 활용하고, 자신의 몸에 가치를 부여하려고 애쓰기 때문이다. 몸을 지속적으로 관리하고 아름답게 꾸며야 한다는 생각에 사로잡힌 자기중심적 자아가 승리한다. 하이퍼개인주의적 문화에 의해 지탱되는 가벼운 것의 문화는 끝없이 나르키소스를 동원하고 미적 규범을 찬양하면서 이 하이퍼개인주의적 문화를 고양할 뿐이다.

이러한 측면에서 볼 때, 가벼운 것의 혁명은 자기 몸에 책임이 있다고 인정될 뿐만 아니라 동시에 아름다움과 젊음이라는 표준화된 규범의 지배를 점점 더 많이 받는 수행적 개인의 문화와 떼려야 뗄 수 없는 관계에 있다. 우리 시대에는 한편에서는 신체가 하이퍼개인주의적으로 '디자인'되고, 또 한편에서는 일률적이고 준엄한 날씬함의 미학 모델이 매우 큰 사회적 지배력을 행사한다. 도덕적 죄책감은 덜 들지만, 나르키소스적인 불안감과 자기파괴적인 의지우선주의적 태도뿐 아니라 '몸매'를 정복하거나 유지하기 위한 과도한 소비지상주의적 태도도 더욱더 강화된다. 그리하여 하이퍼개인주의적인 동시에 하이퍼규범적이며 하이퍼소비지상주의적인 가벼운 것의 문명이 탄생했다.

큰 성공을 거둔 '날씬한 몸매' 모델은 양성 모두에게 적용된다. 남성과 여성은 지방조직과 비만을 무조건 추방해야 한다. 바로 여기서 이 규범이 몸매와 관련하여 남성과 여성의 차이를 줄이고, 성적 이형을 없애 버릴 것이라는 생각이 나왔다. 남성미의 가치는 재평가되는 반면 여성의 몸은 특유의 포동포동하고 풍만한 형태를 잃어버릴지도 모른다는 것이다. 남성과 여성을 가리키는 전통적 '상징'의 차이는 외모와 관련한 일종의 남녀 양성성을 만들어 내면서 조금씩 사라지고 있다. 가벼운 것의 혁명, 또는 성의 탈구분을 향한 전진.

그렇지만 이 이론적 모델에 동조하는 것을 가로막는 사실은 적지 않다. 지금 여성들의 경우 유방 확대 수술과 원더브라, 엉덩이를 올려주는 푸시업 속바지가 사회적 성공을 거두고 있다. 그리고 남성들의 경우에는 특히 미국에서 마치 운동선수처럼 우람한 근육을 자랑하는 건장한 몸이 유행하고 있다. 〈피디에트릭스Pediatrics〉가 2012년에 발표한 연구 결과를 보면, 미국 중고등학생 가운데 40퍼센트 이상이 근육량을 늘리기 위해 규칙적으로 운동을 하고 있다고 주장한다.[27] 할리우드에서는 이제 메트로섹슈얼metrosexual〔패션에 민감하고 외모에 관심이 많은 남성—옮긴이〕이 스크린에 등장하는 주인공의 모델이 아니다. 모델은 게리 그랜트에서 실베스터 스텔론으로, 앤서니 퍼킨스에서 아널드 슈워츠제네거로, 로저 무어에서 대니얼 크레이그나 크리스 에반스로 옮겨갔다. 여성들이 자신의 전통적인 성적 매력을 돋보이게 하려고 애쓰는 것처럼 많은 남성들도 강하고 남성적인 외모를 과시하기 위해 열심히 운동한다.

우리는 가벼운 것의 혁명이 '트랜스섹슈얼transsexual'적 미분화의 움직임을 조금도 야기하지 않는다는 사실을 확인할 수밖에 없다. 그 반대가 사실이라고 해도 될 만큼 지금 우리는 성을 가진 몸들의 재여성화와 재남성화를 목격한다. 보디빌딩을 할 때 여성들은 툭툭 튀어나온 우람한 근육을 만들려고 애쓰는 것이 아니라 '늘어져 있는 것'을 제거하고, '물렁물렁하고 무르고 지방으로 이루어져 있다'고 판단된 몸의 부위를 단단하게 만들려고 애쓴다. 목표는 남성들과 경쟁하면서 근육의 크기와 양을 늘리는 것이 아니라 몸을 다듬고, 그것을 호리호리하고 탄력 있게 개량하는 것이다.

날씬함의 규범이 남성성과 여성성의 차이를 없애지 못하리라는 것은 분명한 사실이다. 오직 여성들만 가벼움과 결합된 아름다운 몸에 계속 가치를 부여한다. 남성들은 항상 잘 발달된 가슴근육이 그 상징중의 하나인 남성다움을 보여주는 데 집착한다. 가벼운 것의 혁명은 차이를 없애는 도구가 아니다. 그것은 무엇보다도 반운명으로 가정된 몸에 대한 개인적 책임감 고취의 동인이다. 성적 비유사성이 적이 아니라 살덩어리의 무거움과 몸에 대한 수동성이 적이다.

○── 날씬함의 축성祝聖과 비만의 세계

몸매를 유지하기 위해서 이렇게 엄청난 노력을 기울이고, 많은 시간을 할애하고, 큰돈을 쓴 적은 결코 없었다. 하이퍼모던한 가벼움의 시대는 지방을 혐오하는 행동의 확산과 다이어트의 지수논리, 완벽한 몸의 과장된 이미지, 날씬함에 대한 일반화된 강박이 특징이다. 조사결과에 따르면, 체질량지수가 정상적인 여성들(프랑스 여성의 61.4퍼센트) 가운데 오직 14퍼센트만이 자기들의 몸무게가 편안하게 느껴진다고 대답했으며, 65.4퍼센트의 여성들은 몸무게가 지금보다 평균 6킬로그램 덜 나가기를 바란다. 체질량지수가 정상인 여성들 가운데 50퍼센트 이상이 이미 다이어트를 시작했다. 다이어트를 확산하는 것은 과체중을 비난하는 의학적 규범이라기보다는 미적 강요다. 이제 사람들은 그냥 날씬해지기를 원하는 것이 아니라 평균보다 날씬해지기를 원하게 될 것이다. 바로 이것이 가벼운 것의 혁명을 일으킨 하이퍼 논리다.

날씬함이라는 미적 이상은 어디에서나 찬양받고 있으며, 어디를 가나 몸매를 날씬하게 만들기 위한 방법들이 차고 넘친다. 그렇지만 이렇게까지 많은 사람들이 비만증에 걸린 적은 결코 없었다. 이 같은 주장은 하나의 사실로 증명된다. 즉 가벼운 것의 혁명이 진행되면서 비만증의 환자가 점점 더 증가하여 전 세계 성인 세 명 중 한 명에 해당하는 14억 명이 과체중이나 비만으로 고통받고 있는 것이다. 1980년에서 2008년 사이에 비만증 환자의 숫자가 개도국에서는 거의 네 배가, 선진국에서는 1.7배가 늘어났다. 이제 미국의 성인 세 명 중 두 명은 비만이거나 과체중이다. 남자, 여자, 어린아이 할 것 없이 모든 사람의 평균체중이 늘어났다. 1992년만 해도 전 국민의 5.5퍼센트만 비만증 환자였으나 2009년에는 무려 14.5퍼센트가 비만증 환자다. 하이퍼모던 시대의 개인이 날씬해지기를 꿈꾸면 꿈꿀수록 체중은 오히려 더 늘어난다.[28] 이것이야말로 가벼운 것의 문명이 현 단계에서 실패했다는 사실을 보여주는 증거다. 날씬해지라는 명령이 더 큰 힘을 발휘하면 할수록 몸은 같은 이상에 덜 동조하는 것이다.

날씬함과 자신에 대한 힘

20세기에 날씬함의 규범이 확고하게 마련되었는데도 이 규범은 많은 페미니스트 저자들에게 과거와 단절된 논리가 아닌 오랜 종교 문화의 연장으로 분석되었다. 이러한 관점에서 보면 중세의 성녀에서부터 식욕부진에 걸린 오늘날의 젊은 여성에 이르기까지, 15세기의 단식하는 여성에서부터 21세기의 패스팅 걸fasting girls〔빅토리아시대의 사춘기가 되기 전의 소녀들로, 특별한 종교적 힘이나 마술적 힘을 갖고 있어서 오랫동안 아무것도 안 먹어도 살 수 있는 소녀들—옮긴이〕에 이르기까지 모두가 똑같이 음식물 섭취를 거부하고, 똑같이 단식을 하고, 똑같이 산해진미의 쾌락을 포기해야 하는 의무를 지키기 위해 각고의 노력을 기울였다는 것이다. 이 저자들은 지방이나 기름을 싫어하는 우리 문화가 종교적 신비주의자들의 고행, 그리고 음식물과 관련된 기독교의 금욕과 연속성을 가진다고 주장한다. 그래서 킴 처킨Kim Cherkin과 수전 보르도Susan Bordo 또는 나오미 클라인Naomi Klein은 날씬한 몸매에 대한 강박이 아주 오래된 종교적 정신 구조의 추구이며 몸에 대한 혐오, 여성들이 느끼는 죄의식, 관능성의 붕괴는 그 결과라고 생각한다. 이들에 따르면 가벼움의 문화는 아주 오래된 종교적 생명 경시의 새로운 방법인데, 이는 신新성경이 여성의 자아를 증오하도록 만들기 때문이라는 것이다.

신비주의적 단식과 음식물 섭취를 포기하는 지금의 현상 사이에 존재할 수도 있는 유사성은 기만적이다. 그 유사성은 환상에서 깨어나고, 세속화되고, 기술적인 근대성의 가장 근본적인 원칙이 어떤 식으로 날씬함의 숭배 속에 포함되어 있는지를 감추고 있다. 신비주의적 단식 행위는 자기 자신의 의지를 버림으로써, 그리고 개인이 자기 자신을 사랑하기를 포기함으로써 신에게 더 가까이 다가가기 위해, 저 높은 곳에 계시는 분의 존재를 황홀경 속에서 느끼기 위해 행해졌다. 우리를 지배하는 제도는 이러한 자아 상실의 논리와 정면으로 대립하여 구축된다. 후신학적post-thégèreté 과정이 진행되고 있는 것인데, 여기서는 하이퍼모던한 가벼움의 숭배가 초자연적인 외부와 일절 아무 관계도 맺지 않고 극히 자율적인 논리에 따라 기능한다. 다시 말해 육체는 이제 더 이상 영혼을 위해, 즉 종교적 영성을 위해 봉사하지 않고 목적 그 자체로 인정된다. 음식물 섭취를 제한하는 일(자기를 절제하고, 자아를 사회적으로 만족시키는 모든 행위를 포기한다는 것을 의미하는)은 더 이상 없다. 이제는 그 반대로 몸을 잘 관리해서 자기 자신에 높은 가치를 부여한다. 영적·신비적 이상은 사라지고 이제 성과의 역학을 따름으로써 개인의 나르시시즘을 만족시키는 자율적·육체적 이상이 등장했다. 과거에는 자아의 권력을 포기함으로써 우리의 유한성에서 벗어나려고 애썼지만, 이제는 우리를 육체의 '주인이자 소유자'로 만듦으로써 우리가 지상에서 처한 상황을 완성하여 영원히 최적화해야 한다.

날씬함의 미학이라는 우리의 원칙에는 당연하게 받아들여지는 것을 제어하겠다는 현대적인 야심이, 주어진 운명을 체념하고 받아들이지만은 않겠다는 의지가 자리 잡고 있다. 회고懷古적인 몸의 세계는 이제 더 이상 존재하지 않는다. 우리는 책임감을 갖고 통제하고 교정할 것을, 그리고 의지를 발휘하여 체중과 주름살·자연·시간과 무한정한 싸움을 벌일 것을 요구하는 몸의 세계에 살고 있다. 신체 형태의 영역에는 몸의 타율성이라는 원칙이 아니라 자기통제와 장악이라는 원칙이 적용된다. 날씬함의 문화는 개인들이 자기 몸에 대해 책임감을 갖고, 자기 몸을 끊임없이 통제하고 감시하고 유지하는 영역으로 만드는 것이 목표다. 몸이 하나의 '작품'으로, 자신의 자신에 대한 지속적인 작업이 거둔 개인적 성공으로 보여야 하는 것이다.

날씬함의 숭배는 존재하는 것을 기술적으로 소유한다는 근대적 가치를 육체의 영역에서 이렇게 표현한다. 즉 미적 가벼움의 영향하에서 계속 남이 시키는 대로 하거나 되는 대로 내버려두는 식의 태도와 운명을 거부하는 것은 항상 프로메테우스적 이성인 것이다. 근대인들과 더불어 미적 육체는 지속적이고 규칙적인 노력과 다이어트, 운동, 성형수술에 의해 유지될 만한 것으로 생각되는 경향이 있다. 이 규범이 1세기 전부터 절대적으로 인정받고 있다는 사실은, 그것을 마케팅에 의해 인위적으로 만들어진 미학적 변덕으로 간주할 수 없다는 사실을 보여준다. 즉 여기서 우리는 기술적·개인주의적 근대성의 정신 자체가, 세계를 무한 지배하고 자기 자신에 대해 절대 권력을 갖

는다는 그것의 이상에 반향을 불러일으킨다는 사실을 인정해야 하는 것이다.[29]

여성들이 날씬한 몸매를 유지하기 위해 그 어느 때보다도 애쓰는 것은 또한 여성의 직업 활동이 완벽하게 사회적 정당성을 획득했기 때문이기도 하다. 오직 어머니와 아내라는 '자연적' 기능으로만 구성된 정체성이 거부되는 순간 효율성과 직업적 능력, 자아의 구축이 여성들이 요구하는 원칙이 된다. 역설적으로, 여성들이 직업의 영역에 투자하는 순간 외모에 주어지는 중요성이 한층 더 커진다. 일하는 여성들은 집 안에 있는 여성보다 운동도 더 많이 하고, 성형수술도 더 많이 받는다. 직업 생활도 성공시키고, 동시에 여성으로서의 매력도 유지하고 싶어 하는 그들은 어떻게 보면 자신들의 직업적 능력을 미적 영역에 전이한다고 볼 수 있다. 그들에게 중요한 것은 자신의 몸을 그냥 내버려 두는 것이 아니라 자신의 경력을 관리하듯 효율적으로 유지하고, 제어하고, 관리하는 일이다. 효율성의 윤리가 기초를 이루는 날씬함의 숭배는 전통적인 여성을 추방하지 않는다. 즉 그것은 고칠 수 있는 것이 있으면 고치고, 자신의 원래 몸무게를 자신의 몸에서 덜어 내기 위해 자기가 가지고 있는 개인적 주권을 동원하는 하이퍼모던한 여성의 출현을 의미한다.

○── 가벼움과 유동성

가벼움의 숭배는 또한 몸과의 관계에서 현대 문명 고유의 시간적 구조화를 나타내기도 한다. 근대성과 더불어 입법을 행하는 전통적인 과거의 축이 와해되고, 사회적 과정의 속도가 엄청나게 빨라지는 전대미문의 시간성 체제가 자리를 잡는다. 이러한 속도 혁명은 생산과 운송, 통신, 생활 리듬뿐 아니라 미학과 몸의 문화, 특히 여성의 몸과 관련된 문화를 변화시켰다.

과거에 여성의 아름다움이 날씬함과 결합되는 일이 드물었던 것은 여성이 임신과 육아, 가사, 장식적 '대상', 남자의 '장식품' 등 정주하는 사회적 역할을 해내야만 했기 때문이다. 아주 오랫동안 여성에게 주어진 가장 중요한 임무는 행동이 아니라 생식이었다. 즉 여성에게 주어진 임무는 부동성과 무기력, 외양과 연관되어 있을 뿐 '행동'과는 연관되어 있지 않았던 것이다. 그러다가 이 여성의 정주 모델은 근대성과 그것의 영원한 유동성, 가속된 속도, "움직임 자체를 위한 움직임의 사랑"[30]에 의해 크게 흔들린다. 운동성의 사회와 그것의 기술적 도구들(자동차, 비행기, 스포츠)은, 운동하는 여성과 이 '제2의 성'에 활력을 부여한다는 원칙을 정당한 것으로 만듦으로써 이상적인 여체의 이미지를 변화시키는 데 크게 기여했다. 정적이거나 속박받는 여성성을 연상시키는 미학은 힘을 잃고 자유롭게 움직이며 활동하는 유연하고 생기 넘치는 몸에, 즉 날씬한 몸에 높은 가치가 부여되었다.

○── 날씬함과 젊은 시절의 꿈

이러한 이유로 이 아름다움의 이상은 지난 세기가 흐르는 동안 끊임없이 강화되었다. 전보다 조금 더 둥근 1950년대의 여성 모델은 청소년 문화의 비약적 발전을 토대로 하는, 운동선수처럼 단단한 몸을 가진 모델에 자리를 빼앗겼다. 레이디룩은 패션의 원형으로 승격된 청소년 실루엣의 모델로 교체되었다 근대성의 시간적 구조화 방식과 관련이 있는 젊음의 미학이 계급의 명령을 대신하게 된 것이다. 가속화된 이동성의 세계에서 모델이 되는 것은 더 이상 나이 많은 사람들이 아니라 젊은 사람들이다. 젊은 사람이 이동성과 활력, 변화를 구현하기 때문이다. 끊임없는 변화와 속도로 특징지어지는 현대 세계와 불가분의 관계에 있는 젊은 세대의 취향을 받아들이는 현상을 날씬한 몸을 원하는 현상과 연관시켜야 한다. 그러한 관점에서 보면, 날씬함의 규범은 문화적 욕망에서 비롯된 것이 분명하다. 근대인들이 속도와 운동, 젊음에 부여한 가치를 이 미학이 표현하고 있기 때문이다.

그러므로 날씬해지기 위한 경쟁에는 유행의 규범에 대한 복종 이상의 것이 있다. 과체중과 싸움을 벌이면서 사람들은 단지 그 시대의 미적 기준에 따라 매혹하려고 할 뿐 아니라 더 내밀하고 실존적인 것을 추구한다. 즉 일종의 영원한 젊음을(날씬함은 젊은 육체와 연관되므로) 표현하려고 하는 것이다. 날씬함에 대한 강박은 자기 자신을 제어하겠다는 의지뿐 아니라 시간에 대한 싸움을, 언제나 청소년 같은 외관의 몸을 간직하겠다는 욕망을 표출한다.

날씬함의 독재는 끝났는가?

가치의 다원주의와 관용을 요구하는 우리 문화에서 날씬함의 코드가 갖는 예외적 특징은 충분히 강조될 만하다. 그런데 다원주의와 다양성, 개인적 특성 및 차이와 정면으로 대립하며 일률적인 몸의 모델을 강요하는 하나의 규범이 있다. 패션과 음악, 미술, 디자인, 장식은 스타일의 확대와 다각화·이질화의 지배를 받지만, 몸은 유일하며 엄격한 규범, 즉 날씬함의 규범에 복종하라는 요구를 받는다. 우리는 관용을 찬양하고 모든 스타일은 인정받을 권리를 갖지만, 몸은 '라인'이라는 유일한 모델의 명령을 받는 것이다.

그렇기 때문에 가벼움의 과잉은 균일화하는 절대 권력인 동시에 사람을 힘들게 만드는 실현 불가능한 이상이라는 비난이 증가하는 것이다. 그것을 극도로 경멸하는 사람들은 1960년대부터 "이제 더 이상 미스 아메리카는 없다!"라고, 그리고 이어서 "뚱뚱한 것이 아름답다!"라고 부르짖었다. 몸무게에 대한 두려움과 미디어를 통한 이미지들이 찬양하는 "참을 수 없는 가벼움"[31]을 비난하는 책은 얼마든지 있다. 인터넷을 검색해 보면, 날씬함이라는 절대명령에 대한 비판은 얼마든지 많이 나온다. 잡지들(⟨V 매거진V Magazine⟩, ⟨글래머 US Glamour US⟩, ⟨베니티 페어 이탈리아Vanity Fair Italie⟩)은 살이 포동포동한 모델을 잡지 표지에 싣는다. ⟨엘Elle⟩은 '통통한 여성 특별호' 표지에 모델 타라 린Tara Lynn을 실었다. 2010년에 독일의 ⟨브리지트Brigitte⟩는 더 이상 직업 모델의 사진을 싣지 않고 오직 '일반' 여성들의 사진만 싣기로 결정했다. 전 세계에서 발간되는 ⟨보그Vogue⟩는 2012년에 아름다움에 굶주리지 않은 16세 이상의 '건강한' 모델 사진만 싣겠다고 약속했다. 2006년에 여러 명의 모델이 사망한 뒤로 많은 나라(스페인과 이탈리아, 이스라엘, 인도)에서 체질량지수가 정상에 못 미치는 모델들은 패션쇼에 참여할 수 없게 했다는 사실 또한 기억되어야 한다. 마케팅 자체도 같은 길로 들어섰다. 도브 브랜드는 날씬함의 공포에 맞서기 위해 다소 포동포동한 몸매의 '일반인' 여성들을 보여주는 공익광고로 널리 알려졌다.

그런데 우리는 날씬함의 독재를 끝내겠다는 이런 의지보다는 이같은 시도의 일회적이고 예외적이며 짧은 특징에 주목하게 된다. ⟨브리지트⟩는 많은 사람들의 관심을 집중시켰던 보이콧 결정을 내리고 나서 판매고가 급감하자 어쩔 수 없이 2년 뒤에 그 결정을 철회해야 했다. 톱모델들의 굶주린 몸에 관한 논쟁은 뼈만 앙상한 몸매의 15세

소녀가 2011년 엘리트 모델 룩에서 우승하는 것을 막지 못했다.

날씬함의 미학을 비난하는 소리는 끊임없이 들려오지만, 우리는 가벼움의 문화가 그 영역을 계속 넓혀 가면서 남성들과 아이들, 나이 든 사람들, 그리고 심지어는 임신한 여성들까지 정복해 나가는 현상을 목격하게 된다. 여성들은 이제 이 강력한 체제에 복종해 날씬한 몸매를 유지하기 위해 출산 전후에 과도할 정도로 운동을 한다. 마미렉시mommyrexics(식욕부진에 걸린 엄마—옮긴이)가 트렌드이며, 스타들의 경우에는 특히 그렇다. 잡지들은 빅토리아 베컴이 넷째 아이를 낳고 겨우 1주일 만에 임신 중에 늘어난 체중을 모두 뺐다는 사실을 보도하면서 감탄해 마지않았다. 2009년에 누트리네트-상테NutriNet-santé에서 실시한 역학조사에 따르면 남성 두 명 중 한 명은 더 날씬해지기를 원하며, 정상적이라고 인정된 체중을 가진 남성들 중 27퍼센트는 체중을 더 줄이고 싶어 한다고 한다. 날씬해지고 싶어 하는 열 명의 남성들 중 네 명은 평생 동안 다이어트를 최소 한 번은 해본 적이 있다고 응답했고, 일곱 명 중 한 명은 다섯 번 이상 다이어트를 했다고 응답했으며, 열 번 이상 다이어트를 한 사람도 있었다. 날씬함의 이상은 지금 그 어느 때보다도 더 큰 지상 과제다.

이 모든 상황을 보면, 앞으로도 이런 상황은 바뀌지 않을 것이라고 추측할 수 있다. 경제와 문화의 힘은 어마어마해서 가벼움의 이상을 널리 확산한다. 화장품 산업과 패션, 젊은 세대의 취향, 사회의 의료화, 스포츠, 해변의 노출, 자기제어라는 이상은 가벼움을 구성하는 규범의 기초를 이루는 요소들이다. 가벼움의 이상이 쇠퇴할 가능성은 당분간 없다. 아니, 그 반대다. 뼈만 앙상한 모델들이 패션쇼나 광고에 출연하는 것을 금지할 수는 있다. 그리고 지금은 더 통통한 여성들이 광고에 등장하는 것을 이따금 볼 수 있다. 2014년 초 프랑스 보건부에 제출된 보고서는 지나치게 마른 모델들을 패션쇼에 출연시키거나 그들의 사진을 잡지에 싣는 것을 금지할 것을 권장했다. 그렇지만 날씬함의 규범이 쇠퇴할 것이라는 전망은 실현 가능성이 거의 없다. 여성들이 장차 자신의 통통한 몸매를 받아들일 것이고, 몸무게에 대한 강박에서 벗어나 자기 자신에게 덜 엄격해지고 더 큰 관용을 베풀 것이라는 생각은 신빙성이 거의 없다고 봐야 한다. 하이퍼모던 시대에는 어디를 가나 가벼운 것을 찬양하기 때문이다. 과연 이러한 추세가 바뀔 수 있을지, 의심스럽다.

물론 이러한 추세가 역전되어 쾌락주의와 개성, 자유로운 개인 성향을 찬양하는 사회가 찾아올 것이라는 상상을 추상적인 방법으로는 얼마든지 할 수 있다. 틀에 박힌 가벼움의 독재 시대가 끝나면 자연적이고, 개인적이고, 다양한 아름다움이 지배할 수도 있을 것이다.

유감스럽게도! 완전히 유토피아적인 이 희망찬 기대에 찬물을 끼얹어야만 할 것 같다. 이런 종류의 시나리오가 실현될 가능성은 거의 없다고 보아야 하기 때문이다. 한 사회가 몸에 대해 작용하는 강력한 이상이나 규범을 찬양하지 않고 존재할 수 있다고 믿는 것은 순진한 발상이다. 알려진 모든 사회에서 몸은 수정되고, 변화되고, 매우 다양한 표지들로 표시된다. 어디를 가도 몸이 그것의 즉각적이고 자연적인 현실 속에서 받아들여지는 일은 없다. 여기서는 몸이 뚱뚱해지도록 모든 것이 이루어지고, 저기서는 몸이 날씬해지도록 모든 것이 이루어진다. 아주 오랜 옛날부터 사람들은 몸을 절개하고, 절단하고, 난절하고, 몸에 문신을 그려 넣었다. 어디서나 몸을 장식으로 뒤덮고, 인공적인 것을 입힌다. 몸은 인간의 몸을 동물의 벌거벗은 몸과 구분할 수 있게 하는 엄격한 규범에 따른다. 몸에 가해지는 미적 강제와 그것에 동반되는 차별은 보편적으로 존재하는 현상이다.[32]

사회적 질서에 깊은 영향을 받는 몸의 이러한 보편성은 인류사회학적 차원에서 인간이 "단순히 자연적인 여건을 받아들이는 데 그치지 않고 그것을 부인하는 (…) 그리고 자기 자신까지도 부인하는 동물"[33]이라는 사실과 상관관계가 있다. 인간의 영역은 즉각적인 여건을 거부하고, 외부세계와 그 자신의 동물성을 부정하는 것으로 정의된다. 미적 규범과 이상은 노동이나 종교와 마찬가지로 인간이 갖는 부정의 힘을 표현하는데, 자연적 요소에 어느 정도의 폭력을 행사하고, 원래의 동물성을 거부하며, 몸을 다시 만들기에 이르기 때문이다.

일체의 압력과 집단적 강제로부터 벗어난 다원적인 아름다움과 다양성을 인정받기 위해 현재 벌이고 있는 싸움은 틀림없이 덜 비현실적이고, 덜 상투적이고, 덜 완벽한 이미지들이 증가하는 것을 보도록 해줄 것이다. 그러나 그 싸움이 모든 몸과 모든 아름다움, 모든 비만이 평등함의 발판 위에서 똑같이 취급받는 상대주의적 문화를 창조하지는 못할 것이다. 토크빌은 이렇게 말한다. 공유하는 생각이 없어도 "여전히 인간들은 존재한다. 그러나 사회적 집단은 존재하지 않는다. 사회가 존재하기 위해서는 (…) 모든 시민정신이 항상 몇 가지 주요한 생각에 의해 결집되어 함께 지탱되어야 한다."[34] 어느 한 공동체 고유의 이상은 변화할 수도 있고 내면화될 수도 있지만, "반드시 하나의 자리"[35]를 갖는다. 그렇기 때문에 우리 사회는 날씬함의 시대가 막을 내리는 모습을 그렇게 빨리는 보지 못할 것이며, '아름다움의 독재'에 대한 항의가 거세지더라도 이러한 상황은 달라지지 않을 것이다.

새로운 무거움의 정신

지금 우리는 몸의 미학의 중요성이 점점 더 커지고 있고, 그것이 크고 작은 개인적 비극을 불러일으키는 문명의 시대에 살고 있다. 체중이 늘어난다는 것이 두려움을 불러일으키면서 여성들은 대부분 체중이 정상인데도 자기가 너무 뚱뚱하다고 생각한다. 많은 여성으로 하여금 지속적으로 자신을 관찰하게 만드는 실현 불가능한 날씬함의 이상은 그들이 자신의 외모에 대해 부정적인 판단을 하고, 자기가 아름답다고 생각하지 않고, 자신의 몸을 사랑하지 못하게 만든다. 우리의 문화는 자기도취적으로 몸을 찬양하는 데 인색하지 않지만, 자신의 몸을 사랑하기보다는 그것의 가치를 미적으로 낮게 평가하는 경향이 우세하다. 우리는 자신의 몸에 대해 자기도취적인 즐거움을 느끼도록 끊임없이 권유받는다. 즉 그것을 더 아름답고 단단하게 만들고, 더 소중히 하고, 마사지해 주고, 탄력을 주는 것이다. 그러나 개인을 그 자신과 화해시킨다고 여겨지는 즐거움과 몸에 대한 이러한 찬사의 이면에서는 역설적으로 부정적이고, 불만족스럽고, 자기 자신과 늘 싸움을 벌이는 나르시시즘이 발휘된다. 가벼운 것의 문명이 가벼운 삶을 의미하는 것은 아니다.

바로 이러한 배경 위에서 지방조직이 제거된 몸을 갖기 위한 다이어트가 널리 확산되고 있다. 잘 알다시피, 이러한 현상의 아이러니는 대부분의 다이어트가 만약 중간에 그만둘 경우 다시 체중이 늘어나면서 원래대로 돌아간다는 사실에 있다. 다이어트의 실패는 심리적 차원에서도 부정적인 영향을 미친다. 체중이 다시 늘어나는 현상은 의지 부속으로 느껴지고, 희망은 좌절감과 죄책감, 자존감 상실로 바뀌기 때문이다. 몸무게를 가볍게 만들어야 하는데, 결과적으로는 삶 자체의 무게가 무거워져 버리는 것이다.

몸에 적용된 가벼움의 명령은 단지 사람을 의기소침하게 할 뿐만 아니라 생명의 순환 주기까지 위험으로 내몬다. 특히 날씬함이 절대적인 명령으로 자리 잡은 선진국에서 식습관이 크게 무질서해졌고, 거식증 환자가 크게 늘어났다는 내용의 책과 기사는 얼마든지 있다. 최근에 거식증을 앓고 있던 모델이 여러 명 사망한 사건은 극단적인 가벼움이 안고 있는 위험에 큰 경종을 울렸다. 가벼움의 행복한 이미지는 여기서 완전히 전도된다. 즉 패션 화보의 황홀하고 매력적인 외관 아래서 과장된 가벼움의 비극이 확산되는 것이다.

더 진부하게 말하자면 살을 빼는 다이어트에는 정보와 음식 섭취의 제한, 일상적 자기감시가 필요하다. 다시 말해 가벼움의 이상은 지속적인 운동과 노력, 끊임없는 자기제어 등 충동적인 딜레탕티슴과 정반대되는 모든 것을 요구한다. 건강과 날씬함의 이름으로 즉각적인 쾌락을 포기하고, 자신을 제어하고 지속적으로 감시해야 한다. 즐거운 무사태평과 동의어였던 하이퍼모던한 가벼움은 역설적으로 몸 사이즈에 대한 강박과 다이어트 훈련, 과체중이나 다시 늘어난 체중으로 인한 '의기소침'과 연관된다.[36] 가벼움은 경박함과 동일시되었다. 즉 그것은 심리적 불안정과 미적 불안 상태, 자존감의 상처, 자신감의 상실 등을 확대하는 것이다. 해로운 가벼움이 새로운 형태를 가진 무거움의 정신을 만들어 내어 우리를 지배한다. 하찮은 것이 만들어 내는 고통. 가벼운 것의 문명은 날씬함의 독재를 통해 아무것도 아닌 일로 우리 삶을 고달프게 만드는 기술을 발전시킴으로써 수많은 주관적 비극을 끊임없이 탄생시킨다. 이러한 차원에서, 가벼움은 가벼움의 적이다.

니체는 '무거움의 정신'을 배후세계의 초월이라는 무거운 짐과 인간이 가볍게 행동하지 못하도록 하는 종교와 도덕, 국가의 이상과 결부했다. 초근대성hypermodernité 과 더불어 이상주의적인 주요한 가치들의 강제력이 사라져 버린 것은 부인할 수 없는 사실이지만, 무거움의 정신은 자기비하와 우울증, 불안의 형태를 띠고 연장되기 때문에 전혀 사라지지 않았다. 니체가 말했던 대로 가벼운 삶이라는 것이 "자기 자신을 사랑한다"[37]는 것을 의미한다면, 우리 시대는 가벼운 삶 쪽으로는 전혀 다가가지 못했다. 삶은 여전히 너무 무거워서 짊어지기 힘들다. 가벼움의 문화가 '무거움의 정신'의 니힐리즘을 추방하는 데 기여한다는 것은 놀라운 사실이다. 무거움은 이제 초감각적인 세계의 결과가 아니라 삶을 가볍게 만들어야 하는 자기도취적 문화 규범의 결과다.

마이크로, 나노,
비물질적인 것

---

*Le micro, le nano
et l'immatériel*

현대사회를 규정하는 가장 큰 특징은 기술적·사회적·문화적 변화의 가속이 지배하는 새로운 시간 모델의 등장이다. 이런 현상이 나타나지 않는 영역은 없다. 생산과 운송, 통신, 제도, 사법, 인간관계, 일상생활 등 모든 분야에서 속도가 빨라지고, 모든 것이 점점 더 빨리 이루어지고, "견고하고 지속적이었던 모든 것이 연기처럼 사라져 버린다."(마르크스) 가속의 추세는 현대화 과정과 공존한다.[1]

시간 절약을 위한 끝없는 경쟁 속에서 이러한 추세가 뚜렷해지고 있는 것도 사실이지만, 우리 시대에는 또한 물체의 재료와 부피, 무게를 줄이려는 시도도 이루어진다. 물론 시간도 절약해야 한다. 그러나 또한 물체의 무게를 줄이고, 그것이 더 쉽게 이동할 수 있게 하고, 사용되는 재료의 숫자를 줄이고, 마이크로 물체와 나노 물체를 만들고, 물리적 물체의 교환을 정보망에서의 전자의 흐름에 의한 교환으로 비꾸는 일도 필요하다. 우리는 가벼움의 원칙이라는 또 하나의 원칙이 가속의 원칙에 덧붙여져 있는 사회에서 살고 있으며, 이 가벼움의 원칙은 매우 다양한 경제적·사회적 생활의 영역에 적용된다. 이 원칙은 소형화와 디지털화 기술, 마이크로공학, 나노 기술에서 구체화되어 마이크로 시스템과 미니 모터, 마이크로 모터, 마이크로 머신, 마이크로 관, 마이크로 동력장치, 마이크로 구동장치가 제작되면서 모든 활동 분야가 무한히 작은 것의 정복을 향해 나아가고 있다.

물질세계의 가벼움

가볍거나 매우 가벼운 재료를 사용하기, 더 적은 재료로 더 많은 기능을 만들어 내기, 재료를 최대한 작은 수준에서 다루기, 도구들을 더 작고 덜 무겁게 만들어서 가장 효과적으로 활용하기, 더 적은 것을 가지고 더 나은 것을 만들기, 정보 매체를 비물질화하기. 바로 이것이 가벼움의 원칙에 속하는 작업들 중 일부다. 반도체의 세계에서는 흔히 '작은 것이 더 좋다'고 이야기한다. 바로 이것이 가벼움의 원칙(폭발적인 확대의 '횡적' 원칙이랄 수 있는)이 갖는 의미이자 목표다. 하이퍼 기술의 세계는 마이크로 및 나노의 연구와 조작, 생산이 비약적으로 발전하는 가운데 이루어진다.

우리를 앞서간 시대에 가벼움의 형상들은 시적·신화적 상상세계(이카로스의 날개, 천사, 육익천사, 공기의 요정, 여자 공기의 요정, 제피로스, 선녀, 마법의 융단)를 통해서, 또는 섬세함과 고상함이 특징인 예술적 스타일로 표현되었다. 이 세계는 거의 대부분 더 이상 우리의 것이 아니다. 즉 하이퍼모던의 시대를 지배하는 가벼움은 이제 예술과 소설적 상상력에 의해 전달되는 것이 아니라 세계의 합리화에 의해 전달된다. 앞으로는 과학적·기술적 합리성의 힘이 가벼운 것을 확대할 것이다. 하이퍼모던 시대에는 가벼움의 원칙이 미학적 단계에서 기술적·과학적 창조의 단계로 바뀐다.

우리는 가벼운 것과 작은 것, 극소한 것이 무거운 것보다 우월하다는 사실이 여러 영역에서 분명하게 드러나는 시대에 살고 있다. '더 많이'의 숭배는 '더 적게'를 향한 움직임을 동반한다. 부피와 무게도 더 적게, 재료도 더 적게, 차지하는 면적도 더 적게. 사물의 세계와 우리의 관계에서는 소형화의 이상과, 재료를 그것의 가장 작은 부품들 속에서 조정하겠다는 기술적 의지가 지배한다. 이제 우리는 소형화와 비물질화를 위한 경쟁과 속도가 동시에 지배하는 세계에 살고 있는 것이다. 경제가 기능하는 데 필요한 물질의 유통을 줄이기, 더 적은 재료를 가지고 품질 좋은 물건을 더 많이 만들어 내기, 전문 제품을 소형화하기, 정보와 교환을 비물질화하기, 재료를 분자의 규모로 다루기. 바로 이런 것들이 사물의 세계와의 하이퍼모던적 관계를 결정하는 기본 경향이다. 이 과장된 역학이 이제 시작된 가벼운 것의 문명에서 중심적 역할을 하게 되었다.

가벼움은 오랫동안 예술의 상상적이고, 매혹적이고, '비현실적'인 세계에서 구현되었다. 그러나 물질적 현실 자체가 경감과 소형화, 비물질화의 대상이 되면 전혀 다른 모델이 필요해진다. 즉 무거운 것이 가벼워지고, 가벼운 것은 점점 더 가벼워지는 것이다. 가벼운 것은 이제 더 이상 예외적이지도 않고, 희귀하지도 않고, 값이 비싸지도 않다. 가벼운 것은 이제 흔해져서 구체적으로, 그리고 일상적으로 모습을 나타낸다. 가벼움은 예술을 통해 또 다른 세계로, 세계의 이상화로, 쾌락원칙(프로이트)의 기초가 되는 불만스러운 현실로부터 탈출하는 수단으로 보인다. 이 가벼움의 방식은 이제 더 이상 지배적이지 않다. 가벼움의 방식은 이제 더 이상 외관과 환상, 승화 쪽에 있는 것이 아니라 공동의 현실을 다시 드러내는 기술, 경제적 현실원칙 쪽에 있다. 허구의 세계에서 물질 생산의 세계로, 시적인 것에서 산업 생산으로, 공기의 요정에서 비물질적인 것의 경제로 옮겨 가는 것이다. 이제 우리는 단지 예술의 허구적이며 상부구조적인 가벼움과만 함께 사는 것이 아니라 첨단 기술의 구체적이며 하부구조적인 가벼움과도 함께 산다.

여러 면에서, 우리를 지배하는 것은 지금까지 우세했던 것과는 반대되는 역학이다. 왜냐하면 현대 예술의 한 부분 전체가 가벼움의 미학적 이상에 노골적으로 등을 돌리고 있기 때문이다. 그리고 많은 예술가들이(조금 더 뒤로 가면 알게 되겠지만, 모든 예술가들이 그런 것은 아니다) 이러한 이상을 버리는 순간, 산업은 완전히 이 길로 들어선다. 가벼움의 거장은 이제 더 이상 예술가들이 아니라 기술자들이다. 그때부터 가벼움은 더 이상 세상 밖으로의 도피도 아니고 현실과 상관없는 특징도 아니다. 이제 가벼움은 물질세계의 현실 자체를 바꿔 놓고 있다.

물론 물질적 가벼움에 대한 현대적 추구가 어제오늘 시작된 것은 아니다. 그것은 이미 19세기부터 유리와 쇠로 만든 건축물과 몇몇 예술작품에 이어 아방가르드 디자인의 가구뿐 아니라 구성 재료의 무게를 줄이려고 애쓰는 기구와 풍선, 비행기에서도 현저히 나타난다. 그 얼마 후에 자동차 회사 포드는 대형 자동차의 가격을 낮추기 위해 차체를 경량화하려고 노력했다. "자동차의 무거움, 바로 이것이 적이다. (…) 너무 무겁지 않은 것이 가장 아름답다."[2] 자전거는 많은 사람들로 하여금 가벼우면서도 견고한 구조물을 이용하여 이동하게 함으로써 큰 대중적 성공을 거뒀다. 1920년대부터 청소기와 세탁기, 냉장고, 전자레인지, 토스터, 다리미 등 최초의 전자제품들이 연달아 생산되었다는 사실을 여기에 덧붙여야 한다.

그럼에도 불구하고 여전히 산업 시대는 육중한 시설물(도로, 철로, 토목 구조물), 석탄과 강철 산업, 전기, 농업과 공업 기계 등 무거운 장비의 우위로 특징지어진다. 특히 프랑스는 미국이나 이탈리아와는 달리 그랑제콜을 나온 명사들과 기술자들의 문화 때문에 레핀 발명품 대회(루이 레핀이 시작한 프랑스의 발명품 경연대회. 청소기, 채소 가는 기계, 볼펜, 2사이클 엔진, 증기다리미 등의 발명품이 이 대회에서 상을 받았다—옮긴이)의 수준을 넘어서지 못하는 불량품과 동일시되는 가벼운 소비재에 대한 일종의 평가절하로 특징지어졌다. 1923년부터는 가정용 기구 살롱전이 열렸지만, 여기서 전시된 것은 무시당하여 야심 찬 산업 프로젝트로 인정받지 못했다. 가전제품에 이어 일반 소비자를 위한 전자제품은 물론 인기를 끌었지만, 산업계의 명예와 위계 속에서는 고상하지도 않고, 살짝 업신여겨지고, 덜 중요하게 취급되었다. 오직 기간산업의 "무거운 것"만이 "기적을 행하는 위대한 기술자들"[3]의 일에 어울린다며 높은 가치를 부여받았다.

물론 산업의 현대성은 오래전부터 가벼운 것의 길로 들어섰지만, 이 역학은 특히 제2차 세계대전 이후에 소비사회가 순식간에 등장하여 큰 성공을 거두고, 집 안에서 더 편안하게 지낼 수 있도록 해주는 온갖 작은 도구들이 등장하면서 더 빠른 속도로 진전되었다. 그때부터 이 과정은 엄청난 속도로 가속화되었다. 즉 가벼운 것의 정복은 새로운 재료와 극단적 소형화, 나노 기술과 바이오 기술 덕분에 비약적으로 발전하고 엄청나게 변화했다. 산업적 과정의 대규모 기계화 시대에 드러난 거대한 현대성은 가벼움의 기술적·미학적 혁명을 최초로 완수했다. 하이퍼모던 시대가 되자 제2차 혁명이 이루어지고 있으며, 이 혁명의 핵심은 마이크로 기술과 나노 기술, 정보통신 기술이다. 소형화 혁명, 나노 기술 혁명, 디지털 혁명. 우리는 새로운 기술이 받쳐주는 가벼운 세계의 시대를 살고 있다. 이 가벼운 세계야말로 이제 막 시작된 가벼운 것의 문명의 핵심에 자리 잡고 있다.

경량화, 소형화, 비물질화

○──── 재료의 경량화

사물의 세계에 적용된 가벼움의 원칙은 우선 덜 무거운 재료의 개발과 사용에서 구체화된다. 지난 세기의 후반기에 가소성 재료 산업 덕분에 작고, 휴대하기 쉽고, 값이 싼 소품이 수없이 개발되었다. 1960년대부터 폴리스티렌과 폴리에틸렌, 염화물, 폴리비닐, 폴리아미드, 폴리프로필렌 등이 모든 가정에서 전통적인 재료 대신 사용되었다. 중합重合 덕분에 타파웨어 용기〔미국의 발명가인 얼 타파가 페인트 통 뚜껑 테두리의 밀봉 효과에서 착안해 개발한 플라스틱 밀폐용기─옮긴이〕와 전기주전자, 라디오, 텔레비전, 전기면도기, 시계, 전화기 등 작고 가벼운 제품이 산업적으로 생산될 수 있었다. 1980년 이후로 플라스틱 제품 생산량이 금속 제품 생산량을 넘어섰다. 플라스틱 제품은 인간 활동의 거의 모든 영역에 존재한다. 우리는 '플라스틱 시대'에 들어선 것이다.

1950년대에 이미 롤랑 바르트Roland Barthes는 플라스틱 문명의 출현을 예고했다. "전 세계가 플라스틱화될 수 있다." 플라스틱 현상학에서 바르트는 플라스틱을 "버림받은 재료."이고, "꼭 솜뭉치처럼 생겼고", "부정적인 성분으로 이루어져 있다"는 점에서 "물질로서는 거의 존재하지 않는" "기적의 소재"로 소개했다.[4] 이 미미한 실체성은 또한 그것이 매우 가볍다는 사실에서도 기인한다. 기포질의 폴리스티렌은 98퍼센트의 공기로 구성되어 있다. 폴리스티렌 소재 부분은 재료의 2퍼센트에 지나지 않는다. 폴리에틸렌으로 만들어져 포장을 하는 데 쓰이는 '기포 있는 필름(뽁뽁이)'은 어린아이들이 손가락으로 터트리며 재미있어하는 공기로 가득 찬 반구半球들로 이루어져 있다. 바로 이것이 질기고 견고하지만 깃털이나 공기방울처럼 가벼운 합성소재들이다. 다들 알다시피, 폴리스티렌으로 만든 공은 살짝만 불어도 날아간다. 여기서 플라스틱은 일종의 '공중'을 날아다니는 물질로 보인다. 이것 역시 플라스틱의 "마술적"(바르트) 특징이다.

기술과학의 발달 덕분에 재료의 경량화는 많은 산업 분야에서 꾸준히 이루어지고 있다. 에펠탑을 짓는 데 쇠가 7000톤 필요했다. 지금 같으면 강철 2000톤이면 충분할 것이다. 원거리통신 산업에서 25킬로그램의 유리섬유는 1톤에 달하는 동선銅線이 해내던 서비스를 대신할 수 있다. 우리는 재료를 새롭게 배합해 가벼움과 강도 같은 품질을 개선한 혼합재료들이 증가하는 것을 본다. 99.8퍼센트의 공기로 이루어진 에어로젤은 현재까지는 이 세상에서 가장 가벼운 소재로서 최고의 단열효과를 발휘한다. 가벼운 소재는 자신의 무게보다 2000배 더 나가는 무게를 견뎌 낼 수 있다. 나노 기술 덕분에 나노 입자를 흔히 쓰이는 몇몇 소재와 혼합하여 무게를 줄이는 것이 가능해졌다. 탄소 나노튜브는 강철보다 여섯 배 가벼우면서도 단단하기는 100배 더 단단하다. 탄소 나노튜브는 이미 자전거 프레임이나 골프클럽, 테니스 라켓, 등산용 피켈 같은 몇 가지 스포츠 장비에 이용되고 있다. 미국 연구팀은 성능이 한계에 도달하기 시작한 규소를 대체하기 위해 이 소재의 도움을 받아 작동하는 컴퓨터를 얼마 전에 처음으로 개발했다. 또 다른 나노 소재인 그래핀은 강철보다 여섯 배 가볍지만(나노튜브처럼) 강도는 200배나 단단하기 때문에 얼마 지나지 않아 혼합소재에 집어넣어 플렉시블 스크린과 초고속 전자부품을 만드는 데 사용될 수 있을 것이다.

항공 산업에서는 연료를 절약하고 탄소발자국carbon footprint을 줄이기 위해 특히 금속을 탄소섬유 합성소재로 대체함으로써 구조를 얇게 만드는 것이 급선무였다.[5] 이미 새로운 상용기에서는 합성소재(강철보다 60퍼센트 가볍지만 여섯 배 더 단단한)가 주요한 재료가 되었다. 예컨대 합성소재는 보잉 787 드림라이너기 동체의 50퍼센트를 차지한다. 이러한 신기술 덕분에 알루미늄 구조물에 비해 무게를 20퍼센트 줄이는 한편 케로신 소비를 20퍼센트 줄일 수 있었다. 합성소재가 50퍼센트 이상 사용된 신형 A350기(에어버스)는 무게가 15톤이나 줄었다. 경제적 이유에서뿐만 아니라 생태학적 이유에서도 합성소재는 미래가 유망하다.[6]

합성소재와 소형화 기술 덕분에 드론 장치가 증가하고 있다. 거대한 드론은 물론 매우 가벼운 드론과 마이크로 드론 등 제3세대 드론들이 출시되고 있다. 화재 감시와 예방을 목적으로 하는 미니 드론은 무게가 겨우 2킬로그램도 나가지 않으며, 해발 150미터까지 날 수 있다. 블랙 호르넷 나노는 소형 카메라가 장착되어 있으며, 가로 101밀리미터, 세로 25밀리미터 크기에 무게는 16그램인 미니 헬리콥터다. 바로 이것이 무게를 한층 더 가볍게 만들기 위해 무한 경쟁을 시작한 날아다니는 기계들이다.

항공기의 내부 설비 역시 마찬가지다. 지금은 탄소섬유와 티탄을 사용할 수 있기 때문에 무게가 겨우 4킬로그램(현재 사용할 수 있는 가장 가벼운 소재보다 두 배 가벼운)밖에 안 나가는 초경량, 초박超薄 좌석을 만들 수 있게 되었다. 이렇게 무게를 줄임으로써 항공기 한 대당 1년에 연료비를 30만 달러씩 절감할 수 있게 될 것이다.

2000년대 초까지 40년 동안 자동차의 크기는 계속해서 커졌지만, 이제는 그와 반대되는 추세가 자리를 잡아 가고 있다. 골프와 클리오4, 푸조208 승용차는 이전 세대 모델보다 무게가 100킬로그램 덜 나간다. 어디서나 중요한 것은 덜 무거운 차체와 더 가벼운 장비를 만들어 내는 일이다. 메르세데스S 클래스의 ABS 브레이크 시스템은 무게가 5분의 1로 줄었다. 픽업 포드 F-150의 신모델은 알루미늄(강철보다 3배 가벼운)을 사용한 덕분에 총 2톤에 달하는 무게 중에서 320킬로그램을 줄일 수 있었다. 항공기나 자동차에 적용된 이러한 다이어트 요법의 기저에는 에너지를 덜 소비하고 탄소 배출을 제한해야 한다는 절대적 필요성이 자리 잡고 있다. 이러한 경량화 경쟁은 재충전을 하지 않고 주행할 수 있는 거리를 만족스러운 수준으로 늘리기 위해 무게가 최대한 가벼워져야 하는 전기자동차가 발달하기 때문에 앞으로도 계속될 것이다.

○── 소형화

소재의 혁신과 발맞춰 트랜지스터와 규소에 통합된 회로, 마이크로프로세서의 발명이 촉발한 소형화의 혁명이 이루어지고 있다. 기판이 점점 더 얇아지는 덕분에 마이크로칩의 소형화는 거의 2년에 한 번씩 새로운 단계를 통과하고 있다. 마이크로칩 표면의 집적도가 18개월마다 두 배씩 늘어난다는 무어의 법칙은 유명하다. 기본 트랜지스터의 크기를 줄이기 위해 이렇게 경쟁을 벌이다 보니 전자 산업은 나노과학에 도움을 청하게 되어 이제 전자부품의 크기가 단순한 원자의 크기에 가까워지고 있다. 나노튜브가 달린 트랜지스터와 미세한 차단기의 생산을 제어하기 시작하면서, 어떤 사람들은 개별적인 원자나 분자로 이루어질 컴퓨터를 계발할 계획을 세우고 있다. 유명한 무어의 예언은 이렇게 해서 예상보다 훨씬 더 빨리 실현될 수 있을 것이다. 실제로 어느 국제 연구자 단체는 자기들이 규소 원자층에 단 하나의 원자를 통합한 트랜지스터를 만들고 있다고 발표하기도 했다. 이것이 원자를 하나만 사용한 첫 트랜지스터는 아니지만, 언제인가는 공업 생산의 단계로 넘어갈 수 있으리라는 기대를 품게 한 것은 이번이 처음이다.

반도체칩의 성능이 향상되었기 때문에 대형 시스템은 계속해서 감소하는 반면 부피와 무게는 점점 더 줄어들고 이동성과 성능은 점점 더 좋아지는 미니 전자제품에 이어 마이크로 전자제품이 그만큼 증가하고 있다. 앞으로 나오는 스마트폰은 1969년 인간으로 하여금 달에 첫발을 딛게 했던 NASA 컴퓨터에 버금가는 계산 능력을 가질 것으로 예상된다. 그와 동시에 집적회로가 DVD 재생장치에서 시작하여 텔레비전과 전화기, 디지털카메라, 컴퓨터, 세탁기, 전자레인지, 자동차, 은행 카드에 이르기까지 우리가 일상생활에서 사용하는 기계들을 휩쓸었다.

부품들이 소형화된 덕분에 여러 개의 물체(전화기, 사진기, 하드디스크, 카메라, 음악과 동영상 재생장치)를 단 하나의 물체에 통합하는 다양한 기능의 물체들이 등장했다. 부피는 줄이고 기능은 늘리는 것이 요즘 트렌드다. 지금은 가상세계와 메모, 메시지, 위치 측정, 사진, 동영상, 이메일, 전화통화 등 모든 기능을 통합한 하이테크 안경까지 나오고 있다. 게임용 콘솔을 움직여 가며 게임을 하는 일은 점점 줄어들고, 그 대신 스마트폰과 태블릿상에서 게임을 하는 일이 점점 늘어나고 있다. 전기회로에 접속된 물체의 가벼움은 이제 무게라는 단 하나의 문제를 넘어서서 그것이 극도로 가벼운 무게와 관련하여 충족시키는 다수의 기능성과도 연관되어 있다.

우리 시대에는, 가벼움이 속도와 마찬가지로 과장된 역학의 지배를 받는다. 가장 일상적인 물체들은 더 가벼워지고, 얇아지고, 자리를 덜 차지하려는 무한 경쟁에 돌입했다. 전화와 오디오, 카메라, 노트북, MP3, 태블릿, 접속 장치, 착용형 장치 등 어디서나 중요한 것은 장치의 부피와 무게를 최대한 줄이는 일이다. 우리는 지금 깃털처럼 가벼워지고 디지털화된 하이퍼 이동성의 장비가 지배하는 시대에 살고 있다. 여전히 더 많은 기능성과 결합 및 통신 능력뿐만 아니라 더 많은 콤팩트하고 가벼운 장비를 원하는 것이다. 1946년에 만들어진 최초의 전자 컴퓨터인 ENIAC은 무게가 80톤이었고, 기관차 몇 대를 움직이는 데 필요한 에너지를 소비했다. 1981년에 만들어진 최초의 개인 컴퓨터는 무게가 20킬로그램 이상 나갔다. 지금은 성능이 확장되었지만 매우 가벼워서 쉽게 휴대하고 다닐 수 있는 맥북의 경우 무게가 겨우 1킬로그램 남짓이고, 두께는 2센티미터에 불과하다. MP3 '카나 마이크로'는 무게가 겨우 10그램이며 두께는 1센티미터에 불과하다. 7인치짜리 미니 태블릿과 신용카드보다 작은 카메라, 휴대용 프린터, 무게가 100그램도 되지 않는 초소형 비디오카메라도 나와 있다. 그리고 오래지 않아 플렉시블 화면이 달리고, 전연성이 있고, 퀄런지만큼이나 얇은 장치들이 쏟아져 나올 것이다.

　가벼운 것의 혁명은 현기증이 날 만큼 빠른 속도로 진행되고 있다. 반도체칩의 소형화와 디지털의 발전 덕분에 사물인터넷Internet of Things에 이어 만물인터넷Internet of Everything이 발달하고 있다. 그만큼 연결성에는 이제 한계가 없어 보인다. 이제는 도시와 도로, 자동차, 가사 설비, 동물들도 이 사실과 연관되어 있다. "연결되지 않는 것을 연결하라"라는 새로운 슬로건이 탄생했다. IDATE 연구소는 2020년에는 연결된 장치의 숫자가 800억 개에 달할 것으로 예측한다. 스마트 시티, 스마트 홈, 스마트 그리드, 스마트 오브젝트. 우리는 이제 마법의 융단의 시대에서 마이크로칩의 시대로, 시적 가벼움의 시대에서 소형화되고 접속되어 있고 '지능을 갖춘' 가벼움의 시대로 접어든 것이다.

　이러한 관점에서 보면, 사람들이 차고 다니는 착용형 장비는 지금 발전 단계에 있다. 팔찌와 시계, 안경, 그리고 매우 가벼운 장치들을 인터넷이나 스마트폰에 연결시키면 정보를 얻을 수도 있고, 동영상이나 사진을 찍을 수도 있고, 길을 찾을 수도 있다. 오래지 않아 손목을 NFC(근거리 무선통신장치) 근처에 갖다 대기만 해도 구매한 상품의 값을 치를 수 있을 것이다. 지능을 갖춘 시계는 SMS와 이메일에 접근할 수 있게 해준다. 송신기가 장착된 반지로는 문을 열 수 있다. 목소리로 제어되는 안경에는 동영상이 녹화되고, 정보가 화면에 겹쳐져서 표시된다. 즉 지금은 접속된 매체를 자기 몸에 차고 다니는 시대인 것이다. 스마트폰과 스마트워치, 스마트텍스타일. 가벼움의 패러다임은 점점 더 많이 접속되어 있고 휴대가 가능한 인공지능 기술을 참조한다. 그래서 장치들이 소형화될수록 가상의 요소들로 이루어진 현실은 더욱 풍성해진다. 즉, 물체는 가벼워지고 현실은 증강한다.

가볍고 눈에 잘 띄지 않으며 심장박동수와 혈액 속의 산소 함량, 걸은 거리, 칼로리 소모량을 측정하는 자가건강측정장치(보행계, 센서, 접속된 팔찌)가 증가하고 있다. 보행계와 팔찌 이후에는 옷과 신발, 모자, 심지어는 양말에까지 직접 통합된 센서들이 선을 보이고 있다. 인공지능을 갖춘 옷은 맥박과 심장박동, 바깥 온도를 측정한다. 이제 건강과 몸매, 위생과 관련된 데이터를 수집하기 위해 더 이상 무거운 측정 기구를 사용하지 않고 소형화되어 일상 용품에 삽입된 센서를 사용한다.

◦── 비물질화

물질재를 생산하는 과정에서 재료와 에너지를 상대적으로 점점 덜 사용할 수 있게 되었다. 바로 이것을 '상대적 비물질화'라고 부른다. 즉 적은 재료로 동일한 물체를 만들고, 똑같거나 적은 양의 재료를 가지고 더 많은 재화를 생산하고, 부가가치 단위당 물질자원의 소비를 줄이는 것이다.[7] 이것은 소형화 과정과 더 가벼운, 즉 재료가 덜 필요한 물체와 자재의 제조를 기반으로 이루어지는 비물질화다.

이제 비물질화는 서비스와 콘텐츠 전체의 비약적인 디지털화에 점점 더 의지하고 있다. 새로운 정보통신 기술과 함께하는 비물질화는, 곧 물리적 활동 또는 물리적 매체를 통한 활동을 정보 수단에 의해 가능해지는 비물질적 활동으로 변화시키는 데 있다. 정보통신 기술은 물리적 과정을 통해 실현했던 것을 전자적 수단으로 실현하도록 해준다. 디지털이 급격히 확산되는 시대에 정보 데이터와 전자파일, 디지털 방식 처리는 인간 활동의 모든 영역에서 매우 중요한 역할을 한다. 우리는 '정보의 대체'를 특징으로 하는 세계에서 살고 있다. 즉 사이버 거래는 상점을 대신할 수 있고, 이러닝e-learning은 강의실을 대신할 수 있으며, 화상회의는 실제로 모여서 하는 회의를, 재택근무는 회사 사무실을, 온라인 음악 감상은 CD를, 전자책은 종이책을 대신할 수 있다. "올 여름엔 비키니 한 벌과 치마 한 벌, 책 1000권만 갖고 가볍게 여행할 거야."(코보 전자책 광고)

클라우드 컴퓨팅과 더불어 이제 비물질화는 정보처리 자체와도 관련된다. 이제는 웹상에서 제공되는 정보처리 서비스에 접근하기 위해 더 이상 사용자 컴퓨터를 통할 필요가 없으며, 자료 습득을 통한 계산 능력도 필요 없다. 인터넷망을 통해 비물질화된 시스템의 능력과 힘을 이용하면 된다. 심지어는 컴퓨터의 하드디스크에 그 유명한 워드 프로그램을 '물리적으로' 설치할 필요조차 없다. 즉 '구름(클라우드) 속에서는' 뭐든지 다 할 수 있는 것이다. 하늘을 날겠다는 태곳적의 꿈을 실현하려 애쓰던 근대인들은 공기보다 가벼운 '나는 기계(뜨거운 공기나 헬륨을 집어넣은 비행선)'를 만들어 냈다. 그러나 이 단계는 이미 지났다. 가벼움이라는 이상을 예증하는 것은 이제 '공기보다 가벼운 것'이 아니라 '가상의 서랍', '클라우드 컴퓨팅', 비물질화된 정보처리 기술이다.

물리적 과정이 정보와 관련된 작업으로 대체되었기 때문만이 아니라, 연관되어 있는 활동이 주변 환경에 미치는 영향력의 감소에 이 같은 작업이 기여할 수 있기 때문에 정보통신 기술이 지탱하는 비물질화는 가벼운 것의 혁명을 구성하는 요소가 된다. 물론 새로운 기술이 환경에 부정적 효과를 미친다는 사실을 강조하는 연구가 수없이 많다. 그렇다고 해도 그러한 신기술은 정보의 흐름이 상품의 물리적 흐름을 대신하고, 도구-기계들이 옛날에 차지하고 있던 자리를 비물질적인 것이 차지하며, 경제발전이 그것이 생물계에 미치는 전체적인 영향력의 감소와 일치할 수 있을 세계가 출현하리라는 희망이다. 디지털 기술이 비약적으로 발전하면서, 생태계에 유해한 효과를 미치는 물리적 흐름으로는 지탱될 수 없을 비물질적인 것의 경제라는 개념이 등장한다. 생물계를 해치는 부담을 줄임으로써 비물질화된 경제, "가벼운 경제"[8]를 움직이는 벡터로서의 정보통신 기술에는 큰 희망이 있다. 그것의 종합적인 평가가 현재로서는 논란의 여지를 안고 있으며, 그것의 표면화가 매우 제한적인 이 가벼운 경제가 이제 막 시작되었을 뿐이라는 말을 굳이 해야 할 필요가 있을까?

◦── 나노 세계의 정복

가벼운 것의 역학은 매우 빠른 속도로 지나갔다. 이제 우리는 원자와 분자, 고분자 규모의 소재를 다루는 나노과학과 나노 기술의 시대를 살고 있다. 1980년대부터 '터널효과tunnel effect'를 발휘하는 현미경 덕분에 분자나 원자를 하나씩 옮기고 조합하는 것이 가능해졌다.[9] 매우 작은 것의 경계에서 육안으로 보이지 않을 만큼 극히 작은 것의 세계를 탐구하여 재구성하는 거대한 연구 영역이 만들어졌다. 하이퍼모던 시대는 곧 소인국의 세계를 탐구하는 시대이며, '나노' 크기, 즉 크기가 10억 분의 1미터에 지나지 않을 만큼 미세한 것의 단위에 작용하는 시대다. "작은 것이 아름답다"라는 오래된 슬로건은 "소폭발small bang"[10]에서 그 절대적인 피날레를 발견하는데, 정보과학·나노 기술·생물학·인지과학이 발달하여 결합한 결과인 이 '소폭발'은 다양한 목적의 나노 물체를 만들 수 있다.

비록 나노 기술의 명확한 정의가 논란을 불러일으키기는 하지만,

그것이 이미 매우 다양한 영역에 적용되고 있으며, 장기적으로는 생활하고 환경을 보호하고 생산하고 소비하고 치료하는 우리의 방식을 변화시키게 될 거대한 규모의 혁명이 지금 일어나고 있다는 사실에는 의심의 여지가 거의 없다. 나노 혁명이 일어나면서 의학은 새로운 고비를 넘고 있다. 질병과 세포 이상의 조기 발견이라든가 세포의 재생과 '감시', 나노 외과 수술 등 여러 가지 의학적 임무를 수행할 수 있는 나노로봇을 만드는 것을 목표로 하는 연구가 진행되고 있다. 바이러스를 파괴하는 나노로봇과 콜레스테롤을 제거하는 나노청소기, 건강한 유전자를 병든 세포조직에 운반할 수 있는 나노입자도 개발되고 있다. 특히 나노의학 덕분에 암의 진단과 예방, 치료에 엄청나게 큰 변화가 일어날 것으로 보인다. 이미 나노캡슐은 정상적인 조직을 손상하지 않고 암세포를 박멸하기 위해 애쓰고 있다. 나노 소재와 나노 기계, 그리고 나노 의약품의 눈부신 발달이 이끌어 가는 새로운 세계가 열리고 있다. 재료를 기본적으로 구성하는 요소들을 다루는 것이야말로 죽음에 대한 싸움으로 가는 왕도로, 소형화·소재과학·의학에서 가능해 보였던 것의 한계를 밀어내는 주요한 수단으로 간주되고 있다.

'나노'라는 패러다임은 가장 큰 희망을 불러일으키는 미래지향적 유토피아인 동시에 새로운 공포도 증폭하는데, 이는 원자와 분자 수준에서 재료의 성분에 영향을 미치는 것이다. 새로운 성질을 가진 소재의 제조, 유기체의 조직을 재생하고 오직 병든 세포만 죽일 수 있는 의학의 발달, 더 푸른 지구의 출현, 향상된 능력을 가진 '확장된' 인간에 대한 계획. 무한히 작은 것, 나노 세계의 제어는 인간에게 가능한 것과 인간이 가진 힘의 영역을 활짝 열어젖힐 것이다. 앞으로는 도구적 합리성의 힘이 무거운 것의 정복에서보다는 기술의 극단적인 소형화와 무한히 작은 것의 제어를 통해서 더 잘 표현된다.

그러나 나노미터(100만 분의 1밀리리터)밖에 안 되는 가벼운 것은 한편으로 상당히 많은 연구자들에게 두려움을 불러일으켜 그 잠재적 위험에 관해 여론을 환기하기도 한다. 일부 단체는 예방의 원칙이라는 이름으로, 나노 기술이 안고 있는 건강상의 위험을 언급하면서 전면적이거나 부분적인 중단을 요구하고 있다. 나노 기술은 어디서나 불신과 적의를 야기하고, 나노 입자와 우리 인체 기관이 접촉했을 경우 당할 수도 있을 '엄청난 위험'에 대한 경계심을 불러일으킨다. '나노 식품'과 가정 용품, 스포츠 용품, 화장품 등의 나노 용품에 관한 불안감은 점점 더 커지고 있다. 나노입자를 다량 흡입하거나 그것이 몸속에 침투하면 혈액순환 장애와 폐 조직 염증, 뇌 손상을 일으킬 수도 있다. 나노독물학에 관한 출판물이 계속해서 나오는 동안 모든 이들이 한결같이 이 새로운 기술적 창조물이 인류 전체를 위협하는, 핵기술과 똑같은 규모의 엄청난 위험을 안고 있는 '악마의' 실현물이라는 사실을 주저하지 않고 인정한다.

지금까지는 가벼움이 시적인 여행에의 초대와 "공기처럼 가벼운" 상상세계, 높은 곳을 향한 행복한 충동과 결합되었다. 가벼움의 이미지는 우아함의 미학과 경탄스러운 것, 우리의 무게를 덜어낼 수 있다는 행복감과 결부되었다.[1] 그러나 이제는 더 이상 그렇지 않다. 나노 재료의 시대에는 극도로 가벼운 것이 생물학적 장벽의 통과와 독성, 건강 및 환경의 위협과 연관된다. 즐거운 상상세계는 사라지고 이제 인체 기관에 대한 발병 효과와 세포가 관리하지 않는 생난분해성 입자들의 전파에 대한 두려움이 자리 잡은 것이다. 가벼운 것은 위로 올라갔다. 그러나 지금은 100만 분의 1밀리미터 크기여서 맨눈으로는 보이지도, 만져지지도 않는 가벼운 도구들이 더더욱 강하고 완전한 힘으로 생물학적 유기체 속으로 위험하게 침투해 초보 마술사처럼 이 것저것 찾는다.

기술 발전의 결과를 어떤 식으로 평가하든지 간에, 의심은 허용되지 않는다. 가벼운 것의 문명은 나노 기술을 통해 엄청나게 발전하도록 되어 있는 것이다. 극단적인 소형화에, 그리고 미세한 것, 눈에 거의 보이지 않는 현실 세계에 어떤 식으로 영향을 미치느냐에 우리의 미래가 달려 있다. 우리의 미래가 어떻게 될지는, 우리의 힘이 재료의 가장 미세한 요소들을 얼마나 잘 배합하고 활용하느냐에 좌우될 것이다. 이제 국민들에 대해 집단적 조처를 취하는 "생명권력"(푸코)은 사라지고 마치 레고게임처럼 무한히 작은 것에 관심을 쏟으며 재료를 해체하고 재구성하는 나노권력이 등장했다는 것이다. 파스퇴르는 이렇게 썼다. "무한히 작은 것의 역할은 무한히 크다." 눈에 보일락 말락 한 것의 역할을 해석하는 이런 방식은 나노 기술에서 그 어느 때보다도 분명히 확인된다. '권력의 원자물리학'이라는 푸코의 개념은 나노 기술을 통해 새로운 의미와 무한한 전망을 발견할 수 있다. 가장 큰 힘을 얻을 수 있게 해주는 것은 나노미터 크기의 장치들을 만들고, 원자와 분자 수준에서 재료를 다룰 수 있는 능력이다. 최종적인 힘은 커다란 전체에 대한 무거운 작용을 통해 얻어진다기보다 "미세한 물질성"(푸코)에 대한 작용을 통해 얻어진다. 인간이 가진 바로 이 힘의 원자물리학을 통해 인류가 벌이는 모험에서의 주요한 단절이 예측될 수도 있다.

구성 요소들에 대한 이 개입 단계에서 나노 기술은 새로운 기능과 가능성을 갖는 재료들을 공들여 만들어 낸다. 언젠가는 미래의 나노

144

공장에서 새로운 기술이 새로운 인간 본성을 창조하고, 우리와 세계의 관계를, 인간조건 자체를 근본적으로 변화시킬지도 모른다. 나노 기술과 바이오 기술, 로봇공학, 정보 기술, 인지과학의 공조 덕분에 사이보그의 출현과 우리가 가진 신체적·정신적 능력의 무한한 확장, 인간과 기계의 융합, 영원한 젊음, 불완전하고 치명적인 인간조건으로부터의 해방을 예고하는 포스트휴머니즘과 트랜스휴머니즘의 유토피아 및 기술예언자로 가는 길이 열렸다. 이제 이러한 사유의 흐름 속에서 '뇌와 관련된 정보'를 정보망에 전송하여(오래지 않아 기술적으로 가능해질 것이다) 영원히 죽지 않는 사이버 인간을 생산함으로써 생물학적으로 죽어야 하는 운명을 극복해야 할 때다.

나노권력과 재료의 재구성, 바이오 기술의 시대에 무한히 작은 세계의 창조적 정복은 '제4차 산업혁명'으로, 21세기 테크놀로지의 주요한 동인으로, 그리고 미래에 세계와 삶을 변화시키게 될 가장 강력한 힘으로 보인다. '나노' 혁명이 일어나면서 재료에 대한 새로운 힘(새로운 재료의 생산)뿐만 아니라 생명체와 건강에 대한 힘(생물학적 세포 재생 과정을 인공적으로 되풀이하려고 애쓰면서 노화와 퇴행성 질병에 맞서 싸우는 재생의학과 나노의학을 통해) 역시 분명하게 입증되고 있다. 나노 기술의 세계가 우리에게 내놓는 엄청난 약속들이 과연 지켜질지 알 수 있는 사람은 아무도 없다. 그러나 어떤 식으로든지 예고되는 거대한 혁명은 무거운 것의 개입으로 이루어지기보다는 무한히 작은 것에 대한 제어된 작용으로 거의 무한한 가능성의 세계로 이어지는 문을 엶으로써 이루어질 것이다.

디지털 혁명과 이동하는 유동성

∘── 디지털화된 하이퍼 이동성

가벼움의 긍정적 측면은 오랫동안 예술작품의 우아함과 단아함을 참조해 왔다. 지금은 새로운 패러다임이 우세하다. 즉 가벼움은 미적 특성보다는 우선적으로 기술적 성능을 가리킨다. 다시 말해 소형화되고 접속되어 이동성과 유동성, 일상적인 정보화 작업의 편리함을 가능케 하는 물체의 성능을 가리킨다.

접속된 이동성, 사물과 사람의 노마디즘은 초현대적 가벼움을 점점 더 잘 보여준다. 휴대용 카세트와 함께 시작된 이 과정은 모빌 터미널과 휴대폰, PC, 넷북, 스마트폰, 태블릿컴퓨터와 더불어 엄청나게 강화되었다. 이동성과 인터넷의 결합은 새로운 가벼움의 패러다임(디지털 노마디즘의 특징을 띤)을 만들어 냈다. 지금은 단지 미적 영역만이 긍정적인 가벼움의 장소가 아니고 하이퍼 이동성과 '나비처럼 여기저기 돌아다니기', 가상망假想網에서 이루어지는 인터넷 서핑의 유동성도 긍정적인 가벼움의 장소다.

모바일 인터넷이 등장하면서, 인터넷 서핑을 빠르면서도 원활하게 하는 새로운 앱이 끊임없이 선을 보인다. 최근에는 인터넷 사용자가 보고 나서 몇 초 후면 저절로 파괴되는 이메일, 사진을 주고받을 수 있어 디지털적 가벼움을 새로이 예증하는 임시 이메일 앱이 출시되었다. 사진이 화면에 게시되었다가 흔적을 남기지 않고 사라진다. 바로 이것이 한 점의 바람처럼 가벼워져서 점진적으로 소멸해 가는 디지털의 시간이다.

생활방식에 엄청난 영향을 미치는 새로운 가벼움의 세계가 구축되

146

고 있다. 모바일 인터넷의 시대에 가벼움은 일상적인 행동에까지 확대되어 가고 있다. 이제 가벼움은 단지 사물의 최소한의 무게와 동의어일 뿐 아니라 편리함과 이동성, 일반화된 연결성으로 이루어진 인간적·사회적 세계의 출현이기도 하다. 하이퍼모던한 가벼움은 각 개인이 동시에 여러 장소에 있을 수 있고, 어디에 있든 상관없이 원격으로 개입할 수 있으며, 시간과 장소에 구애받지 않고 어디서나 무한한 지식에, 모든 것에 접근할 수 있는 기회다.

○── 디지털화된 생활의 약속과 예속

디지털 기술과 가벼움의 관계는 이중적이다. 이 기술은 가상의 노마디즘을 가능케 할 뿐 아니라 몇몇 조직이 개인의 삶에 가하는 무게를 줄여 줄 수도 있다. 즉 노동과 교육, 교통, 인간관계가 직접적으로 관련되어 있는 것이다.

재택 근무는 집과 직장을 힘들게 오가지 않아도 되고, 스케줄을 자유롭게 조정할 수 있다는 이점이 있다. 화상회의 덕분에 우리는 쓸데없이 이리저리 옮겨 다니지 않아도 되고, 시간을 절약할 수 있으며, 여행에서 오는 피로를 줄일 수 있다. 이미 미래학자들은 사무실도 없고, 시간과 장소의 제약도 받지 않는 디지털 기업이 등장할 것이라 예언하고 있다. 앞으로는 위계질서와 권위가 아니라 협력자들의 노동조직의 자유와 신뢰를 토대로 경영이 이루어질 것이다. 봉급생활자들을 관리하는 시대가 끝나고 이제 완성된 작업을 관리하는 시대가 올 수도 있을 것이다.

교육 관계와 지식 습득 방법을 장기적으로 완전히 뒤바꿔 놓을 수 있을 교육 분야의 디지털 혁명이 지금 진행되고 있다. 도시에서의 이동성은 카풀을 조직하는 인터넷 사이트들 덕분에 더 유연해진다. 여행자들은 대중교통수단의 출발·도착 시간과 연착에 관한 정보가 시시각각 업데이트되기 때문에 덜 부담스러운 마음으로 기다릴 수 있다. 바로 이 여행자들은 지하철 안에서 음악을 듣고, 사무실로 바뀐 기차 안에서 영화를 보거나 일을 한다. 만남 사이트나 소셜 네트워킹 덕분에 사람들이 더 자주, 더 쉽게 접촉할 수 있다. 이렇게 해서 디지털 기술은 개성화·다양화되었으며 서로 통하는, 그리고 개인들이 현실의 여러 가지 중압에서 벗어나 더 자유롭게 자신의 삶을 조직하고 이동할 수 있는 이동성의 사회가 출현하는 데 기여했다.

전산 시스템을 통해 더 유연한 방향으로 바뀌지 않는 활동 영역은 이제 거의 없다. 인터넷 판매 사이트가 폭발적으로 증가하면서 모바일 쇼핑을 하고, 인터넷 쇼핑몰을 방문하고, 가격 비교 사이트에서 정보를 검색하는 소비자들은 계속해서 늘어나고 있다. 이제 더 이상 쇼핑을 하기 위해 이동할 필요도 없고, 상가가 문을 여는 시간에 맞출 필요도 없다. 직접성과 만질 수 없는 것, 매우 가벼운 것으로 이루어지는 비물질의 세계가 우리를 지배하면서 소비의 한 부분 전체가 엄청난 변화를 겪고 있는 것이다.

돈 그 자체는 은행대체와 자동이체, 카드결제, 페이팔, 전자지갑 등을 통해 이러한 역학을 기록한다. 우리는 촉각으로 느낄 수 있는 화폐의 차원과 볼륨, 무게가 사라지고 가상의 전자화폐가 통용되는 시대를 살고 있다. 안면 인식이나 동작 인식 같은 디지털 기술 덕분에 이제 얼마 안 있으면 단순히 머리를 끄덕이거나 얼굴만 보여주어도 값을 치를 수 있을 것이다. 이제 소비자들은 컴퓨터 하드웨어나 특별한 소프트웨어에 더 이상 의지하지 않아도 될 것이다.

⸻ 유동성과 그 그늘

물론 이러한 가벼움은 부정될 수 없다. 그러나 어두운 면이 없는 것은 아니다. 기술 발전과 경제의 서비스화 덕분에 최소한 업무의 육체적 고통에 관한 한 확실히 노동조건이 개선될 수 있었다. 그러나 많은 봉급생활자들이 화면에 두 눈을 고정한 채 꼼짝 않고 하루 시간의 대부분을 보내기 때문에 컴퓨터의 지배는 새로운 형태의 고통을 동반할 수 있다. 이런 유형의 활동은 광산의 '지옥'과는 다르겠지만, 그 대신 노동의 불편함과 스트레스, 고통의 문제는 매우 다양한 범주의 봉급생활자들과 관련되는 새로운 중요성을 띤다. 정보를 다루는 봉급생활자는 이전의 산업시대 노동자들보다 훨씬 나은 조건에서 비물질적 노동을 하고 있는가? 물론 새로운 경쟁 조건과 수익성이라는 절대적 요구가 이러한 불안의 원인이다. 그러나 즉각적으로 응답해야 하고, 시간 여유를 두고 충분히 검토해 볼 수도 없으며, 시간의 압박을 지속적으로 받고, '전력을 다해야만' 살 수 있다는 느낌을 받는다는 점에서 디지털 기술도 그러한 불안에 책임이 있다. 어디에서나 대기업은 기간을 줄이고, 더 적은 것을 가지고 더 많은 것을 만들라고 요구한다. 가차 없는 긴급함의 논리가 노동의 영역을 점령했다. 이 논리는 가벼운 인간보다는 자기가 하는 일의 의미를 박탈당하고 극도로 긴장한 인간을 만들어 낸다.[12] 새로운 기술이 노동을 비물질화하면서, 봉급생활자들이 견뎌 내는 심리사회학적 부담은 계속해서 무거워진다.

개인 생활의 영역에서는 디지털적인 것의 긍정적 효과가 분명하고 다양하게 나타난다. 그러나 여기서도 역시 디지털적인 것은 새로운 위협과 구속을 수반한다. 대중교통수단에서 시도 때도 없이 휴대폰을 사용하면서 소음 공해가 발생하고 무례한 행위가 만연한다. 노동 영역과 사적 영역의 구분이 모호해진다. 과도하게 접속되어 있기 때문에 효율성이 떨어지고 시간을 낭비하게 된다. 새로운 형태의 예속과 의존 현상이 크게 심화되는 현상 역시 관찰된다. 여러 연구에 따르면, 절반이 넘는 사람들이 인터넷에 접속할 수 없을 때 힘들어한다고 한다. 청소년들 가운데 4분의 3은 휴대폰을 베개 밑에 두거나 머리맡 탁자 위에 올려놓은 채 잠을 잔다. 스물네 시간 동안 하이테크 도구들을 사용할 수 없게 한 실험에서 대학생들은 결핍과 불안, 고독, 우울의 감정을 느꼈다는 사실을 인정했다. '체킹'의 충동, 즉시 반응해야 한다는 내적 의무감, 끊임없는 인터넷 서핑. 디지털은 공간과 시간의 중압감에서 벗어나게 하지만, 그와 동시에 호모 아딕투스homo addictus(종속된 인간)를 만들어 내기도 한다. 이카로스처럼 비상했다가 이제는 추락의 악몽에 시달리는 것이다.

디지털 제국의 위협은 거기서 멈추지 않는다. 그 위협은 공적 자유와 개인 생활을 침해하고 훼손한다. 에드워드 스노든Edward Snowden이 컴퓨터 감시 프로그램인 프리즘PRISM의 존재에 대해 폭로한 뒤로, FBI와 NSA가 2007년부터 미국의 주요 IT 그룹들이 보유하고 있는 개인 데이터에 접속해 왔다는 사실이 알려졌다. 이 사건은 국제적으로 분노의 물결을 불러일으켰고, 유럽과 아시아 정부들 사이에 불안감을 확산했다. 프랑스의 정보자유국가위원회CNIL는 PRISM 프로그램에 대해 불안감을 표명하는 한편 거듭하여 '감시의 기계화'를 비판했다. CNIL은 이렇게 주장한다. "PRISM 프로그램은 유럽 시민들의 개인 생활을 전례 없는 규모로 침해하고 있으며, 감시사회가 자리 잡을 경우에 가해질 위협을 구체적으로 보여준다." 이메일과 채팅, 전화, 소셜 네트워크를 통한 정보의 교환을 지켜보는 거대한 세계적 감시망이 인터넷의 유동성 아래 감춰져 있다는 점에서, 이 사건은 접속된 생활의 본질을 또 다른 관점에서 드러내 보여준다. 이러한 차원에서, 인터넷 접속은 서핑의 가벼운 이미지보다는 빅브라더에 어울릴 만한 감시와 첩보 활동의 이미지에 가깝다.

디지털의 구름과 빅데이터

　디지털의 성운은 유동성과 노마드적 가벼움의 이미지를 전달한다. 그러나 그것은 동시에 활용되는 다수의 정보 속에서 구체화되는 비만의 형태와 불가분의 관계에 있다. 저장 용량이 증가하고, 인터넷이 보편화되면서 접속된 개인들에게서 얻은 엄청난 양의 데이터를 취합하고 교차시킬 수 있게 되었다. 에릭 슈밋Eric Schmidt 구글 회장은 인류 초기부터 2003년까지 만들어진 것과 똑같은 양의 데이터가 요즘은 매일 만들어진다고 주장한다. 데이터의 양은 2년마다 두 배씩 늘어나는 것으로 추산된다. 2013년에는 약 1800억 통의 이메일이 전 세계에서 매일같이 교환되었다. 빅데이터라고 명명된 현상에 관해서는, '정보의 쓰나미' 또는 '데이터의 대홍수'라고 말한다. 비물질적인 것은 이상하게도 새로운 형태의 부작용, 즉 '정보 과잉 현상'을 가져왔다.

　모든 상황을 종합해 보면 이 '현상'은 TV와 냉장고, 휴대용 게임 등 점점 더 많은 사물들이 디지털화되고 접속되면서 데이터의 소스를 증가시키기 때문에 한층 더 강화될 것이다. 지금은 가정에서 하루에 평균 여섯 개의 물체가 접속되는 것으로 추정된다. 2020년에는 사용자 한 사람이 평균 20개의 접속된 물체에 접근하게 될 것이다. 에릭손 사Ericsson Inc.의 연구에 따르면, 그때가 되면 전 세계에서 50억 개의 물체가 접속될 것이라고 한다. 결국 가벼운 것의 혁명은 계속해서 진행되기 때문에 그 양이 워낙 방대해져서 새로운 저장과 관리, 활용 방법을 요구하는 엄청난 양의 데이터를 만들어 낸다.

거기서 역시 빅데이터라고 명명된 새로운 기술이 발달했는데, 이 기술은 대개 예측을 목적으로 조직화되거나 조직화되지 않은 데이터의 자료체를 분석하게 된다. 무한히 적은 데이터를 엄청나게 축적함으로써 병리病理를 예측·접근하고, 개인의 사정을 고려하여 충고하고, 위험도를 평가하고, 교통 상황에 따라 경로를 추천해 주는 것이 가능해진다. 가벼운 것의 혁명은 '아주 작은 것'과 무한히 큰 것의 만남을 실현함으로써 이제 설명의 힘이 아닌 상호 관계의 힘을 증가시킨다. 가벼운 공상을 체험하는 일은 이제 더 이상 없다. 이제는 예측 가능한 것의 힘과 '연산의 지배성'이 존재한다.

디지털 기술과 산업의 급성장 덕분에 모순되는 두 추세가 비약적으로 발전한다. 인터넷 세계는 가벼운 것의 혁명과 더불어 분산과 비非중재, 적합한 상호작용의 과정을 동반한다. 대중매체가 '지배하는' 일방적인 교환 대신에 각자의 욕구에 부합하는 개인화된 활동이 이루어지고 있다. 즉 '한 사람이 모든 사람에게'라는 피라미드형 장치는 이제 사라지고, '모든 사람이 모든 사람에게'와 '셀프미디어'가 지배하는 세계가 된 것이다.

그러나 그와 동시에 웹에서는 권력과 부가 거대한 플랫폼을 통해 새롭게 집중된다. 즉 정보의 유동성이라는 세계가 세계적 규모의 거대 기업을, 소수의 지배 집단(엄청난 영향력을 가지고 있는 이 지배 집단은 대부분 미국계다)을 탄생시킨 것이다. 한편에서는 데이터의 대양에 접근해서 알리고, 자신의 생각을 표현하고, 가장 좋은 조건으로 쇼핑하고, 더 나은 정보를 얻을 수 있는 개인들의 힘이 커지고 있다. 또 한편에서는 소비자들이 쇼핑을 하거나, 소셜 네트워크에서 대화하거나, 사진을 보내거나, 인터넷 사이트를 방문할 때 그들 모르게 수집되는 작고 수많은 디지털의 흔적을 활용함으로써 매우 강력해지는 웹의 다국적기업들이 확실히 자리를 잡아 가고 있다. 여기저기 흩어져 있다가 데이터 센터로 발송되는 이 어마어마한 양의 작은 정보를 토대로 웹의 새로운 실행자들이 세력을 구축한다. 개인의 데이터가 넘쳐나는 빅데이터의 세계에서 아주 작은 것은 웹을 지배하는 거인들의 힘을 키워 준다.

빅데이터와 대규모 데이터 처리는 엄청난 권력을 부여한다. 그러나 (인간의 위엄과 자유에 대한 위협으로 가득 찬 새로운 형태의 지배에 드리운 그늘인) 디지털의 '1984'가 가하는 위협에 맞서는 사람은 아무도 없다. 빅데이터의 기술이 끊임없이 새로운 영역을 확장해 나가면서, 그 기술의 사용이 어떤 윤리적 결과를 낳을지에 수많은 의문이 제기되고 있다. 알고리듬 시스템이 제공하는 상관관계가 큰 영향력을 발휘하는 이 시대에, 이것은 준비 중인 범죄를 저지르기도 전에 범죄자들이 체포되는 〈마이너리티 리포트〉의 시나리오가 아닌가? 더 광의적으로 말하자면, 웹에서 사용할 수 있는 개인 데이터에 어떤 지위를 부여할 것인가? 인터넷 사용자들의 사생활을 어떻게 보호할 것인가? 정보에 접근할 권리를 훼손하지 않고 어떻게 '인터넷에서 잊힐 권리'의 유효성을 규정하고 보장할 것인가? 누가, 어떤 규칙에 따라 결정해야 하는가? 여기서는 이 질문에 대답할 여유가 없다. 다만, 빅데이터와 알고리듬 시스템의 시대에는 왜 이런 현상이 일어나는지를 이해하는 것보다는 상관관계를 밝혀내고 그때그때 정확하게 예측하는 것이 중요하다. 그렇더라도 이 세계에서는 개인들이 보호책을 요구하고, 그것을 실제로 적용하다 보면 어쩔 수 없이 여러 가지 문제가 일어나게 되어 있다. 지금 출현하고 있는 가벼움의 세계는 감미로운 비상의 시학을 더 이상 참조하지 않는다. 즉 그것은 불평과 논쟁, 인터넷에서의 삭제에 관한 복잡한 중재로 이루어진다.[13]

가벼운 기술의 무게

가벼운 것의 혁명이 수많은 영역에 미치는 영향력은 하루가 다르게 커져 간다. 그렇지만 그중 몇몇 영역은 이 영향권 내에서 움직이지 않는 것이 분명해 보인다. 가벼운 것의 혁명에서 모든 것이 다 가벼운 것은 아니다. 비물질화가 이루어지는 가운데 오염과 추출 산업, 소비에 의한 재물질화라는 문제가 무겁게 자리 잡는다. 물체의 가벼움이 과장되어 있고 이용되는 재료의 유해성과 양이 점점 더 증가하는 것, 바로 이것이 지금 출현하는 가벼운 것의 문명의 민낯이다.

○── 쌓여 가는 쓰레기

가벼운 재료와 소형화된 물체, 비물질화된 활동이 크게 발전했지만, 쓰레기는 훨씬 더 많이 발생한다. 지난 20년 동안 산업화된 국가가 배출한 고체 폐기물은 세 배로 늘어났다. 유럽인은 1인당 연평균 600킬로그램, 미국인은 700킬로그램의 쓰레기를 만든다. 2008년과 2020년 사이에 지구에 버려지는 쓰레기의 양은 40퍼센트 늘어날 것으로 예측된다. 지금은 심지어 가벼운 것의 기술조차 쓰레기를 축적하는 데 기여하고 있다. 프랑스의 경우 전기·전자 제품에서 생기는 쓰레기가 170만 톤(연간 1인당 25킬로그램)에 달하며, 매년 평균 3~5퍼센트씩 증가한다.

플라스틱과 화학성분, 전자부품은 자연과 쓰레기의 양을 변화시킨다. 수많은 산업이 수은, 크롬, 납, 카드뮴처럼 독성이 매우 강한 중금속을 자기가 사는 지역의 강물에 엄청나게 쏟아붓는다. 가벼운 것의 문명이 연상시키는 이상적인 이미지와는 달리 유조선 탱크 청소와 석유 탱크 비우기, 기름띠는 환경을 크게 오염한다. 유독성 성분이 포함된 산업 쓰레기와 비료, 살충제 역시 토양과 물을 오염하여 환경과 건강을 해치는 주범이다.

쓰레기는 비록 독성은 없지만 자연과 바닷속 깊은 곳에 쌓이면서 공해가 된다. 프랑스 국립해양개발연구소의 연구에 따르면, 5억 4000만 톤의 쓰레기가 유럽의 심해에 쌓여 있다고 한다. 유엔환경계획에 따르면, 바닷속 30미터 깊이의 1제곱킬로미터에서 평균 1만 8500개의 플라스틱 조각이 발견된다고 한다.

2012년에는 전 세계에서 2억 8000만 톤의 플라스틱 재료가 생산되었는데, 거의 대부분이 언젠가는 생태적 환경 속에, 특히 바닷속에 쌓이게 될 것이다. 같은 해에 유럽연합은 2500만 톤에 달하는 플라스틱 쓰레기를 발생시켰는데, 그중 40퍼센트가 포장 용품에서 나온 것이었다. 이 2500만 톤 가운데 38퍼센트는 쓰레기장에 쌓였고, 36퍼센트는 소각되었으며, 오직 26퍼센트만 재활용되었다. 자기 무게보다 2000배 무거운 짐을 지탱할 수 있는 기술적 가벼움의 경이인 비닐봉지는 점점 더 큰 생태적 문제를 일으키고 있다. 2000년대 초에 매년 1조 개씩 생산되었던 비닐봉지는 400년이 지나야 썩기 시작하기 때문이다. 플라스틱 쓰레기는 일단 버려지면 천천히 독성을 가진 작은 구슬들로 변한다. 살아 있는 생물이 이 미세 플라스틱을 먹으면 땅과 바다의 환경 속에 쌓이게 된다. 매우 가벼운 플라스틱은 이제 가축과 해양 동식물, 연안 지대를 위협하고 있다. 다시 말해, 그것은 생태발자국 지수에 점점 더 큰 부담이 되고 있다. 소비지상주의의 세계는 합성물의 가벼움을 지구에 위협적인 무게로 변화시켰다.

쓰레기통으로 변한 지구는 피할 수 없는 운명이 아니다. 노르웨이와 스위스 등 유럽연합 7개국은 플라스틱 쓰레기의 80퍼센트를 재활용한다. 2002년부터 프랑스에서 한 사람이 연간 만들어 내는 쓰레기의 양은 줄어드는 추세에 있다. 파리의 경우 2000년에는 587킬로그램까지 늘어났으나 2011년에는 519킬로그램으로 줄었다. 그렇지만 쓰레기와 수거 시스템은 여전히 지구의 거의 모든 지역에서 주요한 문제로 남아 있다. 가벼운 것의 문명은 오염 방지와 폐수 처리, 산업 쓰레기 재활용 정책의 길로 단호하게 접어들어야 한다.

∘── 디지털 기술이 생태계에 미치는 영향

토양오염, 수질오염과 함께 대기오염도 일부 거대 도시에서는 매우 위험한 수준에 도달할 수 있다. 베이징은 거의 항상 오염된 안개 속에 잠겨 있다. 상파울루에서는 대기오염이 교통사고보다 더 많은 사람을 죽인다. 이 유형의 오염은 얼마 전에 암을 유발하는 것으로 분류되었다. 기술적 물체의 가벼움은 놀라운 발전을 이루어 냈지만, 급격하게 산업 발전을 이루고 있는 국가의 국민들은 환경오염으로 점점 더 심각하게 건강을 위협받는다.

'전체적인 생태적 과소비'의 문제는 쓰레기의 문제를 훨씬 넘어서서 점점 더 심각해지고 있다. 모든 OECD 국가는 지구의 재생 능력을 훨씬 넘어섰으며, 생태발자국 지수가 지나치게 높다. 세계자연기금World Wide Fund for Nature, WWF에 따르면, "오늘날, 세계 인구의 80퍼센트 이상은 생태계가 재생할 수 있는 것 이상을 사용하는 나라에 살고 있다." 만일 일본인들이 국경 안에서 생산되는 것만 사용해야 한다면, 지속적 소비에 일곱 배 더 큰 영토가 필요하다. 만일 지금 모든 나라가 미국인들처럼 살아간다면, 지구가 네 개 필요하다. 물체들은 점점 더 가벼워지고 있지만, 1970년대부터 우리가 '환경에게 진 빚'은 계속해서 무거워지고 있다.

쓰레기만 증가하는 것은 아니다. 우리는 또한 온실효과와 기후온난화의 주범인 탄소 배출의 증가를 목격하고 있다. 이 문제에 관해 경종을 울리는 보고서는 헤아릴 수 없이 많다. 우리가 즉각적으로 반응하지 않으면 엄청난 재앙이 닥칠 것이기 때문이다. 그리고 신기술 자체도 온실가스 배출에 기여한다. 일간지 하나를 다운받으려면 세탁기를 한 번 돌릴 만큼의 전기가 필요하다. 〈타임〉은 다음과 같이 보고했다. "사람들은 바이트를 순환시키기 위해 전 세계의 모든 항공기를 이동시키는 데 필요한 에너지보다 50퍼센트 더 많은 에너지를 사용한다." 바이트의 비물질성 뒤편에는 에너지를 생산하는 석탄의 무거운 무게가 있다. 2013년에 발표된 카본4 연구소의 보고서에 따르면, 프랑스인들이 난방을 하면서 배출하는 온실가스는 2008년부터 1인당 14퍼센트 감소했지만 전자제품을 생산하면서 생긴 폐기물은 무려 40퍼센트나 증가했다. 평면TV나 스마트폰, 태블릿 등 가벼운 제품이 생산되면서 생태발자국 지수가 높아졌다. 예컨대 평면TV 한 대를 생산하려면 이산화탄소 1.2톤, 다시 말해 프랑스인 한 사람이 1년에 배출하는 산화탄소량의 12퍼센트가 배출되는 것이다. 가벼운 것의 혁명이 진행되는 동안 생태발자국 지수는 높아진다.

정보통신 기술은 전 세계 전기 생산량의 10퍼센트를 소비하는데, 이것은 독일과 일본의 1년간 전기 소비량이다. 장치들의 성능이 계속해서 더 강력해지고, 무선 기술을 점점 더 많이 사용할 터이니 전기 소비량은 계속해서 증가할 것이다. 그린피스에 따르면 만일 클라우드가 하나의 나라라면 전기 수요에서 전 세계 5위에 해당할 것이며, 지금부터 2020년 사이에 전기 수요가 세 배로 늘어날 것이라고 한다. 전 세계의 정보데이터센터들은 30개의 핵발전소가 생산하는 전기량과 맞먹는 전기를 소비한다. 엄청난 양의 전기를 소비하는 정보데이터센터 중 일부는 유럽의 25만 가구가 소비하는 만큼의 전기를 소비한다. 많은 나라에서는 석탄으로 전기를 생산하기 때문에 데이터센터는 엄청난 양의 탄소를 배출한다. 역설적으로, 가벼운 것의 혁명은 생태발자국 지수를 크게 높인다.

정보통신 기술은 생태계에 부정적인 영향을 미친다. 전자 설비가 증가하고 그것들이 노후화되면서 어마어마한 양의 재료와 에너지가 필요해졌기 때문에, 정보경제가 출현한 이후로 소비된 재료의 양도, 생태발자국 지수도 낮아지지 않았다. 실제로 전자, 디지털 기술은 엄청난 양의 자연자원을 요구하고, 비물질적인 것이 발달하면 할수록 소비자는 더 많이 소비하기 때문에 흔히 '리바운드 효과'와 '부메랑 효과'가 발생한다. 역설적으로 비물질화된 경제는 환경에 큰 부담이 된다. 하이퍼모던 시대에는 '무거운 비물질'이라는 새로운 모순어법이 등장한다.

여기서 멈춰야 하는가? 큰 변화가 나타나 생태계에 미치는 영향력이 감소하고 있다. 애플 사는 자기네 데이터센터가 100퍼센트 재생에너지로 움직인다고 발표했다. 핀란드에 세워질 구글의 데이터센터와 스웨덴에 세워질 페이스북의 데이터센터 역시 100퍼센트 녹색에너지로 움직일 것이다. 2015년이 되면 페이스북에서 사용하는 에너지의 4분의 1 이상은 깨끗한 에너지원에서 생산될 것이다. 가벼운 것의 혁명은 발전하고 있다. '디지털 공장'의 에너지 소비를 줄임으로써 장기적으로는 지속적 발전과 탄소 영향의 감소에 긍정적으로 기여하게 될 수많은 프로젝트가 존재한다.

정보통신 기술이 지속적 발전을 추진하는 데 긍정적 역할을 할 수 있다고 주장하는 전문가들은 많다. 물론 정보통신 기술이 이산화탄소를 배출하는 것은 부인할 수 없는 사실이지만, 그 양이 매우 적고(전체의 2퍼센트), 특히 세계 e-지속가능성 이니셔티브GeSi에 따르면 지금부터 2020년까지 다른 산업과 소비자들이 발생시키는 나머지 배출량의 98퍼센트에 해당하는 양을 15퍼센트가량 줄일 수 있을 것이기 때문이다. 디지털 기술은 가정용 기구와 조명, 난방, 실내 공기 조절 관리를 최적화하는 데 크게 기여하고 있으며, 에너지를 많이 소비하는 수많은 활동에 대안(교환의 가상화, 재택근무, 지능형 집단교통시스템)을 제시함으로써 오염과 낭비를 줄일 기회를 가져다준다. 더 적은 것으로 더 좋은 것을 만들기, 에너지 소비를 최적화하기, 물질의 흐름을 줄이기, 환경에 미치는 영향을 최소화하기. 새로운 기술이 더 가볍고 지지할 수 있는 경제로 발전해 나가는 데 중요한 잠재력을 지니고 있다는 사실에는 의심의 여지가 없다.

∘⸻ 비물질화와 물질경제

쓰레기와 동시에 물질재 생산과 소비도 꾸준히 늘어나고 있다. 앞에서 보았듯이, 정보통신 기술에는 생태적 비용이 들고, 많은 물질자원이 필요하다. 비물질화의 이면에는 물질경제가 감춰져 있다. 2그램짜리 집적회로 하나를 만드는 데 필요한 2차 재료의 무게는 최종 제품 무게의 630배 이상이다. 그리고 디지털 기술은 물질 수송과 몇 가지 물질 소비를 전혀 줄이지 못한다. 일례로 미국에서 종이 소비는 1885년에서 1999년 사이에 33퍼센트 증가했으며, 전 세계의 생산량은 지금부터 2050년까지 두 배로 늘어날 것이다.

프랑스인들의 생산재화 구매는 30년 만에 두 배로 늘어났으며, 전기 설비는 18년 만에 거의 여섯 배로 증가했다. 이 같은 사실은 재료를 점점 더 많이 사용한다는 것을 의미한다. 생활수준 향상과 짧은 상품 주기, 신흥국가의 성장은 모든 종류의 광물 수요를 크게 늘렸다. 지속 가능한 유럽 연구소Sustainable Europe Research Institute, SERI는 인류가 2010년 한 해에 약 600억 톤의 원료를 사용함으로써 자연자원(재생이 가능하든 아니든)을 1980년대보다 50퍼센트 이상 더 소비했다고 추정한다. 2030년이 되면 이 수준은 65퍼센트까지 증가할 수 있다.[14] 가벼운 것의 문명은 물질재와 재료를 점점 더 많이 소비하는 역설적인 모습을 보여주고 있다.

그렇지만 전문가들은 1980년대부터 비물질화 또는 "물질시대의 종말"[15]이라는 개념을 내놓았다. 이때부터 미국 경제는 1920년보다 강철을 40퍼센트 적게 소비한다. 마르크 지제Marc Giget에 따르면, "일본은 1984년에 강철을 1973년보다 47퍼센트 덜 소비하고, 알루미늄은 18퍼센트 덜 소비하고, 플라스틱은 8퍼센트 덜 소비했다. 동과 아연, 납 등 다른 금속의 소비도 줄어드는 추세에 있다." 이러한 감소는 시멘트나 유리 같은 재료와도 관련이 있다.[16] 우리 경제는 산업 생산에서 재료를 점점 덜 소비하는 듯하다. 재료는 덜 쓰고, 정보 기술은 더 쓴다는 것이다. 즉, 미래는 경제의 비물질화라는 특징을 띨 것으로 보인다.

경제학자 크리스 구달Chris Goodall은 이러한 주장을 또 다른 방식으로 되풀이했다. 구달의 분석에 따르면 영국은 2001년과 2003년 사이에 그가 "사물의 피크"이라고 부르는 것에 도달했으며, 이 일은 경제위기가 닥치기 전에 일어났다.[17] 그때부터 영국은 자동차와 에너지, 건축자재, 물, 종이, 고기를 덜 소비하기 시작했다. 그리고 쓰레기 배출량도 줄었다. 이 연구는 경제성장과 물질재화 소비 사이에 큰 관련이 없다는 사실을 보여준다는 점에서 흥미롭다. 즉, 경제성장은 물질자원 소비의 감소와 동시에 이루어질 수도 있다.

사실대로 말하자면, 이 주장에 대해서는 수많은 반박이 제기된다. 첫째, 외국에서 수입한 제품을 만드는 데 필요한 물질자원 소비를 고려하지 않았기 때문이다. 둘째, 이 주장이 모든 곳에서 다 확인되지는 않기 때문이다. 〈퓌튀리블Futuribles〉에 실린 연구 결과에 따르면, 프랑스의 경우 연료와 신문·잡지·자동차·가구의 영역에서 몇 차례 피크가 일어났다고 한다.[18] 그러나 이러한 현상이 곧 전체적인 추세의 반전이라는 진단으로 이어지는 것은 아니다. 물질 소비가 계속해서 증가하기 때문이다. 사실 이러한 현상의 이면에는 이른바 '대체효과'가 감춰져 있다. 예컨대 고기 소비의 감소는 우유와 치즈, 달걀 소비로 상쇄된다. 종이신문 판매가 줄어드는 대신 컴퓨터와 태블릿 판매는 늘어난다. 사실 재료가 이렇게까지 많이 소비된 적은 결코 없었다. 물론 물질자원을 덜 사용해서 더 강력한 기술적 성능을 얻을 수 있다. 그러나 가속화된 혁신과 유행의 역학 속에서 얻어진 물체들은 수명이 점점 더 짧아진다. 그래서 점점 더 많은 물체들이 만들어지고, 그 결과 물질 자원의 전체 소비가 증가한다. 이제 가벼운 것의 문명은 '절대적인 비물질화'를 의미하는 것이 아니라 경제의 '상대적인 비물질화'를 의미한다.

◦── 무거운 것의 무게

소형화와 디지털화 경쟁이 매우 무거운 설비와 완전히 물질적인 도구들의 과다 사용과 불가분의 관계에 있다는 사실을 잊어서는 안 된다. 서구적 소비 방식이 전 세계로 확대되면서, 비물질화된 정보처리 기술이 기능을 수행할 수 있도록 금속과 에너지 수요가 폭발적으로 증가하게 된다. 그렇기 때문에 역시 신경제에 필요한 에너지와 재료를 얻기 위해 매우 무거운 산업 활동도 이루어진다. 깊은 천공, 대규모 채광, 수압으로 암석 부수기, 핵분열. 엄청난 양의 흙과 물을 이동시키고, 생태계에 큰 영향을 미치는 화학반응을 일으켜야만 하는 광석과 화석연료 추출. 심지어는 경제의 비물질화 시대에도 대규모 수단을 동원하는 광산 산업과 지하자원 없이는 그 어느 것도 할 수 없다. 땅속에 파묻힌 재료가 '클라우드'의 비물질적인 것을 가능케 하는 것이다. 우리는 여전히 가벼운 것이 대규모 광석 채굴과 거대한 광산 개발을 토대로 이루어지는 시대에 살고 있다. 지구 자원의 개발이라는 물질적 현실 없이는 경제의 비물질화도 이루어질 수 없고, 환경에 대한 '공격적' 개입 없이는 비물질적인 것의 경제도 존재할 수 없다.

그 밖에도 우리의 경제 활동은 대부분 화석에너지와 핵에너지에 좌우된다. 이 에너지는 환경에 미치는 영향 때문에, 또는 수명이 수십만, 수백만 년에 달하는 매우 강한 방사성 폐기물 때문에 중공업으로 분류된다. 재생에너지는 발전하고 있지만, 그것이 전기 생산에서 차지하는 비중은 아직 미미하다. 가벼운 것의 문명은 비록 진행은 되고 있지만, 아직 시작에 불과하다. 이 문명이 끝까지 가기 위해서는 화석에너지나 원자력에너지에서 재생에너지로 이행을 의미하는 '에너지 전환'이 필요하다.

가벼운 것의 문명에는 점점 더 많은 고체 재료와 에너지가 필요하다. 비록 많은 생산물이 재료를 덜 필요로 하지만, 그럼에도 불구하고 가벼운 것의 문명은 점점 더 증가하는 추세에 있고, 그 양도 엄격한 의미의 원료보다 훨씬 더 많이 이루어지는 총 물질유통량에 그 토대를 두고 있다.[19] 30그램의 백금을 얻으려면 10톤의 광석을 제련해야 한다. 1톤의 구리를 얻으려면 100~350톤의 광석이 필요하다. 게다가 요즘은 광석 함유량이 차츰 감소하고 있다. 그렇기 때문에 채광에도 점점 더 많은 에너지가 필요하다. 2012년에 광산 산업은 전 세계에서 생산된 1차 에너지의 4~10퍼센트를 소비했다. 디지털화된 하이퍼모던의 시대에 무거운 극極은 가벼운 것의 반대가 아니라 그 가능성을 충족시키는 조건이다. 무거운 것과 가벼운 것이 서로 부딪히는 것이 아니라 무거운 것 덕분에 가벼운 것이 있고, 가벼운 것 덕분에 무거운 것이 있다. 하이퍼모던한 비물질이 존재하게 된 것은 지구의 뱃속에 묻혀 있는 자연재료와 채광 덕분이다. 삶에서는 가벼움이 무거운 것의 반대로 보인다. 그러나 '사물' 생산의 영역에서는 무거운 것 없이는 가벼운 것이 존재할 수 없다.

그럼 미래에는? 산업생산제일주의와 핵, 화석연료, 집약 농업과 어업에 대한 비판이 사방에서 일어났다. 유기농과 전기자동차, 자연에너지, 세제(세금제도)의 녹화는 순조롭게 잘 진행되어 가고 있다.

BEPOS, 즉 에너지 사용에서 흑자를 내는 주택의 개념은 잘 정립되고 있으며, 주택의 에너지 소비를 제어하는 것이 목적인 홈오토메이션 설비들이 증가하고 있다. 태양에너지와 풍력에너지 설비는 2년마다 두 배씩 증가하고 있다. 2008년에 의결된 유럽연합 기후에너지정책은 유럽 국가들이 온실가스 배출을 2020년 이전에 적어도 20퍼센트 줄이고, 에너지 총생산에서 재생에너지가 차지하는 비율을 20퍼센트로까지 끌어올리며, 에너지 소비를 적어도 20퍼센트 줄여야 한다고 규정한다. 유럽재생에너지회의EREC는 지금부터 2030년까지 유럽연합의 에너지 소비 가운데 약 45퍼센트가 재생에너지원에서 이루어질 수 있을 것이라고 추정한다. 유럽풍력에너지협회EWEA에 따르면, 풍력에너지 하나만으로도 유럽의 전기 수요를 약 30퍼센트까지 충족할 수 있을 것이라고 한다.

미래학자들은 후기석탄시대의 도래와 석유를 비롯한 화석에너지에 기초를 둔 산업 시설의 소멸에 대해 언급한다. 인터넷과 재생에너지의 결합으로 특징지어지는 미래의 문명에서, 중앙으로 집중된 1·2차 산업혁명 활동은 현장에서 에너지를 모아 저장했다가 남는 것은 다른 사람들에게 보내줄 수 있는 다수의 소형 에너지발전소(사무실, 주택, 건물)로 대체된다. 21세기에는 무거운 시설물과 거대한 규모의 발전소, 메이저 석유·가스·원자력 회사는 줄어드는 대신 아주 작은 에너지 회사와 발전소가 여기저기 세워지면서 위계적 관리가 아닌 협동적 관리의 메커니즘이 자리 잡게 된다.[20] 대형 컴퓨터가 소형 컴퓨터와 인터넷망, 모바일 컴퓨터에 자리를 양보한 것처럼, 에너지 시스템도 21세기에는 분산되어 그물 모양을 이룬 가벼운 것의 기술을 향해 변화해 나갈 것이다. 이 시나리오에 따라 가벼운 것의 혁명은 크게 약진해 에너지 분야에 엄청난 영향을 미칠 것이다.

그렇지만 너무 나가지는 말자. 앞으로도 대규모 발전소는 중요한 역할을 해낼 것이다. 지금도 청정에너지는 수력발전 설비를 갖춘 공장과 댐 등 거대한 시설에서 생산된다. 중국은 거대한 건설 현장과 원자력발전소, 엄청난 규모의 수력발전 댐에 대한 열광을 끊임없이 보여준다. 높이가 185미터, 폭이 2305미터에 달하는 중국의 싼샤댐은 지구상에서 가장 거대한 댐이다. 이 댐을 건설하느라 150만 명의 주민이 이주하고, 여러 개의 도시가 사라졌다. 전 세계에서 72개의 핵발전소가 건설되고 있으며, 581개의 원자로 프로젝트가 2030년까지 예정되어 있다. 롤랑 베르제르 연구소에 따르면, 건설되어야 할 원자로의 숫자는 123~224개가 적정 수준이지만 실제로는 435~489개가 건설될 것이라고 한다. 얼마 전에 일본은 후쿠시마의 대재앙에도 불구하고 원자력 정책을 포기하지 않겠다고 발표했다. 그리고 석탄을 연료로 사용하는 화력발전소는 전 세계 전기 생산량의 40퍼센트 이상을 차지한다. 즉, 석탄의 우위는 앞으로도 30년 동안 계속되어야 한다. 이러한 차원에서 본다면, 가벼운 것과 무거운 것의 싸움에서는 분명히 무거운 것이 계속 승리를 거둘 것이다.

그렇지만 몇 가지 의문이 떠오른다. 이 길로 계속 가야 하는 것일까? 온실가스 배출을 최대한 빨리 줄여야 한다는 절대명령을 고려해볼 때, 원자력을 비난하는 것은 과연 정당한가? 원자력을 비난하는 것이 실제로 가능한가? 몇몇 전문가에 따르면, 원자력 중단은 중단기적으로는 불가능해 보인다. 전 세계에서 에너지 수요가 폭발적으로 급증하고 있는데, 자연에너지가 차지하는 비중은 너무 적기 때문이다. 풍력에너지는 전 세계에서 1.5퍼센트의 전기만을 공급할 뿐이며, 광전지가 공급할 수 있는 전기는 그것의 20분의 1에 불과하다. 이러한 상황에서는 오직 가스와 석탄만이 유일하게 원자력을 대체할 수 있지만, 그 대신 탄소 배출량 증가라는 대가를 치러야만 한다. 지구온난화 문제가 최우선 과제가 되면서, 원자력은 21세기 후반기의 재앙에 가까운 기후변화에서 벗어날 수 있게 할 산업으로 보인다. 가벼운 것이 오늘날의 인류에게 제기되는 문제들을 지금 당장 해결해 줄 수 있을 것으로 보이지는 않는 것이다. 물론 미래에는 분명히 달라질 것이고, 원자력 비중을 줄이기 위해 무슨 일이든지 할 것이다. 그러나 앞으로 수십 년 동안은 무거운 것이 "위험을 초래하기보다는 오히려 줄일 것이다."[21] 그렇다고 해서 위험이 덜 실제적이거나 덜 두려운 것은 아니다. 그렇기 때문에 가벼운 것의 혁명이 전제로 하는 '에너지의 전환'이라는 길로 들어서서 훨씬 더 큰 노력을 기울여야 한다.

○── 미소한 것과 거대한 것 : 새로운 결합

원자력을 넘어서서 가벼운 것이 어디서나 무거운 것을 대체할 수 있을까? 에너지 분야에서 보았듯이, 최소한 중기적으로는 그럴 가능성이 거의 없다. 그렇다면 다른 분야에서는? 가벼움의 원칙은 매우 많은 분야에서 무거운 설비의 확대와 똑같은 속도로 적용된다. 하이퍼의 논리는 작은 것에 대한 투자뿐 아니라 거대한 것의 실현에서도 역시 구체화되는 것이다. 항구와 공항, 도로, 철도, 에너지 시설물의 규모는 하루가 다르게 커지고 있다. 우리는 무한히 작은 것을 다루고, 거대한 구조물들을 건설하고, 미세한 것과 거대한 것, 극소와 극대를 조화를 이뤄 가며 생산한다. 디지털 공장, 수력발전 댐, 유람선, 대형 여객기, 대형 차량, 초대형 유조선, 대형 화물선, 마천루, 초대형 쇼핑

센터, 거대도시. 가벼운 것의 하이퍼모던한 혁명은 장대한 인프라 및 설비의 비약적 발전과 동시에만 이루어진다. 가벼운 것의 혁명이 공공시설에서보다는 일상용품에서 더 확실히 구체화된다는 것은 분명한 사실이다.

거대한 시설물은 가벼운 것의 역학에 거스르지만, 거대주의가 항상 이 역학과 모순되는 것은 아니다. 대량 데이터센터는 탄소의 영향을 줄인다. 대규모 철도, 도로, 공항 시설물은 전혀 다른 가벼움의 영역에서 유동성의 민주화와 운송의 속도에 기여한다. 이러한 종류의 프로젝트가 전부 타당성이 있다고 증명할 필요는 없다. 그냥 그 프로젝트들이 사람들의 가벼움-유동성에 필요하다는 사실만 잊지 않으면 된다.

가벼운 것에 대한 열망은 비인간화의 형태로 간주되는 시설물의 거대주의에 대한 적대적 반응 속에서 분명하게 표현된다. 장마르크 장코비치Jean-Marc Jancovici는 다음과 같이 말한다. "사람들은 적은 양으로 사용할 수 있는 탄소 제거 에너지만 좋아한다. 적으면 문제를 일으키지 않기 때문이다. (…) 그것이 많아지는 순간, 사람들은 더 이상 좋아하지 않는다."[22] 그러나 다른 영역, 다른 투쟁은 우리 시대에도 사람들이 가벼운 것을 숭배하고, '더 많이'를 거부한다는 사실을 여전히 잘 보여준다. TGV 노선과 파리의 고층빌딩, 고속도로, 공항, 알프스산맥 관통 터널 건설 계획에 반대하는 사람들이 점점 더 늘고 있다. 이 투쟁 중 일부는 분명 근거가 있지만, 전부가 그런 것은 아니다. 가벼운 것은 하나의 가치다. 그러나 매우 가벼운 것은 하니의 막다른 길이며, 반反현대화 이념이며, 우리 시대의 도전을 가로막는 회고적 관점이다.

무거운 시설물은 생태적·경제적 이유뿐 아니라 미학적 이유로도 비난받는다. 풍경을 훼손한다는 것이다. 대규모 공공사업은 매혹적인 것과 아름다운 것, 즐거운 것의 적으로 간주된다. 이것이 바로 알랭 로제Alain Roger가 말하는 "흉터 콤플렉스"다.[23] 그러나 항상 그럴까? 알다시피, 매우 우아한 건축물이 적지 않다. 포스터가 설계한 미요 대교는 모든 사람의 감탄을 불러일으킨다. 24만 2000톤에 달하는 이 다리의 무게는 그것의 우아한 미적 가벼움을 전혀 해치지 않는다. 대규모 시설물을 거부하는 것은 가벼운 것이 일으키는 혁명의 본질이 아니다. 가벼운 것의 혁명은 오히려 대규모 공사의 이행과 풍경 속으로의 통합을 결합시키는 "시설물-공공 공간"과 풍경을 창조할 수 있는 "시설물의 미학"을 장려하는 데 몰두해야 할 것이다.[24]

풍경의 가치와 환경의 가치를 동일시하지 말자. 자연 숭배가 너무나 자주 '지키다', '보존하다', '보호하다'라는 말로 풍경의 재산 개념으로 이어지기 때문이다. 가벼운 것의 혁명과 생태학적 혁명은 물론 깊이 관련되어 있지만, 만일 전자가 국토 정비에 대한 보수적 접근으로 드러나면 후자로부터 분리되어야 한다. 가벼운 것의 혁명은 "풍경의 목가적이고 시대에 뒤떨어진 관점"[25]에 얽매이지 않고도 새로운 풍경을 창조할 수 있고, 또 그래야만 한다. 절대적인 것으로 여겨지면 새로운 것의 창조에 장애가 되는 '작은 것'의 신비주의를 버려야 한다. 가벼움은 또한 미적 특성이며, 이 특성은 '큰 것'이나 웅장한 것과 완벽하게 양립 가능하다.

이렇게 해서 가벼운 것의 혁명은 고속도로 그 자체가 아니라 그것이 통과하는 지역에 대한 무관심으로 말미암아 풍경을 망가뜨리는 대규모 공사로 생각되는 고속도로가 더 이상 건설되지 않게 하려고 애

쓸 수 있다. 1980년대 말부터, 지역과 풍경을 강조하는 한편 대규모 운송 시설물에 풍경을 동화시키는 것을 목적으로 하는 새로운 접근이 이루어졌다. 이제는 신속한 통행이라는 단 하나의 기술적 가치를 넘어 다른 기능과 기준을 통합시켜야 한다. 무게를 줄이는 것이 가벼운 것의 혁명이 취할 수 있는 유일한 방법은 아니다. 가벼운 것의 혁명은 대규모 공공사업에 풍경을 야심 차게 통합함으로써도 이루어질 수 있다. 조경사 마르크 마르세스Marc Marcesse는 이렇게 말한다. "고속도로는 하나의 기념물이, 하나의 의미심장한 장소가, 풍경을 이해하는 하나의 도구가 되었다."[26] 이제 "풍경을 발명하는"[27] 고속도로의 시대가 된 것이다. 대규모 공사가 그것이 통과하는 곡선과 환경을 존중할 때, 가벼움은 최소한 미학적으로는 그 공사와 양립할 수 있다. 하이퍼모던한 가벼움을 다원적·기술적·생태적 방식으로 생각해야 하고, 주변 풍경과 관련하여 생각해야 한다.

가벼운 것의 혁명은 단지 관찰 가능한 사실에 불과한 것도 아니고, 기술 발전으로 유지되는 강력한 추세에 불과한 것도 아니다. 그것을 현 세대와 미래 세대 모두에 적용되는, 삶의 질과 관련된 프로젝트나 이상을 구체화하려는 절대적 필요성으로 간주해야 한다. 이러한 의미에서 가벼운 것의 혁명은 '작은 것이 아름답다'와 감축의 딜레마에서 벗어나야 한다. 가벼운 것은 거대한 것의 용납할 수 없는 적이 아니다. 거대한 것은 여러 형태의 가벼움-이동성을 가능케 하기 때문이다.

그렇기 때문에 가벼운 것의 혁명은 산업적 생태학과 환경생태 구상의 새로운 결합이라는 길로 들어서야 한다. 즉 정보과학과 재생에너지를, 하이테크와 생태적 사고를, 혁신과 장비의 재활용을, 산업 생산과 재생산을, 성장과 지속적 발전을 결합해야 한다. 가벼운 것의 혁명은 이러한 생태산업적 교배를 통해 계속 진행되면서 지구상의 생활 조건을 실제로 변화시켜 부정적인 환경적 영향이 불러일으키는 위험에서 벗어나게 할 수 있다.

제4장

패션과 여성성

Mode et féminité

수세기 전부터 패션은 피상성과 경박함, 가벼움의 정수이자 상징으로 여겨져 왔다. 오랫동안 '변덕스러운 여신'으로 불렸던 패션은 가벼움의 정신과 미학을 가장 잘 상징하는 사회적 표현이다.

가벼움과 패션을 결합하는 관계는 매우 긴밀하다. 우선은 패션의 변덕스러움과 유동성, 순간성 때문이다. 그리고 패션이 우아함과 단아함, 세련됨이라는 미학적 이상의 특징을 띠고 표현되기 때문이다. 마지막으로, 그것의 영역이 하찮은 변화와 쓸모없는 물건, 조잡한 장식품, 싸구려 패물, 그 밖의 지나친 장식이기 때문이다. 이러한 양상이 패션을 미학적 가벼움의 표현 중 하나로 만든다.

가벼움은 예술에서 감탄을 불러일으키는 특질이기도 하지만, 반대로 패션에서는 중상과 빈정거림을 동반하기도 한다. 아주 오래전부터 중상과 빈정거림은 주로 허영심이 많고 경박하다는 이유로, 그리고 오직 '옷가지'와 중요하지도 않고 깊이도 없는 '시시하고 무가치한 것'만을 생각한다는 이유로 비난받는 여성들을 타깃으로 삼았다(오직 여성들만을 타깃으로 삼은 건 아니지만). 여성은 경박하다는 이러한 남성우월주의적 비난은 지금은 크게 완화되었다. 그리고 얼마 전부터 패션 그 자체는 유명 박물관에 전시됨으로써 새로이 존중받게 되었다. 지금은 패션의 경박한 가벼움이 더 이상 열등한 미학적 영역으로 간주되어 멸시당하지 않는다.

이러한 변화가 아무리 중요하다 하더라도, 그것이 하이퍼모던한 패션의 세계를 과거와 연결하는 연속성을 감춰서는 안 된다. 특히 패션과 외관이 맺는 관계의 연속성은 감추지 말아야 한다. 따라서 여전히 남자들보다는 여자들이 패션에 더 큰 관심을 갖는다. 마찬가지로 여러 가지 패션 간의 심한 불균형은 화장의 미학에서 가벼움에 더 큰 가치를 부여한다는 사실과 여전히 관련되어 있다. 이러한 관점에서 가벼운 것의 문명은 패션의 현대적 코드들을 전복하기보다는 19세기에 시작된 역학을 연장하여 복합적으로 만들었다. 가벼운 것의 혁명은 그것이 가진 힘에도 불구하고 외관의 가벼움이라는 측면에서 패션을 균등하게 만드는 데 성공하지는 못했다.

귀족적 가벼움에서 현대적 가벼움으로

복식의 영역이 항상 경박한 가벼움과 동의어는 아니었다. 인류 역사에서 아주 오랫동안 의상과 장신구는 신속한 변화와 기발함, 미학적 독창성에 대한 가치 부여에 무심했다. 물론 스타일의 변화는 존재했으나, 그러한 변화가 실제로 일어난 적은 거의 없었다. 어디서나 현상 유지의 규칙이 지배했고, 과거의 모델들이 반복되었다. 물론 장식 취미와 몇 가지 멋부림의 표현이 분명히 이들 사회에 존재하기는 했지만, 의복의 외관이라는 영역은 구조적으로 패션의 새로움에 대한 숭배와 불안정성, 풍부한 연극성을 배제하는 관습이나 전통의 분야에 속해 있었다.

◦── 놀이, 순응주의, 개인주의

오랫동안 지속되어 온 이 전통적 구조는 크게 흔들린다. 14세기에 의복 혁명이 일어나 서양 세계에 패션이라는 것이 등장하면서 사회 상층부에서 옷과 변덕스러움, 경박함, 이 세 가지가 불가분의 관계를 맺게 되었다. 그때부터 변화가 가속화되고 체계적으로 이루어져 역사적으로 전례가 없을 만큼 기발하고, 연극적이며, 괴상하기 짝이 없는 방식으로 표현된다. 남자들은 길이가 70센티미터에 달하기도 하는 뱃머리 모양의 끝이 뾰족한 구두를 신고, 짧은 바지 앞에는 툭 튀어나온 삼각형의 천 조각을 붙였으며, 서로 다른 두 색깔로 된 스타킹을 신었다. 그리고 여자들은 옷깃을 넓게 파고, 앞부분이 꼭 뿔 모양으로 높이 치솟아 있는 뾰족한 모자를 쓰고 다녔다. 패션의 가벼움은 미학적 기발함과 장식적 무상성, 외관의 변덕스러움과 관련이 있다. 즉 그것은 옷차림의 과시적인 미화, 동종이형同種二形의 연극화와 일치한다. 순수한 판타지도 아니고 육체의 새로운 발견도 아닌 패션은 여성의 몸에 에로티시즘을 부여하고 남성의 힘을 찬양하는 연출이라 할 수 있다.

패션의 경박함은 전통 질서와의 결별과 개인적 차이(외관의 독창성과 미묘한 변화, 장식적 개성화에서 나타나)에 대한 새로운 사회적 가치 부여를 전제로 한다. 그 순간 패션 체계는 계급 모방과 개인의 개별화에 대한 관심을 결합한다. 지멜이 말했듯이, 패션은 한편으로는 유행을 따르면서 다른 사람들처럼 살아야 하고, 또 한편으로는 자신을 차별화하면서 독자성을 드러내야 하는 사회현상이다. 패션에서는, 의복의 전체 구조와 관련한 순응주의가 예를 들면 장식 천의 모티프처럼 다른 옷과 살짝 차이가 나는 세부를 결정할 수 있는 개인의 자유와 결합된다. 외관의 영역에 구조적으로 동반되는 경박한 가벼움은, 이제 막 탄생한 미학적 개인주의(비록 그것이 좁은 사회적 한계 속에 갇혀 있기는 하지만)와 떼려야 뗄 수 없는 관계에 있다.

14세기에 의복 혁명이 일어나면서, 남성과 여성 모두의 일반적인 외관에서 가벼움이 읽혔다. 남성과 여성 모두가 끈으로 졸라매지 않고 입고 다닌 '통' 드레스에 이어 성에 따라 분명하게 구별된 옷차림이 등장했다. 남자들은 짧고 몸에 딱 맞는 옷을 입고, 여자들은 길고 몸에 꼭 맞는 옷을 입은 것이다. 양성 모두에게 이 의복 혁명은 그들의 외양을 길게 늘이는 것으로 표현되었다. 맵시 있는 남자들은 옷이 허리를 꽉 조이게 입고, 긴 다리에 끝이 매우 뾰족하고 좁은 구두를 신음으로써 가벼워졌다. 높이 들어 올려진 머리쓰개와 그것을 장식하는 깃털, 하이넥은 남성의 몸매를 위쪽으로 끌어올림으로써 전체적으로 생동감을 불어넣었다. 짧고 몸에 딱 맞는 옷은 가늘고 섬세함과 가벼움을 동시에 암시한다.

길게 끌리는 드레스와 옷깃을 넓게 튼 옷, 드러난 어깨, 눈썹을 뽑은 이마, '뿔 모양의' 머리쓰개 역시 여성의 외관을 길어 보이게 만든다. 당시에 그려진 세밀화를 보면 상체는 가늘고 곧고 날씬하며, 얼굴도 가느다랗고 병약해 보인다. 패션은 공기처럼 가벼워 보일 만큼 단아하고 부드럽게, 세련되고 가늘고 섬세한 몸을 돋보이게 만들었다. 중세 말에 일어난 의복 혁명은 여성과 남성 모두의 몸매가 길어지고

가벼워지는 현상과 일치한다.[1]

일률적이지 않으며, 대조적인 효과를 불러일으키는 가벼움. 이러한 가벼움은 허리를 꽉 졸라매고, 때로는 매우 강렬한 색깔의 스타킹에 싸인 두 다리를 노출시키는 남성용 궁정복에서 나타난다. 그러나 스타킹은 가벼워지는 반면 듬직한 어깨와 낙낙한 소매, 모피는 체격을 더 커 보이게 함으로써 남성다움과 여성에 대한 남성의 우월함을 표현했다. 다른 한편으로 학자와 성직자, 행정관들은 어두운 색깔의 길고 헐렁하고 검소한 옷을 입었다. 또한 눈썹을 뽑아서 이마를 돋보이게 하고, 몸매가 길쭉하고 호리호리했던 15세기 여성들의 겉모습에서도 가벼움이 느껴졌다. 반에이크Van Eyck의 〈아르놀피니 부부의 결혼〉 (1434년)이라는 그림에서 볼 수 있듯이 이따금 배가 옷 밑에 감춰 놓은 작은 방석으로 강조되어 불룩 튀어나와 있다는 점만 제외하면 말이다. 여기서 남성과 여성이 서로 반대되는 길로 접어드는 가벼움의 역학이 시작된다. 여성은 상체가 가벼워지지만, 아래쪽으로 내려가면서 무거워지는 경향이 있다(치마를 만들려면 더 많은 천이 필요하고, 옷자락이 풍성해 땅에 길게 끌린다). 남자들의 경우에는 그 반대여서 상체가 하체보다 덩치가 더 크고 당당하다.[2]

⊙── 진짜처럼 보이게 눈속임하는 가벼움

귀족의 시대를 지배한 패션에서의 가벼움의 미학은 육체의 해방과는 어떤 관련도 없으니, 오해하지 말기 바란다. 정반대로 여성의 몸은 매우 엄격한 정형整形의 속박에 얽매었다. 고래수염으로 만든 받침살을 넣어 보강한 코르셋(16세기 중반)이 이러한 사실을 증명한다. 여성의 몸매를 세련되어 보이게 하기 위해 허리를 졸라맸으며, 잘 구부러지지 않는 틀이나 허리띠, 졸라매는 끈, 쇠로 만들어서 휘어지지 않는 코르셋 받침대를 이용해 외부에서 압착함으로써 결점을 바로 잡으려고 애썼다. 가슴을 짓눌러 납작하게 만들고, 허리둘레를 줄이는 코르셋을 착용하면서 여성의 몸은 얇아졌다. 히에로니무스 프란켄Hieronymus Francken의 그림 〈앙리 3세가 참석한 가운데 루브르궁에서 벌어진 무도회〉(1581년)가 놀랍도록 잘 보여주는 것처럼 여성의 몸은 원뿔 모양을 하고 있다. 따라서 몸무게를 줄이는 것보다는 허리를 줄이는 것이 더 권장되었고, 몸이 실제로 날씬해지는 것보다는 겉모습이 가벼워지는 것이 우아하고 도도하고 극적인 자세를 만들어 냈다.

이전의 중세적 무거움은 사라지고, 여성의 몸매를 세련되게 만들고자 하는 관심이 기품과 가벼움의 가치를 장려하는 궁중 생활과 관련하여 자리 잡았다. 그러한 관심은 노르베르트 엘리아스Norbert Elias가 분석한 '문명화 과정'의 구성 장치 중 하나다. 궁정에서 개인들은 본능적인 충동뿐 아니라 몸의 무의식적 움직임까지도 억제할 것을 권유받는다. 상류사회의 개인들은 어디서나 '자기억제'와 감시, 지속적이며 한결같은 제어, 점점 더 세밀하고 확실하며 강제적인 규칙에 따른다. 문명이란 자기 자신에 대한 규칙적·체계적 제어를 개인에게 요구하는 과정이다.

그리하여 코르셋은 허리를 졸라맬 것을 강요한다. 상체가 쇠약해지지 않도록 몸매를 유지·교정하라고 요구하는 것이다. 귀족 사회가 목표하는 것은 몸의 신체적 가벼움이 아니라 자기제어와 신체적 통제, 욕망의 규제를 의미하는 엄격함이다. 가장 중요한 것은 체중의 감소가 아니라 느슨함에 대한 직선의 승리와 자연에 대한 이성의 승리를 통해 가능해진 우아함과 귀족적인 외관, '고상한 기품'이다. 몸을 날씬하게 해주는 코르셋의 착용은 이렇게 해서 여성의 몸매를 역학적으로 구속하는 동시에 그것을 이상화하는 도구로도 기능한다. 모래시계처럼 생긴 몸의 가벼움은 여기서 자발성의 반대다. 즉 그것은 여러가지 교정용 틀과 신체적 강제, 고정 기구의 결과인 것이다.

코르셋은 프랑스혁명 때를 제외하고 20세기 초까지 여성들에게 '개미허리'를, 은폐와 책략으로 얻어지는 가벼움을 강요했다. 코르셋의 딱딱한 껍질은 4세기 동안 다양한 모델을 통해, 그리고 '기계적' 지지와 배의 압박, 몸통의 경직화를 통해 허구의 가벼움 또는 눈속임의 가벼움을 만들어 냈다. 18세기 초부터 나타난 패션의 변화는 여성의 외관을 바꿔 놓았다. 정확하게 조정된 위엄 있는 외관에 이어 더 연약하고 섬세하고 관능적이며, 더 가볍고 동적인 외관이 등장한 것이다. 19세기에는 또한 허리가 움푹 들어갈 정도로 꽉 졸라맴으로써 남성들의 욕망을 자극할 만큼 큰 엉덩이를 가진 여성을 만들어 놓은 '허리받침' 또는 '퀴 드 파리' 패션이 등장하여 여성의 외관이 더욱더 에로틱해졌다. 가느다란 허리를 숭배하게 되면서 패션은 부풀어 오른 드레스와 고래뼈로 만든 테, '허리 바대', 파니에 속치마, 페티코트, 그리고 허리받침을 통해 큰 엉덩이를 찬양했다. 그 결과 드레스를 부풀리고, 부피가 큰 장신구를 달고, 엉덩이에 속을 넣는 바람에 작위적일 뿐 아니라 역설적이기까지 한 가벼움이 만들어졌다. 단지 보여줄 목적으로 몸을 구속하는 가벼움은 여성의 운동성을 철저하게 제한했다.

미용에 관한 책들이 몸의 상체와 하체를 같은 방식으로 다루지 않는다는 사실은 주목할 만하다. 즉, 오직 상체만 고쳐지고 다듬어져야 한다고 주장하는 것이다. 반대로 의상을 통해 시선으로부터 감춰지는 부푼 엉덩이와 통통한 다리, 굵은 허벅지는 그럴 필요가 없다. 사람들이 바라는 섬세함은 오직 여러 사람에게 보여지는 '상체'와만 관련된다.[3] 그렇기 때문에 섬세함은 둥글둥글한 형태, '튼튼하고' 포동포동한 몸매, 풍만한 가슴, '둥글고 살찐 팔', 큰 엉덩이, 살이 많은 허벅지에 대한 가치 부여와 완벽하게 공존할 수 있었다. 그리고 바로 이것이 허리를 꽉 졸라매는 목적 가운데 하나다. 즉 여성의 둥근 형태(가슴, 엉덩이)를 돋보이게 하는 것이다. 20세기 초까지만 해도 여성의 날씬함이 아니라 부드럽고, 포동포동하고, 흔들거리지만 공기처럼 가벼운 분위기를 풍기는 몸이 찬양받았다. 그것은 연출과 다른 사람의 시선을 위한 가벼움이지 몸 자체를 위한 가벼움은 아니었다.

○── 가벼운 것의 여성화

오랜 세월이 지나면서 도덕주의 작가들은 여성들의 경박함, 외모와 화장품과 보석에 대한 열렬한 관심을 끊임없이 비난해 왔다. 그렇지만 14세기부터는 남성이 패션의 변화에서 가장 주목할 만한 중심 역할을 해내기 시작했다. 17세기가 될 때까지 남성들의 몸치장은 여성들의 몸치장보다 더 쉽게 변하고, 더 혁신적이고, 더 대담했다. 최상위 귀족 계층의 남성들은 미모를 돋보이게 하려는 목적에서가 아니라 신분과 우월성을 드러내려는 목적에서 호화로움과 세련됨을 경쟁적으로 겨루고, 옷차림에 돈을 펑펑 쓰다가 파산했다. 그러나 대체로 몇 세기 동안 남성과 여성은 세련됨의 추구나 몸치장 장식에서 "의상의 균등함"을 계속 유지했다.[4]

옷차림과 옷의 관계에서 이루어진 이러한 균형은 계몽시대에 들어서면서 무너졌다. 1700년을 전후로 일부 귀족 계층 여성의 옷장에 들어 있는 옷의 가치는 남성의 옷장에 들어 있는 옷의 가치보다 두 배

정도 높았다.[5] 프랑스혁명이 일어나기 직전에 이 분야에서는 여성이 남성보다 두 배나 더 많은 양의 옷을 사들였다.[6] 변화와 변덕, 괴상함, 그리고 기타 지나친 꾸밈새는 남성 의상보다는 여성 의상에서 훨씬 더 뚜렷하게 나타난다. 대역전이 일어났으며, 그것은 지금까지 이어지고 있다. 즉, 의상은 여성들에게 귀속된 영역이 된 것이다.

18세기에 들어서부터 패션의 경향은 이 영역에서 여성적인 것이 승리를 거뒀다는 사실을 잘 보여준다. 그런데 완전한 여성성은 외관의 가벼움 없이는 돋보일 수 없다. 이 고상한 가벼움은 19세기에 머리 모양과 천(새틴, 모슬린, 거즈, 명주), 목 부분이 깊게 파인 드레스, 코르셋을 입은 허리, 페티코트, 액세서리, 그리고 그 밖의 치장용 장식물(진주, 색깔 있는 리본, 깃털, 꽃, 모자, 부채, 신발, 하이힐)에서 표현되어야 했다. 경박함이 여성의 타고난 특징이기 때문에 지그문트 프로이트Sigmund Freud는 이렇게 말할 수 있었다. "인간의 절반은, 말하자면 모든 여성은 옷을 숭배하는 자들의 범주로 분류되어야 한다."

패션의 경박함은 19세기부터 반짝거리는 유혹의 표지들이 남성의 세계에서 추방당하면서 더더욱 밀접하게 여성과 결합되었다. 가벼움의 미학이 이제는 오직 여성에게만 어울리는 것이 된 반면 남성적인 외관은 진지한 것과 딱딱한 것, 기발함의 거부라는 특징을 띠었다. 귀족 시대의 반짝거리고 아주 섬세한 천을 대신한 남성들의 장식 없이 간소하고 빳빳한 옷은 일과 공적功績, 절약, 평등주의의 이상이라는 새로운 윤리를 표현한다. 유혹과 가벼움이라는 과시적 특징들을 금욕적으로 포기하면서 보들레르가 "영원한 애도의 상징"이라고 표현한 현대의 민주적인 남성 정장이 탄생했다. 남성의 엄격한 우아함은 여성의 가벼운 미학, 타고난 연약함과 예민함의 상징인 단아하고 유려한 모습과 대비되었다.

그렇기는 하지만 여자들의 가는 허리와 화장이 항상 경쾌한 가벼움의 이미지를 만들어 내는 것은 아니라는 사실에 유의해야 한다! 17세기에 고래뼈로 만든 테는 엉덩이를 부풀려 놓았고, 옷감은 뻣뻣했으며, 소매와 주름장식 깃은 풍성했다. 많은 패션 기법이 귀족적일 뿐 아니라 엄숙하고 살짝 포동포동하며 정적인 모습을 드러냈다. 2세기 쯤 뒤에 나타난, 최대 직경 3미터에 30미터의 옷감이 필요했던 페티코트는 이동성과는 전혀 어울리지 않는 무거운 장치였다. 매우 풍성하고, 받침살들이 동심원을 그리며, 보석이 달려 있고, 주름이 무척 많은 페티코트는 피라미드처럼 거대하고, 엄숙하고, 위엄 있는 여성상을 만들어 냈다. 그리고 몸이 곧고 허리가 옷에 꽉 끼는 빅토리아시대의 여성들은 꼿꼿하고 엄격하고 청교도적으로 소박한 분위기를 풍겼다. 여성의 가느다란 허리는 공기처럼 가벼운 외관보다는 뻣뻣하고, 부자연스럽고, 경직된 외관을 만들어 내는 데 더 큰 성공을 거뒀다.

여성의 패션에서 미적 가벼움이라는 이상이 가지는 힘은 단지 사회적 구별의 논리로만 설명되는 것은 아니다. 그 힘은 아주 오래전부터 존재해 온, 여성은 곧 '약한 성'이라는 생각과 무관하게 이해될 수 없다. 이러한 관점에서 보면 패션은 여성의 윤곽과 형태를 시적으로 표현하는 것으로, 체력에서 남성보다 '열등하다고' 선언된 여성의 타고난 속성을 승화시키는 것으로 보인다. 힘이 약하기 때문에 여성은 환심을 사고, 매혹해야만 한다. 여성 패션에서 가벼움에 더 높은 가치를 부여하는 것은 환심을 사는 여성의 자질과 남성을 유혹할 수 있는 여성의 능력, 사교 생활의 '꽃'이며 장식적 상징이라는 여성의 지위를 상징적·미적으로 표현하는 것이라고 생각할 수 있다.

부르주아 시대가 출현하고, 생산 활동을 하는 남성과 남성이 동반하는 장식품으로서의 여성이 구조적으로 분리되면서 이러한 논리는 더욱더 확고해질 수밖에 없었다. 남성은 일에 열중하고, 여성은 아름다움과 유혹에 열중하기 때문에 가벼움은 여성의 절대적인 미적 명령이었다. 극단적으로 동글동글한 몸매는 모든 사람으로부터 배제되었으나, 가벼움은 무엇보다도 여성적인 자질이자 여성의 연약함과 타고난 부드러움을 보여주는 상징이었다.

∘── 가벼움, 활력, 미니멀리즘

18세기에는 여성을 외관의 경박함이라는 패러다임으로 규정했던 반면 20세기 초에는 여성의 가벼움이 근대화되었다. 새로운 스타일의 여성성이 나타났다. 귀족적 유형의 연극적이며 강제적인 가벼움이 사라진 대신 안락하고, 자유롭고, 활동적이고, 본질적으로 민주적인 가벼움이 등장한 것이다.

급격한 변화가 한 가지 일어났다. 1906년에 폴 푸아레Paul Poiret는 코르셋을 없애고, 엉덩이 부분이 줄어든 관 모양의 꾸불꾸불한 드레스를 내놓았다. 살집이 좋은 여성을 찬양하는 지배적인 취향과 반대되는 날씬하고 유동적인 여성의 몸이 찬양받기 시작했다. 1920년대가 되자 동글동글한 여성 모델은 자취를 감추고 평평한 몸매에 '빵 자를 때 쓰는 판자'(가슴이 빈약하고 말라깽이인 여성의 비유적 표현─옮긴이) 스타일의 '남자 같은 여성'의 외관이 각광받기 시작했다. 짧은 머리의 남학생 스타일에 이어 여학생 스타일이 등장하면서 전형적으로 여성적인 형태의 패션이 자취를 감췄다. 그것은 현대라는 시대 고유의 이동성과 활력, 행동의 이상을 옷에 옮겨 놓은 미적 기준의 혁명이었다. 짧고 곧은 검은색 원피스를 만들어서 춤추고 일하고 자동차를 운전하는 활동적인 여성을 위한 새로운 실루엣을 창조한 샤넬은 이렇게 말했다(1926년). "몸의 해방이라는 아름다움 말고 다른 아름다움은 없다." 그것은 "원 피스를 입고 편안하게 일하는 여성을 위해 만들어진" 의상이었다.

그와 동시에 장 파투Jean Patou는 활동하기에 좋은 골프복과 테니스 복, 스키복, 수영복 등 스포츠웨어를 내놓았다. 풍채의 가벼움에 이어 이동성과 동의어인 가벼움이 등장한 것이다. 여성들이 계속해서 움직 이는 패션쇼는 그것의 구체적이며 생생한 상징이다. 이 세기의 굵직 굵직한 의복 혁명은 덜 경직된 반면 더 활기차고 역동적인 여성미의 원형을 장려하기 위한 길로 읽힐 수 있다. 기능적이고, 활동적이고, 덜 장식적인 가벼움이 탄생한 것이다.

현대주의적 가벼움은 조잡한 장신구와 '곱슬머리 가발', 그리고 그 밖의 장식들을 추방했다. 날씬하고, 순화되고, 미니멀화된 가벼움이 등장하여 확실히 자리 잡으면서 전통적이고, 번쩍거리고, 몽상적인 전통적 가벼움은 사라져 갔다. 1920년대에 나온 이 곧고 단순한 스타 일은 1950년대에도 크리스토발 발렌시아가Cristóbal Balenciaga(롱드레스) 와 이브 생로랑Yves Saint-Laurent(트라페즈 라인), 그리고 특히 앙드레 쿠 레주André Courrèges와 그의 역동적이고, 기교를 부리지 않고, 처음으로 과감하리만큼 젊은 가벼움을 찬양하는 조립된 실루엣이 등장하면서 명맥을 이어 갔다. 패션모델들은 굽이 평평하고 탄력 있는 작은 장화 를 신고, 중학생들이 신고 다닐 것 같은 긴 흰색 양말을 신었다. 부풀 어 오른 드레스와 다트, 꽉 조인 허리 대신에 바지와 쇼트팬츠, 타이츠 를 입은 여성들과 곧은 기하학적 형태의 옷을 입은 몸, 일체의 낭만적 의미를 제거한 채 자유롭고 가볍고 외향적이고 활동적인 분위기를 풍기는 짧고 흰 사다리꼴 원피스와 치마가 나타났다. 레이디룩lady look이 한때 유행했다가 그 이후로 패션의 원형이 될 젊은 여성의 운동선수처럼 경쾌하고 활력에 가득 찬 몸매에 자리를 양보했다.

현대적 가벼움의 모험은 계속되고 있다. 특히 미니멀리즘의 성공을 통해 연장되고 있다. 1990년대부터 몇몇 스타일리스트(헬무트 랭Helmut Lang에서 질 샌더Jil Sander에 이르는, 캘빈 클라인Calvin Klein에서 도나 카란Donna Karan에 이르는, 마틴 마르지엘라Martin Margiela에서 앤 드뮐미스터Ann Demeulemeester에 이르는, 후세인 샬라얀Hussein Chalayan에서 라프 시몬스Raf Simons에 이르는)가 미니멀하고, 간결하고, 장식이나 과장이 없어 눈에 잘 띄지 않는 '신중한' 의상을 유행시켰다. 물론 미니멀리즘과 가벼움의 관계는 양면적이다. 간결하고 비물질적이며, 때로는 개념적이거나 '수도사 같은 분위기'를 풍기기도 하는 미니멀 스타일은 패션의 화려한 가벼움에 노골적으로 등을 돌린다. 즉, 이 스타일은 가볍기보다는 엄격하거나 간소해 보일 수 있다. 그러나 그와 동시에 미니멀리즘은 기교가 일절 사용되지 않고, 순수하며, 흔히 단색인 스타일을 사용하기 때문에 특별히 더 가벼운 분위기를 풍긴다. 사람들이 전통적 가벼움을 원한 것은 즐거움을 느끼기 위해서였다. 그 반대로 미니멀한 가벼움은 남성의 시선이 불러일으키는 중압감으로부터 해방된 여성적 외양을 그려 낸다. 즉 더 이상 남성을 위한 가벼움이 아니라 자신감과 차분함이 담겨 있는 여성을 위한 가벼움인 것이다. 이제는 꽃 같은 여성의 보란 듯이 뽐내는 부자연스러운 연출을 제공하는 것이 아니라 자기 자신을 위해서 편안한 가벼움의 연출을 제공해야 한다. 옷의 초안으로 축소되고, 불필요한 것도 없고 요란한 장식도 없는 이 새로운 패션은 기교 없이 본질적인 가벼움을 만들어 냈다.

가벼움, 여성성, 남성성

19세기 초부터 패션은 남성의 판타지를 억압하고 여성이 유혹의 기호를 독점한다는 사실에 기초를 둔 체계로 구성되었다. 이 체계는 거의 한 세기 반 동안 강력하게 지속되었으며, 아무리 큰 변화가 일어나도 상관없이 여러 면에서 계속 구조를 결정했다. 1950~60년대까지 여성 패션은 '존재감이 없는' 남성 패션과 대립하며 확실하게 우위를 점했다. 오직 여성 패션만이 미적 가벼움의 특징을 띠었다. 반면에 남성 패션은 고전적이고 근엄했다.

50여 년 전부터 변화가 일어나 이 매우 오래된 모델을 부분적으로 바꿔 놓았다. 여성들이 남성의 상징을 가로채고, 남성들의 옷에는 판타지와 색깔, 유머와 유동적 형태가 도입된 것이었다. 여성복의 '남성화'와 남성복의 '여성화'(최소한으로 이루어진)로 특징지어지는 새로운 주기가 전개되었다. 남자답게 옷을 입는 방법과 여성스럽게 옷을 입는 방법이 서로 뒤섞인 것은 아니지만, 이 두 가지 방법은 많은 점에서 서로 접근했다. "남성의 완전한 단념"(플뤼겔)〔18세기 말에 남성복이 화려하고 세련된 형태의 사용을 중단했다는 역사적 현상. 1930년대의 영국 정신분석학자인 존 칼 플뤼겔이 이렇게 이름 붙였다—옮긴이)이 쇠퇴하면서 가벼움을 내포하는 미적 코드는 새로운 사회적 영역을 차지했다. 즉 그 코드는 남성에게도 합법적인 것이 된 것이다.

○── 남성-오브제를 향하여?

1960년대에 가벼움의 표지들이 남성의 외관에 부분적으로 통합되기 시작했다. 히피운동의 영향을 받아 동양의 강렬한 색깔이 목걸이와 귀걸이, 팔찌를 자랑스럽게 내보이는 남자들의 옷장에 출현한 것이다. 1970년대에 자크 에스테렐Jacques Esterel은 남자들과 여자들이 똑같이 생긴 길고 풍성한 겉옷과 바지를 입는 컬렉션을 발표했다. 이브 생로랑은 자신의 첫 번째 남성용 화장품을 발표하기 위해 누드로 포즈를 취했다. 믹 재거Mick Jagger, 데이비드 보위David Bowie, 미셸 폴나레프Michel Polnareff는 화장과 의상, 액세서리를 여성들에게서 빌려왔다. 그리고 조금 뒤에 장 폴 고티에Jean Paul Gaultier는 '남성-오브제'에 치마를 입히면서 찬양했다.

1970년대 중반에 조르조 아르마니Giorgio Armani는 탄력성이 있고, 간편하고, 어깨끈이나 안감이 없는 남성용 저고리를 내놓았다. 이 자유롭고 편안한 재단 덕분에 차분하고 유연하고 관능적인 남성의 외관이 남성들을 속박했던 고전적이고 엄격한 정장이 유행시켰던 남성의 외관에 맞서 확실하게 자리 잡았다. 아르마니는 자기가 "남자들을 더 섹시하게 만들려고" 애썼다고 선언했다. 이러한 관능화는 몸에 딱 맞는 바지와 소매 없는 남성용 윗옷, 그 밖의 몸에 꽉 끼는 옷에서도 발견된다. 유동적인 것, 유연한 것, 관능적인 것, 부드러우면서도 따뜻한 톤은 이제 더 이상 여성의 외관을 구성하는 전유물이 아니다.

남성 패션에서 오랫동안 억압되어 있던 판타지를 다시 복권한 것은 반反문화와 전위적인 창조물이라기보다는 스포츠웨어와 캐주얼웨어, 편웨어다. 진, 티셔츠, 점퍼, 운동화, 무릎까지 내려오는 반바지. 이 시대에는 탈형식화되고, 다채롭고, 유동적이고, 운동에 적합한 미학이 모든 사회집단에서 분명히 자리 잡았다. 이제 남자들은 진한 색깔의 옷과 다색의 운동화, 재미있는 글자나 그림이 그려진 티셔츠를 입기를 주저하지 않는다. 소비쾌락주의가 그 기반을 이루는 반짝이는 형광색이 여가복과 운동복에 삽입되었다. 심지어는 남성 속옷도 기발한 글자나 그림, 타투 모티프나 만화 캐릭터가 인쇄되어 소개될 수 있다. 스포츠는 하나의 추세가 되었다. 패션과 스포츠, 여가 활동이 서로 뒤섞여 근사하고 멋진 남성의 외양을 추구한다. '완전한 단념' 이후에 '억압으로부터의 해방'이 화두로 떠올랐다. 이 '억압으로부터의 해방'은 남성의 외관에 젊은 분위기와 재미있는 감각, 자유로운 재치를 불어넣었다.

그와 동시에 남자들은 외관에 대해 전통적으로 여성적이었던 태도를 취하기 시작했다. 향수 사용, 미장원 출입, 성형수술, 모발 이식, 제모, 머리 염색, 패션에 대한 관심. 지금은 외관과 몸, 패션에 사로잡혀 있는 이 젊은 남자들을 '메트로섹슈얼'이라고 부른다. 하이퍼모던 시대는 곧 지금까지 여성적이며 경박하다고 인정되었던 관심사와 행동이 남성들에게 전파되는 시대다.

∘── 여성의 새로운 외양

그와 동시에 여성 의류의 '남성화'가 폭넓게 진행되고 있다. 바지와 턱시도, 넥타이, 티셔츠, 점퍼, 가죽구두. 남성 전용이었던 것들 중에서 여전히 여성들에게 금지되는 것은 이제 없다. 1960년대에 이브 생로랑은 이 운동의 선구자로 인정받았다. 그의 컬렉션 덕분에 여성들은 스웨터와 반바지, 바지와 웃옷 한 벌, 턱시도, 점퍼, 두건 달린 겉옷 등 남성을 상징하는 의상을 소유할 수 있었다. 이러한 활력은 오트쿠튀르haute couture(고급 맞춤복)의 세계를 크게 넘어섰다. 기성복, 관습의 자유화, 바지, 트렌치코트, 그리고 사냥꾼과 낚시꾼, 비행사의 복장에서 영감을 얻은 옷이 대량으로 확산되었고, 남성 의류의 수많은 구성 요소가 이제는 여성 의류에도 등장한다.

좀 더 근본적으로는 여러 패션 창조자들이 지극히 순수하고, 조신하고, 연약한 '꽃 같은 여성'이라는 전통적 여성성의 규범 자체를 다시 문제 삼는 데 전념했다. 장 폴 고티에는 포탄 모양의 브래지어 모델을 만들어 냈고, 물신숭배적인 도구에서 영감을 얻어 대가리 없는 못을 비죽비죽 박아 놓은 구두를 디자인했다. 그 혼자만 그런 것이 아니었다. 티에리 뮈글러Thierry Mugler, 아제딘 알라이아Azzedine Alaïa, 클로드 몬타나Claude Montana, 비비언 웨스트우드Vivienne Westwood, 존 갈리아노John Galliano, 잔니 베르사체Gianni Versace, 돌체 & 가바나Dolce & Gabbana도 페티시즘fetishism 정신으로 모델을 디자인했다. 모델과 젊은 여성들이 피어싱으로 치장하고 보란 듯이 활보했다. 장식 징을 박은 가죽점퍼를 입고 군화를 신은 여성들이 펑크 스타일의 옷을 널리 유행시켰다. 가죽과 라텍스, 지퍼 달린 편상화가 일상의 패션을 휩쓸었다. 많은 모델이 군복과 전투복을 참조했다(베르사체의 주름 잡힌 검투사 치마, 장샤를 드 카스텔바작Jean-Charles de Castelbajac의 '갑옷처럼 생긴 상의'). 1980년대에 헐렁한 상의를 입고 어깨가 '튼튼하며' 오토바이용 장화를 신은 '남성적'이고, 위압적이고, 거의 군인 같은 모습의 여성들이 등장했다. 이들은 새로운 힘으로 충만해 있으며, 부드럽다기보다는 공격적인 관능성을 지닌 '여전사'들이었다.

게다가 우아함과 유혹의 개념을 거부하고 찢어진 청바지와 못 대가리 모양의 장식, 자전거 체인, 안전핀, 해골 등 군대에서 흘러나온 '거친' 남성적 상징을 빌려 쓰는 펑크와 그런지, 고스 운동과 더불어 길거리에서 시작된 반反글래머의 흐름이 시작되었다.

1980년대부터는 전혀 다른 전망 속에서 전위적인 일본 패션 디자이너들이 멋지고 세련된 것의 유혹을 거부하고 찢겨지고, 안감을 대지 않아 간편하고, 음산한 분위기를 풍기는 옷들을 통해 옷차림의 구조를 근본적으로 변화시킴으로써 어둡고 거의 수도사 같은 외관의 여성들을 창조했다. 이처럼 해체된 파괴 스타일로 옷을 재단하여 가벼운 것의 상상세계와는 정반대에 위치한 '시크 히로시마 스타일'과 '넝마 스타일'을 선보였다.

○── 여성성을 보여주는 주요한 표지

이 모든 패션 스타일은 여성 외관의 가벼운 미학을 훼손했다. 그런데 어느 정도까지? 이 모든 스타일 덕분에 이제 여성성에 대해 더는 가치를 부여하지 않게 된 것일까? 섬세함과 유려함, 가벼움, 신선함, 판타지와 같은 여성성을 패션에서 표현하는 데 더 이상 가치를 부여하지 않게 된 것일까? 전혀 그렇지 않다.

여성들이 채택한 남성 의류는 똑같은 모양으로 재생산되지 않고 글래머와 가벼움의 정신 속에서 다시 디자인된다. 그리고 여성이 남성에게서 옷(남자친구의 외투, 필요 이상으로 큰 스웨터, 남자용 셔츠)을 빌려 입는다 하더라도 액세서리(목걸이, 화장, 가벼운 레깅스, 하이힐) 때문에 남자를 닮을 수는 없다. '유니섹스' 룩은 남녀 양성이나 남성적인 것에 대한 추종이 아니다. 여성들이 입고 다니는 저고리와 바지, 투피스는 외관과 어울리는 충만하며 완전한 여성성을 재구성한다. 그것은 은밀하고 유희적이며 안락한 여성성을 강조하고, 남성과 여성의 차이를 없애서 교묘하게 뒤섞는 새로운 방식에 불과하다. 어깨가 넓은 투피스와 장식용 징이 박힌 바지를 입는다 하더라도 여성은 자신의 매혹적 여성성(물론 그 여성성이 더 위압적으로 변하기는 하지만)을 전혀 잃지 않는다. 이브 생로랑은 그 점을 매우 정확하게 지적했다. "바지는 평등이나 해방의 기호가 아니라 멋부림이며 추가적인 매혹이다."[7]

여성성에는 여전히 미적 가벼움이 필요하다. 즉, 철저한 단절이 이루어지지 않은 것이다. 가벼운 스타일은 '여성성'을 내포하고 있으며, 계속하여 '제2의 성'을 우선적으로 참조한다. 그리고 가벼움에 대한 찬가로 소개되는 여름의 피서지 의상은 그 사실을 모범적으로 증명해준다. 유연하고 헐렁한 형태와 목둘레 선, 몸을 드러내는 짧고 굽이치는 드레스, 풍성하고 세련된 의상. 오간자, 망사, 명주로 짠 모슬린, 산동견, 새틴, 거즈, 그리고 그 밖의 얇고 가벼운 소재로 만든 의상. 산뜻한 색깔이나 파스텔, 그리고 다색에 모티프들이 박혀 있는 직물의 의상. 어디를 가나 가벼운 분위기를 풍기는 색깔들과 점점 희미해지는 소재들, 투명함, 공기처럼 가벼운 효과가 인기를 얻고 있다. 요컨대 찬양받는 것은 이제 더 이상 우아하게 맵시가 나고, 정숙하고, 순박하고, 우울하고, 지극히 숭고하고, 활기 없는 옛날식 가벼움이 아니라 활동적이고 효율적인 가벼움이다.

새틴이나 크레이프, 모슬린으로 만들었으며 옷깃이 매우 깊숙이 뾰족하게 파이고, 등이 다 드러난 파티용 드레스뿐 아니라 뷔스테에[브래지어와 코르셋이 연결된 형태의 여성용 상의—옮긴이], 얇은 멜빵이 달린 칵테일 드레스, 베이비돌 드레스[허리 라인을 전혀 무시하고 높은 위치에서 하단으로 향할수록 퍼지는 실루엣의 드레스—옮긴이], 발레리나 드레스까지 서로 다른 특징들이 여성 패션의 가벼움에 계속 큰 가치를 부여한다. 여기에 아주 작은 수영복과 스트링 비키니[많은 부분을 끈으로 대체해 몸을 더욱 드러내는 비키니—옮긴이], 세련되고 섹시한 속옷이 덧붙는다. 여성용 손목시계와 모자, 우산은 디자인이 남성용보다 가볍고 섬세하다. 하이힐과 무도화보다 더 가벼운 것이 어디 있겠는가. 사실 가벼움의 상상세계와도 잘 어울리고, 섬세함과 유동성의 미학과도 잘 어울리는 여성 패션의 기호는 무수히 많다. 이상적인 여성의 외관은 계속해서 미적 가벼움이라는 이상과 매우 밀접한 관계를 맺어 왔다. 요컨대, 이제 이 미학적 가벼움의 이상은 예외 없는 의무 사항이 아니다. 그것은 공기처럼 가볍지도 않고, 때로는 더 '공격적'이기까지 한 옷 입는 방법과 공존할수 있는 하나의 선택 사항이다.

컬렉션이 그 사실을 보여주고, 재단과 소재와 색깔이 그 사실을 말해 준다. 즉, 패션에서 가벼운 것은 여전히 여성성을 식별하게 하는 표지로 남아 있다. 그런지와 네오펑크, '망가진' 스타일이 등장했지만, 1990년대의 플리츠 플리즈pleats please 컬렉션은 모양이 변하지 않는 폴리에스터 주름, 허리와 어깨의 딱딱함에서 해방된 관 모양의 라인으로 전 세계적인 성공을 거뒀다. 미야케 이세이三宅一生는 무게가 겨우 몇 그램밖에 나가지 않는 기능적인 의상(드레스에서 치마, 블라우스에서 바지에 이르는)을 만들어 냈다. 이 컬렉션은 이동성과 흔들림, 극도의 가벼움을 특징으로 전개되면서 깃털 같은 무게와 "날아오를 준비가 되어 있는 것들"[8]이 승리를 거두게 만들었다. 간단히 말해, 여성적인 것과 미학적 가벼움의 관계는 전혀 파기되지 않은 것이다.

향수의 세계에서도 마찬가지다.[9] 성별로 나눠야 한다는 생각을 버리고 남성과 여성을 동시에 겨냥하는 향수가 점점 늘고 있다. 개인주의가 득세하는 시대에 각자는 고유의 취향에 따라 좋아하는 옷을 입고 다닐 수 있어야 한다. 장클로드 엘레나Jean-Claude Ellena는 다음과 같이 말했다. "예술은 장르의 구분 없이 모든 사람을 대상으로 한다. 향수를 만들 때 나는 오직 그 냄새와 내가 찾는 형태, 그리고 내 마음이 향하는 그 시詩를 생각한다." 그럼에도 불구하고 이 세계는 여전히 성의 차이에 큰 영향을 받는다. 우아함과 세련됨은 물론 남성과 여성 모두에 요구되지만, '남성적'이라고 정해지는 것은 힘과 정력, 남성성을 연상시켜야 하고, '여성적'인 것은 섬세함과 예민함, 가벼움을 표현해야 한다. 여성들이 남성용 향수를 사용하는 경우는 있으나, 반대의 경우는 매우 드물다.

화장품 회사들은 거의 대부분 향수를 여성용 향수나 남성용 향수로 정해서 선보인다. 즉 유니섹스는 예외적인 것이다. 향기, 향수병의 형태, 포장, 색깔, 향수 이름, 광고 등 모든 요소는 남성과 여성, 남성성과 가벼움의 대립에 깊은 영향을 받는다. 그래서 여성용 향수병의 형태는 대체로 남성용 향수병보다 둥글거나 길쭉하다. 최근에 큰 성공을 거둔 게를랭의 향수 '라 프티 로브 누아르'의 토막광고는 향수 분야에서 이루어진 광고의 현대화가 어떻게 계속 미적 가벼움과 결합된 여성성의 이미지를 노골적으로 이용하는지 보여준다. 다만 낭만적인 향수(시간의 공기L'Air du temps)의 가벼움은 동적이고, 춤을 추는 듯하며, 탁탁 튀고, 꼭 만화영화에 나오는 등장인물처럼 장난스러운 가벼움으로 대체된다.

여성 의류의 남성화가 여성의 미적 가벼움에 대한 숭배를 끝내지 못했듯이, 남성 의류의 '여성화' 역시 유니섹스 패션의 출현을 의미하지는 않는다. 평등을 목표로 하는 역학이 가진 힘에도 불구하고 여성 패션과 그 가벼움을 가장 잘 상징하는 표지는 여전히 남성에게는 '금지되어 있다.' 실제로 치마나 드레스는 남성들에게 허용되지 않는다. 남성용 하이힐이나 무도화를 본 적이 있는가? 그 어떤 남성도 구슬과 깃털이 달린 꽃무늬 모자를 쓰고 다닐 수는 없다. 패션쇼 무대에서야 푸크시아 꽃 같은 장미색 정장을 입을 수도 있지만, 과연 길거리에서도 입고 다닐 수 있을까? 우리는 남성과 여성이 외관의 가벼움에서 동등한 상태에 도달하려면 아직 멀었다는 사실을 직시할 수밖에 없다. 심지어는 여기저기서 남성의 외관이 다시 남성화되는 현상이 목격된다. 가죽과 사슬, 군용품, 근육을 돋보이게 하는 의상을 우선시하는 새로운 게이룩이 그렇다. 호모의 세계에서는 이제 박박 깎은 머리와 덥수룩한 턱수염이 관심을 끈다. 남성들은 가벼움의 이미지를 주고 싶어 하지 않는다. 결코 여자처럼 보이기를 원하지 않는 것이다. 여성은 외관의 가벼움을 숭배하지만, 반대로 남성은 그것을 두려워한다.

앞으로는 남녀를 가리지 않고 똑같이 입고 다닐 수 있는 복장(바지, 무릎까지 내려오는 반바지, 티셔츠, 농구화, 운동복)이 많아질 것이다. 그러나 이러한 접근이 외관은 여전히 성의 차이와 사회적 관례의 불균형, 가벼움과 남성성의 대립에 의해 구조적으로 영향을 받는다는 사실을 은폐해서는 안 된다. 모든 것이 원칙적으로는 열려 있고, 완화되어 있으며, 자유롭다. 그러나 실제로 옷의 형태와 색깔, 옷의 상상세계는 서로 교환될 수 없다. 경박함의 표지들이 부유하는 가운데 금지와 억제, 외관의 성적 분할에 담겨 있는 구조적·사회적 관례가 계속해서 작용하고 있다. 의복과 관련된 표지의 가벼움은 계속하여 여성 패션에서 그 특권적인 장소를 발견해 왔다.

외관에서의 가벼움이 여전히 남성적이기보다는 훨씬 더 여성적인 이상으로 남아 있다는 사실은 확실하다. 가벼움의 표지들이 항상 여성의 외관 속에 존재하기 때문에 가벼움은 현대의 여성성을 구성하는 "상상적인 사회적 의미"(코넬리우스 카스토리아디스Cornelius Castoriadis)로 인정된다. 여성들이 갖고 있는 가벼움의 목표는 외관의 모든 요소와 관련되고, 여성들이 갖고 있는 주요한 미적 기대를 표현한다. 가벼움과 여성의 관계는 남성성과 남성의 관계와 같다. 과거에도 그랬듯이 지금도 가벼움은 여성성을 의미한다.

여성 패션의 남성화 과정과 남성 외관의 여성화 과정이 그 과정 자체의 끝까지 진행되지는 않는다는 사실을 어쩔 수 없이 관찰하게 된다. 이 제동장치를 시대에 뒤떨어진 것으로 해석하거나 순전한 마케팅 효과로 해석해서는 안 되며, 더 근본적으로 성적 차이를 표현하고자 하는 인류학적 요구로 해석해야 한다. 남성과 여성에 대한 고정관념과 성적 차이로 가득 찬 표지들이 점점 쇠퇴함에 따라, 특히 가벼운 패션 표지들을 통해 성적 차이를 재확인하려는 욕구가 점점 더 커지고 있다. 양성의 조건을 균등하게 만들려는 움직임은 여기서 분명한 한계를 발견한다. 즉 여성들은 남성들과 똑같은 권리를 요구하지만, 자신들의 남성적 이미지는 보여주고 싶어 하지 않는 것이다. 마찬가지로 남성들은 그들의 남성성을 분명하게 내보이기 위한 새로운 방법을 찾는다. 표지들을 통해 성 정체성을 나타내야 한다는 인류학적 필요성 때문에, 남녀 공용 패션을 일반화하고 성 분할의 모든 표지들을 제거한다는 것은 불가능한 일이 된다. 이 점에서 가벼움의 여성 미학은 쓸모없는 관례로 간주될 수 없으며, 성적 정체성과 남녀 차이를 어떤 식으로든지 상징해야 한다는 아주 오래된 요구를 충족하는 데 도움이 된다. 그렇기 때문에 우리는 멀지 않은 미래에 다시 여성의 외관에서 보이는 가벼움에 더 큰 가치를 부여하게 될 것이라고 생각할 권리가 충분히 있다.

가벼움과 외모에 대한 불안

패션은 늘 화려한 가벼움의 이미지를 풍기고 다닌다. 패션쇼와 화보, 패션 잡지가 떠들썩하게 찬양하는 그 경박한 가벼움의 이미지 말이다. 그렇기 때문에 개인생활과 사회적 상호작용의 영역에서는 역설적인 가벼움이 문제가 된다. 그만큼 패션은 사회적 의미로 충만하고 요구와 의무, 규정의 대립으로 이루어지는 행동을 하게끔 하는 것이다. 영예를 얻기 위한 경쟁, 도발적인 비교, 시기, 질투. 패션의 경박함 뒤편에서는 인간의 열정과 개인의 불안, 상징적인 계급투쟁이 폭발한다. 청소년들의 세계와 유명 브랜드에 대한 그들의 지나친 관심은 경쟁과 불안한 순응주의로 이루어진 패션과의 관계를 오늘날에도 여전히 영속시킨다. 패션은 본질적으로 가볍지만, 그럼에도 불구하고 오랫동안 어떤 투쟁적인 논리와, 규정을 확인하고 사회적으로 인정받으려는 요구가 불러일으키는 무거움과 불가분의 관계에 있었다.

이 규정과 행동 체계는 더 이상 우리 것이 아니다. 청소년들과 패션의 희생자들〔자기에게 어울리지 않는데도 언제나 최신 유행을 따르는 사람—옮긴이〕을 제외하면, 패션과의 관계는 훨씬 더 유연하고 자유롭다. 여러 가지 잡다한 스타일의 패치워크로 이루어진 이질적인 의상이 널리 공급되는 시대에는 그 어떤 집단도, 그 어떤 기관도 더 이상 모두가 인정하는 외관의 규정을 정할 수 없다. 모두가 동의하는 등급화된 체계는 사라지고 이제 개인화의 역학이 강력하게 작동하는 현상과 일치하는, 수평적·편심적·복수적이고 완화된 체계가 등장했다. 이러한 미적 탈통합은 자신의 외관을 자기가 선택할 수 있는 다양한 가능성을 열어주고, 전통적으로 계절별 동향이 가하는 제약을 줄여 주었다. 지금은 사회집단이 어떤 신상품을 일률적으로 받아들이지 않기 때문에, 계절별 동향은 일방적인 결정으로 작용하기보다는 지표와 선택 사항으로 작용한다. 남성들과 여성들은 어떤 경향은 받아들이고 또 어떤 경향은 받아들이지 않으면서, 그렇다고 해서 '유행에 뒤처지지는 않으면서' 신상품을 '구입하기도 하고 구입하지 않기도 한다.' '유행을 따르기/유행을 따르지 않기'의 구분이 희미해지는 동안, 최신 모델에 맞춰 옷을 입어야 한다는 강박감이 줄어들었다. 유행이 이끌어 가는 시대는 끝나고, 이제 우리는 열려 있는 패션의 암시적이고 가벼운 시대에 들어섰다.

이러한 맥락에서 개인은 사회적 신분과 재무 상태보다는 개인적인 미적 선택을 표현하려고 애쓴다. 그들은 유행하는 옷으로 자신들의 외모를 꾸미기보다는 그들이 애착을 갖고, 좋아하고, 많은 사람에게 보여주고 싶은 자신의 이미지에 맞는 스타일로 외모를 꾸민다. '유행이기 때문에' 군말 없이 따라야만 하는 시대가 오랫동안 계속되었다. 그러나 최소한 어른들에게는 이런 시대가 끝났다. 무조건 유행을 따르는 것이 아니라 더 개성적이고 감정적으로 행동하는 시대가 시작된 것이다. 이제는 사회라는 피라미드에서 자기가 어떤 계급에 속하는지, 어떤 지위에 있는지를 보여주는 것보다는 자신의 개인적 이미지를 보여주는 것이 더 중요해졌다. 패션 체제가 계급이라는 절대적 필요성의 중압감에서 벗어나면서 유연하고, 주관적이고, 감정적인 방식으로 기능하는 새로운 외관의 논리가 구성된다. 바로 이것이 패션의 '쿨한' 단계다.

그리하여 남성과 여성들은 패션과 더 이완되고 역설적인 관계를 맺게 된다. 외모가 사회생활의 토대를 이루고, 사회적 지위와 명성을 얻기 위한 끝없는 경쟁을 불러일으키던 의식의 시대는 이제 거의 막을 내렸다. 몸치장은 이제 더는 사회적 '생살여탈'의 문제가 아니다. 그렇기 때문에 몸치장에 과거보다 시간과 돈, 열정을 덜 들이는 것이다. 타인의 취향에 대한 비판은 여전히 존재하지만, 예전의 신랄함은 많이 사라졌다. 그리고 도대체 어느 여성이 아직도 다른 여성이 입고 있는 야회복을 보고 질투하며 상처받는단 말인가? 패션이 살롱에서 받아들여지고 인정받기 위한 수단으로, 전 세계에서 가장 중요한 사건으로 간주되던 시대와 우리가 사는 시대 사이에는 깊은 단절이 있다.

옷을 어떻게 입느냐는 문제가 매우 큰 의미를 차지하던 시대가 끝나고 차이와 유희적인 것, 아이러니 또는 무관심의 시대가 시작되었다. 패션이 더 이상 모델의 절대적인 권위에 따라 기능하지 않을 때 우리는 그것을 '가볍게' 생각하고, 그것에 대해 강박관념을 갖기보다는 그것을 즐길 수 있다. 이쯤에서 흔히 퇴행증후군을 언급하는 잘못을 저지르곤 한다. 미키마우스 그림이 그려진 티셔츠를 입고 다닌다는 것은 어린 시절로 되돌아간다는 것을 의미하는 것이 아니라 패션을 가지고 논다는 것을, 패션이 더 이상 삶에서 중요한 위치를 차지하지 않는다는 것을 뜻한다. 즉 패션은 '재미있지만', 그뿐이라는 것이다. 대부분의 사람들은 '젊게' 옷을 입는다. 그러나 패션과의 관계는 패션이 지금 현재의 상태로, 즉 가벼운 놀이로, '절대적으로' 중요하지는 않은 외관의 미학으로 더 많이 인정된다는 점에서 실제로는 더 성숙해졌다. 패션은 패션일 뿐이다. '패션을 제자리로 돌려놓는 것'이, 이제 더는 패션을 사회생활과 관련된 문제로 간주하지 않는 것이 점점 더 쉬워질 때 새로운 가벼움이 출현한다.

이것은 패션의 전통적인 '독재'가 끝난다는 것을 의미할까? 현실은 훨씬 복잡하다. 우리는 이미 2장에서 이 사실을 알았다. 복식의 절대적 명령이 점점 더 힘을 잃을수록 젊고 날씬한 몸의 표준 규범은 더 큰 힘을 발휘한다. 개인의 자율성이 확대될수록 몸의 숭배라는 새로운 예속 상태와 신新나르시시즘의 '절대 권력'은 더욱더 강화된다. 사람들은 이제 자신의 몸에 대해 늘 불만스러워하면서도 그 몸을 강박적으로 숭배한다. 더 젊어 보이고 싶고, 더 날씬해 보이고 싶고, 주름살 하나 없어 보이고 싶은 욕망에 줄곧 시달리면서 자신의 몸을 감시하고, 예방하고, 교정한다. 남성들보다는 여성들이 이 작업을 더 체계적으로 내면화하고 실천한다.

외모의 절대 권력은 그 양상과 세력권을 바꾸었을 뿐이다. 그 권력은 패션에 집중되어 있었지만, 이제는 몸을 점점 더 합병한다. 그 권력은 변덕스러웠지만, 이제는 '과학적이고' 수행적인 것이 되었다. 그것은 끊임없는 변화를 원했지만, 우리는 영원한 젊음을 원한다. 옷에 대한 강박은 약해진 반면 몸에 대한 강박은 강해지고 있다. 이제 우리는 패션이 점점 더 가벼워지고, 점점 덜 가벼워지는 시대에 살고 있는 것이다.

제5장

예술 속의 가벼움에서
예술의 가벼움으로

De la légèreté dans l'art
à la légèreté de l'art

예술과 가벼움은 수천 년 전부터 관계를 맺어 왔다. 몇몇 구석기시대 암벽화가, 구불구불한 선으로 그려진 세련된 형태의 사슴과 들소가, 마치 사진을 찍어 놓은 것처럼 사실적으로 표현된 동작이 그 사실을 증명해 준다. 신석기 사회에서는 세밀하고 때로는 세련되고 유연하고 길쭉한 형태로 특징지어지는 조각과 가면, 일상 용품이 적잖게 만들어졌다. 그리고 모든 위대한 문명은 우아하게 장식된 아름답고 섬세한 물체들을 수없이 만들어 냈다. 도자기와 청동 제품, 보석, 양탄자, 벽화, 서예 작품 등 어디를 가나 마르크스가 말했던 '아름다움의 법칙'에 따라 멋지게 꾸민 장식품들을 관찰할 수 있었다. 아라베스크 무늬, 엮음 무늬, 추상적이거나 구상적인 모티프들은 섬세함과 조화, 세련됨으로 특징지어지는 장식들을 만들어 냈다. 이 점에서 우리는 역사를 넘어서서 보편화된 미적 가벼움의 탐구에 대해 말할 권리가 있다. 비록 그 탐구가 체계적으로 이루어지지도 않았고, 많은 문화에서 그 자체로 형식화되고, 명확히 진술되고, 그 자체로서 요구된 이상으로 보이지도 않지만 말이다.

단아함과 둔중함

아주 오랜 옛날부터 인간들은 매우 작은 크기의 작품, 일종의 '축소된 세계 모델'들을 수없이 만들어 냈다. 무엇보다도 캐나다에 거주하는 에스키모인들이 만든 작은 동물 조각들과 도곤족〔서부 아프리카에 사는 부족—옮긴이〕이 만든 작은 물건들, 중국의 상아 조각과 일본의 분재, 중세의 채색 장식과 페르시아의 세밀화가 그 사실을 증명해 준다. 물론 원시 부족들이 가벼움을 순수한 미적 이상으로 생각한 것은 아니지만, 그럼에도 소형화는 가벼움과 예술작품 사이에 태곳적부터 불가분의 관계가 존재했다는 사실을 잘 보여준다. 유명한 클로드 레비스트로스Claude Lévi-Strauss는 어떤 글에서 모든 축소된 모델은 미적 사명을 가진다는 생각을 전개한다. 즉 그것은 "예술작품의 유형 자체를 언제나, 그리고 어디서나 제공한다."[1] 이러한 측면에서, 예술작품의 차원은 가벼움의 차원 밖에서는 이해될 수 없다.

이상화 작업 역시 (소형화만큼은 아니지만) 예술적 아름다움의 가장 중요한 구성 요소가 된다. 레비스트로스는 "실물 크기"의 예술작품도 불가피하게 "물체의 몇몇 차원을, 즉 회화에서는 부피를, 조각에서는 색깔과 냄새, 촉각으로 알 수 있는 느낌을 포기하기 때문에 축소된 모델처럼 기능한다"고 지적한다.[2] 그러나 감산 작업 역시 예술적 형태의 이상화 원칙에 따라 이루어진다. 헤겔Georg Wilhelm Friedrich Hegel이 말했듯이, 예술은 오직 "현상 속에서 개념과 일치하지 않는 모든 것을 내버려두는"[3] 순화 작업이 이루어지고 난 다음에야 감각 가능한 것 속에서 이데아를 표현할 수 있게 된다. 예술은 조잡한 것과 진부한 것을, 범속한 것을, 본질적이지 않은 특수성 전체를 제거하고 이상화함으로써 자신의 존재를 뚜렷이 드러낸다. 작품에 매력과 고양高揚, 단아함을 부여하는 주제를 고귀하게 만들기. 이 감산 과정 밖에서는 고전적 아름다움이 전혀 존재하지 않는다. 최소한 이 범위 안에서는 예술과 우아함, 가벼움이 매우 밀접한 관계를 유지하는 것이다.

예술과 가벼움은 세밀화에서도 일치하고, 표현예술의 경우에도 이 두 가지는 '존재론적으로' 일치한다. 마지막으로, 회화에서 보는 사람을 유혹하는 것은 회화가 현실의 것이지만, 세계의 두께와 그것을 만드는 데 드는 엄청난 노력에서 해방된 현실감을 우리에게 불러일으키는 단순한 표면, 외양이라는 사실이다. 마치 꿈을 꿀 때처럼 관객의 노력 없이 모든 것이 다 즉각적으로 주어진다. 그렇기 때문에 예술은 "자연적인 외부 세계를 희생시키는 관념성의 기적이며, 일종의 조롱이고 아이러니다."[4] 예술의 매혹, 예술의 시학은 그것의 존재론적 가벼움이며, "그것에 의해 현실 세계의 감각 가능한 물질성과 외적 조건이 뒤엎어지는 행위"[5]다.

소형화, 이상화. 이러한 과정을 거쳐 예술작품은 세계를 순화시키고 가볍게 만듦으로써 외관과 환상, 또 다른 현실을 만들어 낼 수 있는 인간들의 힘을 보여준다. 가벼움의 보편적 목표는 그것이 자발적으로 제공하는 민감한 쾌락으로부터 분리될 수 없다. 어디서나 스타일의 가벼움은 추가적인 아름다움과 더 많은 미적 쾌락을 제공한다. 가벼운 형태는 여행에의 초대처럼 기능하며, 부드러운 몽상과 휴식을 주는 평화, 우리를 현실과 중압감으로부터 해방하는 내적 비상飛上을 추진하는 힘을 가지고 있다. 예술과 그것의 가벼운 형상은 쉽게 이동하고, 떠다니고, 마치 마술을 부린 것처럼 중력에서 벗어나는 즐거움을 동반하는 상상적 부상浮上이라는 인류학적 욕구에 부응하게 된다. 예술에서의 가벼움은, 그것의 부드러움이 평정과 유쾌한 고요로 충만한 순간을 제공하는 애무나 자장가 같다. 가벼움 또는 어떤 행복의 멜로디.

또한 스스로를 제어하고, 우리에게 저항하는 것과 세계에 대해 승리한다는 인류학적 요구 속에도 깊이 뿌리내리고 있는 가벼움의 목표(니체). 예술과 가벼움이 그렇게 자주 연관되는 것은 가벼움이 만들 수 있는 힘을, 자기를 초월할 수 있는 힘을 보여주는 표지이기 때문이다. 아름다워지는 것, 가벼워지는 것, 날씬해지는 것. 이러한 관점에서 가벼움은 하나의 도전이며 탁월함과 기술적 완벽, 사물의 제어에 대한 선동인 것이다. 그것은 물질의 저항에 대한 승리다. 왜냐하면 예술에서의 가벼움은 편리함 및 거침없음과 정반대이며, '지배욕'과 엄격한 훈련, 최상의 형태로 향하는 완벽의 노력을 표현하는 것이기 때문이다. "삶 그 자체는 더 높이 올라가기 위해 그것이 먼 지평선과 마음을 매료하는 아름다움을 포착할 수 있을 계단과 아치를 스스로를 위해 건설한다. 삶에 고지가 필요한 것은 바로 그 때문이다. 그리고 삶에 고지가 필요하기 때문에 계단 또한 필요한 것이고, 계단을 기어오르는 사람들이 겪게 될 저항 또한 필요한 것이다. 삶은 올라가고 싶어 하고, 올라가면서 자신을 극복하고 싶어 한다."[6]

물론 모든 예술 창조물이 가벼운 외양을 갖고 있는 것은 아니다. 선사시대의 '비너스'들은 뚱뚱하다. 그들의 허리는 굵고, 비대한 젖가슴은 엉덩이까지 내려온다. 고대 이집트의 스핑크스와 피라미드는 거대 예술에 속한다. 고대 바빌로니아 신전은 여러 층으로 된 위압적이고 거대한 건물로 인정된다. 두 팔을 몸에 착 갖다 붙이고, 주먹을 꼭 쥐었으며, 어깨가 넓고 두터운 고대 그리스의 청년 조각상은 꼿꼿하고 육중하다. 훨씬 나중에 "무거운 것과 둔중한 것"으로 특징지어지는 바로크 스타일이 등장하면서 르네상스기의 "우아한 가벼움"이 사라졌다.[7]

그렇지만 고대 그리스 시대부터 우아하고 섬세한 윤곽을 가진 비너스들이 나타나기 시작했다. 그와 동시에 그리스 사원은 땅과 결합하는 것을 거부하고, 높은 기둥과 함께 속이 텅 비고 환기가 잘 되는 구조를 보여준다. 알랭Alain이 말했듯이, 그것은 중력에 맞서 일어나면서 건설되었다.[8] 이슬람 건축에서 사원 첨탑의 길쭉한 형태는 사원에 가벼움을 부여한다. 고딕 양식의 성당과 그것의 하늘을 향한 비약은 돌의 무거움과 물질의 중압감에서 해방된 느낌을 불러일으킨다. 르네상스 운동은 특히 유연하고, 부드러우며, 공기처럼 가벼운 형태를 가진 미의 3여신 그림(라파엘로)과 중력의 법칙을 무시한 채 공기처럼 가볍게 대기 속을 떠다니는 비너스 여신(보티첼리) 그림을 통해 이상화된 새로운 아름다움을 만들어 냈다. 아주 오래전부터 예술가들은 세련화·이상화 작업을 통해 현실을 변화·변모시킬 수 있는 인간의 능력을 표현한 우아하고 날렵한 형태를 만드는 데 열중했다.

장식과 회화, 조각뿐 아니라 춤과 시의 가벼움. 고전무용은 하늘을 향한 움직임과 중력을 거스르는 동작, 땅 위에 최대한 오래 머물러 있는 것을 목표로 하는 비상으로 간주된다. 그것은 중력에서 벗어나고 싶은 몸의 욕망을 표현한다. 마찬가지로 내밀한 관계가 가벼움과 시를 결합하는 과정에서 시는 구문 구성의 결합을 느슨하게 하고, 단어들을 해방하고, 일상어를 "매우 경쾌하게"[9] 다룸으로써 자신의 존재를 뚜렷하게 드러낸다. 그럼으로써 시적 언어는 놀이의 영역에 속하게 된다. 시는 "축제여야 한다"고 발레리Paul Valéry가 말하지 않았던가. 시는 '언어의 춤'이고, 달래고 위로하고 애무하듯 인간의 아픔을 진정시키는 놀이다. 논리의 제약과 의미 작용에서 벗어나 음악성과 예측하지 못했던 이미지를 만들어 내는 놀이. 영혼의 노래이며 정열과 감동의 음악인 시는 새로운 현실을 '보게 하는' 공기처럼 가벼운 표현이다. 창조하는 상상력의 가벼움 원칙과 먼 현실의 접근, "삶위를 떠돌며 꽃과 말 못하는 사물들의 언어를 쉽게 이해하는"(보들레르의 〈상승Élévation〉) 정신이 현실원칙의 중압감을 대체했다. 생존 페르스Saint-John Perse는 "시란 무릇 존재론이다"라고 말했다. 다시 말해 시는 무엇보다도 영혼의 호흡이며, 단어들을 춤추게 하는 예술이다.

그렇다고 해도 가벼움이 목적 자체로 인정되는 일은 거의 없다. 그리스인들은 우주의 형상을 닮은 고요하고 조화로운 아름다움을 목표로 했다. 고딕 양식이 유행했던 중세의 건축가들은 신을 신비적으로 탐구하기 위해 성당의 건축 재료에서 물질성을 제거하고 대신 정신성을 부여했다. 이 경우에 추구된 것은 그것 자체를 위한 가벼움이 아니다. 즉 가벼움은 더 큰 목적에 쓰이는 것이다. 심지어는 장식적인 모티프와 스타일도 순전히 형식적이지는 않다. 그것들은 상징적 기능과 우주론적·마술적·종교적·사회적 의미를 갖는다. 그럼에도 불구하고 그것들은 고도 문명에서 우아한 라인 덕분에 그 자체로 높은 평가를 받을 수 있었다. 섬세함과 세련됨, 유연함은 그것 자체로 시각적 즐거움을 안겨 주기 때문이다.

르네상스기에 들어서면서 비로소 미적 가벼움의 반성적이며 이론적인 역사가 시작되었다. 바로 이 시기에 가벼움은 균형과 조화뿐 아니라 우아함과 세련됨까지 함축하는 아름다움에 대한 탐구를 통해 하나의 명백한 가치가, 강력하게 요구되는 하나의 원칙이 되었다. 명백한 유혹의 의지가 확인되었고, 이러한 의지가 이론적이며 미적인 글을 탄생시켰다. 아름다움과 숭고함을 우아함과 구분한 조르조 바사리Giorgio Vasari 덕분에 한 걸음이 더 내디뎌졌다. 섬세함과 세련됨, 부드러움, 감미로움, 고상함으로 특징지어지는 우아함은 어둡고 무거운 색깔뿐 아니라 특히 작업이 힘들었다는 사실을 다른 사람이 알아챌 수도 있는 모든 것을 배제한다. 즉 그것은 눈을 즐겁게 만들어 주는 가벼움과 편안함, 작업의 용이함이 주는 느낌과 불가분의 관계에 있다. 이 우아함의 미학은 주세페 카스틸리오네Giuseppe Castiglione가 스프레차투라sprezzatura 개념에서 직접적으로 영감을 받았다.《궁신의 책Livre du courtisan》을 쓴 카스틸리오네는 스프레차투라만이 '진정한 예술'을 보장한다고 믿었다. 전념을 다하는 작업과 부자연스러움, 솜씨 자랑에 반대하는 스프레차투라는 경쾌함과 여유, 그리고 노력의 은폐다. "진정한 예술은 예술에 속하지 않는 것처럼 보이는 예술이며, 무엇보다도 예술을 감추려고 애써야 한다. 만일 예술이 발견되면, 그것은 신뢰를 완전히 잃게 되고, 높은 평가를 받지 못하게 된다."[10]

카스틸리오네는 우아함이 예술을 훨씬 넘어서까지 적용되는 요구라고 생각한다. 즉 그것은 완벽한 궁신의 모든 동작과 행위, 모든 행실에 동반되어야 한다는 것이다. 바사리가 예의의 선용善用과 기술을 체계화한 개론서에서 이런 생각을 빌려왔다는 사실은 이 문제에서, 말하자면 교양을 갖춘 사교 집단을 위한 기술에서 무엇이 관건인지를 드러내 보여준다. 예술에서의 가벼움은 더 이상 교회의 고위 성직자들을 위한 것이 아니다. 그것은 교육받은 사람들로 구성된 관객들에게 가장 큰 시각적 즐거움을 안겨 주며, 그들의 마음에 들도록 애써야만 하는 고상하고 귀족적인 예술의 매체가 되었다. 레온 바티스타 알베르티Leon Battista Alberti에 따르면, "회화는 작품에서 대중을 즐겁게 해 주려고 애쓴다."

세심한 주의와 끝손질, 비율의 정확함, 그리스 로마 시대에 정해진 규칙과의 일치는 어떤 그림을 우아하게 만들기에 충분하지 않다. 그림의 우아함은 일체의 무미건조함을 배제하며 부드러움과 우아함, 가벼움과 여유, 작업의 신속함과 용이함을 전제로 한다. 바사리는 자서전에서 "내 작품들을 최대한 빨리, 그리고 최소한의 노력으로 믿을 수 없을 만큼 쉽게 그릴 수 있었다"고 자랑한다.[11]

용이함과 가벼움, 형태의 우아함 등의 미적 특성은 단지 서양 세계에서만 더 높은 가치를 부여받은 것이 아니었다. 특히 중국의 전통 회화는 자연을 모사하려고 애쓰지 않고 "조화로운 숨에 생명력을 불어넣고"(쉐에 호), 우주에 깃들어 있는 진동과 흐름, 생명의 기류를 표현하려고 애쓴다. 율동적인 활력, 사물의 움직임과 정신을 생기 있고 활기차게 만들어 느껴지게 하는 것, 바로 이것이 예술의 가장 큰 목표다. 숨이 그림을 순환할 수 있도록 예술가는 형식적 유사함을 초월해야 하고, 불필요한 것을 제거해야 하고, 사물의 본질에 접근해야 하고, 작품에서 생명력과 비밀스러움, 신비로운 아우라를 빼앗아 가지 않도록 지나치게 열성을 들인 완벽한 작업을 피해야 한다. 화필의 격렬함은 "사물의 소재와 외관을 초월하는 비상의 움직임"[12]을 야기하는 것이 목표다. 공백과 숨-정신, 본질적인 것, 포착할 수 없는 것, 눈에 보이지 않는 것이 충만함 속에 나타나게 해야 한다.

거기서, 다시 손대지 않고 순식간에 리드미컬하게 그려져야 하는 유연하고, 생기 있고, 공기처럼 가벼운 그림이 탄생한다. 바로 거기서, 색깔과 선의 가벼움 및 투명함으로 특징지어지는 수채화가 탄생한다. 풍경화는 여백에 많은 자리를 할애하고, 만져지지 않는 것의 유동성을 시험한다. 바위는 물처럼 유려하게 움직이며 존재한다. 가느다란 나뭇가지, 새와 꽃, 안개가 끼어 흐릿한 풍경은 그 은은함과 단순하고 간소한 멋스러움으로 유혹한다. 대나무와 난초, 국화의 표현은 서예의 그것과 비슷한 선線에 기초를 두고 있다. 회화는 또한 옷의 주름을 통해 몸에 활기를 불어넣는 숨을 민감하게 느끼도록 하려고 애쓴다. 중국이나 일본에서 그림은 말이 없는 시로, 시는 형태 없는 그림으로 생각된다. 중국의 그림은 만물에 활기를 불어넣는 숨과 생명의 리듬을 표현하려고 애쓰면서 우리가 우아함이라고 부르고, 베르그송은 "물질 속으로 들어가는 비물질성"[13]으로 정의한 것을 느끼게 한다.

기쁨과 무사태평

르네상스기에 얼굴과 태도의 우아함을 찬양했다면, 18세기에는 무관심과 가벼움이 깃든 주제들을 소중하게 생각했다. 장 앙투안 바토Jean Antoine Watteau의 잔치와 프랑수아 부셰François Boucher의 규방, 프란체스코 과르디Francesco Guardi의 카니발, 장 오노레 프라고나르Jean Honoré Fragonard의 입맞춤은 쾌락주의적 세련됨과 유희적 오락, 강렬한 유혹에 빠진 한 세계의 이미지로 보인다. 의심의 여지 없이 중세 때부터 지상의 쾌락은 놀이라든가 마실 것, 미식, 색욕, 나태를 이미지화하는 그림이나 벽화에서 예술가들에게 수없이 영감을 불어넣었다. 그러나 중요한 것은 감각적 쾌락의 허망함을 비난하는 한편 미덕을 찬양하고, 기독교의 덕과 천상의 사랑이 승리를 거두도록 하는 것을 목표로 하는 우의寓意였다. 인간 본성을 회복시키는 인본주의적 교양이 담긴 계몽주의 시대의 회화는 그 반대로 도덕주의적인 저의 없이 경박함과 사랑의 환희, 기분 전환을 위한 연애, '삶의 감미로움'을 품위 있는 것으로 만들었다. 이 세기에는 이것들을 '즐거운 놀이'라고 불렀다.

그때 예술이 지상의 즐거움과 판타지, '삶의 매혹'에 종사함으로써 승리를 거두는 것은 연애 신화의 짓궂고 가벼운 쾌락, 가면무도회, "그네의 행복한 우연"(프라고나르)이다. 장르화 속의 가벼움은 그 권리를 획득했다. 근대 세계가 시작되면서, 쾌락은 무죄가 되었다. 경솔한 가벼움을 비난하는 분위기에서 그것을 과찬하는 분위기로 바뀐 것이다.

잔치 그림은 큰 성공을 거뒀다. 아르카디아의 풍경 속에서 우아하게 옷을 차려입은 인물들이 무도회와 연극 공연, 놀이, 사랑의 접근 등 여럿이서 하는 오락에 우아하게 몰두한다. 이 모든 회화는 세련됨과 놀이, 춤, 음악, 연애 오락에 토대를 두고 이루어지는 귀족 생활을 이미지화한다는 공통점을 가지고 있다. 루이 14세 궁정의 사치와 엄격한 예의범절에 질린 귀족계급은 쾌락과 놀이, 즐거운 파티로 이루어진 더 가벼운 삶을 갈망했다. 로코코 회화는 이러한 삶을 잘 보여준다. 가벼운 삶은 오랫동안 불명예를 겪다가 이제 유행하는 주제가 된 것이다. 바토는 이 장르의 거장이다. 그러나 그는 이렇게 행복한 나태의 분위기를 그림으로 그린 첫 번째 화가도, 마지막 화가도 아니었다. 이 장르는 16세기 베네치아 회화에서, 특히 조르조네Giorgione와 베첼리오 티치아노Vecellio Tiziano(〈전원음악회〉, 1510년경))에 이어 사랑과 평온, 편안하고 감미로운 행복에 대한 찬가인 루벤스Peter Paul Rubens풍 그림들(〈사랑의 정원〉, 1633년)에서 그 기원이 발견된다.

이러한 전통은 19세기 후반이 되어 에두아르 마네Édouard Manet(〈풀밭 위의 식사〉, 1863년)를 비롯한 인상파 화가들과 더불어 대성공을 거둘 것이다. 〈노 젓는 사람들의 점심식사〉(1880~1881년)에서 피에르 오귀 스트 르누아르Pierre Auguste Renoir는 친구들끼리 보내는 우아한 순간을, 감미로운 가벼움의 분위기를 풍기는 햇살 가득한 축제의 세계를 불멸 화한다. 〈갈레트 풍차의 무도회〉라는 그림은 몽마르트르에서 열리는 무도회의 소박하고 대중적인 즐거움으로 환하게 빛난다. 무사태평과 삶의 감미로움이라는 주제는 클로드 모네Claude Monet(〈정원의 여자들〉, 1866년)와 폴 시냐크Paul Signac(〈평화의 시대에〉, 1894년)의 그림에서도 나 타난다.

앙리 에밀 브누아 마티스Henri Émile Benoît Matisse는 이 길을 연장해 〈사 치, 평온, 쾌락〉(1904년)과 〈삶의 즐거움〉(1905년)을 그렸다. 이 그림에 서 남자들과 여자들은 편안하게 쉬거나 서로 껴안고 있으며 춤추고, 피리를 불고, 음악을 듣는 사람들도 있다. 경쾌한 데생과 톡톡 튀는 색 깔로 그린 라울 뒤피Raoul Dufy의 작품들은 어린 시절의 분위기를 풍기 며, 즉각적이고 순수한 희열이 배어 있다. 그는 주제(보트 경기, 사교 모 임, 경마 시합, 음악회……)를 차분하게 다루었으며, 장밋빛과 푸른빛으 로 환하게 빛나는 행복감으로 충만한 세계를 묘사했다. 르누아르에서 뒤피까지 서로 다른 두 시대에 표현된 것은 '삶의 즐거움'에 대한 프 랑스식 찬양이었다. 나중에 파블로 피카소Pablo Picasso도 〈삶의 즐거움〉 (1946년)을 그린다. 이 모든 화가들이 화폭에 담으려고 애썼던 것은 차분하고 태평스럽고 행복한 삶이라는 이상이었다.

또한 현대 화가들이 표현하려고 애썼던 것은 또 다른 유형의 가벼 움이었다. 오페라극장의 발레리나들을 그린 에드가 드가Edgar Degas의 그림들은 공기처럼 가벼운 우아함으로 환하게 빛난다. 그것들은 움직이는 몸의 가벼움을 찬양하는 것이다. 앙리 드 툴루즈 로트레크Henri de Toulouse Lautrec는 무도회와 콘서트 카페, 서커스, 연극 등 몽마르트르의 유흥을 통해 쾌락의 세계를 그렸다. 그것은 감미롭고 평화로운 행복의 가벼움이 아니라 더 육체적이고 문란한 보헤미안과 방탕아, 건달파티 생활의 가벼움이다. 앙드레 샤스텔André Chastel은 "로트레크는 방종한 18세기의 복수다"라고 정확히 지적했다.

우리는 인상파가 처음에는 관객들에게 적대시당했다는 사실을 알고 있다. 그러나 이 화파는 금세 받아들여졌다. 1889년에 모네가 인정받은 것이다. 이러한 성공은 아마도 거기서 풍기는 행복하고 쾌활한 분위기와 무관하지 않을 것이다. 바로 이것은 삶의 즐거움과 찰나의 평화로운 매혹이 느껴지는 순간 특유의 가벼움을 나타내는 회화다. 우리가 삶과 조화를 이룬다고 느낄 때, 특별한 행복이 아니라 세계와 자기 자신의 가벼움이 이 그림들을 통해 표현된다. 세계가 이제 더 이상 우리의 어깨를 짓누르지 않을 때, 영적으로 고양된 상태가 되는 것이 아니라 단순한 조화의 감정이 느껴지고 삶이 달콤해지면서 행복이 느껴진다. 인상주의가 등장시켰으며 이 회화에서, 즉 삶의 무게를 감당하도록 도와주는 마술적 그림들에서 풍기는 즉각적인 매혹을 설명해 주는 것은 이처럼 평온하고, 가볍고, 명랑한 즐거움이다.

몇 가지 예외는 있지만, 무사태평의 회화는 1950년대 들어 쇠퇴한다. 소비사회가 출현하면서 광고가 쾌락의 이미지와 환희의 꿈을 대부분 제공하게 되었다. 노래의 영역도 같은 운명을 맞아 삶의 즐거움을 노래하는 가볍고 천진스러운 곡들이 사라져 갔다. 좋은 기분, 태평스러움, 삶의 즐거움은 더 이상 작곡가와 가수, 화가들에게 영감을 불어넣지 않았다.

빛, 운동, 놀이

현대 예술에서 가벼움은 무사태평과 행복한 순간의 회화에서만 나타나는 것은 아니다. 그것은 또한 화가들이 빛이라는 비물질적 현실과 그것의 반짝거림, 그것의 일정하지 않은 파동에 대해 기울인 관심을 통해서도 드러난다. 19세기에 처음으로 빛 그 자체의 다양함을 연구하여 중심 주제로 삼은 회화가 등장했다. 번쩍거림, 대기의 유동, 빛의 감각, 빛에 의한 형태의 해체가 회화의 목적 자체가 된 것이었다. 이제는 풍경의 물질성을 표현하는 것이 아니라 나뭇잎 위에서 반짝거리는 해와 작은 빛의 변화, 계속 바뀌는 빛의 놀이와 접촉하면 비물질화되는 형태들의 금방 사라져 버리는 덧없는 아름다움을 그려내야만 했다.

조지프 말로드 윌리엄 터너Joseph Mallord William Turner가 빛이 형태에 대해 갖는 힘을 포착하려 한 뒤로, 그리고 제임스 애벗 맥닐 휘슬러James Abbott McNeill Whistler가 물과 빛이 서로 뒤섞이는 그림을 그린 뒤로 인상파 화가들은 빛 속에서 용해되는 형태와 수면의 그림자, 구름 같은 증기, 대기의 투명함을 그렸다. 〈아르장퇴유에서 열린 보트 경기〉(모네, 1872년)에서는 표현된 장면보다 그림자가 더 중요하다. 르누아르는 빛나는 자연을 표현하기 위해 검은색을 자신의 팔레트에서 몰아내고, 그늘을 유색으로 처리하는 데 몰두했다. 터치를 가볍게 파편화하고, 단색을 마치 나비가 팔락팔락 날아다니듯 현란하게 칠한 덕분에 그림은 빛으로 가득 채워졌다. 그림이 표현하는 이미지들은 신선하고, 유동적이고, 섬세함과 불안정성으로 가득 차 있다. 인상파의 풍경은 세계의 외관의 반짝거림에 대한, 더욱 순간적이고 일시적인 모든 것에 대한 사랑의 노래다.

　인상파의 기법과 주제가 사용되면서 무거운 회화적 허구와 그 강한 표현력의 시대는 막을 내렸다. 회화의 세계가 틀에 박힌 관습과 장중함, "부르주아의 우둔함"(조르주 바타유Georges Bataille)이 가하는 부담감을 버리고 가벼워지기 시작한 것이다. 현대 회화가 신화적·도덕적·역사적 허구로부터 해방되어 부드럽고 감각적인 떨림의 느낌을 전달하면서 유일한 시선의 즐거움과 자연적인 것의 숭배, 외광外光의 맑음에 빠져드는 순수회화로 자신의 존재를 분명하게 드러낸 것이다. 인상주의의 등장과 더불어 '주제'의 전통적 중요성이 줄어들고 대신 빛과 빛이 모든 종류의 대상에 미치는 순간적인 효과가 중요해졌다. 눈부시게 빛나는 표면과 빛의 시정詩情, 순간의 덧없음을 찬미하는 회화가 확실하게 자리 잡았다. 이것은 공기로 짜여져 있고, 중력에 저항하며, 매우 신선한 상태로 스쳐 지나가는 것을 포착하는 회화다.

∘── 운동, 놀이, 빛

　인상주의가 가벼움이 가장 중요한 위치를 차지하는 유일한 현대 예술운동은 아니다. 수많은 현대 예술가들이 이 문제에 관심을 쏟고, 매번 매우 독특한 세계를 만들어 냈다. 여기서는 그 세계에 대해 매우 간략하게 설명하려 한다.

　평정의 가벼움. 형태의 무중력과 선과 색의 순수함, 마티스의 단일 색조는 가벼움과 평온함의 천국 같은 정원을 떠올리게 한다. 기발함의 가벼움. 호안 미로Joan Miró의 모든 작품은 즐거움과 색채, 유머, 리듬감으로 특징지어진다. 형태와 상징들이 대기 속을 떠다니며 즐겁게 움직인다는 느낌을 불러일으킨다. "나는 그림이 불꽃 다발이랑 흡사해져야 한다고 생각한다."(미로) 어린아이 같은 표현의 가벼움. 마르셀 브리옹Marcel Brion에 따르면, 파울 클레Paul Klee의 데생과 그림에서는 천진난만한 분위기와 "순결하고 무구한" 분위기가 풍겨 나온다. 일상 용품과 만화, 슈퍼히어로, 광고, 스타를 주제로 삼는 팝아트는 보란 듯이 진지한 것을 떨쳐 버리고 젊은이 같은 가벼움의 분위기를 풍긴다.

추상예술 역시 구상예술의 특징들을 제거·순화·삭제함으로써 자신의 존재를 뚜렷이 드러낸다는 점에서 가볍게 하기, '더 적은 것'과 깊이 관련되어 있다. 바실리 칸딘스키Wassily Kandinsky와 피터르 코르넬리스 몬드리안Pieter Cornelis Mondriaan 이후로 회화는 더 이상 표현으로 생각되지 않는다. 추상예술은 심도와 오브제를 제거함으로써 자연의 물질성에서 벗어났고, 비본질적이라고 판단된 오브제의 속성을 예술에서 제거함으로써 "오브제 없는 세계"(카지미르 세베리노비치 말레비치Kazimir Severinovich Malevich)를 보여준다. 추상예술은 눈에도 안 보이고 표현할 수도 없는 현실을 드러내거나, 아니면 예술의 본질을 실현하기 위한 회화 공간의 정화를 통해 자신의 존재를 분명하게 드러낸다.

물론 모든 추상 작품이 공기처럼 가벼운 것은 아니지만, 형태가 순화되고 단순해지기 때문에 가벼움의 느낌을 불러일으킨다. 몬드리안의 기하학적 그림들은 엄밀함과 가벼움을 결합한다. 칸딘스키의 그림에서는 형태가 흔히 불확정된 공간 속에서 춤추고 떠다니는 것처럼 보인다. 마크 로스코Mark Rothko의 작품에서는 색깔이 비물질적으로 보이며, 형태는 무거움과 가벼움이, 물질성과 유동성이 뒤섞이는 공간 속을 떠다니는 듯하다. 솔 르윗Sol LeWitt의 미니멀아트 구조는 유색의 단순하고 기하학적인 가벼움의 느낌을 풍긴다. 객관적 세계를 일절 참조하지 않는 추상화는 가벼움과 리듬감, 새로운 장르의 호흡을 획득했다. 요컨대, 이제는 그냥 하나의 가벼움이 아니라 다수의 해석을 낳을 수 있는 가벼움들인 것이다. 추상예술과 더불어 다가多價적이고, 양면적이고, 열려 있는 가벼움의 미학적·기호학적 지배가 확실해졌다.

추상화파 가운데 보는 각도에 따라 변화하는 시각적 사조야말로 의심의 여지 없이 가벼움의 문제와 가장 직접적으로 관련되어 있다. 모리스 드니Maurice Denis는 인상파 화가들의 주제에 대해 언급하면서, 영롱하게 반짝이고 환하게 빛나는 이 그림들 뒤에 전혀 아무것도 없기 때문에 그들의 눈이 "머리를 먹는다"라고 말했다. 보는 각도에 따라 변하는 시각예술 또는 옵아트와 더불어 다시 한 발이 내디뎌졌다. 일체의 내용이 제거된 이 작품들의 유일한 야망은 관객들에게 보고 느끼는 즐거움을 제공하는 것뿐이었다. 움직이는 것의 표현, 그리고 자연의 화려한 반영과 빛남의 이미지는 더 이상 중요하지 않고 움직임과 깜박거리는 빛, 공기 속을 떠다니는 물체들의 실재 자체가 중요해졌다. 그것은 손으로 만질 수 없는 것과 가벼운 것, 변하는 것의 감각 체험이 세계의 표현보다 중요한 시네티즘cinétisme인 것이다.

1913년에 마르셀 뒤샹Marcel Duchamp은 의자 위에 놓여 있는 그 유명한 레디메이드 작품 〈자전거 바퀴〉를 발표했다. "돌고 있는 이 바퀴를 보면 마음이 진정되고 위안이 되었다. 〔…〕 나는 벽난로 속에서 춤추는 불꽃을 바라보는 것을 좋아하듯 저 바퀴를 바라보는 것을 좋아했다." 맨 레이Man Ray는 1920년에 모터 없이 이리저리 움직이는 최초의 모빌 조각 〈전등갓〉과 〈폐색〉을 발표했다. 같은 해에 나움 가보Naum Gabo는 모터로 움직이는 철사를 가지고 보는 각도에 따라 변화하는 작은 조각을 만들어 냈다. 나눔 가보와 앙투안 페프스너Antoine Pevsner는 《사실주의 선언Manifeste Réaliste》에서 이렇게 썼다. "우리는 조형예술에서 새로운 요소가 등장했음을 선언한다. 그것은 우리가 가지고 있는 실시간 지각의 기본적인 형태인 운동리듬이다." 1930년대에 알렉산더 콜더Alexander Calder는 공기의 순환과 우연의 개입, 조각들이 천천히 규칙적으로 흔들리는 움직임이 도입된 그의 첫 번째 움직이는 조각들을 만들었다. 콜더에 따르면, "모든 것이 다 잘 움직이기만 하면 움직이는 조각은 생명과 그 놀라움의 환희로 춤추는 한 편의 시가 된다."

빛과 운동을 이용한 예술 사조는 1950년부터, 특히 60년대에 빛과 운동의 미적 특성과 지각을 탐구함으로써 자신의 존재를 뚜렷이 부각하고 성공을 거뒀다. '지각적'이라고 말해지는 이 추상예술은 오늘날에도 계속되고 있다. 2013년 파리의 그랑 팔레에서 열린 '디나모dynamo' 전시회는 가벼움과 비물질적인 것, 흔들림, 불안정성, 눈에 안 보이는 것이 이제는 표현된 개념들이 아니라 새로운 설치와 환경, 테크닉 전체를 통해 직접적으로 지각하는 체험이 되는 이 예술 사조를 효과적으로 개관할 기회를 주었다. 헤수스 라파엘 소토Jesús Raphael Soto는 공중에 매달려 있는 푸른색 긴 나일론실로 이루어진 작품(〈통과가능Pénétrable〉, 2007년)을 설치했다. 관객은 이 유동적인 덩어리 속으로 뚫고 들어가면서 쉽게 변하고 없어지기도 하는 요소들로 구성된 물질성을 체험하게 된다. 질비나스 켐피나스Zilvinas Kempinas의 〈팬들을 넘어서Beyond the Fans〉(2013년)라는 작품에서는 자기磁氣를 띤 두 개의 긴 띠가 두 개의 선풍기가 일으키는 공기의 흐름에 따라 춤을 추고 원을 이루며 떠다닌다. 나카야 후지코中谷 芙二子의 안개 조각은 아주 작은 물방울을 뿌리면 금세 사라지는 안개로 변해 "하늘로 올라가 구름과 만나도록" 하는 기술로 만들어졌다.

여기서 예술작품은 더 이상 가벼움을 연상시키지 않는다. 이제 예술작품은 실제의 움직임, 진동, 변화, 색이 있는 안개, 손으로 만져지지 않는 비물질적인 구름(앤 베로니카 얀센스Ann Veronica Janssens)이다. 이해해야 할 건 아무것도 없다. 그저 어리둥절하게 만들거나 놀이를 하는 듯한 감각적 체험만 하면 된다. 진동, 운동, 파동, 깜박거림, 투명함, 점진적 소멸 등 이 모든 체험은 그 어떤 메시지도 전하지 않는다. 이제 예술은 즉각적인 느낌과 감각적·시각적·촉각적 충격으로 눈을 돌렸다. 그것은 열려 있는(움베르토 에코Umberto Eco) 가벼운 작품들이다. 왜냐하면 메시지가 없고 유희적이며, 지각적 차원과 불가분의 관계에 있기 때문이다.

또 다른 현대 예술가들은 랜드아트land art의 얼마쯤은 추상적이라고 할 수 있는 풍경이 되는 작품을 만들면서 가벼움의 체험을 탐구한다. 애니시 커푸어Anish Kapoor의 거대한 조각 〈테메노스〉는 미들즈브러의 조선장에 떠 있다. 브루스 먼로Bruce Munro는 〈빛〉이라는 작품을 설치하여 케닛 스퀘어(미국 펜실베이니아주)에 있는 롱우드 공원을 규모는 거대하지만 모든 것이 시적으로 가볍게 빛나는 환상의 세계로 바꿔 놓았다. 이는 2만 개의 붉은빛 조명과 광섬유를 사용한 덕분이었다. 다른 작품들은 건축과 결합하여 전시된다. 토마스 사라세노Tomás Saraceno의 〈궤도로〉는 일종의 금속선으로 된 거대한 거미줄로, 뒤셀도르프에 있는 K21 의사당 미술관 광장의 25미터 상공에 해먹처럼 매달려 있다. 플라스틱으로 만든 여섯 개의 공이 여기저기 매달려 있는 이 작품은 휴식을 취하고 공중에서 살고 싶은 꿈을 실현하라고 손짓

한다.

재닛 에클먼Janet Echelman은 공공미술의 일환으로 바람에 움직이는 유동적인 형태의 거대한 공중조각(〈1.26〉)을 도시 공간에 설치했다. 〈번호 없는 불꽃들〉은 압축응력을 준 케이블(227미터 길이)로 만든 거대한 구름과 흡사하며, 그 관능적인 형태가 벤쿠버에 있는 두 개의 커다란 건물 위에서 떠다닌다. 지나가는 사람들은 자기네들의 스마트폰으로 이 작품을 변화시키고, 색깔을 바꾸고, 그것을 움직이게 할 수 있다. 시카고에 설치된 〈거대한 콩〉(애니시 커푸어)의 반들반들한 강철 표면 위에는 하늘과 관람객, 주변 건축물이 반영된다. 이 반영은 무거운 것을 가벼운 것으로, 물질 덩어리를 점점 사라지는 비非재료로 변모시킴으로써 작품을 비물질화한다.

매우 많은 현대 사진가들 역시 가벼움이라는 주제에서 영감을 받는다. 로랑 쉐에르Laurent Chéhère와 그의 떠 있는 집들. 맷 사틴Matt Sartain과 그의 날아다니는 인물들. 멜빈 소콜스키Melvin Sokolsky와 안전유리로 된 투명한 물방울 속에 들어 있는 여자들. 하야시 나츠미와 중력의 법칙에 도전하는 그의 자화상. 리웨이와 익살스러운 공중부양의 꿈.

분명히 현대 예술은 아주 오래된 미적 가벼움의 정복을 연장하려고 애쓴다. 과거에 그랬듯이 지금도 우리를 우리의 무게에서 해방하는 것이 표현하는 시적 매력이, 인간의 정신과 불가분의 관계에 있는 공기처럼 가벼운 것의 매혹이 작용한다. 하이퍼모던 문화는 한편으로는 데시벨과 랩, 포르노 등 극단적인 방법으로 기능하기도 하지만, 또 한편으로는 시적 표현으로서의 가벼움에 대하 추구가 증가하기도 한다. 독립된 문학 장르로서 시는 운명을 다해 가지만 회화와 음악, 사진, 설치물, 조각에서 이름을 빛내는 시적 이상은 전혀 그렇지 않다.

가벼움은 시와 마찬가지로 일상생활의 구체적 체험이 주는 중압감이 아닌 행복한 몽상이기 때문에 여전히 예술가들이 받는 영감의 원천으로 남아 있다.

이 가벼운 작품들에 대한 관심은 이것들이 현대 예술의 특징인 "비미화非美化"[14]의 논리를 거슬러 가며 존재를 뚜렷이 드러냈다는 사실에서 기인한다. 뒤샹과 팝아트, 개념미술, 랜드아트, 아르테 포베라Arte Povera, 미니멀아트 이후로 예술의 기능은 더 이상 감각을 유혹하고 만족시키는 것이 아니다. 과정이 작품 자체보다 더 중요해진 것이다. 그러나 가벼움의 차원을 중시함으로써 반대되는 움직임이 펼쳐진다. 즉 이 모든 작품들은 감각을 유혹하고, 문자 그대로 미적인 즐거움을 안겨 준다. 왜냐하면 여기서 "모든 것은 감각에게 말하기"(발자크) 때문이다.[15] 이 가벼운 작품들과 더불어 미적 내용이 가장 중요하며, 오직 '완제품'만이 관심을 끈다. 어쩌면 가벼움의 체험은 동질적으로 미적인지도 모른다. 우리는 행복해하며 그것을 관찰한다. 다시 말해, 가벼움에 대한 현대적 추구는 예술의 재미화再美化라는 효과를 갖는다.

예술의 생성 방식

그러나 예술과 가벼움의 관계는 작품의 스타일과 주제로 축소되지 않는다. 하이퍼모던 시대에 이 문제는 예술의 사회적 지위 자체와, 더 정확히 말하자면 그것이 가벼움과 결합한 사회생활의 다른 영역들 자체(이 영역들의 맨 앞에는 물론 패션이 있다)와 맺는 관계를 참조한다.

○── 예술과 패션의 교배

모더니티의 승리와 더불어 예술은 상업적인 것과 매스미디어, 광고, 패션과 근본적으로 대립하면서 별도의 세계로서 자신의 존재를 뚜렷이 알렸다. '반反세계'의 방식인 예술은 다른 사회생활 영역들과 관련하여 분명하게 구분 지어진 경계를 갖고 구축된다. 비록 예술의 사명과 미학을 두고 전위적 예술가들 사이에서 격렬한 논쟁이 벌어졌지만, 예술이 키치나 쉬운 것, 쓸데없는 것과 마찬가지로 돈이라는 동기를 배제하는 영역이라는 원칙에 이의를 제기하는 사람은 없다.

예술과 패션은 이렇게 이질적인 목표를 가진 상이한 본질의 세계로서 자리를 잡는다. 패션 산업은 판매와 이익이라는 목표를 설정하는 반면 예술은 비상업적인 정신에 의해 움직인다. 패션 상품은 유행을 타지만, 걸작은 영원하다. 현대사회의 패션은 대중을 상대하고, 예술은 정선된 관객을 상대한다. 패션은 피상적인 것과 가벼운 것, 가벼운 유혹에 가깝고, 예술은 진지한 것과 의미의 깊이, 영적 고양에 가깝다. 패션의 가벼움이 조롱과 비난을 불러일으켰다면 예술의 가벼움은 감탄의 대상이었다.

언뜻 보기에, 이러한 분리는 지금도 여전히 존재한다. 생산 방식(표준화된 공업 생산/개별적인 창조)과 목적(이익/순수 창조), 전시 장소(상점/미술관·갤러리·아트센터), 정보 및 공인 경로(패션 잡지/예술 잡지와 예술 서적)는 항상 서로 구분된 별개의 세계를 구성한다. 그렇지만 예술과 패션을 구분하는 경계선은 매우 희미하며, 이 둘의 경계선은 더 이상 뚜렷이 구분되어 있지 않아서 예술의 '진지한' 세계는 매일같이 패션의 가벼운 세계와 겹친다. '고전적인' 지표와 이상이 더 이상 통용되지 않으면서 새로운 예술 시스템이 탄생했다. 이러한 급변이 현대 예술의 시스템 방식이라고 부를 수 있는 것을 구성하여 가벼운 것의 문명을 완성한다.

　우선은 예술계에서 널리 알려진 장소들이 유명한 패션 관계자들을 점점 더 자주 받아들인다는 사실이 그 점을 증명한다. 1980년대부터 패션 디자이너와 패션 브랜드에 경의를 표하는 미술관과 갤러리가 수없이 많아졌다. 봅 윌슨 사는 아르마니의 패션 창작품이 지닌 가치를 높이기 위해 구겐하임 빌바오 미술관 내부에 엄청나게 큰 공간을 조성했다. 최근 몬트리올 미술관과 흐로닝언 미술관(네덜란드), 빅토리아 앤드 앨버트 미술관(런던)은 각각 장 폴 코티에와 아제딘 알라이아, 야마모토의 회고전을 열었다. 몇몇 계절 컬렉션은 이제 미술관에서 소개된다. 2011년 봄여름 디오르 오트쿠튀르 패션쇼는 로댕 미술관에서 열렸고, H & M은 2013년 가을 상품을 같은 미술관에서 축제 형식으로 소개했다. 미술관은 전통적으로 오직 불멸의 걸작만을 상찬하는 엄숙함이 배어든 세속의 사원이었다. 그러나 미술관은 이제 널리 유행하는 현대 창작품에도 문을 개방한다. 미술관들이 패션 컬렉션을 소개하는 동안 사람들은 화랑 운영자와 팔레 드 도쿄 미술관 관장이 리옹 비엔날레 때 에르메스를 위해 패션쇼에서 행진하는 모습을 볼 수 있었다. 통俗문화에 대해 경박한 가벼움이라는 특징을 부여하고, 패션과 예술에 대한 새로운 해석을 보여주는 수많은 현상들이 존재한다.[16]

　더 넓게는, 많은 미술관이 대규모 여흥과 상업적 성공을 위해 쇼 비즈니스의 논리에 따라 정비되고 있다. 눈속임이나 다름없는 재조직과 손님을 끌기 위한 주제, 화려하고 때로는 유희적인 연출과 더불어 '전시회 겸 행사'와 그 밖의 블록버스터가 증가하고 있다. 하이퍼모던 시대에는 심지어 미술관들조차 쇼 비즈니스와 유희적 여행, 기분을 전환해 주는 유혹의 논리를 그 기능에 통합시켰다. 지금은 예술과 유흥이, 문화 유산과 쇼가, 교육과 매혹이 융합되는 시대다. 이제는 예술의 명소에서 수준 높은 문화와 유흥을, 예술과 가벼운 오락을 나눠 놓았던 전통적 경계선이 지워져 가고 있다.[17]

유명 작가의 전시회 개막일이나 국제 현대미술 시장에서는 브런치와 사교 파티, 초대받은 사람만 참석할 수 있는 만찬, 호화판 축제가 벌어진다. 이런 기회가 생기면 국제적으로 알려진 호화 부유층들이 작품도 살 겸 자기들끼리 즐거운 시간도 보낼 겸 전 세계 곳곳에서 모여든다. 유명 수집가들만 이 축제와 화려함, 유혹의 세계에 참여하는 것은 아니다. 이제 전시 장소는 '지금 만들어지고 있는 것', 즉 가장 최근의 신작을 구경하는 동시에 자기 모습을 보여주길 좋아하는 젊은이들을 위한 만남의 장소로 기능한다.[18] 톰 울프Tom Wolfe는 1960년대부터 이미 그 점을 지적했다. 즉 예술의 세계는 초연初演을 대신했으며, 유행하는 복장을 입음으로써 사람들의 구경거리가 된다는 것이었다. 예술의 세계는 '필수'가 되었고, '가 있어야 하는' 장소가 되었다. 예술의 장소는 인간의 정신을 드높인다고 생각되었지만, 이제는 추세가 되었다.

심지어 수집가와 수집 기관의 구매도 이제는 패션의 세계에서 취하는 태도와 다를 바 없다. 예술가와 예술 사조는 패션 브랜드처럼 런칭되고, 수집가는 예술적 '브랜드'를 찾는다. 베르나르 에델만Bernard Edelman이 말했듯이, "뒤샹의 작품을 살 때는 오브제를 사는 것이 아니라 브랜드를 사는 것이다."[19] 이러한 지적은 이 레디메이드 예술품의 아버지가 만든 작품을 훨씬 넘어 현대 예술의 선도적 작품들에도 적용된다.

　의상과 액세서리 컬렉션을 위해 메이커들과 협력하는 아방가르드 예술가들은 지금도 많다. 솔 르윗은 니나 리치 향수의 포장재를 만들었다. 무라카미 다카시村上隆와 스티븐 스프라우스Stephen Sprouse, 리처드 프린스Richard Prince, 구사마 야오이는 뷔통의 상품을 디자인했다. 토머스 헤더윅Thomas Heatherwick은 롱샹을 위해 핸드백 세트를 디자인했다. 에르메스는 다니엘 뷔랑Daniel Buren에게 브랜드를 상징하는 사각형을 그의 스타일로 디자인해 줄 것을 요청했다. 스와치 사는 빅토르 바사렐리Victor Vasarely와 키스 해링Keith Haring, 샘 프랜시스Sam Francis에게 상당히 많은 시계 모델의 디자인을 맡겼다. 지금은 예술적인 것과 상업적인 것이, 아방가르드와 패션이 미적인 것을 넘어서 서로 교배하는 시대다. 어제만 해도 이질적인 세계로 인정되었던 것이 혼합된 현실로 대체되었고, 예술가들은 그 안에서 예술과 소비의 경박함을 발전시키는 데 재능을 발휘했다.

　예술가들 자신은 과장된 광고의 무대에서 직접 연기를 하는 배우가 되었다. 앤디 워홀Andy Warhol은 처음으로 아방가르드와 스타 시스템을 결합하는 이 새로운 예술가 모델의 의상을 걸쳤다. 그는 "나는 상업예술가다"라고 선언하면서 예술과 패션과 광고의 영역을 뒤섞었고, "사회에 의해 자살당하는"(앙토냉 아르토Antonin Artaud) 보헤미안 예술가 모델의 자격을 박탈하는 대신 알려지기 위해서라면 뭐든지 하면서 가난이 진정한 창조의 조건이라는 생각을 거부하는 사교적인 예술가를 치켜세운다. 이제 저주받은 예술가는 없다. 호화 부유층과 교제하면서 돈도 벌고 이름도 알리고 싶어 하며, 대중문화와 패션과 스타에서 영감을 얻고, 지나치게 미디어를 타는 자기 자신의 이미지를 직접 만들고 연출하는 예술가만 있을 뿐이다. 그의 야망은 "라디오 시티에서 상영되는 영화와 윈터가든에서의 쇼, 〈라이프Life〉지의 1면, 베스트셀러 목록에 있는 책, 판매량 1위인 음반을 갖는 것"[20]이다. 워홀은 유명 스타들과 교제하는 것을 좋아했고, 그의 아틀리에인 팩토리Factory는 영화와 패션, 록음악, 미디어, 광고, 예술 분야에서 일하는 사람들이 만나는 삶의 명소로 자리 잡았다. 워홀의 작품은 상업적 차원을 요구하면서 패션과 소비, 광고의 가벼운 논리를 현대 예술과 결합했다. 1965년에 워홀은 재클린 케네디에 이어 "패션의 아이콘"으로 분류되었다.[21]

이제 더 이상 불멸의 명예를 목표로 하는 것이 아니라 물질적 성공과 미디어를 통한 명성을 추구하는 시대가 되었다. 대규모 마케팅 활동을 하는 것이 요즘의 추세이고, 명성은 스타 시스템과 광고로 구축된다. 세계적으로 유명한 예술가들은 영화배우들처럼 스타 반열에 오른다. 데이미언 허스트Damien Hirst나 제프리 쿤스Jeffrey Koons는 때로는 천문학적인 작품 가격으로, 때로는 마케팅 전략으로, 또 때로는 사생활(제프리 쿤스와 포르노 스타 일로나 치치올리나Ilona Cicciolina의 결혼)로 잡지의 1면을 장식한다. 그리고 메이커들은 눈에 띄는 로고와 슬로건으로 이미지를 꾸준히 제고하려 애쓰는 반면 어떤 현대 예술가들은 마치 그들 자신의 광고업자처럼 행동한다. 앞으로 예술적 성공은 흥행물와 미디어를 통한 판매 촉진, 이미지의 홍보 작업과 떼려야 뗄 수 없는 관계가 될 것이다. 세계화된 시장에서 명성을 얻기 위해 가장 중요한 것은 관개에게 강한 인상을 주는 화려하고 도발적인 작품을 만들어 관심을 불러일으키는 것이다. 하이퍼모던 시대에는 예술과 상업적인 것, 예술가와 스타, 작품과 홍보, 예술과 패션이 끊임없이 상호 침투한다.

아방가르드의 개념과 이미지는 큰 변화를 겪었다. 대중매체의 주목을 받는 부유한 예술가가 살아생전 인정을 못 받고 굶는 예술가의 뒤를 이었다. 텔레비전과 패션 잡지가 최신 유행하는 창작 작업에 많은 시간과 지면을 할애하는 동안 신新아방가르드 예술가들은 더 이상 어둠 속에 머물지 않고 유행하는 예술가, 행복한 소수가, 모든 미디어들이 비위를 맞추려고 애쓰는 아이콘이 된다. 몇몇 예술가들은 앞으로 미디어와 사회에 의해 신성화될 것이다. 이제 더 이상 곡예사로 그려진 예술가의 초상은 없고 비즈니스맨으로, '홍보 전문가'로, 세계적 스타로 그려진 작가의 초상만 남는다.

이러한 맥락에서, 현대 예술의 세계는 두 가지 상반된 경향의 결합으로 특징지어진다. 한편으로 현대 예술은 가격 급등과 투기적 구매, 경매가 기록 경신 등이 증명하듯이 점차 돈의 무게에 지배당하는 영역으로 보인다. 각광받는 예술가들에 대한 가장 훌륭한 '투자'를 찾는 직업적 조언자를 대동하지 않고는 더 이상 움직이지 않는 메가톤급 작가와 슈퍼 갤러리, 일류 수집가들을 중심으로 만들어지는 시장이 존재하는 것이다. 우리 시대에는 예술적 가치가 판매가가 높은지 낮은지에 따라 결정된다. 즉 가장 '위대한' 작가가 가장 비싸고 가장 잘 알려져 있으며, '예술적' 중요성이 매매 가치를 가장 근접하게 따라가는 것이다. 출판사 '아트프라이스Artprice'는 판매가가 가장 높은 현대 작가 500명을 발표하며, 작가들 중에서 상위 100명을 수익에 따라 분류했다. 2009년에 허스트가 〈옵저버The Observer〉에서 말했듯이, "워홀 때문에 예술가들이 돈을 생각하는 것이 당연한 일이 되었다. 우리가 오늘날 살고 있는 세계에서 돈은 중요한 문제다. 돈은 사랑만큼이나 필요하다. 아니, 어쩌면 훨씬 더 중요할지도 모른다." 현대 예술 세계는 미적 쾌락의 가벼움보다는 풍부한 유동성과 호가의 급등, 절대 권력을 가진 돈의 순환, 투기의 영향, 가격, 투자금을 암시한다.

또 한편으로 현대 예술 세계는 구조적으로 패션의 가벼운 논리에 사로잡혀 있다. 작품들은 이제 일상의 현실을 넘어서는 그 어떤 지시 대상도 참조하지 않는다. 작가들은 아주 어린 나이에, 그리고 거의 즉시 성공을 거둘 수 있다. 이미지와 스펙터클, 미디어를 통한 판매 촉진의 논리가 지배하고 있다. 현대 예술의 세계는 돈의 역할이 점점 더 커지는 순간 점점 더 가볍게 기능한다.

예술의 가벼운 단계

이 모든 것이 어제오늘 시작된 것은 아니다. 새로운 예술 체제는 현대주의의 옛것에 대한 거부와 전통적인 미적 범주 및 참조 시스템의 붕괴로 오래전부터 준비되어 온 영역에서 번성한다. 19세기 중반께에 보들레르는 이미 미적 현대성을 유행과 일시적인 것, 곧 사라지는 것과 명백하게 결합했다.[22] 나중에 아방가르드 작가들의 새것 숭배는 예술과 패션의 유사성을 강화했는데, 패션이 전통을 유지하는 시간축을 부정하는 한편 끊임없는 변화를 추구했기 때문이다. 이제는 전통과 아름다움의 목표가 예술 세계를 움직이는 것이 아니라 지속적인 쇄신과 변화의 속도, 계속되는 놀라움이 움직인다. 중요한 것은 과거와의 연속성 관계를 깨서 단절을 일으키고 새로 시작하는 것이다.

패션과 마찬가지로 현대 예술도 가속화된 움직임과 근접한 과거에 대한 비판의 특징을 띠고 소개된다. "패션은 항상 스스로 폐기되고",

"저절로 사라지는 것이 운명"[23]이지만, 아방가르드적 현대성은 "자기 부정"이자 "창조적 자기 파괴"[24]다. 비록 그것이 가장 가까운 과거라 할지라도 과거는 일절 참조하지 말고 반드시 현대적이고 동시대적인 작품을 창조해야 한다. 패션과 마찬가지로 아방가르드적 작품들은 현대성에 대한 찬가로 보인다. 해럴드 로젠버그Harold Rosenberg가 "새로운 것의 전통"[25]이라고 불렀던 것과 더불어 노붐Novum(새것)의 미학과 가속화된 구식화의 원칙은 예술의 중심에 자리 잡고 패션의 흐름을 이끌어 간다.

그렇지만 현대 예술과 패션은 여전히 서로 모순되는 원칙에 기초를 두고 분리된 세계로 남아 있다. 현대 예술은 패션의 무상성과 상업성에 대한 거부 속에서 구성되었으며, 어디서나 우상파괴적이고 근본적이고 "비타협적인"(테오도어 비젠그룬트 아도르노Theodor Wiesengrund Adorno) 의도를 공공연히 드러낸다. 아름다움의 미학을 거부하는 아방가르드 예술은 대중의 취향을 고려하지 않고 발전했으며, 절대적인 창조의 자유와 관습적·전통적·상업적 규범으로부터 해방된 창조의 개인주의를 요구했다.

다른 관점에서 보면, 예술가들의 새로운 자율은 "최근의 현실"(파울 클레)에 접근하여 세계와 예술의 본질을 드러낸다고 여겨지는 '예술의 신성화'에 의해 균형을 이루었다. 패션은 숭고한 목적 같은 것은 없이 놀이를 하듯 변덕스러운 반면 아방가르드 작가들(칸딘스키, 몬드리안, 말레비치, 한스 아르프Hans Arp, 엘 리시츠키El Lissitzky)은 존재의 감춰진 심부深部와 궁극적인 현실, 인식과 존재의 충만함에 접근하겠다는 야심을 가지고 있다.[26] 어떤 사조들은 정치적인 것과 사회적인 것을 일절 참조하지 않고 예술을 위한 예술을 추구하지만, 또 다른 사조들은 삶을 바꾸고 예술과 생활의 분리를 없애고 총체적 인간을 실현해야 할 절대적 필요성을 주장했다. 모든 경우에 예술적 모더니즘은 예술가가 가지고 있는 절대적 주관성의 표현에 보편성과 진실의 차원을 부여함으로써 새것 숭배를 합법화했던 위대한 이상과 목적(세계와 예술의 진실, 혁명, 역사, 사회적 진보)의 특징을 띠고 전개되었다.[27]

마지막으로, 모더니즘의 모험은 패션의 상업적 유혹과는 정반대되는 신비롭고, 모순되고, 해체되고, 충격적인 작품에서 구체화되었다. 패션의 상업적 유혹은 키치와 미적 조화, 원근법 표현의 매혹에 맞서 싸우는 아방가르드 예술과는 반대로 '손쉬운' 유혹의 논리에 토대를 두고 있다.

○── 하이퍼모드로서의 예술

이 아방가르드의 황금시대는 이제 끝났다. 우리는 예술의 세계가 매번 '올바른 역사적 노선'을 구현한다고 주장하는 위대한 '-주의ism' 들에 의해 구조화되기를 멈춘 시대에 살고 있다. 위대한 종말론적 이야기도 끝났고, 예술의 순수성과 진실을 향한 돌이킬 수 없는 전진도 끝났고, 예술의 역사 속에 포함되는 필연성과 일치한다고 알려진 혁명적 단절의 시간도 끝났다. 모든 위대한 이상, 모더니즘을 일종의 중력으로 가득 채운 모든 지시적 가치는 사라지고, 그것의 가벼운 단계에 다름 아닌 새로운 예술 체제가 등장했다. 일체의 위대한 목표를 버리고, 예술의 역사가 오직 돌이킬 수 없는 한 방향으로만 진행된다는 생각을 버린 현대 예술은 모든 스타일이 공존하고, 모든 것이 되풀이되며, 완전히 시대에 뒤처지거나 '완전히 시대를 앞서가는' 것은 더 이상 없는 유동적 체계로 기능한다. 위대한 '혁명적' 사조들은 우리 뒤에 있다. 이제는 '특정한 경향'과 미디어가 선호하는 스타 작가들만 있다. 바로 이것이 결과를 위한 결과를 추구하고 새로운 것을 위한 새로운 것의 강박에 몰두하며 가벼운 것과 무가치한 것, 평범한 것과 가까워지는(그러나 항상 이러지는 않는다) 예술 영역이다. 많은 사람이 이 세계를 엘리트주의와 속물근성, 파리풍風, parisianisme〔파리에서 일어나는 일이 파리를 제외한 다른 지역에서 일어나는 일보다 더 중요하다고 생각하는 태도—옮긴이〕의 산물이라고 본다.[28]

지금 유행하고 있는 영역인 현대 예술은 옛날에 가지고 있던 '전복적인' 차원을 잃어버렸다. 실제로 큰 충격을 주기가 어려워졌고, 설사 충격을 준다 해도 그것은 이제 미적 이유 때문이 아니라 도덕적 이유 때문이다. 새로운 것의 원칙과 도발의 원칙은 동일시되었다. 우리는 더 이상 위반에 대한 문화적 저항도, 미적 분노도 존재하지 않는 시대에 살고 있다. 즉, 교양 있는 관객들은 모든 것을 보는 데 익숙해져 있어서 이제는 그 어느 것에도 충격받지 않는다. 예술은 이제 더 이상 파괴적이고 혁명적인 영역이 아니다. 그것은 다른 수단에 의한 패션의 연장으로 생각될 수 있다.

예술과 공식 제도 간의 대립이 소멸되었다는 것으로 특징지어지는 현대 예술의 전례 없는 제도적 상황 역시 예술과 패션이 분화되지 않았다는 사실을 드러내 보여준다. 지금은 공식 제도와 시장, 그리고 옛날에는 이 두 가지에 정면으로 도전하고 거부했던 예술이 서로 화해하는 시대다. 과거와는 달리 현대의 창조는 제도와 시장에 의해 받아들여질 뿐 아니라 격려와 지지, 자극까지 받는다. 우리는 아방가르드를 공식 문화[29]와 세계화된 시장 속에 통합하는 시대에 살고 있다. 전복을 요구하는 예술은 점점 더 공공기관의 주문을 받거나 시장을 위한 예술이 되어 가고 있다. 예술적 저항은 이제 더 이상 실체가 없다. 그것은 사회적·문화적 합법성을 획득했기 때문에 더 이상은 장애물이나 강적을 만나지 않는 하나의 자세이고, 과시이고, 세련된 수사에 불과하다. 전복이 제도화와, 불복종이 인정과, 반순응주의가 상업적 성공과 합쳐질 때 예술의 지위가 바뀐다. 즉 그것은 패션과 흡사한 하나의 제도가 된다.

현대의 패션은 전위주의와 상업적 계획을, 미적 혁신과 상업적 성공을, 위반의 정신과 사회적·미디어적 인정을 결합한 하나의 제도다. 현대 예술을 지배하는 것은 바로 이 모델이다. 패션의 영역을 조직했던 논리는 '래디컬 시크radical chic'(진보적 이념을 자신의 사회적 지위와 명성을 위해 이용하는 상류층 사람들—옮긴이), '편안한 모험', 지나치게 미디어를 타는 반순응주의가 된 예술 세계를 점령했다. 이제 더 이상은 예술과 패션 사이에 '존재론적' 단절이 존재하지 않는다. 즉 현대주의적인 극단성의 세계는 사라지고 이제 스펙터클을 위한 스펙터클과 참신함을 위한 참신함, 키치, 높은 곳과 낮은 곳의 교배가 지배하는 세계가 자리를 잡은 것이다. 그것은 모든 것을, 그리고 그 어떤 것이라도 드러내 놓을 수 있는 세계이며, 결코 드높은 이상을 품지 않는 영역이다. 하이퍼모던 시대에는 예술이 우월한 목표도, 실제적 도발도, 주요한 대립도 없는 영역으로, 더 이상 무거운 의미를 갖지 않기 때문에 패션의 영역과 뒤섞이는 경향이 있는 영역으로 보인다.

미디어와 흥행의 차원이 가지는 중요성에도 불구하고 예술가들은 메시지를 전하고, 생각을 표현하고, 관객들이 '성찰하도록 만들겠다는' 의지를 버리지 않았다. 이 점에 대해서는 강조할 점이 세 가지 있다. 첫째, 주장하는 생각과 최종 실현물의 관계가 점점 더 불일치한다는 사실에 충격을 받게 된다. 즉 내용은 고결한데 작품은 빈곤한 것이다. 둘째, 예술가들은 대부분 메시지를 표현해야겠다는 생각을 항상 갖고 있는 것이 사실이긴 하지만, 예술의 무대에서 살아남기 위해 중요한 것은 파격적인 것을, 순전히 주목할 만한 것을 때로는 요란하게, 또 때로는 놀이를 하듯 창조해서 사람들을 놀라게 하는 것이다. 셋째, '가볍고' 아주 작고 필요 없고 때로는 진부하고 보기 괴롭기까지 한 내용이 증가한다. 많은 작품이 이제는 의미로 가득 차 있다기보다는 스펙터클한 효과를 발휘한다. 이러한 맥락에서 갤러리들은 콘셉트 스토어와 흡사해 보일 수 있고, 어떤 작품들은 신기하고 기발한 제품이나 애니메이션, 디즈니랜드와 거의 구분되지 않는다.

리처드 세라Richard Serra는 얼마 전에 이렇게 선언했다. "오늘날 예술에는 참을 수 없는 가벼움과 오락이 많이 존재한다. 그것은 당신의 마음속에 뿌리를 박지 않고 지나가는 길에 모든 걸 청소하는 것으로 만족하는 가벼움이다."[30] 해프닝과 도발, 퍼포먼스, 신新레디메이드 작품, 온갖 종류의 폐물, 아무 일도 일어나지 않는 비디오, 은밀한 것의 전시, 더러운 것과 평범한 것, 엉뚱한 것의 연출. 현대 예술의 한 부분 전체가 웃음거리밖에 안 되는 스펙터클로, 일종의 과시적인 '낭비'로, 모든 것이 그리고 무엇이든지 다 전시되고 상업화될 수 있는 공간으로 보인다. 그리하여 예술적 영역은 어떻게 보면 패션보다 더 패션이된다. 왜냐하면 패션보다 더 작위적이고, 더 '괴상하고', 심지어는 더 '쓸모없기' 때문이다. 바로 이것이 예술의 하이퍼모던적 상황이다.

이미지와 화려한 것, 만화적인 것, 경매에서 더 높은 가격 부르기의 시대에 현대 예술은 크게 흔들렸다. 그것은 예술의 생성 방식을 완성한 변화였다. 그만큼 이 시대에는 결과의 논리와 근거 없는 가격 급등,

거의 아무것도 아닌 것에 대한 복잡한 조작 등이 펼쳐져 피상적인 울림을 갖는 공간을 만들어 낸다. 그렇기는 하지만 예술의 이러한 변모가 허세와 '아무것도 아닌 것', '무가치한 것'의 동의어는 아니다. '보잘것없는' 내용에 고귀한 메시지를 품고 있지 않은 창작품도, 실제로 강렬한 감정적 충격을 안겨 주는 뛰어난 작품이 될 수 있다. 장 보드리야르Jean Baudrillard식으로 현대 예술은 '무가치하다'고 말하지 말자. 재능 있는 예술가들도 많고, 수준 높은 작품도 적잖다. 현대 예술을 규정지을 수 있게 하는 것은 필연적으로 주관적일 수밖에 없는 좋음과 싫음의 판단이 아니라 이 경우에는 다름 아닌 유행의 그것인 조직 시스템이다. 바로 이것이 현대 예술의 변별적 특성이다. 하이퍼모드로서의 예술은 창조의 불모성과 보잘것없음을 의미하는 것이 아니라 전통적인 평가 규정과 형이상학적이거나 존재론적인 위대한 목표를 버린 새로운 예술 체제를 의미한다. 많은 전시회에서 우리를 짓누르는 중압감이나 지겨움이 "예술이 없는 예술가"(장필리프 도메크Jean-Philippe Domecq)들의 출현을 선언하게 만들면 안 된다. 창조의 종말이 아니라 예술과 패션의 교배라고 할 수 있는 이 과다하고 절충주의적인 새 시스템에서는 최악의 것이 최상의 것을 배제하지 않는다.

내 생각에 이 최상의 것은 특히 고상한 메시지를 전하려고 애쓰는 것이 아니라 시점과 공간, 빛, 움직임, 리듬감, 가벼움의 주제들을 탐구하고, 지각하고 느끼는 즐거움만을 불러일으키기 위한 분위기를 창조해 내는 작품들 속에 자리 잡고 있다. 그 결과 경이롭고, 아름답고, 시적인 작품들이 만들어질 수 있다. 이 작품들의 효과는 지성에 호소하며, 개념적이거나 성상파괴적인 방식의 결과인 수많은 현대 예술작품들과는 달리 지각적이고, 감성적이며, 감각적이다. 즉 메시지를 전달하겠다는 야심이 지루하고, 하찮고, 탈脫미학적인 작품들을 통해 구체화되는 것이다. '진실'과 심오한 의미를 담겠다는 목표를 갖지 않은 작품들은 이러한 결점을 피한다. 즉 의미의 배제, 시각적인 느낌과의 유희, 우연, 예기치 못한 것, 꿈틀거림, 진동이 높은 예술적 가치를 가진 '마술적' 작품을 탄생시키는 것이다. 가벼움에 관한 미학적 작업은 현대 예술을 '구원하고', 그것을 아름다움과 양립시키며, 폭넓은 층의 관객이 그것을 좋아하도록 만들 수 있는 길 중 하나다.

○── 키치

예술의 세계가 패션이나 가벼움의 지배를 받는다는 사실은 고전적·현대적 걸작들의 진지하고 엄숙한 차원이 제거되는 과정을 통해서 명백하게 드러난다. 순수성과 아름다움, 진실을 찾는 위대한 예술 이후에 무의미한 것과 재미있는 것, 퇴행적이고 우스운 것을 거리낌 없이 과시하는 새로운 예술정신이 탄생했다. 쿤스는 이러한 정신의 선구적 인물이며, 세계에서 가장 유명한 저명인사다. 이미 워홀은 일상 용품들을 예술품으로 바꿔 놓았고, 소비지향적인 가벼움의 이미지와 제품(만화, 스타, 수프 통조림)을 위대한 예술의 형태로 품격을 높여 복제해 놓았다. 쿤스는 이처럼 높은 것과 낮은 것의 분리를 소멸시키는 작업에서 추가적인 단계를 넘어섰다. 브릴로Brillo 상자의 냉철하고 '기계적인' 복제를 어린이처럼 천진난만한 세계의 창작품에 대한 즐겁고 감상적인 찬양이 이어받았다.[31] 쿤스는 예술과 디즈니랜드 간의, 조각과 로코코 스타일의 자질구레한 실내장식품 간의, 예술품과 키치 간의, 창작품과 장난감 간의 경계를 무너뜨리는 아롱거리고, 유치하고, 재미있는 세계를 연출했다. 그는 강아지와 헬륨가스를 넣어 부풀린 거대한 토끼, 분홍색 표범을 가지고 장난감의 세계를 예술품으로 바꿔 놓고, 가벼움의 분위기를 예술에 불어넣는다. 어린 시절의 즐거움을 상기시켜 곧바로 즐겁게 만드는 것이 유일한 목표인 예술 세계를 구성하는 것이다.[32]

마지막으로, 쿤스의 작품에서는 모든 것이 매력적인 것과 즐거운 것, 누구나 접근할 수 있을 만큼 쉬운 것의 패션 미학 속으로 옮아간다. 로코코 양식의 아기천사에서 마이클 잭슨의 초상화까지, 세례 요한에서 장미색 표범까지, 토끼에서 강아지까지, 어디서나 가벼운 오락과 무의미한 것의 유희적 예술이 자리를 잡는다. 심지어는 포르노도 무사태평과 경쾌한 태도의 정신 속에서 다루어지는 가벼운 것의 그물에 걸려든다. 즉 가벼움의 원칙은 비판의 차원 및 감각과 깊이의 차원을 포기함으로써 승리를 거둔다. 워홀은 자신의 작품들 뒤에는 전혀 아무것도 없다고 선언했다. 소비사회를 잘 보여주는 대표적 상징들(달러화, 메릴린 먼로, 코카콜라)을 더 이상 연출하지 않고 집단적인 가치나 차원을 상실한 어린 시절의 표지들이나 감상적인 사소한 물건들을 연출한 쿤스의 경우에는 워홀의 이 말이 훨씬 더 분명하게 느껴진다.

워홀의 유산을 연장하며 만화영화와 망가, 가와이(일본의 귀여움을 추구하는 문화—옮긴이) 같은 영상 세계에서 영감을 얻는 무라카미 다카시의 작품에서도 역시 예술-패션과 젊은 가벼움이 느껴진다. 그는 거대한 플라스틱 공과 만화의 미학이 반영된 그림, 어린애가 그린 것처럼 유치한 데생, 강렬한 색깔, 알록달록한 꽃 조가으로 감동적이고 반짝거리는 유희적인 외관의 세계를 창조해 냈다. 그의 마스코트나 마찬가지인 등장인물 봅 씨는 때로는 귀엽고 익살스러우며, 또 때로는 괴물처럼 흉악하다. 또 다른 등장인물 가이키는 일종의 상냥하고 쾌활한 흰색 토끼이고, 키키는 흡혈귀의 이빨을 가진 주황색 귀신이다. 망가와 오타쿠 하위문화에서 수입된 요소들이 유희적이고 청소년적인 패션의 미학을 구성한다. 의심의 여지 없이 무라카미는 일본 대중문화와 그것이 애니메이션과 비디오게임에 빠진 젊은이들에게 미치는 영향의 몇 가지 측면을 비난한다. 그렇다고 해도 그가 운영하는 기업의 활동은 그가 만들어 낸 인물과 로고들을 배지와 열쇠걸이, 티셔츠, 시계, 보석, 색종이, 플러시 천으로 만든 장난감 등 수많은 파생 상품으로 만들어 냄으로써 예술자본주의 및 패션과 가와이 아이콘 제국의 성질을 띤다. 심지어는 가벼운 문명의 예술비평도 그 메커니즘을 되풀이하며, 그것을 확대하기 위해 적극적으로 노력한다. 서양에서도, 일본에서도 경박한 가벼움의 미학은 예술과 일상 문화를 점령했다.

○──── 화사하지만 쓰레기 같은

분명히 우리는 자주 패션의 가벼움과 정반대되는 곳에 가 있게 된다. 내적 강박과 두려움, 실패와 주관적 고통의 연출로 가득 찬 '개인적 신화'라는 이름의 경향이 바로 그 증거다(크리스티앙 볼탄스키Christian Boltanski, 아네트 메사제Annette Messager, 장 르 각Jean Le Gac, 사르키스Sarkis, 오를랑Orlan, 신디 셔먼Cindy Sherman, 소피 칼Sophie Calle). 모든 것이 허용될 경우, 예술 분야에서는 자아가 지나치게 비대해진다. 헤겔Georg Wilhelm Friedrich Hegel은 예술이 그냥 간단하고 "즐거운 놀이"에 불과하다고 강조했다. 감각적인 것 속에서 절대나 진리가 표현되고, 보편적인 것과 개별적인 것이 감각적인 것 속에서 결합하기 때문이라는 것이다. 그런데 그들 자신의 삶을 예술적 소재로 사용하여 내밀한 진실만을 표현하는 예술가들이 등장하면서 이러한 보편성의 차원은 사라진다. 이런 장르의 예술은 관객을 전혀 유혹하지 않는 단자론적이고 개체주의적인 영역으로 보인다. 트레이시 에민은 그녀의 침대와 낙태, 강간, 연인들, 성적 충동을 보여주는 도발적인 작품으로 유명해졌다. 자아가 겪는 과중한 욕구불만, '저속한' 주제, 분노, 실망, 혐오, 이 모든 것에도 불구하고 롱샹 사는 새로운 핸드백 디자인을 에민에게 의뢰했다. 그 후로는 저속함과 음란함도 유행할 수 있게 되었다.

하이퍼모드는 역사적 아방가르드주의자들을 돋보이게 만들었던 '블링블링bling-bling', 키치와 이따금 공개적으로 가까워지려 한다(클레멘트 그린버그Clement Greenberg). 데이미언 허스트의 〈신을 사랑하기 위해For the love of God〉라는 작품은 표면이 8601개의 다이아몬드로 뒤덮여 있으며, 이마 한가운데에 물방울 모양의 큰 다이아몬드가 끼워져 있는 인간의 두개골이다. 이 해골은 2007년 전 세계에서 가장 비싼 값(1억 달러)에 팔린 현대 작품이 되는 특권을 누렸다. 이 작품은 또한 점점 더 공개적으로 명품과 비슷해져 가는 현대 예술의 지위를 솔직하게 보여주어 관심을 끌기도 했다. 당연하게도 예술은 과거에도 사치의 표지였고(비록 그러한 차원이 미적·의미적 기능(내용) 앞에서 사라지긴 했지만), 지금은 '사치'의 의미가 예술의 다른 모든 기능을 앞지르고 가장 높은 위치를 점했다. 이제는 삶의 짧음과 재화의 덧없음을 인간에게 상기시키는 것이 아니라 예술의 특징을 띤 사치의 상징을 보여주어야 한다. 이제는 "네가 죽을 거라는 사실을 기억하라"라고 말하는 것이 아니라 "돈의 힘을 보라"라고 말해야 한다. 즉 괴잉에 의한 부유함의 쇼가 인간의 유한성을 보여주는 상징을 대신하는 것이다. 이러한 전도顚倒가 새로운 부자들의 미학과 요란하게 번쩍거리는 사치의 예술을 구성한다.

현대 예술의 한 사조는 또한 공포(부패하고, 절단되고, 불태워지는 시신)와 혐오(부패, 배설[33])를 불러일으키면서 만족스러워한다. 극단적인 퍼포먼스가 관객의 혐오감과 구역질을 불러일으키는데도 과연 변화 양태에 대해 말할 수 있을까? 그럼에도 불구하고 '젊은 영국 예술가들young British artists, yBa' 같은 운동은 이 현상을 부각하는 마케팅과 판매 촉진 활동을 통해 마치 하나의 브랜드처럼 패키지화되었다. 한계를 넘어서는 퍼포먼스는 언론의 큰 관심을 끌었고, 허스트는 〈타임〉표지에 록스타로 등장했다. 이렇게 해서 구역질나는 것이, 쓰레기 같은 것이 유행하고, 하나의 경향을 만들어 내고, 연쇄적인 모방의 흐름을 일으킬 수 있었다. 예술의 탈脫정의와 더불어 예술은 하이퍼모드의 지배 속에서 흔들리면서 가벼움과 반대되는 것들을, 즉 음란한 것과 구역질나는 것, 혐오스러운 것, 배설물에 관한 것, 불쾌한 것을 자신의 영역으로 통합하는 데 성공했다.

우리는 새로운 예술 세계의 증인이다. 종교 예술, 대중 예술, 귀족 예술, 예술을 위한 예술이 있었다. 이제 우리는 예술-패션을 갖고 있다. 이것은 자신의 표현과 시각적 충격, 감각적 체험을 위한 예술이다. 즉 바로 이것이 예술의 패션 체제인 것이다. 예술의 새로운 가벼움이, 실질적인 메시지를 전달하지 않는 가벼움이 인정받고 있다. 이것은 역설적인 가벼움이다. 그만큼 권태로움이나 무관심, 거부감이나 불신을 이따금 동반하기 때문이다. 오늘날 높은 가벼움(현대 예술)과 낮은 가벼움(대중 예술)은 최소한 하나의 공통점을 갖고 있는데, 무거운 체험을 함으로써 언제든지 높은 가벼움이 낮은 가벼움이 될 수도 있고 낮은 가벼움이 높은 가벼움이 될 수도 있다는 사실이다. 분리되어 있던 예술과 패션의 경계가 서서히 모호해지면서 하이퍼모던 시대는 무거운 가벼움이라는 이 새로운 모순어법을 만들어 냈다는 사실을 자랑스럽게 여길 수 있다.

○── 유머

또한 유머가 시각예술 창작자들의 주요한 표현 수단 중 하나가 되었다는 점에서도 예술의 가벼운 단계에 대해 말해야 할 것이다. 마르셀 뒤샹과 맨 레이, 프랑시스 피카비아Francis Picabia, 파블로 피카소 이후로 유머는 현대 미술에서 중요한 역할을 하게 되었다. 1960년대부터 많은 예술가들이 이러한 정신 상태를 익살스러운 것, 어릿광대 같은 것, 사육제 같은 것, 유희적인 것, 조롱, 패러디, 멍청함 등 매우 다양한 형태로 요구하면서 이 역할은 크게 강화되었다.[34] 로베르 필루Robert Filliou는 시와 유머와 순수함을 혼합하고, 글렌 백스터Glenn Baxter는 불합리한 유머를 보여준다. 매카시McCarthy는 어린애처럼 유치한 유머를, 마우리초 카텔란Maurizio Cattelan은 도발적 유머를, 빔 델보예Wim Delvoye는 분뇨와 관련된 유머를, 아벨 오지에Abel Ogier는 블랙유머를 보여준다. 또 베르트랑 라비에Bertrand Lavier는 행복한 유머를 보여주고, 피슐리와 바이스는 기괴한 유머를 보여준다. 벤은 괴상한 문장을 '그린다.' 피에릭 소랭Pierrick Sorin의 주제는 자기조롱과 중고등학교 학생의 그것 같은 유머다. 작크 랑시에르Jacques Rancière는 말한다. "유머는 오늘날의 예술가들이 가장 자발적으로 내세우는 덕성이다."[35]

일건히기에 유머는 기분을 전환하고, 웃음을 유발하고, 심각한 정신을 억제하기 위해 발휘된다. 그러나 유머는 또한 지금 지배의 형태와 사회의 폐해, 신화와 고정관념을 알리기 위해 폭넓게 사용되기도

한다. 뒤샹이 닦아 놓은 터전 위에서 예술과 예술가들을 조롱한 작품
이 많다(피에르 만초니Piero Manzoni). 또 다른 예술가들은 상업사회(레미
르 기예름Rémy Le Guillerm)와 소비사회(빔 델보예), 종교제도(마우리초 카텔
란)를 조롱한다. 이처럼 유머를 주제로 하는 작품이 유행한 것은 역사
적 아방가르드의 쇠퇴와 거대한 사회 변모 프로젝트의 종료, 주류 예
술과 마이너 예술 간의 구분에 대한 문제시와 관련 있다. 즉 빈정거리
거나 유머러스한 비판이 정치적 예술이 담고 있는 비판을 대신하게
된 것이다. 그럼에도 불구하고 유머러스한 것에 대한 이러한 편애는
예술가들이 빈번하게 고발하는 소비사회로부터 더 많이 분리될 수가
없다.

  이미 보았듯이, 가벼운 것의 문명은 50년도 더 전부터 대규모의 집
단적인 계획을 파기하고, 가볍고 유희적이고 쾌락적인 가치를 찬양해
왔다. 소비자본주의는 특히 감각의 근엄함과 역사주의적 관점을 버리
고 여가 활동의 즐거움과 표지들의 경박함, 유희적인 지시 대상을 받
아들이는 데 기여했다. 강조와 진지함, 의미의 과장, 극작법과 주술은
즉각적인 쾌락을 불러일으키는 장치와 규정이 발휘하는 사회적 힘 때
문에 정당성을 잃어버렸다. 그리하여 가볍고, 대상에 대해 거리를 두
며, 진지하지 않은 사회 비평의 새로운 예술적 형식이 탄생한다. 소비
지상주의적이며 쾌락주의적인 사회에서는 사회적·문화적 세계에 대
한 고발이 익살스러울 수도 있었고, 빈정거릴 수도 있었고, 듣는 사람
의 기분을 상하게 만들 수도 있었다. 유머러스한 체제가 예술 속에 전
파된 것은, 가벼운 것의 문명이 퍼트린 반향 가운데 하나다.

○──── 하이퍼스펙터클

현대 예술은 전혀 상반된 두 가지 방법을 사용할 수 있다. '극도로 덜'이라는 방법과 '극도로 더'라는 방법이다. 첫 번째는 미니멀리즘과 미적 빈곤 상태에 관심을 쏟는다. 두 번째는 거대주의와 시각적 충격, 이미지의 과도한 자극으로 기능한다. 이 두 번째 방법은 이미지와 공간을 과장되게 연출하고, 자극적인 것과 뜻밖의 것, 현실 지각의 변화를 연출한다. 그것은 색깔과 부피, 빛의 과잉을 통해 상상력을 자극하는 감동적인 시각적 효과를 만들어 내려고 애쓴다.

현대 예술품 중에서 크기가 작은 작품은 드물다. 지금은 큰 것을 좋아하는 시대다. 리처드 세라의 〈7〉이라는 조각은 높이가 24미터에 달한다. 파베우 알타메르Pawel Althamer는 벌거벗은 남자를 표현한 마네킹을 만들었는데, 공기를 주입해서 부풀려지는 이 작품은 길이가 무려 20미터에 달했다. 운동화(올라프 니콜라이Olaf Nicolai), 무도화(조안나 바스콘셀루스Joana Vasconcelos), 목걸이(장미셸 오토니엘Jean-Michel Othoniel)는 길이가 3~5미터에 달한다. 미디어에 과도하게 노출되며, 시각적 자극물이 넘쳐나는 사회에 맞서 점점 더 많은 작품들이 시각적 충격과 강한 인상을 즉각적으로 불러일으키는 거대함으로 자신의 존재를 부각하려 애쓴다. 패션은 언제나 주목받고 싶어 하고, 외관의 연극성을 통해 관심을 끌고 싶어 하는 욕망과 연관되어 있었다. 즉 이 논리는 하이퍼스펙터클Hyperspectacle을 통해 예술의 영역에 수출되어 성공을 거둔 것이다.

시각적 충격과 현기증, 지각 상실, 감각 체험을 노리는 시설물은 얼마든지 있다. 빛의 효과를 재현하는 설치 작품(제임스 터렐James Turrell), 눈속임(레안드로 에를리치Leandro Erlich), 거꾸로 보이는 안경(카르스텐 휠

러Carsten Höller), 안개 조각(나카야 후지코), 실내의 태양(올라푸르 엘리아
손Olafur Eliasson), 신新바로크적 쌍방향 작품(미겔 슈발리에Miguel Chevalier)
등 하이퍼스펙터클은 상이한 감각적·감정적 체험을 제안한다. 더 이상
큰 의미도, 숭고한 사명도 없을 때 하이퍼스펙터클로 옮아가게 된다.
혼란을 일으키고, 놀라게 하고, 감각을 느끼도록 오직 과장된 효과만
을 노리는 것이다. 가벼운 예술은 마치 패션처럼 놀라운 것과 즉각적
인 감각을 위해 의미의 차원을 생략하거나 감소시킴으로써 기능한다.

놀이의 분위기로 감싸인 작품도 있다. 눈속임(레안드로 에를리치), 하
늘에서 떨어진 집(장프랑수아 푸르투Jean-François Fourtou), 미끄럼틀(카르스
텐 휠러). 작품의 수용은 카니발 분위기와 놀이 분위기, 예술적 분위기
사이에서 동요한다. 뉘 블랑슈Nuit Blanche〔파리의 밤샘 예술 축제―옮긴이〕는
'파리 플라주Paris Plage〔파리 센강 주변에서 펼쳐지는 여름 축제―옮긴이〕'나 디즈
니랜드와 크게 다르지 않다. 미니멀 예술은 간결하고, 하이퍼스펙터
클은 손쉽게 얻을 수 있는 즐거움과 오락, 판타지를 요구한다.

현대 예술이 쇼의 예술로 바뀌었으므로 그것은 유행과 유희, 창조
무대, 작위적 호가 높이기, 그리고 이제 행진-공연(그중 일부는 보는 각
도에 따라 변화하는 예술작품이나 퍼포먼스로 구상된)에 구조적으로 가까
워졌다. 패션이 하나의 예술이 되고 싶어 하는 것처럼 현대 예술은 패
션의 가볍고 매혹적인 논리에 따라 기능한다. 가벼운 것의 문명은 예
술과 패션, 오락의 교배와 동시대적이다.

'흥미로운' 예술

예술은 순수한 오락이었던 적이 결코 없었다. 가장 고결한 종교적·

사회적 의미를 표현하고, 문화의 탁월한 가치를 담고 있는 예술은 사회의 상상적·상징적 영역에서 주요한 역할을 해냈다. 근대 작가들은 예술이야말로 쇠퇴해 가는 형이상학을 대신하여 절대자와 존재, 눈에 보이지 않는 것을 드러내 보여주게 될 것이라고 생각했다.[36] 예술은 인간을 드높이고, 충만한 상태로 이끌어서 그를 변모시키고, 그를 더 훌륭하고 올바른 사람으로 만드는 왕도로 보였다.[37]

그러나 지금은 비즈니스 예술과 퍼포먼스, '실험적인' 기발한 제품, 그리고 설치물의 시대다. 그렇다면 지금 예술에 도대체 무엇이 남아 있단 말인가? 헤겔이 완벽하게 표현했듯이, "예술은 정신의 가장 고결한 욕구를 만족시키기를 그만두었다."[38] 성스러운 것과의 모든 관계를 끊고, 사회 변화라는 일체의 목표를 버린 예술은 이제 소비 오락과 "화려한 잉여",[39] 물론 매우 "유쾌하지만" "참여하는 것"은 불가능한[40] 주변 활동에 불과해졌다. 예술은 종교 생활과 사교 생활을 하는 데 필수적이었지만, 이제는 생활의 부속물에 불과해졌다. 정말 중요한 것과는 관련이 없는 가볍고 재미있는 활동에 불과해진 것이다.

이러한 예술의 상황은 역사적으로 전례가 없다. 우리는 발터 베냐민Walter Benjamin이 이미 진단한 것처럼 아우라가 붕괴되는 과정의 끝에 도달했다. 우리는 현대 예술작품에서 기껏해야 '흥미로운' 뭔가를 발견할 뿐이다. 전시회 관람객들이 가장 흔히 하는 말은 '흥미로운데!'다. 그것이 애매모호하고, 불분명하고, 전혀 심오하지 못한 흥미가 아니라면, 과연 이 말이 무엇을 의미하겠는가? 이제는 바로 이것이 현대 예술의 주요한 수용 방식 중 하나일 수도 있다. 즉 흥미로운 것 이상도 이하도 아니라는 것이다. 에드가 빈트Edgar Wind는 '흥미롭다'고 알려지는 작품은 관심을 불러일으키지만, 그 관심은 순식간에 사라진다고 정확히 지적한다. 그런 작품에 대한 관심은 사실 심오함이나 지속적 효과 없이 금세 사라지는 호기심에 불과하다. '흥미로운' 예술의 시대는 곧 가벼운 것과 예술이 맺는 관계의 시대이며, 삶에 실제로 아무 힘도 미치지 못하는 일시적인 감정의 시대다.

예술작품은 절대적인 것의 욕구를 충족하는 임무를 맡았다. 즉 그것은 일시적인 소비의 대상이, "여가 산업의 확대, 텔레비전 위쪽으로 1도 확대"(로버트 모리스Robert Morris)가 되었다. 몰입해서 정중한 태도로 그것을 감상해야만 했던 것이 이제는 일종의 관광 코스가 되어 전속력으로 소비된다. 이제 더 이상 숭배가 아니라, 마치 여기저기 텔레비전 채널을 돌리듯 빠르게 해치우는 유희적이며 오락적인 체험이 된 것이다. 미술관 관람객이 위대한 예술작품 앞에 머무는 시간이 평균적으로 겨우 몇 초밖에 되지 않는다는 사실을 수차례의 조사 결과가 보여준다. 예술과의 관계는 일시적인 하이퍼hyper 소비의 가벼운 주기 속으로 들어섰다.

중세시대나 르네상스시대의 작품 앞에 선 하이퍼모던한 관람객은 무엇을 이해하는가? 그는 그 작품의 의미를 알려주는 기독교 문화와 고대 문화의 지표를 더 이상 갖고 있지 못하므로 그 작품을 좋아하든지, 좋아하지 않든지 둘 중 하나다. 남은 건 미적·쾌락주의적 경험뿐이다. 작품과의 관계가 이처럼 가벼웠던 적은 결코 없었다. 왜냐하면 작품 앞에서 우리는 최근의 것을 발견하려고 하면서도 오직 주관적인 미적 경험만 하기 때문이다. 가벼움은 작품의 질을 가리켰다. 그러나 지금은 우리가 작품과 맺는 관계를 가리킨다. 즉 그것은 기분 전환의 즐거움을 위해 새로운 것에 몰두하는 유동적인 소비자 관계다.

제6장

건축과 디자인:
새로운 가벼움의 미학

***Architecture et design:**
une nouvelle esthétique de la légèreté*

들고 다닐 수 있는 소형화된 물체, 나노 물체, 가벼운 제품, 재미있는 운동, 가벼운 소비지상주의. 가벼운 것이 일으킨 혁명의 진척을 여러 형태로 나타내는 영역은 매우 많다. 건축과 디자인도 이러한 역학에서 멀리 떨어져 있지 않다. 그것들 역시 가벼운 것의 문명을 건설하는 데 기여한다.

건축과 현대적 합리주의

19세기 중반부터 가벼움이 물질세계를 정복하면서 현대적 모험을 시작했다. 건축이 먼저 모험을 시작했고, 상품 디자인의 혁명이 같은 정신으로 그 뒤를 이었다.

건축에서는 화장 회반죽으로 장식된 웅장한 정면과 장식의 과잉, 벽의 돋을새김, 건물의 육중함을 특징으로 하는 그 시대의 지배적인 스타일 및 취향과 대조되어 뚜렷이 부각된 새로운 접근법이 등장했다. 세 유형의 요인이 이 세계를 속속들이 변화시키게 될 것이며, 현대 건축의 기원이 될 것이다. 첫째, 새로운 기법과 자재다. 둘째, 형태와 기능을 일치시킬 것을 권장하는 반면 장식의 과장과 쇠시리, 곡선, 역사적 스타일의 재현을 금지한 새로운 건축학적 사고다. 셋째, 폴 세잔Paul Cézanne과 큐비즘, 추상예술에 의해 키워졌으며, 단순한 형태와 단일 색조, 기하학적 선, 순수한 색깔과 비율을 중요시하는 새로운 미적 감수성이다.[1]

현대 건축가들은 강철과 주철, 철근콘크리트, 유리 같은 새로운 자재를 사용해 돌로 지은 옛 건축물들의 중량감을 낮추고, 날렵하고 공기처럼 가벼워 보이며 투명한 건축물을 짓기 시작했다. 식물원의 온실, 철도역, 지붕이 있는 상점가, 전시관은 유리와 쇠가 가장 중요한 역할을 하는 이 현대적 가벼움을 처음으로 보여주었다. 수정궁Crystal Palace(조지프 팩스턴Joseph Paxton, 1851년)에서 봉마르셰 백화점(알렉상드르 귀스타브 에펠Alexandre Gustave Eiffel과 루이 오귀스트 부알로Louis Auguste Boileau, 1869년)에 이르기까지, 그랜드 홀(빅토르 발타르Victor Baltard, 1854년)에서 밀라노의 비토리오 에마누엘레 2세 갤러리(주세페 멘고니Giuseppe Mengoni, 1867년)에 이르기까지, 마신 회랑(샤를 뒤테르Charles Dutert, 1889년)에서 에펠탑(에펠, 1889년)에 이르기까지, 전례 없는 비물질성과 가벼움의 스펙터클을 통해 구별되는 새로운 건축술이 등장했다. 유리창이 끼워진 투명하고 거대한 정면, 밀물처럼 밀려드는 빛, 외부 공간과 내부 공간의 상호 침투는 "물질에 대한 전례 없는 승리"[2]를 기록했다.

그와 동시에 1890년대부터는 기능주의가 확실하게 자리 잡았다. 미국과 유럽에서 여러 현대주의 건축가들이 순수하고 단순하고 기하학적인 형태는 찬양하는 반면 너무 기교를 부린 장식에는 반대하고 나섰다. 루이스 설리번Louis H. Sullivan은 "형태는 기능에 따른다"라는 말로써 기능주의를 요약했고, 앙리 반 데 벨데Henry van de Velde는 다음과 같이 말했다. "기능 및 유용성과 관련되지 않은 것은 모두 금지되어야 한다." 아돌프 로스Adolf Loos는 장식과의 십자군 전쟁에 나섰다. 르 코르뷔지에Le Corbusier는 조금 뒤에 '살기 위한 기계'라는 개념을 발전시켰는데, 건축물은 기술적 기계처럼 합리성의 요구에 따라야 한다는 것이었다. 그가 추구하는 아름다움은 수단의 절제와 경제적 사용, 형태와 목적의 일치, 단순하고 순수한 형태로 정의된다. 기능주의적 접근법에 따라 건물은 사물들이 그것의 사용 기능에 접근하는 것을 가로막는 모든 무상성과 스타일에 대한 일체의 기억, 실제 형태를 가리는 일체의 위장을 버려야 한다. 현대의 가벼움은 더 적은 것의 논리("더 적은 것이 더 많다"라는 루트비히 미스 반데어로에Ludwig Mies van der Rohe의 유명한 논리)로 확립된다. 소재와 스타일의 혁명은 건축에서 가벼움이 일으킨 현대적 혁명에 기여했다.

그러므로 현대 건축 운동에서 미적 가벼움은 그 자체로서 이상이 아니다. 로스는 스타일의 개념 자체도 거부한다. 그의 야심은 미적인 것이 아니라 윤리적인 것이며, 이 윤리적 야심은 거짓의 거부와 건물의 진정성 및 정직함과 뒤섞인다. 현대주의적 건축은 규율 없음과 거짓, 필요 없는 덧붙이기와 동의어인 옛날식의 가벼움에 전쟁을 선포했다. 위대한 예술이 그렇듯 위대한 건축도 명확하고 단순하고, 원초적인 형태를 요구하는데, 그런 형태야말로 가장 진정하고 아름답기 때문이다. 기계문명의 특징인 새로운 사회적·기술적 조건에 맞는 건물들을 지어야 하는 것이다. 기계문명은 논리와 합리적 일관성이 특징인 새로운 정신을 탄생시켰다. 즉 새로운 건축은 기술자의 미학과 그가 가지고 있는 엄격한 질서의 요구를 채택해야 하고, 짓누르는 듯한 스타일을 버리는 대신 순화되고 단순하고 기하학적인 형태를 받아들여야 한다. 바로 여기서 맑은 공기와 빛, 태양, 조용함, 위생, 녹지를 제공해야 하는 '살기 위한 기계'의 개념이 등장한다.

용적의 순화純化 및 추상 작업이 이루어지면서, 산업 및 그것의 표준화된 조립식 자재들과 밀접한 관계를 맺음으로써 기계시대의 요구에 맞는 건축술을 만들겠다는 것이 야심이 되었다. 르코르뷔지에는 마치 자동차 차체처럼 주택을 최소한의 수단을 사용해 산업적으로, 대량으로 지어야 한다고 선언한다. 구성주의자들은 예술적 아름다움의 공통 개념을 고려하지 않는 '기술자의 건축술'을 권장한다. "기술자 한 명이 탐미주의자 1000명보다 낫다."(보리스 아르바토프Boris Arvatov) 수많은 기능주의자들은 경제 개념을 가장 중요하게 생각한다. 그들의 목표는 시급한 공영주택 문제에 해결책을 내놓고, 비위생적인 도시 소구역을 없앤 다음 공기도 잘 통하고 위생적이며 '기능적인' 주택을 건설하는 것이다. 그것은 기능주의와 국제 양식style international의 기초가 되는 가벼움의 미학이라기보다는 건물의 합리화·산업화 과정에 가깝다. 미적 가벼움은 요구되는 목표가 아니라 교의적인 합리주의를 따르는 건축술의 결과다.

19세기에는 가장 혁명적인 건물이 거대했지만, 20세기 초에는 작은 규모의 건물들이 현대주의적인 간결함이나 가벼움의 혁명적인 건축술을 가장 잘 보여준다. 로스의 슈타이너 하우스(1910년), 네덜란드의 아자에 있는 베를라허 하우스(1914년), 반트호프van't Hoff의 헤니 하우스(1916년), 테오 판 두스뷔르흐Theo Van Doesburg의 축소 모형(1923년), 위트레흐트에 있는 헤릿 토마스 릿펠트Gerrit Thomas Rietveld 하우스(1924

년), 피터르 아우트Pieter Oud의 카페 데 우니와 서민 주택(1925~1930년), 미스 반데어로에의 울프 하우스와 투겐다트 하우스(1926~1930년). 이 주택들은 각진 것과 간결한 것, 기하학적 합리성이 지배하는 스타일을 토태로 새로운 가벼움을 만들어 내는 데 기여했다. 1925년에 판 두스뷔르흐는 지면에서 분리된 건축물의 개념을 내세웠다. "이렇게 해서 현대적 주택은 공중에 매달려서 자연의 중력과 맞서고 있다는 느낌을 불러일으킬 것이다." 가느다란 말뚝 위에 올려져 있고, 빛에 자유롭게 접근할 수 있는 수평 창문이 나 있어서 꼭 떠다니는 포석처럼, '매달린 정원'처럼 보이는 빌라 사부아(르코르뷔지에, 1931년)를 특별히 언급해야 한다. 곧은 선과 가느다란 띠 모양의 창문, 테라스를 겸한 지붕, 모양이 자유롭고 매끈한 흰색 정면이 만들어 내는 그 기하학적 형태는 3차원으로 된 몬드리안의 그림처럼 아무 장식 없이 순화된 건축물을 창조한다.

　합리적 모더니즘은 장식의 과잉에 반란을 일으켰지만, 그 결과로 항상 가벼운 외관의 건물이 탄생한 것은 아니었다. 로스의 작품들은 엄격하고 뻣뻣한 입방체의 특성을 보여준다(슈타이너 하우스, 1910년). 당시에 '눈썹 없는 집'이라는 별명으로 불렸던 그의 미카엘러플라츠 건물은 우아하지 않고, 지나치게 간결하다. 심지어 말뚝 위에 세워져 '머리가 돈 자의 집'이라고 불렸던 르코르뷔지에의 '빛나는 주택단지Cité radieuse'는 그럼에도 불구하고 막대기 모양처럼, 마르세유라는 도시에 정박한 대형 여객선처럼 보인다. 제2차 세계대전이 끝나자 기능주의적 주택단지가 유럽에서 크게 유행하여, 역사나 주변의 건축 유산에 대한 고려 없이 탑이나 막대기 모양의 특징 없는 주택들이 우후죽순처럼 건설되었다. 미국에서는 건축가들이 거대한 사무실의 마천루를 드러내는 국제 양식을 채택했다. 수많은 성공에도 불구하고 이 미니멀한 건축물들은 '가벼움 경쟁'이라기보다는 기술적 위업과 되풀이되는 방식, '높이 경쟁'으로 특징지어진다.

어쨌든 우리는 최소한 장식적 무상성에 대한 기능주의의 투쟁이 흔히 유감스러운 미적 결과를 낳았다는 말을 할 수 있다. 간결한 볼륨과 예각, 기하학적 표면의 미학은 단조롭고 차가운 도시 공간을 만들어 내는 획일적인 건축물과 반복적인 역학으로 격하되었다. 현대 건축의 위대한 선구자들은 가볍고 아름다운 건축물들을 지었지만, 이 건축물들은 어마어마한 규모로 건설된 획일적이고 비인간적인 집단 주택에 비하면 예외적인 경우로 남아 있다. 이런 점에서 보면, 과한 장식은 잘못이 아니다. 지나친 합리주의와 체계를 갖추지 못한 논리, 일체의 매혹과 독자성을 파괴하는 기능주의가 잘못인 것이다. 따라서 "더 많은 것은 더 적은 것이 아니며, 적을수록 지루하다"라고 말한 로버트 벤투리Robert Venturi의 손을 들어 주어야 한다.

집에서 가구로

장식의 과잉에 맞선 전쟁이 건축의 영역에서만 치러진 것은 아니었다. 이 전쟁은 일상 용품의 영역에까지, 특히 동산動産의 영역에까지 번져 나갔다. 19세기에는, 그리고 그 후로도 오랫동안 일상적으로 쓰이는 물건들은 통통 부어오른 듯한 외면을 보여주었다. 어디를 가나 보이는 것은 오직 쿠션을 댄 침대 겸용 소파, 덩치가 큰 쿠션, 육중한 안락의자와 소파, 묵직하고 무거운 장의자 등 거추장스럽게 자리를 많이 차지하는 가구뿐이었다. 모든 부르주아적 환경은 부와 사회적 성공을 과시하는 지표로서 기능하는 '무거운 것'의 숭배를 표현했다.

현대적 디자인은 이 키치의 세계에 반대하여 확실하게 자리 잡았다. 건축에서처럼 디자인의 아방가르드적 선구자들도 합리적 단순함과 건축된 것의 진실, 구조의 우위를 내세우며 미학적 무상無償과 장식적인 것, 부풀어 오른 것 등 모든 과잉의 형태를 철저히 거부했다. 재료의 절약과 순수주의, 기하학적 간결함의 동의어인 진정한 '더 적은 것의 숭배'가 확실하게 자리 잡았다. 요컨대, 이러한 숭배는 장식가들이 아니라 건축가들에 의해 확립되었다. 그 이후로는 건축가들이 주도하여 보편적이고, 기능적이고, 가벼운 관점에서 가구 디자인의 영역에 정열을 쏟게 될 것이다.

1910~1920년부터는 릿펠트의 가구와 마르셀 브로이어Marcel Breuer, 미스 반데어로에 또는 르코르뷔지에의 장의자와 테이블이 그 사실을 증명한다. 1918년에 릿펠트는 〈데스틸De Stijl〉이 옹호한 원칙을 가구에 응용하여 '빨간색과 흰색 의자'를 만들었다. 그 기본 요소들과 직각을 이루는 요소들로 축소된 이 의자는 공기가 여러 부분 사이로 순환하는 표면과 선으로 이루어진 '추상적이면서도 실재하는' 물체로 보인다. 1925년에 브로이어는 강철관으로 만든 틀과 좌석, 가죽을 팽팽하게 당겨서 만든 등받이로 구성된 바실리 의자를 디자인함으로써 현대적 의자의 개념을 혁신했다. 속을 넣어 통통하고 무거운 의자에서 남은 것은 이제 의자가 되어야 할 것의 최소 구조물뿐이다. 단순한 뼈대로 축소된 구조물은, 니켈로 도금한 관 모양의 강철과 팽팽하게 당겨진 천의 탄력으로 더 한층 강조되는 가벼움과 투명함의 느낌을 불러일으킨다. 얼마 뒤인 1927년에 미스 반데어로에는 강철과 가죽으로 된 MR 534라는 불안정한 의자를 만들었다. S자 모양의 이 유연한

모델은 강철관의 탄성을 이용하며, 공간을 떠다니는 듯한 느낌을 준다. 유연함과 탄성은 알바 알토Alvar Aalto가 자작나무로 만든 의자에서 또 한 번 다른 식으로 만나게 될 것이다. 조 폰티Gio Ponti가 1957년에 디자인한 수퍼레게라Superleggera는 무게가 1.7킬로그램밖에 되지 않아 세계에서 가장 가벼운 의자라고 불렸다. 뻣뻣하면서도 유연한 이 의자는 우아하고 고상한 형태를 가지고 있다.

현대주의적 건축의 원칙에서 영감을 얻은 유럽 디자인의 선구자들은 오브제의 스타일을 혁신했다. 즉, 속이 텅 비어 있어서 가벼움의 분위기를 풍기는 '경제적'이고 합리적인 가구를 만들어 낸 것이다. 건축과 마찬가지로 디자인에서도 가벼움은 현대적 합리주의의 상관 요소로 보인다. 즉 그것은 추상적이고, 간단하고, 순수한 형태를 통해 자리잡았다.

바우하우스의 디자인 입문 교육 과정에서 중요한 것은 변덕스러움과 장식의 낭비를 없애고 사용자가 품고 있는 욕망의 이름으로서가 아니라 오브제의 진정성이라는 이름으로 가치가 부여되는 합리적 간결함을 만들어 내는 일이다. 가벼움을 기능주의적으로 정복하려면 창조 활동을 합리화해야 한다. 상품의 기능과 형태를 일치시키는 한편 가장 적은 수단을 사용해 가장 큰 효율성을 얻어 내는 것이 그들이 내건 이상이다. 오브제의 가벼움은 그것이 오브제의 진실 자체나 순수한 본질을 구체화하는 한에서만, 그리고 오브제를 그것의 사용 기능과 완전하게 일치시키는 한에서만 하나의 가치가 된다. 즉 가벼움은 '사용자에 대한' 가벼움이 아니라 '오브제에 대한 가벼움'이다.

유연함과 유동성

합리주의적 가벼움은 간결하고, 논리적이며, 주지주의적인 수직 건축물을 통해 구체화되었다. 그러나 1930년대와 40년대부터 기하학적 우위를 거부하고 주변에 있는 자연적 형태와의 조화와 둥근 형체, 곡선을 내세우는 또 다른 유형의 건축물이 또렷하게 자리를 잡았다. 예각보다는 자연으로부터 영감을 얻은 형태가 선호되었다. 각진 건축물이 유기적이고, 꾸불꾸불하고, 유연한 형태와 경쟁을 벌이게 되었다. 즉, 건물과 오브제에 움직임과 활기, 부드러움을 불어넣은 것이다. 역동적인 용마루, 둥그스름한 입체와 곡선 형태로 만들어진 새로운 가벼움이 탄생했다.

○── 움직임과 곡선

유기적 건축의 선구자인 프랭크 로이드 라이트Frank Lloyd Wright는 공기처럼 가벼운 수평적 요소들과 세로로 길게 늘어난 평면, 서로 다른 천장 높이 등을 특징으로 풍경 속에 동화되는 건축물을 디자인했다. 폭포 위에 서 있는 유명한 집(카우프만 하우스, 1936~1939년)은 강과 바위 위에 매달려 있는 거대한 테라스의 유희처럼 보인다. 유기적 건축이 등장함에 따라 정체된 상태보다는 활기가 더 중요한 위치를 차지하게 되었다.[3] 즉 가벼움은 이제 더 이상 기하학적 간결함의 결과인 가벼움이 아니라 생명의 움직임과 그 역동성, 유연성의 결과인 가벼움인 것이다. 국제 양식의 형태와 부피에 대한 반발로 전혀 다른 영역의 가벼움이 나타났는데, 로이드 라이드나 일도, 에로 사리넨Eero Saarinen, 예른 웃손Jørn Utzon, 오스카르 니에메예르Oscar Niemeyer 같은 조각가가 그런 경우다. 자연적 형태를 상기시키는 그들의 건축물은 더 이상 기계의 원리를 표현하지 않고 감동을 불러일으킨다. 그것은 생명과 운동의 가벼움이다. 뉴욕의 구겐하임 미술관은 밖에서 보면 벽면이 불룩 내밀어진 원추를 거꾸로 뒤집어 놓은 모습이고, 안에서 보면 전시 공간이 나선 모양으로 끝없이 이어져 있는 것처럼 보인다. 뉴욕 케네디 공항의 TWE 터미널은 곤충이 양 날개를 펼치고 날아가는 모습을 연상시킨다. 시드니 오페라극장은 어떤 사람들의 눈에는 엄청나게 큰 조개껍질처럼 보이고, 또 어떤 사람들의 눈에는 거대한 범선처럼 보인다. 또렷하고 각진 선이 구불구불하고 부드러운, 유기적이고 역동적인 형태로 바뀌었다. 니에메예르는 곡선을 이루는 그의 건축물 때문에 이따금 '관능성의 건축가'라는 별명으로 불렸다.

니에메예르는 이렇게 말했다. "철근콘크리트는 곡선의 가능성을 선사한다. 그것은 모든 것을 변화시켰다. 건축을 해방시킨 것이다." 이것은 동시에 현대 예술가들이 가지고 있는 새로운 미학적 사고방식에 많은 것을 빚지고 있는 변화다. 이제는 큐비즘과 데스틸De Stijl(네덜란드의 현대미술 운동. 1917년에 시작되어 기하학적 추상예술을 다뤘다—옮긴이)이 아닌 아르프와 미로, 콜더, 콘스탄틴 브랑쿠시Constantin Brancusi가 건축적 행동의 방향을 제시해 준다. 주지주의적 가벼움의 반대편에서 민감하고, 감정적이고, 시적이고, 유연한 가벼움이 그 존재를 또렷하게 드러냈다.

○── 둥근 윤곽을 가진 것과 이완된 것

똑같은 추세가 가구 디자인을 점령했다. 유기적인 스타일이 발전하는 동안 건축가와 가구 디자이너들은 1945년 이후부터 합판과 플라스틱이 선사하는 유연함의 가능성에 관심을 쏟기 시작했다. 사리넨은 주조된 플라스틱을 기초로 다리와 가로대가 하나만 있는 곡선 형태의 튤립의자를 디자인했다. 해리 베르토이아Harry Bertoia는 등받이가 철망으로 되어 있고, '대부분 공기로 구성되어 있으며 공간이 통과하는' 안락의자를 만들었다. 찰스Charles Eames와 레이 임스Ray Eames 부부는 유리섬유를 가공하여 등받이와 시트가 하나로 이어진 플라스틱 의자를 선보였다. 등받이와 시트, 다리가 하나의 플라스틱 덩어리를 이루고 있는 베르너 판톤Verner Panton의 판톤 의자는 가볍고 유연하고 간편한 디자인의 진정한 아이콘이 되었다. 여러 가지 구조가 안락함에 대한 새로운 접근법을 표현한다. 사실 안락함은 오랫동안 폭신한 것과 속을 넣은 것, 소재의 두께와 결합되어 있었다. 조개 모양 의자는 몸에 완벽하게 맞춰진 형태를 매우 얇고 가벼운 구조와 결합함으로써 이 모델을 뒤엎었다.

기하학적 디자인과는 달리 유기적 디자인은 소비자와 그들의 안락함을 우선시한다. 이러한 문제는 1960년대부터 강화되었다. 이때부터 당시의 특유한 현상인 개인 해방과 이완의 욕망을 표출하는 반反관례적 안락함을 추구하는 신新디자인이 탄생했던 것이다. 성기게 짠 모직과 스티로폼으로 만들어진 진Djinn 의자는 "몸의 구부러짐을 더 잘 맞추려는 듯 유연한 형태로 주조된다."(올리비에 모그Olivier Mourgue, 1964년) 작은 알갱이 모양의 폴리우레탄으로 이루어져 있고, 무게가 다 합쳐서 3.5킬로그램인 유명한 사코 의자(1968년) 역시 이러한 가벼움의 추구를 증명한다. 휴대가 가능하고, 형태가 다양하며, 해부학적인 사코 의자는 등받이와 시트, 다리의 고전적인 구분을 없애 버림으로써 이완되고 간편한 새로운 안락함을 준다. 여기서 안락함은 이동성과 가벼움, 비非구속, 신체 위치의 자유와 합치한다. 부유하고 화려한 부르주아적 안락함은 사라지고 새로운 개인적 자율 추구와 발맞추는 가벼움을 지닌 유연한 안락함이 자리 잡은 것이다.

1960년대의 디자이너들은 새로운 안락함을 추구하는 과정에서 값싸고, 이동 가능하고, 일시적이고, 가벼운 가구를 생산하기 위해 새로운 소재를 개발했다. 피터 머독Peter Murdoch과 버나드 홀더웨이Bernard Holdaway, 장루이 아브릴Jean-Louis Avril은 처음으로 강화판지로 만든 가구를 내놓았다. 쌓을 수 있는 의자 모델과 수납 가구, 등 없는 의자, 낮은 탁자가 플라스틱 소재로 만들어졌다. 콰사르는 폴리염화비닐로 부풀려지는 낮은 의자와 팔걸이 없는 쿠션의자를 만들었다. 피오리Fiori는 플라스틱 서랍장을 제작했다. 조나탄 데 파스Gionatan De Pas와 도나토 두르비노Donato D'Urbino, 파올로 로마치Paolo Lomazzi는 PVC로 바람을 넣었다 뺄 수 있는 투명한 의자를 만들었다.

○── 상상적 가벼움과 실제적 가벼움

디자이너들은 가벼운 신소재를 사용했지만, 그와 동시에 젊고 즐거운 정신이 배어 있는 가구도 만들었다. 오브제의 물질적 가벼움에 재미와 관능, 유희를 특징으로 하는 상상적 가벼움이 덧붙여진 것이다. '젊은' 가벼움은 자유와 쾌락을 요구하는 팝 문화의 혜택을 받았다. 선인장 외투걸이(귀도 드로코Guido Drocco와 프랑코 멜로Franco Mello)의 유희와 입술 모양을 한 보카 소파(스튜디오 65)의 판타지, 업 5 안락의자(가에타노 페세Gaetano Pesce)의 관능은 우리 시대를 증언한다. 만화와 SF, 광고에서 영감을 받은 디자이너들은 간결한 기능주의를 거부하고 창조적이며 반反순응적인 유희성을 받아들인다. 강렬한 색깔, 자유분방한 창작, 형태의 기상천외함이 가벼움의 미학을 '혁신'하면서, 이 가벼움의 미학은 노골적으로 하나의 유행처럼 보인다.

가구를 가볍게 만드는 과정은 새로운 소재의 출현에 많은 빚을 지고 있다. 이 과정은 또한 팝아트의 미학과 떼려야 뗄 수 없는 관계를 맺고 있다. 그러나 그것은 개인주의적·소비지향적·쾌락적 사회의 비약적 발전에 동반되는 새로운 집단적·문화적·미학적 이상으로부터 분리될 수 없다. 가구의 가벼움은 추상적이며 서로 구분된 그 자체의 목적으로 인정되지 않았다. 즉 가벼움의 추구는 기술과 산업, 생활방식, 가치, 몸과 안락에 관련된 새로운 개념들을 포함하는 좀 더 포괄적인 관점 속에 포함되는 것이다.

1960년대의 낙관적이고 유토피아적인 정신은 우리 뒤쪽 저 멀리 떨어져 있다. 순응적이고 부르주아적인 가치를 비판하던 것도 이제는 옛일이 되었다. 그렇지만 감각적인 안락함을 정복하는 일은 지금도 여전히 계속되고 있다. 시스템 가구 또는 '부품을 조립하는' 가구의 성공이 잘 보여주는 사용의 가벼움이 소재의 가벼움에 덧붙여진 것이다. 1970년대부터 축소된 수많은 구성 요소로 만들어진 모듈식 수납 가구, 쉽게 분해하고 겹쳐 놓고 옮길 수 있는 선반, 실용적이며 공간의 여유를 주는 것이 크게 유행했다. 접는 의자와 작은 바퀴가 달린 가구, 침대와 조리대, 수납 공간을 통합한 다기능 가구도 유행했다. 밝은색 나무로 만든 스칸디나비아 가구는 단순하고 따뜻한 스타일에서 단연 뛰어났다. 장식의 과잉과 축적으로 만들어진 부르주아 스타일과 간결한 기능주의의 시대는 막을 내렸다. 하이퍼모던한 가벼움은 이동성과 적응성, 용이성, 가변성과 결합된다.

가벼움의 미학을 외부에서 강제하던 시대는 이제 끝났다. 이제 이 가벼움의 미학은 '실용적인 것'과 감각적인 감동을 갈구하는 소비자들의 주된 취향과 일치한다. 현대화가 전통 문화 형태의 소멸을 지향하지 않으면, 디자인의 목표는 이제 현대성의 과장된 상징들보다는 소비자들의 심리적·감각적 욕구와 기능적인 것을 조화시키는 오브제를 구상하게 된다. 가벼움은 이제 더는 구성주의적 합리성 자체에 대한 찬가가 아니라 개인들이 자기 것으로 만들 수 있는 사용의 용이함과 감각적인 안락함을 매개하는 벡터로 보인다.

미니멀리즘, 스펙터클, 복합성

○──── 복합성과 건축적 서정주의

가벼움의 모험은 계속된다. 간결하고 단순한 형태를 숭배하는 현대주의와 결별하는 새로운 감수성이 출현하여 시각적 복합성과 형태의 독특함을 요구한다. 즉, 우리는 가벼움이 사실 같지 않고 조각 같은 형태들과 합쳐지는 순간에 살고 있다. 리우데자네이루에 있는 음악의 전당을 보고 크리스티앙 드 포르장파르크Christian de Portzamparc는 불규칙한 형태를 가진 물결 모양의 콘크리트로 이루어진, "공중에 매달린 거대한 베란다"를 상상했다. 이토 도요伊東豊雄가 설계했으며, 철근콘크리트로 지어진 가가미가하라 화장장의 얇은 지붕은 마치 바람이 불듯 일렁인다. 서펀틴 갤러리의 전시관은 크리스털이나 눈송이처럼 보인다. 이 전시관의 모퉁이는 비물질화되어 있으며, 정면도 없고, 주도적인 요소도 전혀 없다. 크기와 윤곽이 불규칙한 안뜰이 여러 개 수직으로 뚫려 있는 롤렉스 교육센터(SANAA)의 물결치는 듯한 구조는 공기처럼 가벼운 유기적 외관을 보여준다. 자하 하디드Zaha Hadid의 건물들은 팽팽하게 당겨진 선과 물이 흐르는 듯한 형태, 겹쳐진 평면들, 곡선을 이룬 체적과 돌출된 요소들의 뒤얽힘으로 이루어진 장관을 보여준다. 하이퍼모던 시대에는 비선형적이고, 우연적이고, 불안정한 균형의 감각뿐 아니라 '제3 유형의' 또는 후기합리주의적인, 즉 복잡한 지형을 가진 가벼움도 지니고 있는 구조들에 높은 가치를 부여하는 새로운 미학적 패러다임이, 새로운 건축적 감수성이 출현한다.

복합성의 미학은 심지어 미니멀하다고 판단된 일부 건축물에까지도 적용되었다. 세지마 가즈요와 니시자와 류에가 설립한 건축사무소 SANAA Sejima And Nishizawa And Associates는 단순함과 순수함, 신중함으로 특징지어지는 건물들을 설계했다. 그러나 이 건축물들은 물질성과 점진적 소멸성의 유희와 복잡한 관계를 유지하기 때문에 간결하다고 말할 수 없다. 그때 적용되는 것은 더 이상 '더 적은 것이 더 많다'라는 원칙이 아니라 '더 적은 것을 위해서 더 많이'의 '최소화'다. 구마 겐고가 말했듯이, "최소화는 미니멀리즘과는 크게 다르다. 그것의 목표는 형태의 단순화와 추상화가 아니라 오히려 물질에 대한 비평이다." 물질과 입체가 불안정한 투명성을 위해 사라지면, 건축물의 표면은 투명하고, 매끈하고, 만져지지 않는 '피부'처럼 보인다. 물질의 존재는 비물질화와 종말, 점진적 소멸의 미학에서 희미해진다.[4] 일본의 오모테산도에 있는 디오르 명품관과 뉴욕에 있는 신현대미술관(SANAA)은 이러한 물질성의 소멸과 분해를 잘 보여준다.

하이퍼모던한 가벼움은 더 이상 스타일의 간결함과 균형의 동의어가 아니다. 즉 이 가벼움은 대담하고, 비선형적이고, 시적이고, 시각적·공간적·촉각적 감각을 중시하는 형태들 속에서 분명하게 드러난다. 현대주의적 건축가들이 원하는 구조의 경감은 어떤 기능을 정확히 표현하고자 하는 요구에 부응했다. 그러나 어느 정도 우연에서 기인하는 것처럼 보이고, 무한정한 기능을 갖고 있는 건축물들이 펼쳐지는 순간에는 더 이상 이렇게 되지 않는다. 즉 합리주의적이고 형식주의적인 가벼움의 시대에서 표현력이 풍부하고, 탐미적이고, 서정적인 가벼움의 시대로 넘어가는 것이다.

기능주의적 가벼움이 간결한 외관을 보여주는 수직적이고 특징 없는 형태들을 통해 확실하게 자리 잡았다. 그러나 이제 우리는 유연한 곡선 형태를 가지고 있어서 관능성의 느낌을 불러일으키는 독특한 건물들이 세워지는 것을 보고 있다. 이해력을 중시하는 기능주의를 초월한 이상주의의 시대는 막을 내렸다. 이제는 다감각적인 감정의 근원이 되는 주관적이고 감각적인 건축술의 시대가 된 것이다. 이제는 형태와 수단의 절약을 통해 건축술의 문법 자체에, 건물의 진실 자체에 접근해야 한다. 이제는 이 건축물-풍경 속에서 감각 언어를, 놀라움을, 지각 능력이 있는 감동성을 창조해야 한다. 직각과 정육면체, 평행육면체의 독재에서 해방되어 부드러움과 유희, 움직임과 굴곡, 상상적인 것이나 시적인 것과 결합하는 새로운 가벼움이 모습을 드러낸다.

또한 형식적이며 자율적인 건축물의 개념 역시, 마치 살아 있는 생물처럼 변화하면서 주변과 상호작용하는 건물들을 통해 다시 문제시된다. 환기용 굴뚝을 가리는 데 목적이 있는 바람의 탑(이토 도요)은 같은 모습을 보여준 적이 단 한 번도 없다. 반사판과 고리 모양의 네온, 프로젝터, 정보화된 시스템 덕분에 이 탑의 외부 구조는 시간과 풍속에 따라 색깔을 바꾼다. 물질적 대상의 숭배가 "가상적·허구적·일시적인 건축"(이토 도요)으로 바뀐 것이다. 표면 건축을 만들어 냄으로써 정태적이고 한정적인 물질적 가벼움은 복합적이고, 순간적이며, 언

264

제나 새로운 지각과 상이한 상징적 해석을 낳는 가벼움으로 바뀌었다. 이제 기능주의적 '상자'는 더 이상 존재하지 않고 건물의 물질성을 사라지게 하는 스크린이 등장했다.

∘──── 하이퍼스펙터클, 유혹, 그리고 디지털 건축술

현대주의적 건축은 장식의 과잉과 '거짓'에 반대하여 성립했다. 1970년대부터는 후기현대주의적 사조에 이어 해체주의적 사조가 이 스타일과는 반대로 이미지와 과장된 시각적 효과, 일종의 미적 풍요함에 토대를 둔 외관의 유혹을 향해 경쟁을 벌였다. 정보 수단과 하이테크 소재에 의지하는 현대 건축의 경향 중 하나는 고도로 예술화된 유혹의 건축으로, 구조가 하이퍼스펙터클한 것에 봉사하는 '건축조각'으로 주어진다. 물론 일부 건축가들은 이 관점을 취하지 않지만, 그럼에도 불구하고 형태의 찬미는 지난 30년을 가장 잘 대표하는 논리다. 그로부터 표현의 독특함 및 형태의 맥시멀리즘maximalisme과 결합함으로써 많은 관객을 끌어당기고, 어느 도시나 지역의 아이콘으로 자리 잡는 데 성공한 새로운 형태의 가벼움이 등장했다.

우리는 스펙터클한 것을 거부하던 시대에서 이제는 복합적이고 자유로운 형태를 가진 건축물의 하이퍼스펙터클을 보여주는 시대로 넘어왔다. 선형적인 절제가 인정받고 난 이후에 하이퍼모던한 가벼움은 단 한 번도 보지 못한 것의 추구와 어느 정도의 형식적 풍요함 속에서 길을 모색하고 있다. 지금은 표준화되지 않은 건물들이 도처에서 예술화되는 시대다.[5] 엄격하고 수직적인 간결함이 시각 효과와 유혹에 자리를 양보한 것이다. 현대주의적인 투명함의 건축은 발전에 대한 믿음으로 유지되었으며, 하이퍼모던 건축은 놀래고, 감탄을 불러일으키고, 보는 사람의 시각과 촉각을 건드리려고 애쓴다. 유토피아는 큰 성공을 거둔 소비지상주의의 쾌락적 문화와 궤를 함께하는 건물의 개성화에 대한 페티시즘과 독특한 물체에 대한 숭배, 유동적이고 구불구불하며 자유로운 형태의 유혹으로 대체되었다.[6]

가벼움과 모순되는 것처럼 보이는 모든 것(터무니없이 큰 것, 기억, 장식, 상징적 형태)은 그렇게 보이기를 멈추었다. 가벼움은 이제 마천루의 거대함과 결합될 수 있다. 렌초 피아노Renzo Piano가 설계한 원추형의 샤드 빌딩은 마치 높이가 310미터에 달하는 유리 조각이나 화살처럼 런던 하늘에 높이 솟아 있다. 그리고 세 개의 댄싱 타워(자하 하디드)는 "입체들을 똑같은 움직임 속에서 결합시키면서 물 흐르듯 유연하게 춤을 추며" 허리를 흔든다. 베이징의 오페라극장이 증명하듯이, 심지어는 육중함조차 이제 더는 가벼움과 별개가 아니다. 이에 대해 폴 앙드뢰Paul Andreu는 다음과 같이 말한다. "우리는 가벼움과 무거움 사이의 변증법이 필요하다." 하이퍼모던한 가벼움은 포괄적이고, 눈길을 끌 정도로 화려하며, 모순적이다. 이것은 이미지즘적인 유혹의 건축으로서, 기계가 아니라 조각과 이미지-영화가 그 모델이다.

산업기계주의의 시대는 미니멀하고, 선형을 이루며, 반복적인 미학을 기반으로 했다. 반면에 후기산업사회는 강력한 성능의 모델화와 계산, 시뮬레이션 소프트웨어로 가능해진 혼란스럽고, 비선형적이며, "비데카르트적"(세실 발몽Cecil Balmond)인 구조물을 찬양한다. 이 경우에 하이퍼스펙터클 건축은 정보처리 도구를 사용하여 구조물의 설계 방식에 혁신적인 변화를 일으킨 가벼운 것의 혁명 없이는 이루어질 수 없다. 그리고 디지털이 넓은 전망을 여는 동안 건축물의 소재와 구조, 감각적 '외관'에 대한 관심이 되살아나고 있다.

이 점을 강조해야 한다. 자유롭고 유동적인 형태를 가진 새로운 건축의 토대를 이루는 것은 바로 디지털 영역에서 일어난 가벼운 것의 혁명이다. 작업을 시작할 때는 언제나 건축가가 상상력을 발휘해야 하지만, 그리고 나서는 디지털이 가장 중요한 역할을 하게 된다. 다시 말해, 가상적인 것은 단순히 시각화와 계산도구로서뿐만 아니라 새롭고 예측 불가능한 형태를 만들어 내는 도구로서도 기능한다. 가벼운 것의 혁명이 일어나고 파라메트릭 모델화 소프트웨어를 사용할 수 있게 되면서 브란코 콜라레빅Branko Kolarevic이 '디지털의 형태발생'이라고 부른, 달리 말해 디지털을 이용하여 형태를 만들어 내는 일이 이루어지고 있다.[7] 이러한 배경에서 디지털을 이용하여 형태를 만드는 작업의 원칙이 되는 것은 혼합과 변화, 변형의 역학이다. 디지털 건축과 더불어, 어떤 대상의 최종 형태는 혼합된 다른 형태들의 특징을 서로 결합한 결과다. 형태에 대해 이루어지는 활동은 지속적인 수정과 변형, 어떤 모델의 외형에 수없이 이루어지는 수정 작업이다. 알고리듬의 자동 생성 능력을 사용하고, 불확정성의 원리를 개입시키는 생성 모델들 덕분에 복합적이고, 유기적이고, 자유로운 형태들을 만들 수 있다. 이러한 의미에서, 최종적인 건조물이 미학적으로 가볍지 않을 때조차도 그 건조물은 여전히 가벼운 것이 일으킨 디지털 혁명의 '산물'이다.

가벼운 것의 혁명은 두 가지 의미에서 건축-스펙터클의 기원을 이룬다. 정보처리 소프트웨어가 중요한 역할을 하기 때문이다. 또한 유혹의 자본주의에 의해 지탱되는 통신과 마케팅, 오락 프로그램이 미치는 영향 때문이기도 하다. 따라서 우리는 미디어 시그널이나 이미지로 보이는 경기장들을 보게 된다. 예컨대 뮌헨 신경기장(자크 헤르조그(Jacgues Herzog와 피에르 드 뫼롱Pierre de Meuron)의 정면은 거기서 경기를 하는 축구 클럽의 색깔로 환하게 빛난다. 이 경기장은 환한 빛을 발하는 거대한 광고판처럼 기능한다. 그리고 스펙터클한 형태의 새 미술관들은 정신의 고양보다는 여가 활동과 오락의 세계를 찬양한다. 이제는 가벼운 것의 문명에서 큰 것을 창조해 내는 것이 문제가 아니라 사건과 이미지를 만들고, 소비자들을 단번에 유혹할 수 있는 건조물을 세우고, 자기들끼리 경쟁하는 도시들의 이미지를 개선하는 것이 문제인 것이다. 스펙터클로서의 건축은 소비지향적 가벼움의 세계를 유희적·미디어적으로 표현하는 것처럼 보인다.

○── 현대의 미니멀리즘

눈에 잘 띄지 않고, 간결하며, 때로는 헐벗은 것처럼 보이는 가벼움이 계속하여 하이퍼스펙터클한 가벼움과 나란히 전개된다. 이 점에서, '모더니즘의 종말'에 관한 포스트모더니즘 이론가들의 선언은 신중해질 필요가 있다. 미니멀 스타일은 여전히 살아 있기 때문이다. 기하학적 간결함, 단순한 구조, 순화된 형태, 가공하지 않은 소재 등 미니멀리즘의 특색들은 안도 다다오安藤 忠雄라든가 알베르토 콤포 바에사Alberto Compo Baeza, 존 포슨John Pawson, 페터 춤토어Peter Zumthor, 에두아르두 소투 드 모라Eduardo Souto de Moura, 그레이엄 필립스Graham Phillips 같은 수많은 현대 건축가들에 의해 존재한다. '적은 것이 낫다'라는 원칙에 의거하여 건물을 가볍게 만들겠다는 의지는 조금도 사라지지 않은 것이다.

그렇지만 이러한 연속성이 현대 건축 미니멀리즘의 기초가 되는 새로운 관점을 은폐해서는 안 된다. 우리는 이러한 사실을 앞에서, 특히 세지마 가즈요와 니시자와 류에의 건축물에서 보았다. 소투 드 모라는 건축 현장에 예의 관심을 기울이면서 현대주의적 건축물의 순화된 선을 색깔이나 그 지역에서 생산되는 재료처럼 비미니멀적인 요소들과 결합한다. 알베르토 캄포 바에사는 기하학적 간결함과 논리 속에서 아름다움을 추구하지만, 그렇다고 해서 '깨끗하지도 않고 미니멀하지도 않은 완벽한 건축'이라는 개념을 버리지는 않는다. 인간존재와 마찬가지로 건축 창조는 완벽하지도, 순수하지도 않다.

바뀐 것은 스타일을 넘어선 미니멀리즘의 철학이다. 기능주의자들이 생각하는 미니멀적인 가벼움은 산업 발전과 순수한 합리주의에 대한 믿음에 근거하고 있었다. 오늘날의 가벼움은 깊이 느껴진 것과 동양적 지혜의 정신, "완벽한 균형"(안도 다다오)의 탐구, 긴장의 이완, 평정과 간결함으로 만들어지는 건축물을 이용한 자연과 인간의 조화(페터 춤토어)를 참조한다. "내가 생각하는 실재의 마술은 물질의 실체를 인간의 감각으로 바꾸는 연금술이다."(페터 춤토어) 이러한 정신은 특히 영적 차원을 포함하고 있으며, 평화의 느낌을 전해 주는 건축물을 설계한 안도 다다오 같은 일본 건축가들에게서 확인된다. 절제와 간결함은 정신적 내면성과 균형 잡힌 삶에 도움이 된다. 즉, 건축물은 이제 더 이상 '살아야 하는 기계'가 아니라 테크놀로지와 하이퍼 소비의 열광에 반대하여 소박함으로 돌아가는 것이다. 이제는 건축의 본질에 도달하는 것보다는 생활환경의 간결함이라는 방법을 통해 삶 자체의 본질에 도달하는 것이 더 중요하다.

장식이나 건축의 미니멀리즘은 그것이 과시와 과잉을 싫어하기 때문에, 그리고 구조와 형태와 공간을 가볍게 하려 하기 때문에 가벼움의 문제와 밀접하게 연관되어 있다. 이러한 관점에서 보면 아름다운 것과 진실한 것, 본질적인 것은 바로 '무게'를 덜어 내는 작업을 통해 얻어진다. 정확하고 아름다운 건축은 무게가 나가는 것을 제외하라고 요구한다. 존 포슨은 다음과 같이 말했다. "최소는 어떤 대상을 제외시킴으로써 개선하는 것이 가능하지 않을 때 그 대상이 도달할 수 있는 완벽함으로 정의될 수도 있을 것이다." '적은 것이 더 낫다'는 더 많은 비물질화로 더 많은 아름다움을 얻을 수 있다는 것을 의미한다. 이러한 과정은 단아함과 조화, 그리고 심지어 어떤 경우에는 어느 정도의 관능성까지 수반할 수 있다. '더 적게'의 작업을 통해 '위대한 스타일'이, 형태의 진정한 우아함과 아름다움이 얻어진다.

그러므로 그 어느 것도 가벼움의 효과를 보장하지 않는다. 시토 수도회의 건축은 '미니멀적'이지만, 가벼움과는 정반대된다. 이 수도회의 건축은 결코 가벼움을 추구하지 않았던 것이다. 많은 경우에, '덜'이라는 것은 더 많은 간결함과 소박함, 단조로움을 의미한다. 프랑스 국립도서관이나 라데팡스 개선문의 어디에서 어떤 가벼움을 발견할 수 있는가? 빈약하고, 음산하고, 지루하기 때문에 무거운 미니멀리즘과 가벼운 미니멀리즘이 대비된다. 가장 적은 것 속에는 더 적은 것이 있다. 그리고 특히 가벼운 외관이 더 적고, 공기처럼 가벼운 숨결이 더 적고, 시선의 행복이 더 적다. 유동적인 투명함 대신에 추상적인 표지라든가 거대한 로고, 비개성적이고 무겁게 보이는 이미지가 성공을 거둔다.

미니멀리즘이 마치 반복적인 문구처럼 기능하고, 현실성을 잃는 바람에 즐거움이나 감동을 불러일으킬 수 없는 순간이 다가오고 있다. 만일에 "인간이 시인으로 산다면"(마르틴 하이데거Martin Heidegger), 우리가 기꺼이 미니멀리즘이라고 부를 수 있는 미니멀리즘은 추상적이고 기하학적인 정신이 아니라 시적이고 예민한 가벼움의 영혼에 의해 지탱되는 미니멀리즘일 것이다.

현대적 미니멀리즘의 역설은 여기서 멈추지 않는다. 무거운 미니멀리즘이 전개되는 동안 또 한쪽에서는 '트렌드'의 미니멀리즘이 전개되고 있다. 바로 이것이 경박한 가벼움에 적대적인 미니멀리즘이다. 왜냐하면 미니멀리즘은 큰 성공을 거두고 있는 사조이기 때문이다. 수년 전부터 미니멀하고, 간결하고, 절제하는 장식이 유행하고 있다. 가구에 거의 끼워 넣지 않는 부품들, 텅 빈 흰색 공간, 직선으로 이루어진 물체들, 부드러운 자연색, 일본풍의 분위기, 선禪과 더불어 간결한 장식이 유행하고 있는 것이다. 지금은 절제와 진실성, 때로는 수도원처럼 간결한 세련됨의 시대다. 포슨은 뉴욕에 있는 캘빈 클라인 부티크를 설계했는데, 이 부티크의 쇼윈도는 댄 플래빈Dan Flavin이 제작한 네온사인으로 장식되었다. 1980년대에 요지 야마모토와 레이 가와쿠보(콤데가르송)는 콘크리트와 가공하지 않은 금속을 사용하여 수도원 같은 건축 양식에 공장을 개조한 것 같은 분위기를 풍기는 옷가게를 열었다. 그 이후로 미니멀화된 라운지 스타일의 상점과 호텔, 바, 식당이 번창하는 것을 볼 수 있다. 수많은 온천이 세련된 선禪의 미학을 선택했다. 단순하고, 유용하고, 본질적인 것이 되고 싶은, 요컨대 안티패션anti-fashion이 단숨에 추세가 된 것이다. 가벼운 것의 문명이 승리를 거두었고, 겉만 화려한 연극성에 대한 거부를 세련된 흐름으로, 새로운 유행의 쇼윈도로 바꿔 놓는 데 성공했다.

비록 미니멀 스타일이 금욕주의적인 향기를 어느 정도 풍기는 것은 사실이지만, 그것이 누리는 행운이 민감한 즐거움에 적대적인 흐름을 의미하는 것은 아니다. 그것이 거둔 성공은 오히려 가장 간절한 기대에 부응할 수 없는 '것들'의 과잉에 직면한 현대인들의 불안을 표현한다. '자발적인 소박함'의 취향은 사라지고, 더 평온하고 균형 잡힌 새로운 생활양식이 자리 잡은 것이다. 휴식을 주는 미니멀 장식은 '일정이 너무 빠듯한' 현대 개인주의의 해독과 단절의 욕망에 부응한다. 비록 미니멀 장식이 새로운 세련미를 부여하기는 하지만, 그것은 평온함과 내적 평화, 삶을 가볍게 하고픈 기대를 표현한다.

표현과 장식

이제 자연이나 문화의 세계에서 영감을 얻은 표현 형식과 시각적 은유를 복권시키는 시대가 되었다. 즉 형식의 추상화를 더 이상 찬양하지 않는 새로운 건축적 가벼움이 발휘되고 있는 것이다. 헤르조그와 뫼롱이 설계한 베이징 국립경기장의 공기처럼 가벼운 구조는 '새 둥지'를 연상시키며, 뮌헨의 알리안츠 아레나 경기장은 공기를 넣어 부풀게 할 수 있는 거대한 보트와 흡사하다. 프랭크 게리Frank Gehry가 루이뷔통 재단을 위해 상상한 미술관은 '유리 구름'처럼 보인다. 밀워키 미술관(산티아고 칼라트라바 발스Santiago Calatrava Valls)을 보면 막 날아오르려는 갈매기 한 마리가 생각난다. 반 시게루坂 茂가 설계한 메스의 퐁피두 센터는 지붕을 중국 모자 모양으로 만들었다. 이토 도요가 설계한 토레비에하 휴식공원은 사막에 있는 둥근 모래언덕을 연상시킨다. 이것은 더 이상 추상적이거나 형식주의적인 가벼움이 아니라 감각 세계를 암시하는 가벼움이다. 르코르뷔지에가 소중하게 생각하는 기술자의 건축은 세계를 시적詩的으로 환기시키는 것으로 설계되고, 예민한 감정을 전달하는 건축물들로 대신되었다.[8]

장식적 연극성과 완벽하게 결별한 현대주의적 가벼움은 반데어로
에의 원칙이라 할 수 있는 '거의 아무것도 없음'과 그의 추상적인 순수
주의를 통해 표현되었다. 이 세계의 논리는 배제에 기초를 두고 있기
때문에 분리적分離的이다. 그러나 우리는 이 주기에서 빠져나왔다. 즉
옛날의 대립을 초월하고 통합하면서 새로운 가벼움의 미학을 창조해
내는 포함의 건축이 태어난 것이다.

∘—— 장식의 재발견

모더니즘의 멸시를 받았던 장식에 대한 관심이 되살아나고 있다.
이러한 복권은 1970년대에 이루어진 포스트모더니즘 논쟁에 그 기
원을 두고 있다. 이때부터 로버트 벤투리와 마이클 그레이브스Michael
Graves, 제임스 스털링James Stirling은 장식적 모티프와 역사의 인용, 건축
언어 속의 색깔에 다시 가치를 부여하는 데 몰두했다. 결국 고전적 장
식에 대한 이 회고적이기도 하고 때로는 비꼬는 듯하기도 한 포스트
모던적 재해석은 일부 현대 건축가들이 장식적 모티프의 문제에 새
로 관심을 가질 수 있도록 길을 열어 주었다. 파리에 있는 아랍세계연
구소(장 누벨Jean Nouvel)의 남쪽 정면은 아랍 세계에서 영감을 얻은 240
개의 격자 창 돌출 발코니로 이루어져 있다. 힐트 운트 K 아틀리에가
복원한 베를린의 어느 건물은 1870년에 만들어졌지만 가벼워져서 지
금의 건물 표면에 한 개의 지문으로, 한 개의 자국으로 표시된 원래의
모티프들을 토대로 이루어졌다. 새로운 가벼움은 역사적 과거를 가리
키는 표지들을 재소유·재해석함으로써 구성된다.

장식은 소통의 매개체와 과거와의 관계, 기억과의 대화로서 새로운
눈길을 받는다. 애덤 카루소Adam Caruso와 피터 세인트 존Peter St John은

빅토리아 & 앨버트 어린이 박물관을 재정비했는데, 이탈리아 르네상스의 몇 가지 장식에서 빌려온 한 가지 모티프를 반복적으로 사용하여 다색의 장식을 만들어 냈다. 그리고 렌초 피아노가 설계한 누메아의 치바우 문화센터는 뉴칼레도니아 토착민의 건축에서 영감을 얻었다. 가벼움은 더 이상 국제 양식의 획일성과 기억이 남긴 흔적의 배제를 전제로 하지 않는다.

겉치레, 허위와 동류시되는 장식적 요소를 축출하는 시대는 끝이 났다. 네덜란드의 알펜 시 시청사의 곡선으로 이루어진 유리 정면을 보면, 새겨진 나뭇잎 모티프들이 건물 표면 전체를 가득 뒤덮고 있다. 뒤셀도르프에 있는 사무용 건물 콜로리움은 기하학적 모티프를 가진 서른 가지 색깔의 널판자들이 씌워져 있어서, 꼭 '장식 상자'처럼 보인다. 헤르조그와 뫼롱의 에베르스발데 도서관 정면은 표면이 실크스크린으로 인쇄된 상형 이미지들로 덮여 있어서 다른 도서관들의 정면과 뚜렷이 구분된다. 오랫동안 비난을 받았던 장식 모티프는 건물의 물질성을 드러내 보여주고, 보는 각도에 따라 표면이 달라 보인다. 하이퍼모던한 장식은 건물 표면에 지나치게 많은 것을 덧붙이는 것이 아니라 이미지들로 활기가 넘치는 올오버(전면을 덮는) 광고판처럼 단일하고, 균질하고, 매끈한 형태를 건물에 부여한다. 장식은 필요 없이 덧붙여진다고 판단되어 이루어지지 않았다. 지금은 많은 건축가들이 더이상 장식을 기능이나 구조와 대립시키지 않는다. 장식은 건축물을 눈에 띄게 하거나, 감동을 불러일으키는 기능적 요소로 해석된다(파시드 무사비Farshid Moussavi). 하이퍼모던한 건축물에서 가벼움은 더 이상 장식 미학의 배제를 전제로 하지 않는다.

우리가 목격하는 것은 장식으로의 '회귀'라기보다는 새로운 장식

논리다. 위치를 정해서 조각했던 전통적 장식과는 달리 하이퍼모던 시대의 장식은 반복적이고 복합적인 모티프들을 만들어 내며 건물의 전체 표면에 '무한히' 펼쳐지는 디지털 프로그램의 결과물이다. 모티프는 더 이상 건물 표면 위에 있지 않고 건물의 표면 자체를 구성한다. 그것은 구조와 장식 간의 고전적 구분을 실제로 없앰으로써 건물의 표면에 동화된다. 거대한 장식적 구성물은 건물을 '점유하고', 그것에 탁월한 동질성을 부여한다.

장식에 새로운 생명이 주어지면서 건축의 시화詩化와 감각화가 이루어진다. 미니멀한 금욕주의 대신 감성이 느껴지는 전면과 바로크풍의 모티프, 직물과 광주리와 금은세공품의 섬세함을 연상시키는 "건축의 레이스"[9]가 나타난다. 레스터 쇼핑센터(포린오피스 건축사무소)에서 2010년 상하이 만국박람회 폴란드관(WWA 건축사무소, 바르샤바)에 이르기까지, 그리고 파리의 장 부엥 경기장(루디 리초티Rudy Ricciotti)에서 지다 공항(렘 콜하스Rem Koolhaas)에 이르기까지 많은 건축물의 외관이 레이스 세공품을 연상시키는 다양한 형태의 거대한 헤어네트처럼 생겼다. 컴퓨터 프로그램과 강력한 성능의 자재 덕분에 유려하고, 불규칙적이고, 감각적인 형태의 복합적인 뒤얽힘과 섬세한 모티프로 만들어진 전면이 창조되었다. 장식성을 내세움으로써 레이스와 강철, 헤어네트와 콘크리트, 효율성과 감각의 즐거움, 현대성과 시詩, 가벼움과 장식을 결합하는 표면의 건축이 자리를 잡았다.

게다가 건물의 구조 자체는 전체적인 장식과 이미지, 시적 형태로 인정될 수 있다. 그래서 나뭇가지들이 서로 얽혀 있는 모티프는 도교에 있는 토즈 건물의 구조 자체를 이룬다. 이를테면 이토 도요는 여기서 장식과 표면, 구조를 유기적으로 통합하는 데 성공한 것이다. '새

둥지'처럼 생긴 베이징 국립경기장은 또한 "장식과 구조가 일체화되는"(헤르조그와 뫼롱) 조각의 형태로 보이기도 한다. 이 경기장에 관해서는 구조적이며 장식적인 것이라고도 말하고 '장식적 구조주의'라고도 말하는데, 이건 정확한 지적이다. 하이퍼모던 시대에 장식은 더 이상 과도하게 덧붙여진 요소나 국지적인 장식이 아니다. 그것의 이미지와 전체 조직 속에서 건축물이 포괄적이고 단일한 장식으로 인정되는 것이다.

투명성, 빛, 그리고 비물질화

건축가들에게는 가벼움의 효과를 얻는 방법이 두 가지 있다. 첫 번째 방법은 건축물의 스타일과 구조, 형태와 관련되어 있고, 두 번째 방법은 새로운 재료의 사용과 관련되어 있다. 이 점에서 자연광이 건물 안으로 뚫고 들어오게 하고, 외부 세계로 나가는 통로를 제공해 주는 유리는 매우 중요한 역할을 한다.

○── 유리, 발전과 힘의 상징

현대 건축가들이 유리를 열광적으로 사용하는 것은 이성과 명료성, 기능성의 세계에 봉사하도록 빛과 공기, 태양을 순환시키는 건축술의 합리주의적이며 위생학적인 요구와 불가분의 관계에 있다. 발전의 상징인 유리는 진실과 위생, 투명함과 도덕성의 기호로서 인정된다. 그것은 생활 공간과 작업 공간에서 모두를 위한 새로운 삶의 질을 보장하는 자연조명의 의지를 구체화한다.[10] 커다랗게 뚫어 유리를 끼운 공간, 자유로운 평면, 칸막이벽은 환함에 대한 이러한 현대적 요구를 구체화한 것이다.

그와 동시에, 유리의 사용은 산업적 현대성과 기술자 정신을 찬양한다. 팩스턴이 설계한 수정궁은 유리로 되어 있고 규격화된 조립식 구성 단위들로 이루어져 있다. 이 건물은 진보와 연쇄 생산, 건물의 산업화에 대한 믿음의 상징으로 드러난다. 이 건물은 그 자격으로 '산업 혁명의 파르테온'이라는 칭호를 얻었다.

현대 건축가들은 육중한 물질성과 과장된 것, 그리고 마지막으로 거짓됨의 건축을 거부한다. 유리가 끼워진 기다란 연속 공간은 그것이 건축물을 순화할 수 있고, 그것을 부르주아적 거짓과 불투명함으로부터 해방할 수 있는 "비물질화의 힘"[11]을 갖고 있다는 이유로 찬양받았다. 유리의 투명성에 높은 가치를 부여하는 것은, 기능주의적 관점이 형태들의 이화異化를 거부한다는 증거 가운데 하나에 불과하다. 이런 점에서 본다면, 가벼움의 숭배는 유희적이거나 경박하다. 즉 진실과 도덕성, "건설적인 정직함"(헨드릭 페트뤼스 베를라허Hendrick Petrus Berlage)에 대한 요구가 이러한 숭배의 토대를 이루고 있는 것이다.

최초의 유리 건축물들은 단숨에 엄청난 영향을 미쳤다. 수정궁 (1851년)은 거대한 유리 구조물로서 강렬한 비물질성과 가벼움의 느낌을 불러일으켰다. 이를테면 그것은 건축에서 일어난 혁명의 출발점이었다. 나중에 브루노 타우트Bruno Taut는 1914년에 개최된 베르크분트 전시회를 위해 전체가 유리로 되어 있는 것처럼 보이는 전시관을 건설했다. 이 건물은 프리즘을 이용하여 비물질적으로 보이는 돔을 그려내는 상부와,[12] 내부에서 이루어지는 다채로운 빛의 놀이를 통해 놀라운 반응을 불러일으켰다. 유리의 중요성은 페터 베렌스Peter Behrens 의 터빈 공장(1909년)과 발터 그로피우스Walter Gropius의 파구스 공장

(1911년)에서도 나타난다. 이 파구스 공장은 건물 정면 중 하나가 거의 완전히 유리로 덮여 있다. 그것은 때로 건축 역사상 최초의 칸막이벽으로 여겨지기도 한다.

그로피우스는 또 1926년에 정면 겸 칸막이를 바우하우스 학교 건물에 통합한다. 건물의 좌우 불균형과 3층에 걸쳐 유리가 끼워져 있는 건물 정면은 이 건물에 전대미문의 가벼움을 부여한다. 즉 바우하우스 아틀리에에 날개가 달려 지면 위를 떠다니는 듯 보이는 것이다. 거대하고 장중한 벽이 제거되는 동안 질량 효과mass effect와 전통적인 '닫힌 외관'은 사라지고 빛과 투명함의 건축이 등장했다. 피에르 샤로Pierre Chareau가 설계한 메종 드 베르Maison de verre(1931년)의 원칙이 되는 것 역시 이 같은 발광發光의 추구로서, 마당 쪽으로 나 있는 정면은 유리블록으로 이루어져 있어서 반투명 봉투나 극장 스크린처럼 보인다. 모더니즘 시대에 접어들면서 빛의 건축이 더 나은 삶의 매개체가 되어야 한다는, 그리고 비밀도 없고 미스터리도 없으며[13] 숨이 막힐 듯한 '부르주아지' 미학으로부터 해방된 도시국가의 상징이 되어야 한다는 이상이 자리를 잡았다.

1946~1951년에 미스 반데어로에의 위대한 걸작 판즈워스 하우스가 탄생했다. 강철로 된 얇은 기둥 위에 매달려 있는 직사각형의 유리 상자처럼 설계된 이 건물은 그의 원칙인 '거의 아무것도 없음'과 투명하고 미니멀아트적인 건축의 최고의 표현으로 보인다. 외부와 내부의 단절을 사라지게 하는 거대한 수평 유리 연판으로 이루어져 '공중에 떠 있는 듯' 보이는 빌라인 이 판즈워스 하우스는 마치 "지면 위로 부상해 있는 듯한"(프란츠 슐츠Franz Schulze) 환영幻影 효과를 불러일으킨다.

투명한 건축이라는 혁신적 개념은 또한 미스 반데어로에의 유명한 유리 마천루 프로젝트에서 희망찬 미래를 발견했다. 골조는 쇠로 되어 있고, 거대한 유리 표면으로 완전히 덮여 있는 이 고층건물에서 건물 전면은 극단적으로 가볍고 간결한 칸막이벽처럼 보인다. 이 프로젝트의 핵심은 내부의 찬란함에 대한 추구와 반사의 놀이다. 유리에 중요성을 부여하는 것은, 투명함의 효과와 "물질화된 비물질화의 역설, 또는 비물질화된 물질화의 역설"[14]이다.

이 프로젝트는 실현되지 않았지만, 우리는 제2차 세계대전이 끝나고 나서 미국에서 미스 반데어로에의 칸막이벽과 미니멀리즘이 맞게 될 운명에 대해서는 알고 있다. 1950년대부터 유리와 강철로 만든 칸막이벽으로 외장을 한 국제 양식의 마천루가 증가하기 시작했다. 모든 대기업이 그 높이가 곧 재정적 성공의 지표인 유리로 된 고층건물을 갖는 데 큰 관심을 갖기 시작했다. 1950년대부터 80년대까지 큰 성공을 거뒀던 국제 양식이 유행하면서 직선의 단순함과 평평한 지붕, 매끈하고 특징 없는 전면, 점점 더 높아지는 까마득한 고층건물과 유리로 뒤덮인 장방형 입체를 특징으로 하는 미니멀한 마천루들이 강한 인상을 주었다. 마천루는 압도적인 무게와 가벼움이 섞여 있다는 느낌을 불러일으키는 건축물이다. 한편으로, 그것은 상승의 기세와 수직성이 발휘하는 힘으로 중력의 법칙에 도전하는 것처럼 보인다. 또 한편으로 그것은 경제적 부와 성공의 상징으로서 권력의 무게와 비인간화된 프로메테우스 정신을 동시에 표현한다. 초기에는 칸막이벽이 혁명적인 유토피아의 원동력인 듯했지만, 지나치게 높은 유리 고층빌딩은 점점 더 자본주의를 추종하는 기업의 막강한 힘을 상징하기 시작했다. 보이는 건 가벼움의 스펙터클보다는 경제적 세계화의 주역들이 갖고 있는 필요 이상으로 큰 권력의 영향력과 거대주의에 대한 경쟁이다.

○── 투명성의 변화

그러나 우리는 유리를 사용함으로써 새롭게 비물질화를 추구하는 시대에 살고 있다. 1980년대 이후로 유리의 성공은 이제 더 이상 입증할 필요가 없으며, 투명한 건축의 새롭고 풍요한 방향을 알려주는 뛰어난 건축물은 얼마든지 있다. 명성이 높은 호화로운 건축물들은 이 소재와 깊이 관련되어 있는 반면 눈에 잘 띄지 않지만 혁신적인 형태들은 증가하고 있다. 탈구조적 건축과 나란히, 순수주의를 지향하는 간결한 건축 방식은 계속 이어지고 있다. 루브르 미술관의 피라미드(페이)와 그레이엄 필립스의 스카이우드 하우스, SANAA가 설계한 랑스의 루브르 미술관이 그 사실을 증명해 준다.

다른 건축가들도 도저히 있을 법하지 않은 형태의 건축물, 예컨대 가든 그로브 커뮤니티 교회(필립 존슨Philip Johnson, 존 버거John Burger)와 대영박물관의 그레이트 코트(노먼 포스터Norman Foster), 도쿄 국제포럼(라파엘 비뇰리Rafael Viñoly) 등을 창조했다. 국제 양식의 차가운 몰개성은 사라지고 개성이 강하게 느껴지는 건축물들이 세워진 것이다. 유리는 합리성, 기능적 진실과 결합되어 독특한 창조성과 독창성, 표현성을 발휘하게 된다.

영웅적인 현대성의 시대에, 유리는 과거의 모델에서 벗어나 건축물 내부에 최대한의 빛을 가져오고 순수한 건물을 창조하기 위한 미니멀한 덮개로 구상되고 사용되었다. 수십 년 전부터 유리에서 자율적인 재료를, 색깔과 반영과 투명함의 놀이를 창조해 내는 시적 스크린을,

그것의 비물질화에 기여하는 유동적 건축의 가능성을 보는 새로운 패러다임이 자리를 잡았다. 카르티에 재단(장 누벨)은 시간과 계절에 따라 외관과 색깔이 바뀌며, 그 투명함과 반영으로 거의 비물질적인 건물로 보인다. 이제는 건축의 가벼움을 창조하는 것이 아니라 "빛과 함께 건설하고"[15] 빛과 일시적 효과, 주변의 변화무쌍한 반영을 통해 건축을 비물질화해야 하는 것이다. 장 누벨은 다음과 같이 말했다. "투명함, 그것은 무엇보다도 건축물이 주변 경관에 동화되게 하고, 존재하는 것과 지어진 것의 간섭을 도와주고, 주변 환경 일체를 창조된 공간과는 완전히 별개의 구성 요소로서 통합하는 방식이다. 그것은 본래 이 환경의 변화와 함께, 그리고 빛과 색깔의 변화와 함께 구성하는 것을 전제로 한다."[16]

빛 자체가 변화시켜야 할 재료가 되면 새로운 건축은 건축적 효과의 항구성보다는 외관과 변화, 잠재성의 효과를 더 중요시하게 된다.[17] 1975년에 노먼 포스터가 설계한 윌리스, 페이버 & 뒤마 사 본사 사옥은 이 길로 들어서는 첫 번째 걸음이라고 말할 수 있었다. 낮에 거울처럼 생긴 구부러진 정면이 주변의 도시 풍경을 반사하고, 그 덩어리가 서서히 사라지면 빛을 발하는 반영의 놀이와 영롱한 광채의 효과가 이 건축물에 비물질적인 외관을 부여한다. 일시적인 것과 불안정성, 불분명함과 결합되어 있는 새로운 가벼움이 만들어지는 것이다. 카르티에 재단을 보면 반영이 계속되기 때문에 자기가 하늘을 보고 있는 것인지 아니면 하늘의 반영을 보고 있는 것인지 알 수가 없으며, 공원의 나무가 건물 안에 있는지 밖에 있는지, 지금 보고 있는 것이 반영인지 아니면 현실인지를 생각하게 된다. 즉 끊임없이 이어지는 빛의 놀이가 내부 공간과 외부 공간의 분리 속에서 불분명함을 만들어 낸다. 유리와 더불어 건축물의 반사와 비현실화, 비물질화의 특징으로 가벼움의 건축을 구성하는 길이 새로 열린 것이다.

책임져야 하는 가벼움

유리를 넘어서는 다른 재료와 프로젝트들이 현대 건축에서 가벼움을 추구한다는 사실을 보여주며 대성공을 거두고 있다. 직물 구조와 부풀려지는 구조,[18] 그리고 쉽게 재활용할 수 있고 환경을 존중하며 건축을 하는 데 쓰이는 다양한 자연 재료들이 그 점을 증명한다.

○── 직물 건축

해체하기 쉽고 부피가 크지 않아서 쉽게 옮길 수 있는 가벼운 직물 건축(인디언의 원추형 천막집, 전통적인 유목민 천막집)은 태곳적부터 존재했다. 그러나 그다지 견고하지 못한 이런 종류의 재료는 영구적 건축물에는 사용되지 않았다. 그러나 지금은 바뀌었다. 새로운 재료들(PVC를 입힌 폴리에스테르섬유, 폴리테트라플루오르에틸렌을 입힌 유리섬유, 테플론을 입힌 유리직물)이 개발된 덕분에 직물막이 씌워진 구조물을 영구적인 건축물에, 특히 경기장의 지붕이나 기차역, 공항의 홀에 통합할 수 있게 되었다. 프라이 오토Frei Otto는 이 직물 건축의 선구자다. 그 덕분에 뮌헨 올림픽경기장 지붕(1972년)이나 하노버 만국박람회 일본관(2000년)을 지을 수 있었다. 가볍고, 일시적이고, 이런저런 수단을 절약할 수 있고, 자연을 존중하는 건축을 추구하던 그는 1964년에 슈투트가르트에 '가벼운 구조 연구소'를 설립했다.

합성 막을 주성분으로 해서 만들어지는 직물 건축은 특히 스포츠

경기장과 수영장 지붕, 임시 거처, 차양, 지붕이 덮인 아케이드, 고속 도로 요금소 등을 지을 때 큰 성공을 거두었다. 월터 버드Walter Bird와 데이비드 가이거David Geiger, 호르스트 베르거Horst Berger가 설계한 건축 물들은 금속-직물 구조물의 상승을 너무나 잘 보여준다. 이 '가벼운 구조물'의 발달은 물론 기술 혁신의 쾌거 덕분일 뿐 아니라 사용과 조립 능력, 해체, 신속한 변경의 유연성을 가진 가벼운 구조물에 대한 새로운 수요 덕분이기도 하다. 지금은 직물 구조물을 위한 합성 직물 재료들이 단지 가벼움만을 위해서 쓰이는 것은 아니다. 그것들은 책임 있는 건축 방식으로 건축물을 짓는 데 소용된다.

⚬── 지속적인 가벼움과 인간적인 책임

건축에 사용된 가벼운 재료는 이뿐만이 아니었다. 반 시게루는 시간이 없을 경우에 건축 요소로 쓰이는 판지관板紙管 덕분에 유명해졌다. 재생 가능하고 가볍고 값싼 이 재료는 1995년 고베에서 일어난 지진의 희생자들과 1994년 르완다에서 벌어진 인종 청소의 난민들을 받아들이기 위해 사용되었다. 이 페이퍼 로그 하우스Paper Log House는 희생자들이 직접 지을 수 있었다. 쉽게 조립하고, 해체하고, 운송하고, 저장할 수 있는 이 임시 거처는 재생하는 데 비용이 거의 들지 않는다. 모래를 가득 채운 플라스틱 맥주상자 위에 지은 페이퍼 하우스에서는 흔히 인재人災 상황에서 사용되는 '더럽고 초라한' 텐트에서보다 더 안락하게 지낼 수 있다.

반 시게루는 바로 이 건축 재료를 사용해 하노버 만국박람회 일본 관처럼 웅장한 구조물도 설계했다. 그것은 공간이 유려하고, 사용된 재료가 전시 뒤에 모두 재활용된 부드러운 사인 곡선 형태의 구조물이다. "부서지기 쉬운 재료로도 튼튼한 건축물을 만들 수 있다." 재료와 수단을 절약하는 데 집중하는 반 시게루의 프로젝트는 판지나 종이, 나무, 대나무와 같은 자연 소재를 사용하여 구체화된다. '로테크low tech'식 접근을 요구하는 반 시게루는 우아한 미학뿐 아니라 위대한 인도주의적 대의에 봉사하는 건축물을 지을 수 있게 하는 가벼운 구조물에 새로운 의미를 부여한다.

가벼움의 요구는 이제 스타일의 문법이라는 문제만 참조하는 것이 아니다. 그것은 건축물이 환경(자연적인 환경이든 문화적인 환경이든)과 맺는 관계 속에서 구상하는 의미 및 방식과도 관련된다. 녹색 건축 또는 생태 건축은 이렇게 순풍에 돛 단 듯이 잘되어 나가고 있다. 이 녹색 건축의 목표는 건축물에 필요한 에너지의 양을 줄이고, 재생에너지를 사용하며, 그 지역에서 생산되는 재료를 사용하는 것이다. 건축이 환경이라는 절대적 필요성을 고려하지 않아도 자리 잡을 수 있었던 시대는 이제 지나갔다. 이제 건축은 자연과 공존할 수 있도록 덜 공격적이고, 천연자원을 더 이용하는 새로운 방법을 찾아야 한다. 이제는 환경에 가벼운 영향을 미치고, 탄소를 덜 배출하는 생태적 건축을 만들어야 할 때가 된 것이다.[19] 단순화와 투명함이라는 현대적인 요구에 이제는 도시를 만들고, 건축이 생태계에 가하는 압박을 완화하는 우리 방식의 생태계적 흔적을 감소시켜야 한다는 요구가 덧붙여졌다. 하이퍼모더니티와 더불어 옛날에는 모순으로 보일 수도 있었을 것이, 즉 책임지는 가벼움이 자리를 잡았다.

이러한 관점에서 수많은 현대 건축가들은 친환경적이고 가벼운 재료를 선택한다. 아마와 대나무(시몬 벨레즈Simon Vélez)는 개인 주택과 공공건물, 다리, 공장을 건설하기 위해 사용되었다. 베네데타 타글리아

부에 Benedetta Tagliabue가 설계한 상하이 만국박람회 스페인관은 방수가 되는 버드나무 널판자로 뒤덮여 있었다. 렌초 피아노가 설계한 장마리 치바우 센터와 장 누벨이 설계한 케 브랑리 박물관에도 나무가 사용되었다. "더 적은 것이 더 많다." 이 현대주의적 금언은 여전히 유효하다. 물론 이 원칙은 이제 장식의 과잉에는 적용되지 않고 과도한 생태학적 흔적에만 적용된다.

이러한 관점에서 구마 겐고는 일본에서 구할 수 있고 가벼워서 경제적이고 생태적인 방법으로 건축할 수 있는 건축 재료를 사용함으로써 전통적인 일본 건축을 재해석한다. 이렇게 해서 특히 그는 전통적인 건축 재료인 대나무에 다시 가치를 부여했다. 대나무와 반짱(쌀종이), 청석돌, 유리로 만들어진 그레이트 월 하우스는 풍경 속에 섞이는 데 성공한 가볍고 열려 있는 구조물이다. 이 일본 건축가는 이렇게 선언한다. "나는 건축물을 지우고 싶습니다." 구마 겐고는 단순함과 형태의 순수함, 유동성과 투명함을 찬양하는 스타일을 통해 동양과 서양, 전통과 현대성, 자연과 기교의 종합을 실현했다. 건축은 이제 더 이상 자연을 지배하려 하면 안 되고 자연에 복종해야 한다. 외부의 변화에, 빈 것과 꽉 차 있는 것의 놀이에 열려 있는 구조물 덕분에 그것을 둘러싼 환경 속으로 '사라져야 하는' 것이다.

○── 책임 있는 디자인

똑같은 방식이 생산품의 수명이 이어지는 동안 내내 환경의 문제를 고려하는 데 몰두하는 현대적 디자인이 한 부분을 이끌어 간다. 바로 이것이 생태적 영향을 제한하고, 오염하지 않고 생산하고, 적합한 재료와 기술을 선택하고, 삶의 질을 개선하고 지속적인 발전을 이루기 위해 "재료와 에너지를 절약하라"(마르크 베르티에Marc Berthier)고 요구하는 에코 디자인이다. 가벼움에 관한 한 우리는 이렇게 진정한 패러다임의 변화를 목도한다. 가벼움은 이제 순화된 미학에 상응할 뿐 아니라 현재와 미래의 생활 조건을 최적화하기 위해 생산물의 구상과 생산, 유통의 전 단계를 포함하는 다多기준의 프로젝트와 포괄적인 이상이 되었다. 대상과 현재에 집중하는 합리주의적·기능주의적 가벼움에서 환경 효율성과 지구의 미래에 집중하는 가벼움·지속성으로 옮아간 것이다. 이제 디자인의 가벼움은 스타일의 유동성과 결합되듯이 환경보호라는 절대명령과도 결합될 것이다.

마르크 베르티에르는 다음과 같이 강조한다. 이러한 관점에서 "가벼움의 개념은 〔…〕 무중력으로 제한되지 않는다. 가벼움이란 곧 구식화를 멀리하면서 본질적인 것을 향해 가는 것이다. 이것은 디자이너의 영원한 도전 가운데 하나다." 가장 중요한 것은, "똑같은 안락함을 얻기 위해 재료를 덜 사용하는 것"(벤저민 휴버트Benjamin Hubert)이다. 이 모든 디자이너들에게 가벼움이란 이미지와 '장식', 시각적인 것에 도움이 되는 가치라기보다는 보편적인 윤리적 명령이며, 환경을 존중하면서 생산물을 구상하고 만드는 방식이라고 할 수 있다. 지속 가능한 디자인의 시대에 가벼움은 미학과 윤리를, 우아함과 생태에 대한 책임을, 지구의 현재와 미래를, 유동적인 스타일과 (라슬로 모호이너지László Moholy-Nagy가 소중하게 생각하는 1940년대의 표현을 빌려 쓰자면) "삶을 위한 디자인"을 결합하는 프로젝트다.

감각적인 건축을 향하여

모더니티는 새로운 가벼움의 미학을 만들어 냈지만, 이 미학이 모든 곳에서 성공적으로 구체화된 것은 결코 아니다. 기능주의적인 거대 베드타운 단지와 질서정연한 콘크리트 제국을 마주 보며 느끼는 것은 공기처럼 가벼운 우아함이라기보다는 단조로움과 변함없음, 표준화된 건물의 육중한 무게다. 현대성은 위생과 합리성, 빛, 살아야 할 기계의 이름으로 가벼움이 성공을 거두게 하기보다는 그것을 더 한층 파괴했다. 현대주의적 가벼움은 그 반대쪽으로 돌아섰다. 바로 이것이 건축적 현대성의 '참을 수 없는 가벼움'이다.

우리는 바로 이러한 현대성의 초기 형태가 다시 문제시되는 순간에 살고 있다. 최고의 현대 건축가들은 자율적이고 지역과 상황에 무관심한 국제주의 방식을 비난하며 현대주의적인 타불라 라사tabula rasa〔어떤 일의 진행에 대해 정해진 의견이 없는 상태—옮긴이〕의 오만하고 지배적인 폭력을 거부한다. 반대로 생태적 명령뿐 아니라 맥락도 존중하는 개입 방식을 권장하는 새로운 건축이 자리를 잡고 있다. 문명의 차이와 도시 및 구역, 특징적인 풍경, 활기 넘치는 장소의 정체성을 존중하는 '상황 건축'이나 '루이지애나 건축'(장 누벨)이 가벼운 건축으로 인정된다. 생산성 위주의 기능주의와 콘크리트 상자를 복제하는 데 반대하여 현존하는 도시와의 연속성 및 과거와 미래, 자연과 기술 간의 조화로운 관계를 만드는 가벼운 방식의 건축을 촉진해야 한다. 이제 더 이상 기억을 부정하고 주변 경관에 무관심한 건축물을 짓지 말고 도시 조직의 이질성을 받아들이고, 옛날에 지은 집합체 건물을 재생하고 변모시켜야 한다. 렌초 피아노는 말한다. "도시의 구조를 폭발시키는 대신 보완해야 한다."

하이퍼모던 시대의 가벼움의 이상은 미학이나 스타일의 영역을 넘어선다. 즉 그것은 배경과의 조화나 일치를 추구하는 건축 행위의 정신을 전제로 한다. 그 안에서 건축이 이루어지는 주변 환경에 대한 통합이나 적응에 대한 관심을 특징으로 갖는 건축은 이렇게 해서 가벼워진다. 미래의 가벼움은 이제 더 이상 진보의 기술적 합리성을 숭배하는 국제 양식의 가벼움이 아니라 다시 진정한 삶의 장소가 되는 도시를 위하여 하이테크 지능과 감각 가능한 차원의 교배를 목표로 하는 가벼움이다. 새로운 건축적 가벼움은 배경에서 유리된 폭력에 맞서 주변 환경에 순응하고, 유연한 방식으로 도시에 개입할 것을 요구하며 나아가야 할 길을 모색한다. 문제는 현실이 따라올 것인가, 하는 것이다.

연금술로서의 건축

건축은 19세기부터 건축물을 가볍게 만드는 길로 들어섰다. 사용되는 재료와 미학은 변화했지만, 가벼움의 이상은 여전히 존재한다. 그렇다면 이러한 의문을 피할 수 없다. 가벼움에 대한 이러한 가치 부여는 무엇에서 기인하는 것일까? 이러한 현상의 기저에는 기술적이거나(새로운 재료) 경제적이거나(국제 양식은 건축 비용을 최소한으로 줄일 수 있게 한다) 이념적이거나(진보·위생) 미적인(현대 예술의 영향) 이유 등 여러 가지 이유가 존재한다. 그렇지만 또 하나의 본질적인 이유가 강조되어야 한다.

첫 번째 중요한 사실은 건축이 거의 존재론적으로 건축 재료가 구성하는 '무거운 것'에 토대를 둔 예술이라는 사실이다. 이 점에서 건축은 렌초 피아노가 정확히 지적했듯이 "가장 물질주의적인 직업"으로 간주될 수 있다. 따라서 가벼움은 건축가가 할 수 있는 가장 큰 도전에 해당한다. 즉 무거운 것으로 가벼운 것을 만들어야 하는 것이다. 그리고 바로 이 '초인적'인 도전이 가벼움을 현대 건축의 최고 이상으로 만드는 데 기여한다. 왜냐하면 현대 문명은 본질적으로 프로메테우스적이기 때문이다. 즉 현대 문명은 주어진 것과 '불가능한 것'을 거부하면서, 세계의 기술적 제어와 현실의 무한정한 지배 과정 속에서 분명하게 자신의 존재를 드러낸다. 건축은 맨 꼭대기가 거의 투명한 '끝없는 탑Tour sans fins'(장 누벨)〔1988년에서 1992년 사이에 파리의 라데팡스에 세우기로 계획되었으며, 세워졌더라면 높이가 425미터로 유럽에서 가장 높은 콘크리트 빌딩이 될 뻔했다. 그러나 2000년에 최종적으로 건설이 취소되었다―옮긴이〕을 세우겠다는 야심을 품으면서 이 세계의 일부가 된다. 중력과 싸우고, 콘크리트의 무거움을 공중에 떠 있는 투명한 건축물로 변화시키는 것, 이보다 더 창조적인 일이 어디 있겠는가. 그 어떤 건축적 도전도 이보다 더 야심 찰 수는 없다. 이러한 도전이야말로 가벼움의 현대적 '강박'이나 꿈의 원칙인 것이다. 가장 물질주의적인 활동은 또한 '가장 이상주의적'인 활동이기도 하다.

무거운 것을 가벼운 것으로 바꾸는 것. 건축의 미학적 목표는 바로 이 연금술을 통해 확실하게 드러난다. 이를 통해 건축의 작업이나 야심은 원소들의 연금술적 변환과 어느 정도 관련이 있는 다른 예술의 그것과 평행한 것으로 드러난다. 시의 언어는 이미지가 된다. 음악의 음(音)은 감정을 일깨운다. 조각품의 대리석은 형태의 우아함을 위해 사라진다. 2차원으로 표현되는 원근법 회화는 심도를 만들어 낸다. 무용수의 몸은 지구의 중력에서 벗어나는 듯하다. 건축은 무거운 물질성을 공기처럼 가벼운 구성으로, 견고한 성분을 점점 사라지는 형태로, 물질적인 밀도를 반투명한 비물질성의 스펙터클로 변모시킨다. 가벼움은 건축의 시적 연금술이 찾는 금金이다.

이탈로 칼비노Italo Calvino는 작가로서 자신의 작업에 대해 이렇게 썼다. "거의 대부분 나의 개입은 무게를 줄이는 것을 통해 표현되었다. 나는 때로는 인간의 형상에서, 때로는 천체에서, 또 때로는 도시국가에서 무게를 제거하려고 애썼다. 특히 나는 이야기의 구조와 언어에서 무게를 제거하려고 노력했다."[20] 이 말은 피아노의 말과 견주어 볼 수 있다. "내가 젊은 건축가였을 때 나는 그것이 무너질 때까지 덜어내어 가볍게 만들겠다고 생각하곤 했다(지금도 이런 생각을 하는 것을 좋아한다). 나는 이러한 접근법을 '긴장하여 가볍게'라고 부른다." 건축에서도, 글쓰기에서도 가벼움은 구상 작업을 지속적으로 이끌어 나가는 원칙으로 간주된다. 우선은 가벼움이 고상함과 아름다움, 공기 같은 우아함과 결합되어 있기 때문이다. 그러나 또한 그것이 작품의 진실과 힘의 문제이기 때문이기도 하다. '무게를 줄이다', 이것은 본질적인 것만을 남겨 두고 작품에 그것의 힘 전체를, 그것의 가장 큰 힘을 부여함으로써 작품의 '본질'에 접근하는 데 필요하지 않은 모든 것을 제거한다는 것을 의미한다. '보다 덜'이라는 작업은 엄격함의 길이며, 건설적인 진실에 내재하는 완벽함의 도구다. "나는 가벼움이 정확함 및 확고함과 연관되어 있지, 애매모호한 것 및 불확실한 것과는 연관되어 있지 않다고 생각한다." 폴 발레리가 말했듯이, "깃털처럼 가벼워야 하는 것이 아니라 새처럼 가벼워야 한다."[21] 니체는 딴말을 하지 않았다.

제7장

우리는 쿨한가?

Sommes-nous cool?

삶을 가볍게 한다는 현대의 계획은 물질적 생활 조건을 개선하고 소비지상주의를 민주화하면서 확실하게 구체화되었다. 그러나 이 계획은 이 유일한 물질주의적 영역을 많이 넘어선다. 즉 함께 살아가는 방식, 우리가 전통과 제도와 집단적인 환경과 맺는 관계에도 역시 관여한다. 사회적 중압감에서 벗어나려는 시도가 지난 20세기 후반에 이루어지면서 함께 있는 방식과 자기 자신 및 타인과의 관계, 사회화와 개인화의 형태에 엄청난 변화가 일어났다. 금지와 터부의 중압감을 떨쳐 버리는 것, 우리 좋을 대로 육체적 쾌락을 즐기는 것, 모든 것으로부터 해방되어 초연하고 더 유연하게 사는 것, 즉 존재의 가벼움은 하나의 갈망이, 하나의 민주적이며 대중적인 에토스가 된 것이다.

대규모 사회현상으로서 이러한 역학은 1960년대에 반反문화 운동이 크게 일어니는 가운데 비약했다. 반체제 운동은 부르주아적·가족주의적 속박을 격렬하게 비난하고, 납 덮개 같은 순응주의와 숨 막히는 철창 같은 계급제도에 맞서 싸우면서 총체적이며 주관적인 자유와 금지 없는 성도덕, 사회적 중압감에서 해방된 삶을 찬양했다. 즉 공백 기간이 없는 일종의 영원한 축제를 벌이면서 낡은 세계의 중압에서 해방되고자 했다. 반도덕주의가 자기 자신을 절대자로 높일 수 있고 쾌락을 즐길 수 있는 권리라는 이름으로 크게 유행했다. 의무나 속박 없이 '거침 없이' 살아가는 것, 즉 반문화는 일체의 사회적 중압감을 떨쳐 버린 삶의 유토피아에 의해 지탱되는 것이다.

68혁명의 여파가 계속되는 가운데 부부 관계와 혈통, 성생활, 그리고 남성과 여성, 부모와 자식 간의 관계를 지배하는 코드뿐 아니라 교육과 '처세술', 옷 입는 법까지도 똑같이 관례가 완화되고, '부르주아적'인 형식주의와 관습, 강제적인 의무가 거부되었다. 집단적인 억압과 규정을 완화하고, 과중한 사회적 법규에서 벗어나려는 시도가 도처에서 이루어졌다. 노동과 사회적 성공을 숭배하던 것이 '해방된' 성과 음악, 여행, 마약을 통해 새로운 삶의 형태를 추구하는 것으로 바뀌었다. 즉 오르가슴에 도달하고, 환희를 느끼고, 하늘을 날아오르는 것, 바로 이것이 사회생활에서 절대적인 개인적 가벼움의 이상이 기초를 이루는 민주주의의 쿨한 순간이다(《옥스퍼드사전》은 '쿨cool'을 "흥분과 열정의 기운을 잃은, 덜 열광적이고 열심인, 열정과 감정에 영향받지 않으며 흥분하지 않고 심사숙고하고 조용한" 등으로 정의했다. 서양 젊은이들이 실제로 쓰는 용법과 《옥스퍼드사전》의 정의는 다른 것일까? 꼭 그렇지는 않다. 우리 시대의 '멋'의 개념이 근본적으로 '쿨'을 요구하고 있다고 보는 편이 옳겠다. 위키피디아는 '쿨'을 "언제 어느 상황에서나 안정감과 고요함을 유지하고, 자기조절을 잃지 않으면서 독립적인 태도를 갖는 것"이라고 정의했다. 이는 '쿨'이 일종의 심리적 자기방어 기제라는 것을 시사한다.

한국에선 어떤가? 1990년대 후반부터 젊은이들 사이에 최고의 트렌드로 자리 잡은 '쿨.' '뒤돌아보지 않는다', '필요 이상의 감정 소비는 바보짓이다'라는 식의 사고로 대변되는 '쿨함'은 '일탈과 반항의 코드'로 해석되며 신세대의 사고방식과 대중문화를 지배했다. 특히 디지털 문화의 개인주의적 특성과 맞아떨어지면서 '쿨하다=세련됐다=시대를 앞선다', '쿨하지 않다=촌스럽다=시대에 뒤떨어진다'라는 인식까지 낳았다. (《교양영어사전》, 인물과사상사, 2012. 10. 22) ― 옮긴이).

    욕망을 제한하라고 강요하는 사회적 관습을 거부하고, 쾌락의 추구에 집중하는 변덕스러운 삶의 모델을 지나치게 찬양하는 것이 물론 처음 있는 일은 아니었다. 계몽시대에도 방종이 삶의 이상과 사교계의 생활방식이 되었다. 옛 가치에 반대하고, 열정과 사랑의 감상벽에서 해방될 것을 권유하는 문학이 있었다. 정절은 우스꽝스러운 것이라고 선언되고, 애착이나 진지한 감정이 동반되지 않는 일탈 행위와 사랑의 모험이 찬양되었다. 남성과 여성의 관계는 술책과 전략, 전술을 기본으로 하는 놀이로서 높은 가치가 부여되었다. 방종의 세계에서 중요한 것은 장애물을 넘고, 이 여자 저 여자 닥치는 대로 건드려 보고, 전리품을 수집하고, 여자들을 정복하는 것이다. 유혹하고, 욕망하는 존재로부터 사랑을 얻고, 전례 없는 것과 극복된 어려움 속에서 즐거움을 발견하는 것, 바로 이것이 방종한 사람의 변덕스러운 가벼움인 것이다.

    이 모델은 쿨한 정신과 아무 관련이 없다. 아마도 우리는 두 경우에서 도덕적 질서로부터 벗어나고 싶은 의지와 감각을 만족시키려는 호소를 발견할 수 있을지도 모르지만, 서로 다른 역사적 세계에서 기인한 이 두 가지 흐름 사이에는 깊은 단절이 존재한다. 방종한 자의 활기찬 가벼움은 표현의 우아함과 감정의 은폐를 요구하는 관습이 실행이자 유혹의 계획이다. 경쾌한 동작과 태도, 거리낌 없고 형식을 무시하는 태도와 결합되어 있는 쿨한 시대의 가벼움은 가면과 능란한 놀이 속에서 찾아지는 것이 아니라 욕망의 자발성과 주체의 진실성을 통해 찾아진다. 방종한 가벼움은 서로 다른 성의 역할을 다시 정하며, 쿨한 것의 가벼움은 평등주의적이다. 첫 번째는 제한된 사회 엘리트 계급의 경계선을 벗어나지 않기 때문에 '연애전쟁'인 반면, 두 번째는 사회적 경계가 설정되지 않아 '거리낌 없고' 정복도 이루어지지 않는다. 끝나 가는 귀족 세계는 자유분방한 경박함을 만들어 냈다. 뒤늦은 민주주의와 개인주의의 세계, 쿨한 가벼움.

쿨한 것은 한 시대의 지배적인 분위기였다. 그러나 보편화된 경쟁력과 자기반성의 시대에도 여전히 그럴까? 그것은 여전히 체험된 세계의 진리일까? 풍습의 혁명은 더 가볍게 사는 것을 실제로 가능하게 했을까? 권태에 대한 두려움이 자유분방한 자들과 페트 갈랑트fêtes galantes〔격식을 갖춘 축제―옮긴이〕의 즐거움 뒤에서 배회하고 있었다. 지금은 다른 두려움이 쿨한 질서의 이면에 존재한다. 가벼움의 약속이 증가함에 따라 불쌍한 이카로스의 날개도 계속해서 타고 있는 것이다.

제3 유형의 커플들

1960~70년대 이래로 가족이라는 영역은 혼인율과 출생률 감소, 이혼율 증가, 동거·한부모 가정과 혼외 출생 증가처럼 이제는 잘 알려져 있는 현상들의 결합으로 특징지어지는 엄청난 변화를 겪었다. 그리고 얼마 전부터는 동성 결혼이 법적으로 허용되었다. 이처럼 새로운 가족의 외관은 제도에 대한 개인적 자율의 요구가 급증했으며, 개인들이 전통적인 가족 질서의 속박에서 해방되어 스스로 선택한 삶을 살고 싶어 한다는 사실을 반영한다. 즉, 가족은 탈규제화 또는 탈제도

화된 개인화의 쿨한 지배 속에서 흔들렸다.

그 이후로는 각 개인이 함께 사는 방식을 선택해야만 했다. 결혼하는 것, 이혼하는 것, 동거 관계로 사는 것, 아이를 낳는 것, 이 모든 것이 개인적 자유의 문제가 되었다. 결혼은 이제 더 이상 부모들이 지시하는 강제적 결합이 아니며, 만일 그럴 경우 거의 모든 사람에게서 지탄받는다. 그리고 출산은 이제 타고난 운명이 아니라 하나의 선택이 되었다. 삶을 가볍게 만들겠다는 현대적 이상은 물질생활의 영역을 넘어서서 남녀의 내밀한 부부관계, 성관계의 세계에까지 퍼져 나갔다. 하이퍼개인주의 사회에서 행복에 대한 갈망은 사생활에 영향을 미치는 집단적 강제의 중압감에서 벗어난 자신만의 삶이라는 거푸집 속에 스스로를 부어 주조한다.

부부 생활의 변화는 개인화 과정이 상당한 정도까지 진행되었다는 것을 의미한다. 모든 것을 함께 나누고, 함께하고, '일체가 되기'를 강요하는 융합 커플의 모델은 쇠퇴하고 대신 주체들의 자율을 인정하는 것에 토대를 둔 부부의 구조가 등장했다. 이러한 배경에서 각자는 똑같은 순간에 다른 것을 체험할 수 있고, 친구들을 따로따로 만날 수 있으며, 혼자 축제에 갈 수 있고, 홀로 주말이나 휴가를 보낼 수 있다. 더 개인화된 삶에 몰두하는 새로운 형태의 공동 생활이 이루어진다. 즉 별도의 은행계좌를 쓰고, 같은 방에서 잠을 자지 않으며, 개인적인 계획을 추진해 나가는 것이다. 개인화의 소용돌이가 몰아치면서 자유와 욕망, 개인의 정체성, 존재의 가벼움을 억누르는 감금 구조와 동일시되는 융합 모델이 쇠퇴했다. 부부 생활을 하면서 숨을 쉬고 싶다는 욕구가 점증하면서 "가벼운 결혼"[1]의 새로운 형태들이 만들어졌다.

가벼움은 결혼 전에도 나타난다. 특히 젊은 사람들은 결혼하지 않은 채 미래를 함께하겠다는 약속이나 상호계약 없이 아주 일찍부터 함께 산다. 물론 일부는 결혼을 원칙적으로 거부하지만, 대부분은 몇 가지 방법을 실험하면서 결혼 날짜를 뒤로 미루고 '계약결혼' 기간을 늘려 나가는 것으로 만족한다. 이에 대해 장클로드 카우프만Jean-Claude Kaufmann은 스스로가 자유롭다고 느끼고, 미래에 대한 중압감 없이 현재를 살며, 자기가 제도화된 틀에 얽매여 있다고 느끼지 않을 수 있게 해주는, 즉 쉽게 관계에서 손을 뗄 수 있게 해주는 "부부 관계의 가벼움" 또는 "가벼운 동거"에 대해 말한다.[2] 하이퍼모더니티와 더불어 위험도 없고, 언제 어느 때든 변경할 수 있는 융통성 있는 계약이 기초를 이루는 일시적인 부부의 개인주의 시대가 확실히 출현한 것이다.

가벼운 동거라는 새로운 요구는 법적으로도 기록된다. 그리하여 시민연대조약Pacte civil de solidarité, PACS은 성이 다르거나 같은 두 사람의 결합을 인정하는데, 특히 헤어짐과 상속에서는 결혼보다 더 유연하다. 결혼보다 덜 공식적인 이 조약은 두 파트너 중 한 사람만 신고해도 일방적으로 무효가 되고, 소법원에 기록된다. 그런 이유로 이 조약은 점점 더 결혼과 경쟁을 벌인다. 커플들이 쉽게 깰 수 있는 이 계약을 선호하는 것이다.

○── 감정적인 것, 그리고 쓰고 버릴 수 있음

이제 과도하게 발달했고, '소비지상주의적'이며, 책임도 없고 진정한 애정도 없는 개인주의가 기반을 이루는 이러한 변화를 큰 소리로 개탄하는 모습을 자주 볼 수 있다. 이러한 평가는 과연 정당한가? 확실하지 않다. 하이퍼개인적인 것의 지배는 내밀함의 이상도, 감정의 가치도 제거하지 못했다. 아니, 그 반대였다. 부부가 가장 많은 사람들이 공유하는 이상이자 가장 중요한 준거인 반면, 유일한 합법적 결혼은 사랑에 토대를 둔 결혼이다. 감정이 이렇게까지 내밀한 행동을 지배한 적이 없었으며, 마음이 이렇게까지 정략결혼을 깎아내리는 데 성공한 적도 없다. 사랑이 노래와 문학, 영화, 여성 잡지에서 주요한 주제로 자리를 잡는데 어떻게 "감정의 빈곤화"[3]와 "세계의 탈감정화",[4] "사랑의 추잡함"[5]에 대해 말한단 말인가? 심지어 '백마 탄 왕자님'의 상상은 지금도 여전히 유효하다. 부부의 결별은 그 어느 때보다도 끔찍한 비극과 상처로 여겨지고 있다. 우리는 사랑의 관계가 오랫동안 지속되었으면 하는 기대를 접었는가? 전혀 그렇지 않다. 사실, 쿨한 규제 완화는 사랑의 담화나 기대, 공상을 전혀 깨트리지 못했다. 우리의 하이퍼개인주의 문화는 소비지상주의적인 동시에 이상적이고, 물질주의적인 동시에 감정적이다. 눈물과 우아한 행위, 연애시, 이 모든 것 중에서 단 한 가지도 사라지거나 유행에 뒤처지지 않았다. 비록 쿨해 보이기는 하지만 '낭만주의'는 여전히 가슴을 뛰게 하기도 하고, 또 고통스럽게 하기도 한다. 전통적 제도가 우리를 덜 짓누르면 짓누를수록 개인적 영역에서 감정적인 것의 무게는 더 확실하게 느껴진다.

감정이 자유로워진다는 것은 의심할 여지 없이 긍정적인 측면을 보여준다. 함께 살고 싶은 사람을 선택할 수 있고, 계약연애를 '시험'해 볼 수 있으며, 마음대로 관계를 끝낼 수 있고, 불행한 결합에서 빠져나오더라도 그것을 '영원히' 견뎌 내지 않아도 되는 것이다. 사랑이라는 감정의 영역이 활짝 열리자 우리는 나이에 상관없이 우리의 삶을 정리하고 '다시 만들' 권리를 갖게 되었다. 커플의 세계에는 바람이 통하게 할 수 있다. 사실 그 누가 옛날로 돌아가고 싶어 하겠는가?

그러나 가벼움의 혁명은 양날의 칼과도 같다. 왜냐하면 개인주의적 자유는 파괴할 수 없는 관계를 끝냄으로써 불안정한 감정과 내일에 대한 불확실성, '버려질지도 모른다는' 두려움을 그 속에 품기 때문이다. 관계의 불안정성과 결별의 용이함은 때로는 일신―新의 즐거움을, 때로는 혼자 내버려졌다는 악몽을 동반한다. 모든 것은 일시적이고 가변적이다. 그리고 언제든지 버릴 수 있다.[6] 즉 탈脫관계 과정에는 필연적으로 상처와 눈물, 실망, 실의가 뒤따르게 되어 있다. 이러한 맥락에서 많은 사람들은 고통스러운 실패를 또다시 겪게 될까 두려워서 언제 어느 때 맛보게 될지 모르는 애정 관계의 고통으로부터 자신을 보호할 생각만 한다. 위안이 되는 고독. 사람을 지치게 만드는 갈등을 겪고, 또다시 실패를 맛보느니 차라리 혼자 있는 편이 낫다는 것이다. 관계의 자유가 관계의 두려움으로 바뀐다.

요컨대, 우리를 사회적 억압의 무게에서 벗어나게 해주어야 하는 것이 오히려 반복되는 실패와 고독으로 더 무거운 짐을 안겨 주었다. 우리는 존재의 참을 수 없는 가벼움보다는 존재의 고독이 불러일으키는 중압감에 더 시달린다. 가벼운 것의 혁명은 절반의 성공밖에 거두지 못했으며, 그 대차대조표는 양면적이다. 유동성으로서의 가벼움은 승리를 거두었지만, 내적 가벼움은 그렇지 못한 것이다.

○── 쿨한 것, 그리고 그것과 반대되는 것

하이퍼개인주의적인 쿨한 질서는 가족주의적 중압감의 소멸과 불가분의 관계에 있다. 그렇다고 해서 이러한 변화가 쿨하고, 가볍고, 거리를 두는 내밀한 관계의 출현을 의미하는 것은 아니다. 앞에서 보았듯이, 결별은 계속해서 강렬한 개인적 비극의 단초가 된다. 이혼은 합법적이고, 법적으로 '수월해졌다.' 그럼에도 불구하고 이혼은 흔히 우울증과 서로에 대한 이해 부족, 앙심, 비난을 동반한다. 양육권을 얻기 위해서는 수차례 소송을 벌여야 한다. 심심찮게 부부 싸움도 벌어진다. 집단적 중압감은 가벼워졌지만 겪은 경험은 너무나 힘들고, 항상 권력의지와 증오, 후회, 갈등으로 가득 차 있다. 쿨한 개인성은 체험된 현실이라기보다는 가벼운 것이 일으킨 혁명의 신화에 더 가깝다.

이론의 여지 없이, 가정은 이제 더 이상 타인에게 종속되는 제도로 여겨지지 않는다. 애정의 중심지인 가정은 가장 많은 사람이 그것을 위하여 희생할 준비가 되어 있다고 말하는 단 하나의 제도다. 가족주의에 대한 앙드레 지드식의 증오에 뒤이어 우리가 좋아하는 애정 어린 가족이 나타났다. 그러나 여전히 가정은 수많은 폭력이 발생하는 장소다. 이미 1980년대 초에 장클로드 슈네Jean-Claude Chesnais는 다른 어떤 환경에서보다 가정에서 더 심각한 상태로 폭력이 이루어지고 있다는 사실을 강조했다. 즉 전체 살인 사건 가운데 적게는 4분의 1, 많게는 3분의 1이 가정에서 일어났다는 것이다.[7] 지금 프랑스에서는 이틀에 한 번 꼴로 부부 간 살인 사건이 벌어진다. 2012년에는 148명의 여성과 26명의 남성이 배우자나 전배우자에게 죽임을 당했다. 열 명의 여성 중 한 명은 가정 폭력을 당한 적이 있다고 밝혔다. 매년 8만 명이 넘는 여성들이 성폭력이나 성폭력 미수의 희생자가 된다. 이 중 30퍼센트는 배우자가 범인이다. 여성에 대한 폭력, 성폭행, 근친상간, 이 모든 '전통적' 폭력은 전혀 사라지지 않았다. 집단적 압박은 완화되었지만, 부부관계는 그렇지 않다. 제도적 가벼움이야말로 가정 폭력을 근절할 수 있는 힘이다.

○──── 새로운 부정, 언제나 변함없는 정조

결혼과는 달리 PACS에는 정절의 의무를 지켜야 한다고 나와 있지 않다. 그러나 그것이 이 조약이 사회적으로 성공을 거둔 이유는 아니다. 즉각적 만족의 원칙은 정절의 경계선에서 멈추기 때문이다. 정절을 부르주아적이며 억압적인 규범과 동일시할 수 있었던 반문화의 시대는 이제 끝났기 때문이다. 오늘날에는 오직 소수만이 부정不貞을 중요하지 않은 것으로 간주하고, 거의 대부분은 사랑의 배타성을 부부생활을 성공으로 이끌기 위한 필요조건으로 평가한다. 우리는 개인주의적이며 쾌락주의적인 문화가 정절의 이상이 갖는 가치를 떨어뜨리는 데 성공하지 못했다는 사실을 목도할 수밖에 없다. 거짓과 배신, 이중성과 결합되어 있으며, 현대적 진정성의 원칙과 충돌하는 혼외 관계는 도덕적·사회적 정당성을 획득하는 데 성공하지 못했다.

완전한 자율의 의지에 제동을 거는 독점적인 사랑의 모델 때문에 가벼움의 주관적 체험은 수없이 많은 실패를 맛본다. 풍습의 자유화에도 불구하고 개인들은 혼외 관계에 관한 한 전혀 쿨해지지 않았다. 신문의 사회면에 등장하는 수많은 비극적 사건들이 그 사실을 증명해 준다. 배우자가 바람을 피웠다는 사실을 알게 되면 너무나 가슴이 아프고, 그 사실을 쉽게 받아들이지 못한다. 이 점에서는 어제와 마찬가지로 오늘도 개인들이 전혀 '초연해질' 수 없다. 이미 〈무정한 남자들Les bronzés〉이라는 영화가 그 사실을 보여주었다. 쿨은 존재의 범주보다는 외양의 범주에 속하는 것이다. 현대의 개인은 쿨한 가벼움을 꿈꾸기는커녕 질투의 고통에 시달린다. 타인을 소유하고 싶은 욕망에 사로잡혀 있기 때문이다.

그렇다고 해서 부정에 대해 새롭게 생각하고 경험하는 방식이 출현하지 않은 것은 아니다. 인터넷에 들어가 보면 혼외 관계를 찾는 기혼자들을 위한 사이트가 넘쳐난다. 언론에서 젊은 여성들은 결혼식 날 전에 다른 남자와 하룻밤을 보냈다는 사실을 인정한다. '부정행위란 무엇인가?'라는 물음을 다루는 사적인 토론이나 잡지 기사는 얼마든지 있다. 부정행위는 어디에서 시작되는가? 언제 부정행위를 시작하는가? 오랫동안 지속되는 부정행위는 인터넷상의 '핫한' 대화다. 그것은 정절의 약속을 깨는 것인가? 다른 남자나 여자와 '자는' 것이 곧 바람을 피우는 것인가? 이렇게 해서 우리는 사랑의 불안정성이 새롭게 분류되는 것을 보게 된다. 즉 성적 부정, 감정적 부정, 온라인상의 부정 등 많은 부정이 다양한 평가와 해석의 대상이 된 것이다. 앞으로는 평행하게 이루어지는 이 사랑에 대해 각자 나름대로 정의를 내리고 평가해야 할 것이다. 이제 부정의 반성적·개인주의적·다원적 시대가 되었다.

이러한 맥락에서 보면 비록 독점적이지 않은 관계는 여전히 대부분 비합법적인 것으로 남아 있지만, 특히 여성들의 경우에는 그 관계가 취하는 형태가 과거와는 달리 그렇게까지 수치스럽지는 않다. 오늘날의 여성들은 자신들의 이중생활을 증언해 달라는 언론의 요청을 받아들인다. 그리고 그 생활을 그들 자신으로 남아 있을 수 있고, 계속해서 자유로워질 수 있으며, 자유롭고 독립적인 방식으로 살 수 있고, "여전히 가볍고 유희적이고 삶에 대해 알고 싶어 한다는 것"에 즐거움을 느낄 수 있는 방식으로 합법화한다.[8] 부정은 배우자와 함께하는 일상생활의 지겨움과 갑갑함을 이겨 내는 데 필요한 일종의 호흡으로 기능한다. 지금은 가벼움과 쾌락, 개인적 자율에 대한 권리를 내세워 변심에 대해 죄의식을 갖지 않는 현상이 점점 더 퍼져 나가고 있다. 그렇게 되면 가벼움은 더 이상 도덕적으로 파렴치한 행위가 아니라 부부 관계를 구하고 자신을 재정복할 수 있는 수단이다. 그리고 젊은 여성들 역시 동시에 여러 남자와 사귈 수 있는 권리를 요구한다. 우리는 지금 수백 년 동안 많은 남성들이 그랬던 것처럼 수많은 여성들이 부정을 저지를 수 있는 권리를 달라고 주장하는 시대에 살고 있다. 심지어는 부정과의 관계도 민주적 평등의 흔적을 담고 있는 것이다.

요즈음에는 부부가 '갈등을 겪고' 관계가 악화되면 간통에 대해 관용을 취하는 추세가 확실히 나타나고 있다. 즉 부부 간의 정조는 자기 희생과 극도의 노력을 요구하지 않는다는 조건에서만 여전히 하나의 가치로 남아 있는 것이다. 우리는 이제 더 이상 희생의 시대에 살고 있지 않다. 이것은 우리가 윤리적 삶과 가벼운 관계를 맺고 있다는 것을 보여주는 또 하나의 징후다.

쿨한 부모들, 허약한 아이들

가족의 변모는 부부의 삶에 영향을 미치는 변화만으로 국한되지 않는다. 그러한 변모는 또한 자식들을 키우는 방법과 부모 자식 간의 관계에도 영향을 미친다. 이러한 측면에서도 엄청난 변화가 일어났다. 개략적으로 이야기하면, 권위주의적 모델에서 유연하고 너그럽고 쿨한 모델로 바뀐 것이다. 변화가 너무 엄청나서 인류학적 혁명의 원동력이 되는 급격한 변화를 언급하는 저자가 여러 명 있을 정도다.

사회적 환경에 따라 큰 차이가 존재하기는 하지만, 제1차 현대성의 주기가 계속되는 동안 훌륭한 교육은 무엇보다도 아이의 규율과 엄격한 복종을 요구하는 교육이다. 이 권위적인 모델은 자식들의 미래와 그들이 하게 될 공부, 그들이 갖게 될 직업을 결정할 권리를 인정받는 부모들의 힘에서 표현된다. 체벌은 용인되고, 자주 이루어진다. 쥘 발레스Jules Vallès(1831~1885. 프랑스의 저널리스트이자 작가—옮긴이)는 어머니가 자기를 매일같이 때렸다고 고백했다. 많은 사회집단에서 결혼은 가족에 의해 결정되었다. 부모는 자식들의 우편물과 책을 잘 살펴보아야 했고, 그들이 입을 옷과 사귀게 될 친구들을 대신 골랐다. 원칙적으로 식사 시간 중에 아이들은 말을 할 수가 없었고, 음식도 자기들이 직접 자기 접시에 덜어 먹을 수 없었다. 지나치게 허물없는 언행은 피해야만 했고, 무엇보다도 아이들의 응석이나 변덕을 받아 주는 일은 없어야 했다. 아이들에게 삶의 냉혹함을 가르쳐 주고, 그들이 경쟁을 대비하도록 준비시키고, 복종을 실천하게 함으로써 그들에게 의무의 의미를 주입해야 한다는 생각에 엄격한 교육이 이루어진 것이다. 현대적 개인 문화는 이렇게 1960년대까지만 해도 엄격한 교육 모델을 토대로 이루어졌기 때문에 아이들의 고유한 욕망이 무엇인지 알아내는 데 장애가 되었다.

이 모델은 폐기되었다. 그것의 합법성은 무너지고, 대신 이해와 대화와 교환에 더 높은 가치를 부여하는 관계와 심리의 규범이 등장했다. 20세기 초 이후로, 엄격한 교육은 여러 개혁적 흐름의 비판을 받았다. 이해심을 발휘하고, 심리학적이며, 때로는 자유방임적인 유형의 교육이 사회에 크게 확산되었다. 어린아이의 '욕구불만'과 복종에 집중하는 시스템에 이어 아이를 즉시 행복하게 해주고, 자율성을 촉진하는 것이 최종 목표인 교육 체계가 등장한 것이다. 이 작은 존재가 갖고 있는 개인성에 대한 존중, 그리고 독립적인 삶과는 양립할 수 없다고 판단된 속박과 처벌 정신에 반대하는 새로운 교육 시스템이 정착되었다. 이제 가장 중요한 것은 규제를 가하는 것이 아니라 아이가 어떤 욕망을 갖고 있는지 들어주고, 아이의 특징이 무엇인지 알아내고, 아이가 자율성을 발달시킬 수 있도록 도와주는 일이다. 엄격한 강제와 체벌은 사라지고 유연하고, 개방적이고, 쿨한 교환과 속박 없는 성숙이 시작됐다.[9] 이제는 어린아이를 가혹하게 대하지 말고 애정과 즐거움, 이해로 가득 찬 공간에서 개인성을 존중하고 장려해야 한다.

이러한 패러다임 변화의 긍정적 측면이 과소평가되어서는 안 된다. 그러나 그 변화에 동반되는 부정적 효과 역시 은폐되어서는 안 된다. 실제로 관용적인 교육은 규칙이나 한계, 권위적인 인물의 감독, 자아를 구축하고 구조화하는 데 필수적인 규제가 없이 자라나는 바람에 뭔가 들떠 있고, 지나치게 활동적이고, 불안해하거나 초조해하고, 쉽게 상처받는 존재들의 발달을 도와준다. 이렇게 해서 심리학자들과 공공 정신병원이 경과를 지켜보는 어린아이들의 숫자가 크게 늘어났다. 이러한 교육 스타일이 현실과 대결하고, 외부세계에 적응하고, 욕구불만과 갈등을 견뎌 내는 데 필요한 심리적 수단을 어린아이들에게서, 그리고 나중에는 성인들에게서 빼앗아 버린다는 증거는 많다. 프랑스에서는 15세 소녀 가운데 20퍼센트, 15세 소년 가운데 10퍼센트가 이미 자살을 시도한 경험이 있다. 쿨한 교육 논리는 심리적 불안감과 인격의 탈구조화를 야기하고, 욕망과 충동을 다스릴 수 없게 만든다. 바로 이것이 지나친 관용 때문에 계속 자신에게서 돌아서는 하이퍼모던한 가벼움의 아이러니다.

에로스의 놀이?

성생활의 영역에는 또한 집단적 통제를 완화하는 쿨한 역학도 포함된다. 그 결과 더 유연하고 덜 규격화된 에로틱한 생활의 규칙이 생겨났다. 우리가 성의 해방이라고 부르는 것은 삶을 가볍게 만든다는 현대적 프로젝트의 가장 주요한 태도다.

◦── 쿨한 섹스

20세기 후반기에 옛날의 도덕주의적·억압적 틀에서 벗어난 새로운 성생활 모델이 자리 잡았다. 성도덕의 엄격한 원칙은 지난 20~30년 사이에 자취를 감췄다. 쾌락으로서의 섹스가 원죄로서의 섹스를 대신했고, 결혼 전의 처녀성은 이제 더 이상 아무런 도덕적 가치를 갖지 못한다. 결혼하지 않은 여성들의 자유로운 섹스를 비난하는 사람은 아무도 없다. 심지어는 동성애도 적어도 대도시에서는 더 이상 손가락질당하지 않는다. 모든 사회적 제약에서 자유로워져 성숙한 성을 추구하고 체험하는 것은 당연한 일이 되었다. 도덕적 가르침의 과중함을 떨쳐 버린 에로스는 개인의 균형과 행복에 필수적인 수단으로서 자기 자신 안에서 자신의 모든 가치를 발견한다. 타락의 도구였던 에로스는 이제 공기처럼 가벼운 삶을 살기 위한 주요한 방법 중 하나로 보인다.

세계의 낡은 무게와 맞서는 전쟁은 1960년대에 불어닥친 반체제 운동의 열풍 속에서 눈부시게 표현되었다. 욕망을 해방하는 것이 시대의 화두가 되자 사람들은 '속박 없는 즐거움'을 누릴 권리를 달라고, 모든 감정적 책임이 면제된 자유롭고 즐거운 성을 즐길 권리를 달라고 큰 소리로 요구했다. 소비사회가 지탱하는 쾌락주의적 가치와 반反문화는 성의 영역을 아무 제한 없이 자유화해 달라는 요구로 표출된 '저항'을 유발했다. 에로스는 일체의 도덕적 의미에서 분리되어 있으며, 사회가 통제할 권리를 이제 더 이상 갖지 못하는 쾌락과 동일시된다. 이제는 에로스가 짊어진 도덕적 죄의 무게를 덜어 주어야 하고, 애정 생활을 하나의 도취 상태와 영원한 축제, 삶의 불꽃으로 만들어야 한다. 인간을 아래쪽으로 끌어당기는 바람에 쇠사슬로 묶여야만 했던 것은 이제 구원의 도구로, 더 가벼운 삶의 왕도로 여겨진다.

전복은 현실에서 이루어진다. 이제 우리는 혼외정사가 더 이상 악덕과 동의어가 아니며, 각 개인이 상대가 동의한다는 조건하에 자기가 좋아하는 것을 자유롭게 할 수 있고, 동성애가 받아들여지고, 포르노가 셀프서비스로 소비되며, 많은 나이가 육체의 쾌락을 즐길 수 없게 만드는 걸림돌이 되어서는 안 되는 사회에서 살게 되었다. 에로스는 '의무도, 처벌도 없는' 활동을 하면서 도덕적 죄의식의 무게와 청교도적 의무의 중압감에서 벗어난 것이다.

경감의 징후들은 매우 많으며, 특히 여성의 문제와 동성애자의 문제를 고려할 때는 더 많아진다. 동성애자들은 과거보다 훨씬 쉽게 만나고, 사랑의 모험을 더 많이 감행하고, 함께 살 수 있게 되었다. 여성들도 임신이 될지 모른다는 생각에 두려워하지 않고도 성생활을 할 수 있게 되었다. 성관계와 전희 시간이 길어질수록 여성들은 더 적극적으로, 더 쾌락적으로 변한다. 매우 많은 사람들에게 성생활은 더 관능적이고, 유희적이고, 오락적으로 변했다. 많은 젊은 여성들은 16세 때부터 성생활을 시작하고, 주변 사람들에게서 타락했다는 소리를 듣지 않고 파트너를 바꿀 수 있다. 그리고 매우 많은 여성들은 이제 이따금은 단지 에로틱한 쾌락만을 위해 하룻밤의 모험에 기꺼이 자신을 내맡긴다는 사실을 인정한다. 이러한 맥락에서 '헤픈 여자'라는 표현은 전통적으로 경멸적이었던 의미를 잃어버렸다. 이제는 더 이상 '헤픈' 여자를 손가락질하지 않는다. 그냥 한 번 웃고 말 뿐이다.

이러한 탈죄의식화 과정과 나란히 여성 에로스도 더 유희적인 방식으로 살아가고 자신의 존재를 나타낸다. 2013년 잡지 〈현대 여성Femme actuelle〉에 실린 이포프 여론조사에 따르면, 35세 미만의 여성 열 명 중 한 명은 이미 에로틱한 볼기 때리기를 시도해 본 적이 있으며, 열 명 중 일곱 명은 결박되거나 수갑이 채워진 채, 또는 파트너를 결박하거나 수갑을 채운 채 사랑을 나누었거나 나누고 싶어 한다. 또 여성들 중 45퍼센트는 혼자, 또는 둘이서 섹스토이를 사용한 적이 있다. 프랑스 여성 세 명 중 두 명은 눈을 가린 채 사랑을 나누고 싶은 유혹을 느낀 적이 있고, 두 명 중 한 명은 공공장소에서 섹스를 해보고 싶다는 생각에 끌린 적이 있다. 여성의 이 에로틱한 레퍼토리는 점점 더 다양해지고, 콤플렉스에서 벗어나고, 음란한 쾌락의 놀이를 벌이며 널리 퍼져 나가고 있다.

여성들은 또 훨씬 더 자유롭고 유머러스하게 섹스의 문제에 관해 이야기한다. 익명성의 보호를 받는 인터넷상에서 여성들은 자신들의 환상을 마음껏 토로하고, 에로틱한 생활에 관해 이야기하며, 타인의 욕망을 엿본다. 친구들 사이에서는 이제 터부가 아닌 리비도가 웃게 만든다. 그전에 여러 사람들이 모여 있는 장소에서는 오직 남자들만이 주제에 관해 농담할 수 있었다. 지금은 여성 만화가들도 주저 없이 정사情事를 주제로 삼는다. 제2의 성은 정사와 더불어 웃고, 또 웃게 만드는 것이다. 섹스 관련 단어들과의 관계에서 여성들은 확실히 새로운 가벼움을 획득했다.

인터넷의 만남 사이트에서 여자든 남자든 각 개인들은 자신의 신원을 마음대로 조작할 수도 있고, 뭐든지 말하고 뭐든지 물어볼 수도 있고, 자신의 판타지를 드러낼 수도 있고, 속일 수도 있고, 별달리 애쓰지 않아도 수많은 낯선 사람들과 접촉할 수도 있고, 클릭 한 번으로 모든 관계를 끊을 수도 있다. 전통적인 장애와 짓누르는 듯한 옛 관례는 무한한 가능성과 약속을 하지 않아도 되는 쉽고 다양한 만남으로 이루어진 일종의 마술적 세계 속에서 사라져 버린 듯하다. 사랑의 만남의 세계는 새로운 시대, 즉 유동성과 재핑 효과, 순간성, 가상적인 가벼움의 시대를 맞아 크게 변화했다.

○── 문제시되는 에로스

포르노 이미지의 과다 사용,[10] 섹스토이의 보급, 온라인을 통한 손쉬운 만남, 성적 관대함, 직접적인 욕망의 정당성, 자신의 '보이 토이즈(나이 든 사람과 관계를 갖는 성적 매력이 있는 미소년—옮긴이)'를 자랑스럽게 보여주는 꽃뱀들, 파트너의 증가와 빈번하게 이루어지는 교환. 이 모든 현상을 통해 섹스를 평범한 것으로 만들어 일종의 여가 활동으로, 약속이나 결과 없이 즉석 만남을 갖는 즐거움으로 변화시킨 사회를 진단할 수 있다. 이렇게 해서 우리는 쿨한 여가 활동-섹스의 시대, 유쾌한 섹스의 시대에 들어서게 될 것이다.

이 모델을 확증해 주는 사실들이 많지만, 반대로 현대의 성생활에 대해 전혀 다른 이미지를 보여주는 사실들도 있다. 1980년대부터 에이즈가 섹스를 공포 분위기로 감싸기 시작했다. 해방의 축제가 끝나고 타인에 대한 불신과 보호조치들이 시작되었다. 미국에서는 정치적 올바름Political correctness, PC 운동이 마녀사냥과 위협의 분위기를 만들어 냈다. 일부 급진적 페미니스트들은 남성의 모든 삽입이 성폭행에 해당한다고 생각한다. 거의 도처에서 두려움과 논쟁, 그리고 성희롱과 매춘, 소아성애, 포르노, 동성 결혼 등 섹스를 둘러싼 갈등이 되풀이되었다. 성의 영역은 진정되거나 쿨해지기는커녕 끊임없이 열띤 논쟁과 토론을 유발한다. 이제는 절대자유주의적인 외침이 아니라 경계와 공식적 규제, 벌칙의 요구가 필요하다.

매춘을 막기 위한 새로운 형태의 대책은 성적 영역의 축소가 지닌 한계를 또 다른 방식으로 보여준다. 스웨덴은 1999년부터 매춘을 한 여성이 아니라 그들의 손님을 처벌하는 길로 들어섰다. 노르웨이와 아일랜드, 스코틀랜드, 그리고 얼마 전부터는 프랑스도 스웨덴의 뒤를 따랐다. 스칸디나비아 3개국에서 매춘녀에게서 서비스를 제공받는 남성은 징역형을 받을 수도 있다. 비록 외국에서라도 매춘을 한 노르웨이 남성들은 자국 사법기관으로부터 기소당한다. 그 이후로 스웨덴 사람의 70퍼센트는 화대를 지불하는 성적 교환을 줄이고, 더 나아가서는 근절할 가장 좋은 방법으로 소개된 이 조치에 찬성하게 되었다. 이러한 조치를 어느 정도까지 추진해야 할까? 아일랜드에서는 새로운 발걸음이 내디뎌져 지금은 스트립쇼 클럽이 금지되어 있다. 우리는 지금 삶이 가벼워지는 과정을 목격하는 것이 아니라 범죄화되는 과정을 목격하고 있다.

○── 눈가림에 불과한 방종

섹스가 부편적인 관심사가 되었지만, 우리가 리비도이 무정부상태에 몰두하는 시대에 살고 있는 것은 아니라는 사실은 어디에서든 볼 수 있다. 일종의 대중적 방종이 사회를 지배하고 있다고 말한다. 그러나 이런 사회는 거의 발견할 수 없다. 지금 남성의 16퍼센트와 여성의 34퍼센트는 그들의 삶에서 파트너가 한 명밖에 없었다고 말한다. 남성의 26퍼센트와 여성의 15퍼센트는 파트너가 여섯 명에서 14명 사이였다. 남성의 21퍼센트와 여성의 5퍼센트만 파트너가 15명 이상이었다고 말한다. 45~49세의 여성들은 파트너가 평균 2.3명, 남성들은 평균 6.9명이라고 응답한다. 남성의 74퍼센트, 여성의 76퍼센트가 지난 12개월 동안 파트너가 단 한 명뿐이었다고 응답했다.[11] 프랑스 사람 중에서 스와핑을 하는 사람은 1퍼센트에 불과하다. 집단 섹스는 즉석 만남을 가진 파트너와의 성관계와 마찬가지로 널리 퍼져 있지 않다. 이런 현상은 변덕스럽고 방랑하는 에로스의 성적 노마디즘이라는 개념과 잘 일치하지 않는다.

이러한 경험적 자료들은 섹스가 이제 소비지상주의의 한 가지 특별한 형태에 불과해질 것이라는 일반적인 주장을 수정하라고 권유한다. 헬무트 셸스키Helmut Schelsky는 다음과 같이 말했다. 성은 "모든 점에서 소비자의 태도에 비견될 수 있는 변덕스러움과 개인적 독자성의 특징을 띠었다."[12] 즉 성적 영역과 쿨한 영역, 소비지상주의적 영역, 유희적 영역은 결국 하나라는 것이다. 그렇지만 현실은 훨씬 복잡하다. 사실 쾌락주의적 성과, 사랑의 관계를 쉽게 맺고 끊을 수 있다는 사실이 현대의 성생활과 소비지상주의적 가벼움 사이에 유사성이 존재한다는 주장에 신빙성을 부여하기에 충분하지는 않다. 성생활은 오직 예외적으로만, 또는 간헐적으로만 소비자들의 재평과 흡사하다. 즉 상품이나 유명 브랜드를 이것저것 바꾸듯 파트너를 자주 바꾼다는 것은 사실이 아니다. 물론 그들이 보기에 그다지 중요하지 않은 파트너와 관계를 가졌다고 말하는 사람들은 많다(남성의 41퍼센트, 여성의

18퍼센트). 지금 젊은 여성들이 단순한 쾌락을 위해 남자를 잠깐 만나다 헤어지고, 남자와 하룻밤 만남을 갖는 횟수는 점점 더 증가하고 있다. 그렇지만 거의 대부분의 남자와 여자들은 애정 어린 관계에 몰두한다. 결별하고 난 뒤의 상처라든가 의기소침한 상태, 실망, 원한이 이러한 사실을 증명한다. 결국 세 명 중 두 명 이상의 여성과 두 명 중 한 명 이상의 남성은 사랑하지 않는 파트너와는 성관계를 가질 수 없다고 생각한다.[13]

쿨한 섹스는 정당한 것이 되었지만, 실제로 그것이 있는 그대로 체험되는 경우는 드물다. 그만큼 이 영역에서는 자기 이미지의 문제와 감정의 힘이 깊이 관련되어 있다. "옷도 갈아입고, 켈턴 시계도 바꿔 차세요!" 이 원칙은 오직 매우 제한적으로만 성생활에 적용된다. 성행위는 더 오락적이지만, 성관계는 소비자의 재평과 거의 흡사하지 않다. 사랑과 관계의 근접에서 인정받는 가치, 내적 안전의 욕구, 언제든지 다른 것으로 바꿀 수 있는 하나의 '사물'로 간주되고 싶지 않은 욕구는 계속해서 욕망의 방황을 저지하고, 가벼움의 원칙을 상당히 엄격한 한계 속에 유지시킨다. 성적 자유주의가 얼마나 진전되었는지에 상관없이, 사랑을 나누는 것과 어떤 상품을 사는 것은 같은 계열의 행동에 속하지 않는다. 모든 것이 바뀌었는데도 불구하고 에로스는 감정적 강도와 주관적 영향으로 가득 차 있기 때문에 가벼운 것으로 보이기보다는 무거운 것으로 보인다.

인터넷에서는 물론 모든 것이 말해질 수 있지만, 익명성의 보호를 받는다. 그러다가 다시 현실(現實)로 돌아가는 순간, 가벼움은 바로 사라진다. 한 젊은 남자가 자신의 동성애 장면을 찍은 동영상이 자신도 모르게 인터넷상에서 배포되고 나서 스스로 목숨을 끊었다. 그가 상대한 파트너의 이름을 공개하는 것은 부적절하다고 판단된다. 젊은 여성들은 뉴스그룹이나 소셜 네트워크에서 '잡년'이나 '창녀', '색광녀'로 취급될까 봐 두려워한다. 남성들은 그 어느 때보다 더 자신에게 성기능이 부족하지는 않을까 두려워한다. 성이 가벼워지려면 아직 멀었다. 성이 단순한 여가 활동이 되었다는 것은 사실이 아니다. 성이 소비의 한 형태가 되었다는 것은 더더욱 사실이 아니다.

그렇다면 '1960년대에 시작된 성의 혁명은 실제로 성생활을 가볍게 만드는 데 성공했는가?'라는 의문은 충분히 제기해 볼 만하다. 인간존재들의 고독이 점점 더 깊어지고 있으며, 충족되지 않은 성생활을 점점 더 견딜 수 없게 만들고 '유능한 사람'이 되지 못할지도 모른다는 강박관념을 만들어 내는 성숙의 규범이 욕구불만을 키운다는 사실을 강조하는 많은 저자들이 이 의문에 격렬하게 이의를 제기한다. 실제로, 섹스-여가 활동의 지배는 그것이 전달하는 쿨한 이미지와 흡사하지 않다. 프랑스 남자 네 명 가운데 한 명은 발기불능에 시달리고 있다. 20~24세와 60~64세 프랑스 남자 열 명 중 두 명은 지난 12개월 동안 성관계를 단 한 번도 갖지 못했다. 20~24세 남성과 여성들 중 10퍼센트 이상은 지난 5년 동안 섹스 파트너를 단 한 명도 갖지 못했다. 부부로 살고 있는 여성 두 명 중 한 명, 그리고 남성 네 명 중 한 명은 배우자에게 성적 욕망을 못 느낀다고 말한다. 성적 자유주의가 모두를 위한 감각의 에덴동산을 만드는 데 성공하지 못했다는 것은 분명하다. 매우 많은 개인들이 생각할 때, 성적 불만의 중압감은 점점 더 무거워져만 간다. 즐거운 섹스의 시대는 또한 욕망의 좌절과 '불완전한' 주체들의 시대이기도 하고 에로스가 가벼워지고, 너그러워지고, 행복해졌다고 여겨지기 때문에 더더욱 잘 느껴지는 성적 결여 상태의 시대이기도 하다.

　물론 우리는 남성과 여성의 약 90퍼센트가 그들의 현 상황을 좋거나 아주 좋은 것으로 판단하고 있다는 더 자신만만한 포괄적 통계의 "에로틱한 엔트로피"(페터 슬로터다이크Peter Sloterdijk)를 이 암울한 도표에 대한 반론으로 내세울 수 있다. 그러나 그것은 동일하다고 말하기 힘든 '대단히 만족스럽다'라는 응답과 '만족스럽다'라는 응답을 합쳤기 때문이다. 2006년에 실시된 프랑스인들의 성생활 설문조사에서 여성의 31퍼센트와 남성의 27퍼센트는 그들의 상황이 '매우 좋다'고 응답했지만, 여성의 56퍼센트와 남성의 60퍼센트는 그것을 '만족스러운 것'으로 규정했다.[14] 그러나 '만족스럽다'는 것이 정확히 무엇을 의미할까? 이 두 가지 응답의 차이가 무엇인지 모르는 사람이 있을까? '매우 만족스럽다'는 것은 행복에 젖어 있다는 이야기다. 그러나 '만족스럽다'는 것은 '매우 만족스럽다'는 것보다 확실히 덜 행복한 상태로서, 뭔가 의심이 가는, 끔찍할 정도는 아니고 그럭저럭 받아들일 만하긴 하지만 왠지 모르게 미심쩍은 만족 상태다. 이런 관점에서 보면, 자신의 성생활이 완전히 만족스럽다고 판단하는 사람은 세 명 가운데 채 한 명도 되지 않는다.

○── 시장, 사랑, 그리고 인정

　'지나치게 성화性化된 우리 문화를 지배하는 리비도의 억제를 어떻게 설명할 것인가?'라는 질문이 제기된다. 많은 남자들에게 이 '절제'가 자발적이라는 것은 분명한 사실이다. 그것은 욕구불만과 성적 결핍 상태로 체험되는데, 재산과 유혹에서 심한 불평등과 연관되어 있다. 섹스는 자유롭다. 그러나 그렇다고 해서 모든 남자들이 평등한 조건에서 여자를 유혹하고 성적 매력을 발휘할 수 있는 것은 아니다. 풍속이 자유화되었다고 해서 모든 남자를 저항할 수 없는 플레이보이로 바꿔 놓은 것은 분명히 아니다. 즉 볼품없는 남자들과 못생긴 남자들, 나이 든 남자들, 돈 한 푼 없는 남자들도 세계의 무대에서 기적적으로 사라지지는 않았다. 미셸 우엘베크Michel Houellebecq가 씁쓸한 어조로 지적했듯이, 성적 자유주의의 시스템에서는 필연적으로 승자와 패자들이 있어서 "어떤 남자들은 수십 명의 여자들과 사랑을 나누는 반면 또 어떤 남자들은 단 한 명의 여자와도 사랑을 나누지 못한다. 이것이 바로 '시장의 법칙'이라 부르는 것이다. (…) 완전히 자유로운 성性 시스템에서 어떤 남자들은 다양하고 자극적인 에로틱한 삶을 살고, 또 어떤 남자들은 자위나 하며 고독하게 살아야만 한다."[15] 섹스의 쿨한 표면 아래에서는 개인들의 힘겨운 경쟁과 돈의 위력이 지배한다. "권력과 돈이 그 어느 때보다도 더 에로티시즘을 부여하고, 요정 이야기는 은행계좌 매우 가까이에 머물러 있다."[16]

규제가 철폐된 사랑의 시장이 처한 상태는 설명의 한 부분에 불과하다. 왜냐하면 풍속의 상대적인 '평온함'을, 사랑의 이상에 대한 숭배와 우리가 가지고 있는 관계의 이상에서 분리하는 것은 쉬운 일이 아니기 때문이다. 내면적인 근접과 사랑에서 인정되는 가치 및 관계의 영속과 안전에 대한 욕구는 성적 혼잡을 희생하는 대신 안정적인 관계를 유지하는 데 기여하기 때문이다. 욕망의 방황에 제동을 거는 데 성공하는 것은 내밀한 소통과 감정의 코드들이다. 사랑은 욕망을 증대하는 작동자이기도 하지만, 동시에 에로스를 자기제어하고 고정하는 벡터로서 기능하기도 한다. 사랑은 최소한 그것이 공유되기만 하면 존재한다는 감정을 가볍게 해주지만, 섹스를 '가볍게' 여기지는 못하게 한다.

　그리고 사랑이 항상 이렇게까지 예찬되는 것은, 그것이 각자의 가장 심오한 욕망 가운데 하나에 호응하기 때문이다. 즉 개별적인 인간으로서 인정받는 것이다. 사랑받는다는 것은 그 자신으로서 선택받았다는 것을, 다른 사람들보다 더 선호된다는 것을 의미하며, 그로 말미암아 사랑의 체험이 행복할 때 그것이 동반하는 자기도취적 쾌락을 느끼게 된다. 인정에 대한 이러한 기대는 남성과 여성 모두에게 있지만, 여성들의 경우에 그러한 기대가 성생활에 제한적인 영향을 더 많이 미치게 된다. 여성들은 일반적으로 대체 가능한 성적 대상으로 여겨지지 않으려고 특별히 마음을 쓰기 때문이다. 성적 혼잡과 영혼의 방황을 즐기는 여성들이 그다지 많지 않은 것은, 그들이 무엇보다도 자기가 다른 사람들에게 중요한 존재가 되고 싶어 하고, 교환할 수 없는 주체로 평가되기를 원하기 때문이다.[17] 분명히, 섹스는 확산되고 있다. 그러나 그것은 주체가 되고 싶다는, 대체되지 않는 사람으로서 욕망되고 싶다는 욕구를 억누르는 데 성공하지 못했다. '큰 즐거움을 느끼고 싶다'는 수많은 바람에도 불구하고, 인정의 원칙은 상당히 엄격한 한도 내에서 가벼움의 원칙을 포함하면서 여전히 주요한 역할을 해내고 있다.

　그럼 내일은? 성적性的 인간으로서 더 가벼운 삶을 상상할 수 있을까? 이 질문에 확실하게 대답하기란 쉽지 않다. 성생활이 성과와 관련한 규범의 압박과 의무적인 쾌락주의보다는 호의와 반감, 끌림과 거부, 애착과 혐오, 사랑과 무관심의 놀이와 관계의 결핍에 더 큰 상처를 받기 때문이다. 우리는 성과의 표준화가 주는 중압감보다는 고독과 결별, 소통의 부재뿐 아니라 관계의 인습화에 동반되는 권태로 더 고통받는다. 무한한 가벼움은 계속 확대되다가 여기서 매우 큰 장애를 만난다. 가벼운 것은 무거운 것에 압도적인 승리를 거둘 수는 없다는 사실을 인정해야 한다. 즉 정치적·기술적 영향력이 매우 약하게 미치는 한계가 존재한다는 것이다. GNP가 증가한다고 해서 행복감이 항상 커지지는 않는 것처럼, 성을 만개시키는 데 더 유리한 문화적 여건을 충족한다고 해서 우리에게 상처를 주는 것을 반드시 제거할 수 있는 것은 아니다. 삶을 가볍게 만들기 위한 역사적 움직임이 일정한 순간부터는 비효율적인 것으로 드러났는데, 그것은 주체 간 관계의 질이 사회적 '발전'의 역학에 속하지 않기 때문이다.

존재의 가벼움의 후퇴

활기찬 1960년대swinging sixties가 되면서, 쿨한 것의 역학이 존재와 외관의 방식을, 노동·돈·패션·교육과의 관계를 움직이기 시작했다. 삶을 빈약하게 만드는 것에 대한 비난, 사회와 풍습의 엄격주의가 강요하는 허위의식에 대한 비판이 이 시대의 정신을 지배했다. 살아남기위한 경쟁과 투쟁, 성공을 거두기 위한 다툼, 관료적인 조직 내에서의 비인간적인 노동은 지탄받았다. 이제 중요한 것은 인생에서 성공하는 것보다 그 자신이 되는 것, '즐거움을 느끼는 것', 단 한 순간을 즐기는 것이다.

이 절대자유주의적인 상상의 세계가 이제는 지나간 과거에 불과해졌다는 것은 분명한 사실이다. 먼 옛날 일이 된 것이다. 쿨하고 느긋한 개인주의의 순간이 끝나고, 불안정과 미래에 대한 불안, "자기 자신이 되는 것의 피곤함"(에렌베르크Ehrenberg)이 커지기 시작했다. 옛날식의 표준화된 권위적 문화는 이제 사라졌지만, 성공에 대한 가족의 압박은 개인 생활이 실패했다는 감정과 마찬가지로 점점 더 커져 가고 있다. 개인의 자율은 이제 더 이상 사적·공적 생활의 큰 이상이 아니다. 즉 그것은 하나의 문제로 느껴진다. 가벼움의 약속이었던 것은 무거워졌으며 증가하는 스트레스와 불안, 우울증, 마약중독, 그리고 그 밖의 파괴적 행동(폭음, 자살)이 이러한 사실을 증언한다. 청소년과 약년 성인의 경우, 자살은 전체 사망 원인 중 2위를 차지한다. 프랑스에서는 활동 인구 네 명 가운데 한 명은 이미 스스로 생을 마감할 생각을 해본 적이 있다.

개인화의 역학 외에도 의료화와 정보화, 세계화라는 세 가지 부류의 현상이 쿨한 것의 논리를 구조적으로 저지한다. 사회가 의료화되면서, 건강과 의학적 정상 상태의 문제가 우리 생활의 점점 더 많은 영역과 관련을 맺는다. 음식물 섭취는 일상적인 관심사가 되었다. 미디어는 오염과 건강의 위협, 바이러스 전파, 건강 체크의 필요성에 관한 정보를 쉴 새 없이 제공한다. 성의 영역에서는 불만족과 우리의 정상 상태, 성적 능력에 관한 불안이 점점 더 커지고 있다. 쿨하고, 느긋하고, 자유로운 정신은 과학적 내용이 담긴 정보 및 의학적 평가와 예방 문화가 가하는 압박을 받아 계속 위축되고 있는 상황이다.

존재의 가벼움은 또한 기업 세계의 발달로 말미암아 쉽게 이루어지지 못한다. 사회생활은 집단적 의무의 완화로 특징지어지지만, 노동과 기업의 세계는 경쟁의 강화와 개인 평가 시행, 계속 커져만 가는 성과를 내라는 요구에 지배당한다. '시대에 맞게 자신을 변화시켜라', '신속하게 움직여라', '더 적은 인원을 가지고 더 빨리 일해라'라는 말만 귀가 닳도록 들려온다. 즉 하이퍼모던 시대의 기업 세계는 당사자들로 하여금 지체 없이 행동하고, 반응하고 '창조하며', 매우 높은 성과를 내라는 압박을 지속적으로 받으며 살아가게 한다. 그리고 노동 집단이 해체되는 동안 각 개인은 자기 자신에게로 돌아가 직업 경력에서 오는 무게를 혼자 짊어지게 된다. 바로 이런 맥락에서, '일하는 것이 힘들고', 일을 하는 동안 제대로 대우를 못 받고 '괴롭힘을 당한다'는 느낌이 확산된다. 소비지향적 세계는 삶의 가벼움을 찬양하지만, 경제적 경쟁은 과중한 업무로 인한 병(번아웃)과 목표를 달성하지 못할지도 모른다는 두려움, 스트레스, 자기비하를 불러일으킨다. 경제적 경쟁의 소용돌이가 유발하는 이 압박과 두려움, 긴급함의 분위기 속에서 삶에 대해 느긋한 태도를 취한다는 것은 쉽지 않은 일이었다.

자유주의적 세계화의 시대에 미래에 대한 두려움과 고용 불안정, 자신에 대한 과소평가와 자기비하를 불러오는 대량 실업이 점증하고 있다. 노동시장이 파괴되고, 새로운 경쟁이 요구되고, 국제 시장이 개장되면서 취약함의 감정이 강화되고, 직업적·물질적으로 불안정해지고, 사회적 자격을 상실하거나 권리를 박탈당할지도 모른다는 불안감이 인다. 한쪽에서는 소비지상주의적·쾌락적 문화가 지금 이곳에서 즐거움을 누리라고 권유하고, 또 다른 쪽에서는 극단적인 경제적 자유주의가 스트레스와 불안정을 낳는다. 이러한 배경에서 존재의 가벼움은 전진하기보다는 후퇴하는 경향을 보인다.

자유, 평등, 가벼움

Liberté, égalité, légèreté

유혹의 자본주의는 소비지상주의적 가벼움을 무조건 찬양하지만, 지식인들과 이론가들은 그렇지 않아서 이들 대부분은 이 자본주의가 너무나 위협적인 세계를 만들어 내는 바람에 하루가 다르게 '빅브라더Big Brother'에 접근하고 있다고 비난한다. 이 자본주의는 겉으로 보기에는 유희적인 쾌락주의와 유동성으로 이루어진 듯 보이지만, 실제로는 변질되고 부패한 민주주의이며, '유동적'인 하이퍼모더니티를 경멸하는 사람들에 따르면 우리 눈앞에서 발전해 나가고 있는 '신전체주의'의 세계다.

가벼움(섹스의 허용, 방탕, 경박함, 정조 없음)이 신의 계율에 위반되고, 인간 조건에 어울리지 않는 행동이라며 격렬하게 비난하는 데 몰두했던 오랜 도덕적·종교적 전통이 존재한다. 알다시피, 지금은 가벼움에 대해 이런 식의 비난을 퍼붓지 않는다. 쾌락주의는 받아들여졌지만 가벼움의 대규모 산업화는 개인의 자유를 파괴하고, 인간을 파뉘르주의 양 떼로 둔갑시키고, 문화를 말살하고, 민주주의의 생명력을 위험에 빠트린다는 이유로 비난받고 손가락질당한다. 지식인들은 경박한 소비문화를 "야만"(아도르노)과 "무가치"(카스토리아디스), "후後사상post-pensée"(조반니 사르토리Giovanni Sartori), 대중의 소외(기 에르네스트 드보르Guy Ernest Debord), 문화의 붕괴(슈타이너), 민주주의의 파괴(칼 포퍼Karl Popper)와 동일시하며 체계적으로 격렬하게 비판했다. 우리는 가벼움을 낮게 평가하는 오랜 전통에서 한 발자국도 빠져나오지 못했다. 아니, 그 반대다. 유혹의 자본주의가 비약적으로 발전하면서 가벼움에 낙인을 찍는 일은 새로운 단계를 지났는데, 그만큼 그것이 사회적·정치적·지적 생활에 미치는 영향은 파괴적인 것으로 간주되었다. 사탄이 타락한 유혹의 모습으로 여전히 거기서 관찰자들을 공포에 떨게 만드는 것이다.

가벼운 시민권

가벼운 것의 혁명이 소비와 개인생활의 사물세계만 완전히 변화시킨 것은 아니다. 그것은 또한 민주주의와 공적 생활의 기능을 바꿔 놓는 데도 성공했다. 정치적 제의와 시민의 태도는 이제 가벼운 것의 혁명을 상징한다.

○── 정치-스펙터클

소비사회가 비약적으로 발전하고 텔레비전의 영향력이 점점 더 커지면서, 정치인의 작업 조건과 공공 토론의 표현 방식은 크게 바뀌었다. 의학-소비의 세계는 권위적인 현대성의 특징이라고 할 수 있는 국가 선전 활동의 기술 대신 쇼 비즈니스와 심리를 이용한 홍보가 가볍게 지배하도록 만드는 데 성공했다.

리더들을 개성화하고, 그들의 심리적 특징에 가치를 부여하는 데 초점을 맞추고, 광고인과 홍보 전문가와 이미지 전문가들에게서 폭넓게 지원받는 새로운 홍보 전략이 자리를 잡았다. 프로그램과 달변으로는 이제 충분하지 않다. 지금은 정치인들이 미디어 트레이닝을 받으며 전문가들에게서 말과 제스처, 자기소개법에 관한 충고를 듣는다. 정치 무대가 하이퍼미디어화됨으로써 리더들의 스타화가 시작되는데, 이때 그들의 이미지는 연설의 내용뿐 아니라 접촉과 개성에 따라 만들어진다. 우리는 스타 시스템의 논리가 정치 공간에까지 침투한 시대에 살고 있다. 정치적 평판의 이미지를 구축하는 일은 마치 국회의원의 인생 역정을 이야기로 만들거나, '인간적인 것'과 내밀한 것, 감동에 집중하여 영화로 만드는 것처럼 이루어진다. 혁명과 국가, 공화국 같은 무거운 주제들을 참조하다가 이제는 개성화와 외관, 유혹의 가벼운 역학으로 바뀐 것이다.

거리와 엄격함, 과시적인 위대함으로 둘러싸여 있던 모든 것은 근접과 접촉, 관계적인 것의 스펙터클 앞에서 사라진다. 이제는 위압적이고 비개성적인 권위를 존중하도록 선동할 것이 아니라 가까워져야 하고, 직접적이어야 하고, '귀를 기울여야' 한다. 즉 우리는 정치인의 이미지가 가지는 무게를 가볍게 만드는 과정을 보고 있는 것이다. 우리는 위대한 영웅적 인물과 위대한 상징, 위대한 무대술의 무거움을 버린 가벼운 정치의 지배와 다름 없는 흥행 국가, 또는 유혹하는 국가[1]의 시대에 살고 있다.

그와 동시에 텔레비전 방송국은 오락과 정치, 이완과 진지함, 정치인과 가수, 리더와 풍자만화가가 뒤섞여 있는 버라이어티 방송을 방영한다. 지도자들의 사생활에 얽힌 은밀한 이야기와 갖가지 일화가 미디어를 통해 낱낱이 드러나면서 정치인들의 유명인화가 이루어진다. TV 방송을 통한 만남에서 쿨한 분위기의 생방송은 격식을 없애고, '짧은 문장'은 논거를 대신하며, 이미지가 사상보다 우세해진다. 퍼포먼스나 연기는 가장 주목할 만한 요소다. 가벼운 것의 문명은 말하자면 정치가의 이미지를 탈脫실체화하려고 애쓴다.

이처럼 큰 변화들은 매우 많은 비판을 불러일으켰는데, 예를 들어 비디오 정치는 국민을 관객 집단으로 바꿔 놓음으로써 민주주의를 변질시켰다는 비난을 받는다. 비디오 정치는 본질적인 문제들을 은폐하고, 모든 의문을 단순화해 버리며, 추론과 판단 능력을 억제하고, 감정적 반응을 우선시하며, 시민들을 탈정치화한다. 미디어 정치의 지배 하에서 시민들은 어린아이처럼 되어 이미지를 소비하며, 정치적 프로그램보다는 사생활의 에피소드와 리더의 이미지에 더 민감하게 반응하는 TV 시민으로 바뀐다. 민주주의가 가벼운 것의 문명에 희생되어 타락하고 죽었다는 생각을 하는 사람은 아무도 없다.

◦──── 정치에 대한 환멸

가벼운 것의 문명이 갖고 있는 변화의 힘을 다른 방식으로 보여주는 새로운 유형의 시민권이 정치 홍보의 이 새로운 상황과 동시에 탄생했다.

30~40년 전부터 우리 사회에서는 현대성을 특징짓는 주요한 의미 체계의 소멸 과정이 진행되어 왔다. 현대인의 삶에 너무나 오랫동안, 너무나 큰 영향을 미쳤던 모든 이데올로기적 거대 담론은 이제 거의 신뢰를 잃어버렸다. 이제는 그 어떤 멋진 '이야기'도 꿈을 꾸게 하거

나, 현재의 세계와 본질적으로 다른 더 나은 미래가 찾아오리라는 희망을 안겨 줄 수 없다. 하이퍼모던 시대는 곧 대문자로 시작되는 체제에 대한 믿음, 즉 혁명Révolution이나 공산주의Communisme, 국가Nation, 공화국République, 진보Progrès, 유럽Europe 등에 대한 믿음이 막을 내린 시대다. 이 모든 집단적 이상은 이제 더 이상 가슴을 뛰게 하지도 못하고, 집단적 열정을 불러일으키지도 못한다. 이제 애국심을 고취할 수 있는 것은 오직 축구 경기뿐이다. 세계의 국면을 변화시키고, 역사를 둘로 나누고, 새로운 인간이 태어나게 하는 것. 이 모든 '프로메테우스적' 계획은 사라져 버렸다. 하이퍼모던 시대는 현대성의 탈脫유토피아화와, 레몽 아롱Raymond Aron이 '세속종교'라고 부른 이 주요한 참조 체계의 소멸과 일치한다. 정치 이념에 대한 대중의 무관심은 삶의 사적 차원과 개인적 행복의 추구에 과도하게 열중한 결과다. 무거운 역사의 교리들이 사라진 자리에 '가벼운' 개인주의적 가치가 우위를 차지하고 자리 잡았다.

현대의 정치적 신화에 대한 믿음이 사라진 이유는 전혀 미스터리하지 않다. 두 차례의 세계대전, 나치즘과 공산주의에 대한 공포, 홀로코스트, 옛 소련의 강제노동수용소, 그리고 뒤이은 '진보의 부작용'이 이 거대한 이념적 탈피의 이유다. 그러나, 그러므로 이러한 현상이 아무리 중대하다고 하더라도, 20세기 중반부터 서구적 생활방식과 경제구조가 새롭게 방향을 바꾸지 않았더라면 사람들의 정신에 이런 영향을 미치지는 못했을 것이다. 가벼운 것의 혁명이 일어나 현대성의 방향이 미래지향적으로 나아가지 않고 현재의 즐거움을 만끽해야 한다는 쪽으로 나아갔기 때문에, 만일 이 혁명이 일어나지 않았더라면 진보적이거나 메시아 대망론적인 믿음은 사라지지 않았을 것이다. 가벼운 것의 산업이 눈부시게 발전하면서 행복한 오늘에 집중하는 새로운 삶의 이유가 역사의 파우스트적 교의에 대한 믿음을 무너뜨렸다. 먼 미래가 아니라 지금 여기서 더 잘 사는 것, 즉 물질주의적이고 쾌락주의적인 가벼운 것의 세계가 거창한 진보의 관점을 끝장낸 것이다. 어린 다윗이 다시 한 번 거인 골리앗과 싸워 승리를 거뒀다.

소비지상주의적인 가벼운 것의 혁명이 일어나면서 개인들은 거창한 집단적 대의를 위해 자신을 포기하고 희생해야 한다는 의무에서 벗어날 수 있게 되었다. 그리하여 새로운 개인화의 길이 열리게 되었다. 가벼운 것의 혁명은 총괄적인 사회체제의 몰락을 야기하여 의무에서 해방되고, 어떤 틀에서 빠져나오고, 집단적인 대상들로부터 떨어져 나오고, 주로 개인의 평안과 이익을 최대화함으로써 작동하는 하이퍼개인주의를 본궤도에 올려놓았다. 편향적인 교리를 따르고 무조건적으로 복종해야 한다는 의무도 끝났고, 시민으로서 희생하고 미덕을 베풀어야 한다는 이상도 끝났다. 즉 법을 존중해야 한다는 도덕적 명령은 그 힘을 점점 더 잃어 가고 있는 것이다. 개인생활이 시민생활보다 우세하며, 개인의 권리가 시민의 의무보다 앞선다.

이제 조국을 위해 자신을 희생하고 목숨을 바쳐야 한다고 생각하는 사람은 거의 없다. 수많은 유럽인들은 "그 어떤 대의도, 심지어 정의로운 대의조차도 전쟁을 할 만한 가치는 없다"고 생각한다. 프랑스 사람 네 명 중 한 명은 세무서에 소득을 신고할 때 할 수만 있다면 수입의 일부를 기꺼이 누락할 용의가 있다고 털어놓는다. 투표를 하러 가고, 공적 생활에 참여하는 것도 이제 더 이상 시민이 반드시 지켜야 할 의무로 보이지는 않는다. 우리는 일체의 '시민종교'와 거창한 집단 프로젝트에 대한 믿음이 더 이상 존재하지 않는 민주주의의 시대에 살고 있는 것이다. 즉 가벼운 것의 문명은 더욱 우월한 사회적 목표에 대한 의무와 시민으로서의 의무를 민주주의의 본질에서 빼버렸다. 우리는 지금 집단적 영역에 대한 헌신의 의무가 더 이상 신뢰를 얻지 못하는 순간을 살고 있다. 즉 가벼운 것의 혁명과 개인화 과정, 정치에 대한 환멸이 시민적 도덕의 권위와 시민이 갖춰야 할 미덕의 이상을 무너뜨렸고, 자아논리적 체제가 죄의식을 떨쳐 버리도록 했으며, 마치 우리가 집단적인 전체에 대해 아무 의무도 없는 것처럼 살아갈 권리를 정당화했다. 비록 공공의 복지를 희생하는 한이 있더라도 자기 자신과 자신의 개인적 이익만을 생각하는 것은 더 이상 잘못된 일이 아니다. 이렇게 해서 의무나 책임이 없어 가벼운 최소한의 시민권이 확립된다.

집단적 방향을 조직하는 거대한 체계의 붕괴는 가벼운 것의 문명이 띠는 형태들 가운데 하나이지만, 그 문명이 삶이 가벼워졌다는 감정을 통해 표현되지 않았다는 사실은 분명히 관찰된다. 종합적인 이념을 억누르고 있던 장애물은 제거되었지만, 그 결과로 생긴 '빈 자리'는 '부드럽게 하다'와 '가볍게 하다', '마르게 하다', '유동적으로 하다'를 주요한 원칙으로 갖는 글로벌 금융자본주의의 특징인 시장숭배와 하이퍼경제주의의 새로운 이념 지배로 꽉 채워져 있다. 과도한 경쟁과 성과에 따라 기능하는 이 경제우선주의의 세계는 점점 더 불안정해지고, 각 개인의 미래는 점점 더 불확실해진다. 각 개인이 그 자신의 직업 상황에 대한 책임자라는 생각이 더 강해지는 동안, 지속적인 평가에 대한 누려움과 '유연한' 기입의 요구를 충족할 수 없을지도 모른다는 두려움은 점점 더 커진다. 여기에 세계화의 충격과, 일자리를 잃고 '사회에서 밀려날지도 모른다는' 위협이 지속적으로 가해지는 단기 법칙이 덧붙여진다. 이렇게 해서 가벼운 것의 문명에서는 일자리의 안정성을 빼앗긴 새로운 '불안 계급'이 자리 잡는데, '언제든 해고될 수 있어서' 고용이 불안정해진 개인들은 쓰라림과 수치감 속에서 개인적 실패를 잔인하게 경험하게 된다.

○── **탈정치화**

영웅적인 역사의 교리에 대한 믿음이 붕괴되면서 생긴 첫 번째 희생자는 다름 아닌 거대한 정치조직에 대한 관여와 참가다. 정치적 행동으로 세계를 바꾸는 것이 이제는 불가능하다는 생각이 들 때, 열정적·전투적 태도는 더 이상 삶에 의미를 주지 못한다. '몸과 마음을 다 바치는' 전투적 태도는 또 다른 세계에 속해 있는 것처럼 보이고, 정당과 노동조합 가입자의 숫자는 줄어든다. 30년 전부터 탈정치화의 파도가 더욱 높아져서 모든 사회적 범주를 덮쳤다. 많은 시민들이 자기는 정치 생활과 거의 관련되어 있지 않은 것처럼 느껴진다고 말한다. 그들은 정당의 공약에 관심이 없고, 자기 나라를 통치하는 데 그 어떤 정당도 신뢰하지 않는다. 현재 프랑스인 열 명 가운데 네 명은 정치에 거의 또는 전혀 관심이 없다고 응답한다.

의심할 여지 없이 정치 관련 TV 방송은 매우 높은 시청률을 기록하지만, 많은 시청자들은 이런 방송에서 내용보다 형식을 더 중요하게 생각한다. 주로 태도와 외모, 멋진 표현, 승자와 패자의 게임에 관심을 갖는 것이다. TV에서 방영되는 축구 경기의 시청률이 정치 관련 방송의 시청률보다 높은 것은 드문 일이 아니다. TV 리얼리티 프로그램인 〈빅브라더Big Brother〉가 선거운동보다 더 자주 사람들의 입에 오르내린다. 영국 젊은이들은 국회의원을 선출할 때 인기 있는 TV 방송에 출연한 후보를 더 많이 찍는다. 우리는 개인들이 집단적 의미를 가장 많이 띠고 있는 문제들보다는 '가볍다'고 말해지는 사적 활동에서 더 큰 의미와 관심을 발견하는 시대에 살고 있다.

1980년대 이후로 서양의 모든 민주주의에서 기권은 선거의 급변동성과 더불어 점점 더 확대되어 가고 있다. 젊은이들의 기권은 30년 만에 거의 두 배로 늘어났다. 프랑스인 두 명 가운데 한 명이 이미 선거에서 기권한 것으로 나와 있다. 소수의 시민들은 단 한 번도, 또는 거의 단 한 번도 선거를 하지 않았고, 점점 더 많은 유권자들이 간헐적으로 투표를 한다. 점점 덜 규칙적으로 투표를 하면서 투표에 부여된 중요성에 따라 선택하고, '자기가 원할 때' 투표에 나서는 새로운 유권자의 프로필이 드러나고 있다. 총체적 무관심의 징후인 체계적 비동원과 비참여가 아니라 선택적 참여가 이루어진다. 우리 시대에는 계급 투표가 사라지면서 선거의 급변동성이 확대되고 있다. 소비지상주의적·개인주의적 에토스가 시민권을 행사할 때도 발휘되는 것처럼 보이는 것이다.

이런 맥락에서는 우리 민주주의가 시민의 무력감과 공적인 것에 대한 무관심, 자주적 행동의 약화에 지배당한다는 생각이 흔히 제시된다. 그렇지만 정치 생활에 관한 책이 이렇게 많이 출판된 적은 결코 없었다. 수많은 시론과 전기, 회고록, 선거운동에 얽힌 흑막, 사생활과 정치를 뒤섞은 책이 출판 시장에서 큰 성공을 거두고 있다. 정치는 그 어느 때보다도 자주 신문과 라디오, TV에 등장한다. 정치에 대한 관심의 부재보나는 가벼운 관심, 더 피상적이고 지엽적인 호기심이 확인된다. 프랑스 사람 열 명 가운데 아홉 명 이상이 선거인 명부에 등록했다는 사실은 모든 사람이 아고라를 떠나지는 않았다는 것을 증명한다. 공적 참여는 사라지지 않았다. 그것은 시간과 정력을 덜 들여도 되고, 더 한정된 목표를 가지며, 삶 전체를 동원하지는 않는 이른바 일회적인 활동에서 표현된다.

정치 생활에 대한 관심이 사라졌다기보다는 정당의 유권자에 대한 지배력이 감소하고, 덜 '견고하고' 더 유동적인 정치적 정체성과 믿음을 참조하는 새로운 시민권이 자리를 잡고 있다. 하이퍼개인주의는 계급의식의 붕괴, 정치집단과의 덜 강력한 동일시와 일치한다. 정치의 사회적 정체성이 감소하는 동안 시민적 주관화는 확대된다. 프로메테우스적 이념과 정당의 지배력이 쇠퇴하면서 그 어떤 정당의 지시도 따르지 않는 유권자가 늘어나고 있다. 완화된 개인주의의 시대에 '그 어느 정당에도 소속되어 있지 않은 투표권'이 증가하고 있다. 즉 투표하고 싶은 정당의 공약 중에서 일부에만 찬성한다고 밝히는 유권자들의 숫자가 공약 전체에 찬성하는 유권자들의 숫자보다 많다는 것이다. 게다가 유권자들은 망설이고, 마지막 순간까지 기다렸다가 결정하는 경향이 더 심해졌다. 지금은 정치가 후퇴하고 시민권이 쇠퇴하는 시대라기보다는 '전략적 유권자'의 시대, 개인들이 정당에 대해 거리와 독립을 유지하는 시대다. 가벼운 것의 문명은 더 개인화되었을 뿐 아니라 더 유동적이고 불확실한 정치적 정체성을 가능케 했다.

∘── 불신

모든 서양 국가에서는 30여 년 전부터 점점 더 많은 사람들이 정치 계급에 대한 신뢰를 거둬 왔다. 현재 프랑스인 세 명 가운데 두 명은 정치인들이 '부패했다'고 판단하고, 다섯 명 가운데 네 명은 정당을 신뢰하지 않으며, 열 명 가운데 여덟 명은 민주주의가 잘못, 또는 아주 잘못 기능한다고 평가한다. 시민들은 대부분 정치인들이 현재의 근본적인 문제들을 해결할 능력도 없고, 약속도 안 지키고, 오직 재선에만 관심이 있다고 생각한다. 프랑스인 열 명 가운데 정부와 국회, 유럽연합, 대통령제를 신뢰하는 사람은 채 네 명이 되지 않는다. 프랑스인들 가운데 많은 수는 사법부와 노동조합, 대기업, 미디어를 믿지 않는다. 여기에 아주 낮은 상호 신뢰 수준이 덧붙여진다. 2013년에는 프랑스인들의 75퍼센트만 상대를 긍정적인 눈으로 바라보았다. "다른 사람들을 상대할 때는 절대 신중해야 한다." 같은 비율의 프랑스인들은 다른 국적과 종교, 문화를 가진 사람을 불신했다. 이러한 측면에서 보면 발전하고 있는 것은 가벼운 문화가 아니라 불확실하고, 위협적이고, 제어할 수 없다고 판단되는 미래와 타인들에 직면한 두려움과 '불신의 사회'다.

두 가지 기본 요인이 기록적인 수준에 도달한 이러한 불신을 키운다. 첫째, 앞에서 언급했듯이 유토피아를 신뢰하지 않는 현상이 있다. 프로메테우스적 이데올로기는 오랫동안 '위대한' 정치의 실패와 기괴함을 은폐할 수 있었다. 즉 현재의 실패가 역사의 눈부신 전망의 이름으로 정당화되고, 불가피하다고 판단되었던 것이다. 그러나 총괄적인 이데올로기가 더 이상 신뢰를 얻지 못하는 사회에서는 그렇지가 않다. 장기적인 비전에 대한 믿음을 버리고, 알고 있는 정보가 훨씬 더 많을 뿐 아니라 정당에 대해 독립적인 시민들은 국회의원들이 공약을 지키지 않고 무능하면 그들에 대한 신뢰를 거둔다. 장기적인 비전이 실패할 경우, 근접한 현재의 재난에 가까운 결과는 근본적으로 정당화되지 않는다. 즉 그것은 실망의 소용돌이를 일으키고, 정치 엘리트들과 위정자들에 대한 큰 불신을 불러일으킨다.

둘째, 이 현상은 국가의 통제에서 크게 벗어난 시장경제의 승리와 연결되어야 한다. 지구화된 '터보자본주의Turbo Capitalism'가 출현하면서 초기 현대성의 특징인 정치의 우월성은 사라졌다. 정치적 권위의 우위에서 벗어난 우리 세계에서는 이제 민주 정부의 힘이 약해지고 있으며, 자유주의적 글로벌화의 힘에 맞서 아무것도 할 수 없을 만큼 정치가 무능해졌다. 가벼운 것의 문명은 오직 금융시장과 경제적 지배의 비대화라는 배경에서만 전개된다. 이러한 맥락에서 우리가 미래를 통제할 가능성은 서서히 사라진다. 또한 사회를 변화시킬 가능성도 차츰 줄어들고, 우리가 비효율적이고 실제 권력도 갖고 있지 않은 계급의 지배를 받고 있다는 생각이 점점 더 강하게 든다. 정치의 무능은 특히 수많은 시민들의 환멸과 실망, 불신을 조장하는 데 기여한다. 이제 우리를 특징짓는 것은 가벼운 정치적 무게를 가진 자유주의적 민주주의다.

○── **새로운 참여민주주의**

탈정치화, 불신, 시민의 무기력, 선거의 재핑 등의 현상 덕분에 열정과 윤리, 가치, 시민으로서의 태도 등이 결여되어 있고 탈실체화된 민주주의의 출현을 진단할 수 있었다. 하이퍼모던 시대에, 후기민주주의 사회 또는 비정치적 사회(시민권이 해체되고 유동적인 소비자와 탐욕스러운 주주들이 지배하는 약하고 가벼운 민주주의라고, '시민권 없는' 민주주의라고 말할 수 있는)가 출현할 것이라고 주장하는 사람은 아무도 없다. 가벼운 것의 문명과, 그것이 만들어 낸 극단적 개인주의가 순전히 절차적이고, 미니멀리스트적이고, 포스트정치적이고, 약속이나 참여가 없는 이 민주주의를 탄생시킬 것이다.

선출 민주주의가 서서히 힘을 잃었다는 것은 사실이다. 그러나 그것이 모든 형태의 시민권이 퇴조했다는 것을 의미하지는 않는다. 이것은 신개인주의의 특징 중 하나로, 절대적인 탈정치화보다는 선거 때 하는 행위에 대한 규제의 완화와 일치한다. 어떤 투표는 참여율이 매우 높은 반면 고전적인 선거 방법을 택하지 않는 전대미문의 시민권 관련 형태가 등장하고 있다. 정당에 대한 신뢰는 낮아지고 있지만, 여러 유형의 협회 및 인권보호, 학교, 동성 결혼, 환경보호에 중점을 두는 집단적 투쟁 운동은 점점 더 증가하고 있다. 공적인 것에 대한 관심을 완전히 거둬들였다는 것은 하나의 허구다. 지금은 정당의 후견에서 벗어나 일회적인 참여 또는 함께하는 목표나 권력을 잡겠다는 의지 없이 시민들의 좀 더 직접적인 개입 방식으로 기능하는 더 실용적인 정치적 성향이 나타나고 있다.

시민 참여의 새로운 형태와 집단 연대의 새로운 형태, 권력 소환과 고발의 새로운 형태는 이렇게 발전한다. 피에르 로장발롱Pierre Rosanvallon은 이것을 '역逆민주주의'라고 부른다. 시민들이 직접 개입할 수 있는 표현의 민주주의가, 더 이상 미디어와 정당이 독점하지 않는 시민사회에 의한 권력 감시의 민주주의가 지금 만들어지고 있다. 이러한 관점에서 보면, 수동적인 시민권이 증대한다고 말하기보다는 표현과 감시, 참여 민주주의가 출현한다고 말해야 한다.[2]

정보통신 기술의 발전과 전반적인 교육 수준의 상승이 정치적 시민권에서 일어나는 이러한 변화의 토대를 이룬다. 그러나 이러한 변화는 거대한 혁명적 희망의 소멸이라든지 종말론적 교리에 대한 믿음의 종말, 경제와 소비문화 같은 다른 변화로부터 분리될 수 없다. 즉 이런 현상들이 개인들의 새로운 시간적 상황을 형성한 것이다. 우리

사회를 지배하는 시간 방향(더 이상 미래가 아닌 현재의 영향하에서 정해지는)을 역민주주의로부터 분리하는 것은 불가능하다. 하이퍼모던한 현재의 숭배와 더불어 더욱 즉각적인 결과에 대한 시민들의 요구와 총의總意에 봉사하는 권력을 창출하고 싶은 열망, 위정자들에 대한 압박이 전통적으로 이루어져 온 정당의 지도를 받거나 선거라는 수단을 사용하지 않고도 정당성을 획득했다. 현재를 중시하는 문화가 없으면, '통치받는 자들의 정치'도 이루어질 수 없고, 대항 세력이 등장하거나 기타 '시민권'이 발휘될 수도 없다. 매체적·소비지상주의적 세계의 가벼움은 사생활의 영역과 개인적 성숙의 추구에 새로운 중요성을 부여할 뿐 아니라 더 자율적이고 주의 깊게 다원적인 주권을 찾는 사람들의 출현에도 기여했다.

⊙── 가벼운 민주주의, 진정된 민주주의

공적 정신의 퇴보는 비록 걱정되는 상황이긴 하지만 그렇다고 해서 가벼운 것의 혁명이 민주주의 안정화와 평화라는 측면에 가져온 긍정적 결과를 은폐해서는 안 된다. 왜냐하면 새로운 민주주의는 시민의 강력한 참여 없이도 기능하며, 그것의 원칙과 최상의 가치도 더 이상 부인되지 않기 때문이다. 우리는 지금 자유주의적 민주주의를 경멸하는 잘못을 저지르는 자들이 실패를 겪고, 민주주의의 규칙과 좌표가 역사적 승리를 거두는 시대에 살고 있다. 혁명의 신화는 막을 내렸고, 정복 민족주의는 끝났으며, 반의회주의는 양차 대전 사이에 띠었던 공격적 성격을 잃어버렸다. 그리고 68세대가 위협적인 목소리로 제창했던 "선거는 배신이다!" 또는 "선거는 속임수다!" 같은 구호를 아직도 외치는 사람이 있는가? 자유주의적 민주주의가 내부의 공격적인 적을 지금처럼 적게 가진 적은 없다. 국민의 대표자들은 불신의 대상이고,[3] 시민들은 대부분 열렬한 공민정신을 거의 보여주지 않는다. 그럼에도 그들은 정치적 자유주의를 조직하는 원칙에 여전히 큰 가치를 부여하고 있다. 시민들은 흔히 투표를 하러 가는 것보다는 주말에 여행을 떠나는 것을 더 좋아하지만 보통선거와 정치적 다원주의, 평화로운 정권 교체의 원칙, 사적·공적 자유에 대한 집착은 그 어느 때보다도 강하다. 소비지상주의적 경박함이 정치 참여의 강도가 약해지게 하는 것은, 자유주의적 민주주의를 구성하는 규정을 용인하기 위해서다. 이 규정은 그것이 스스로를 통치하는 힘으로서 실행될 때는 더 약해지는 한편 그것의 원칙이 되는 기반과 관련될 때는 더 견고하고 일체적이다.

인간의 권리가 집단 질서에 확실하게 정당성을 부여하는 원리로 자리 잡으면, 정치적·사회적 폭력은 크게 감소한다. 프롤레타리아 계급이 독재를 할지도 모른다는 수십 년 전부터의 예측은 이제 더 이상 통용되지 않는다. 사회적 갈등은 이제 피로 얼룩진 대결을 동반하지 않는다. 식민주의와 전쟁을 통한 영토 병합은 비합법성으로 얼룩졌다. 제2차 세계대전이 끝난 뒤로 자유주의적 민주주의는 더 이상 전쟁을 하지 않았고, 이제는 파괴해야 할 적이 아니라 국제적으로 경쟁을 벌이는 경쟁자로 보인다. 전면전과 계급투쟁의 시대가 끝나자 협상과 타협이 지배하고, 사회적·정치적 갈등이 크게 진정되는 시대가 되었다. 시민의 평화정신은 지배적이다. 즉 가벼운 민주주의는 탈현실화되었다기보다는 진정된 것이다. 하이퍼모던 시대의 민주주의는 지배력을 덜 행사하고 덜 격렬한 반면, 더 평화롭고 안정적이다. 민주주의에 대한 증오는 대부분 사라졌다. 가벼운 것의 혁명이 가진 바로 이 장점이 평화를 지지하고, 그 때문에 근대의 정치·종교 시대보다 더 견고하고 덜 위협적인 민주주의를 정착시키는 데 특히 기여했다.

지금 유럽에서 신포퓰리스트 정당이 정치적 풍경 속에 넓게 자리를 잡고, 기록적인 지지율을 획득했다는 것은 부인할 수 없는 사실이다. 그러나 유럽에서 지금 목격되는 이러한 현상은 옛날의 그 적대적이고, 반유대적이며, 폭력적인 형태를 띠는 반민주주의적 증오와는 아무 상관이 없다. '안티' 운동(반정치체제, 반이민, 반다문화, 반세계화, 반유럽연합)인 신포퓰리스트 투표는 대중의 반민주주의적 감수성을 표현하지 않는다. 사회적 불안정성의 증가에 대한, 그리고 국가적 정체성과 세속성, 현대적 자유에 위협으로 느껴지는 것에 대한 반응인 이 반대 투표는 현 정부를 심판하고, 새로운 '보호' 정책이란 것이 도대체 무엇인지 한번 보고, 급증하는 이민자와 이슬람교를 저지하고 싶어 하는 것이지 합법적인 국가와 민주주의 질서를 파괴하려는 것은 아니다.

민주주의가 이처럼 평화로워져도, 극도로 폭력적인 광신이 다양하게 표현되고 국제 테러리즘과 연관된 새로운 위협이 등장한다. 몇몇 종파의 행위와 유럽에 거주하는 지하드 동조자들, 테러와 반유대 범죄에 직면한 가벼운 것의 문명은 교화와 '세뇌', 살육과 학살, 타인에 대한 증오의 폭발을 막는 데 실패함으로써 자기 자신을 실현하지 못하게 가로막는 새로운 장애를 만난다. 여기서 문제가 되는 것은 오직 인명을 빼앗는 광분과 순교자 숭배, 피를 부르는 폭력에 대한 찬양과 매혹뿐이다. 이러한 실패가 단지 수입되기만 한 것은 아니다. 즉 유럽이나 미국에서 태어난 젊은이들이 폭탄을 설치하고, 유대인들을 죽이고, 이슬람과 지하드 투쟁이라는 이름으로 최후의 희생을 치를 준비가 되어 있다고 선언하는 것이다. 이것은 가벼운 세계가 하이퍼모던한 개인들의 기본적 요구를, 즉 삶의 의미라든가 집단적인 사회적 정체성, 구조를 결정하는 지표, 자존감 등의 요구를 충족할 수 없다는 사실을 보여주는 새로운 증거다.[4] 이 소수의 행동주의자들은 가벼운 사회를 만들겠다는 약속의 정반대되는 지점에서 공포를 퍼트리고 불안한 분위기를 만들어 내는 데 성공하고 있지만, 그럼에도 자유주의적 민주주의는 실패하지 않았고, 결국은 과거보다 더 견고해졌다.

그와 동시에 프랑스나 다른 유럽 국가들에서 인종차별적·반유대적 발언을 일삼고 집시들과 이슬람교도들, 유대인들, 흑인들에게 비열한 욕설을 퍼부어대는 광경이 목격된다. 인종차별적 담화는 이제 더 이상 터부가 아니다. 포퓰리즘이 유럽의 거의 전역에서 확대되는 동안 프랑스인 열 명 가운데 세 명은 자기가 '매우 인종차별적'이거나 '약간 인종차별적'이라고 선언한다. 법무부 장관에 대한 인종차별적 공격과 한 개그맨의 발언 이후로 사람들은 주저하지 않고 "인종을 차별하는 프랑스가 다시 돌아왔어"라고 말하게 되었다. 그렇지만 우리가 혐오감을 불러일으키는 발언을 듣는다고 해서 우리 시대를 양차 대전 사이의 시대와 동일시할 수는 없다.

톨레랑스tolérance(관용)가 쇠퇴하고 외국인 혐오가 확산되고 있지만, 지금 '인종차별주의가 크게 발흥하고 있다'는 것은 사실이 아니다. '유대인들도 다른 사람들과 똑같은 시민이다'라고 말하는 프랑스인들의 숫자는 전쟁이 끝나고 난 직후보다 지금 훨씬 더 많다. 인종이 다른 부부가 이렇게 많았던 적은 없었다. 현대의 인종차별주의는 인종의 우열이라는 이데올로기를 버렸고, 더 이상 인간이 불평등하다는 관점을 내세우지도 않는다. 우리는 타인을 싫어할 수도 있지만, 그가 실체적으로 상이한 특징을 지닌 것은 아니다. 즉 그는 더 이상 존재론적으로 열등한 존재가 아닌 것이다. 물론 이러한 맥락은 전혀 가볍지 않으며, 여러 기관에서는 '인종차별적 특성을 띤 행위와 위협이 크게 증가하고 있다'고 지적한다. 그렇기 때문에 과거와는 달리 이런 행위와 위협은 일회적이며, 수많은 분노의 움직임을 불러일으키고, 언론의 광범위한 지탄을 받는다. 이민자들에 대한 거부감과 이슬람교도들에 대한 경계는 증가하고 있지만, 피를 부르는 폭력은 여전히 대거 유죄 선고를 받는다. 심지어는 평범한 인종차별주의조차 신체적 폭력의 탈합법화를 포함하는 가벼운 것의 혁명이 낳는 결과를 기록한다.

여기서는 하이퍼모던 민주주의에서 왜 사회적·정치적 갈등이 완화되는지 그 이유를 철저하게 검토할 만한 여유가 없다. 다만 여기서는 소비지상주의적 가벼움(인간과 그 자신, 인간과 사회, 인간과 역사의 관계를 변화시킨)의 경제가 맡는 주요한 역할만을 특기할 것이다. 유혹의 자본주의는 과감한 참여와 '성스러운 총검'의 숭배, 혁명적 의지를 개인의 행복이라는 목표로 바꿔 놓았다. 가벼운 것의 대상들(안락·소비·소통·여가)이 지배할 때 정치적 폭력은 일체의 위엄과 영광, 사회적 합법성을 잃어버린다. 즉 삶의 의미는 이제 더 이상 집단적 행동과 힘의 사용에 의한 세계의 변모에 있지 않고 자기 자신의 성숙에 있다. 이러한 개인주의적 이상이 정치적·사회적 갈등을 줄이는 데 기여했다는 사실에 의심을 품는 사람은 아무도 없다. '가짜 민주주의'에 대해서는 말하지 말자. 가벼운 것의 혁명은 자유주의적 민주주의의 붕괴를 앞당기는 것이 아니라 그것을 더욱 공고히 하려고 애쓰는 것이다. 이른바 절차적 민주주의는 탈이상화하기 위해 더 견고하고 과거보다 덜 분열된 토대 위에 자리 잡는다.

평등의 실패?

인간의 권리와 정치적 민주주의를 이데올로기적으로 인정하다 보면, 그와 동시에 사회적 민주주의가 고장난다는 것은 사실이다. 계급 간의 불평등이 감소했던 영광의 30년〔대부분의 OECD 국가에서 가파른 경제 성장과 생활수준 향상을 기록했던 1946년에서 1975년까지의 30년 ─ 옮긴이〕은 이제 끝났다. 우리 시대에는 심각한 빈곤과 대량실업, 근로빈곤층, 사회적 박탈, 젊은 대졸자들의 사회적 추락, 노동 형태의 불안정화, 대도시 주변 게토화 등의 문제가 다시 나타나고 있다. 부의 불평등이 다시 폭발하자 분석가들은 사회 형태로서의 민주주의가 후퇴한다든지, "평등 개념의 위기"가 "속이 빈 조개껍질"로 바뀌어 현대인들의 믿음을 유지시킬 수 없다는 사실을 강조한다.[5]

정말 이렇게 되어 갈까? 민주주의적 평등의 가치는 정말로 실체를 모두 잃어버린 것일까? 그렇지만 우리는 비경제적인 불평등에 관한 한, 평등의 고조가 다양한 형태로 명백하게 이루어지고 있다는 사실을 관찰할 수밖에 없다. 평등의 요구가 법적으로 이렇게까지 적극적으로 표현된 적은 결코 없었다. 양성 평등의 목표는 지금 헌법에 기록되어 있다. 여성들은 옛날에는 남성들만 할 수 있었던 일을 할 수 있는 권리를 획득했다. 긍정적 차별 조치에는 여성 국회의원은 물론 대기업의 경영위원회 여성 대표단까지 포함된다. 프랑스에서는 2011년 법에 의해 임명된 인권옹호위원들이 인권과 자유가 존중되고 평등이 보장되도록 노력한다. 동성 간의 결혼은 이미 합법화되었으며, 혼외자와 친생사의 구분은 사라졌다.[6] 어디서나 차별을 폐지하기 위한 조치들이 증가하고 있다. 학교에서 시행되는 '평등의 ABCD' 프로그램은 평등에 관한 편견과 고정관념에 맞서 싸우고, 남학생과 여학생 간의 평등을 촉진하는 것을 목표로 한다. 우리는 지금 '평등이 고장난 상황'이 아니라 평등을 위한 계획과 열망의 확대를 목격하고 있다.

그렇지만 이 역학이 우리 사회 전체를 관통하는 이러한 분할과 '분리주의'의 현상을 전혀 막지 못한다는 것 또한 사실이다. 이러한 분리 과정은 상층계급이 하층계급을 기피하는 메커니즘, 이민 온 실업자들과 섞이기를 거부하는 노동자들, 부자들과 가난한 사람들이 서로 다른 동네에 모여 사는 경향(에릭 모랭Éric Maurin은 이러한 현상을 "끼리끼리 사회"[7]라고 부른다) 등 다양한 문화적·도시적 현상이 증언하고 있다. 그리고 이 과정의 가장 활동적인 요소는 배제된 사람들이 아니라 각 계층에서 가장 부유한 사람들이다. 엄청난 돈을 버는 초부유층은 조세도피를 통해 공동체로부터 자신을 분리했다. 즉 그들은 '이탈하고', 평행 세계에서 살며, 국민적 연대에서 면제된 것이다. 공동체의 게토화, 끼워 넣어진 동네, 폐쇄적 공동체. 사회라는 피라미드의 위에서 아래까지, 민주주의적 평등정신이 고무하는 정책에 정면으로 충돌하는 분리 과정이 전개된다.

이러한 분열의 메커니즘을 부정할 수는 없지만, 그것이 생활방식과 열망, 세계관의 접근을 통해 폭넓게 이루어지는 역학을 은폐해서는 안 된다. 실제로 새로운 '사회적 분리'는 오직 우리 사회의 전례 없는 동질화하에서만 전개된다. 사회적 지위의 차이는 점점 좁혀지고 계급 문화의 세계는 계속해서 쇠퇴하고 있다. 지금은 농민계급과 노동자계급 문화의 세계가 사라져 가는 시대다. 가톨릭 세계와 세속 세계를 나누었던 정신적 단절은 대부분 메워졌다. 수입과 부동산의 불평등은 커지고 있지만, 계급 생활의 스타일이 갖는 특수성은 조금씩 사라져 가고 있다. 안락함과 소비, 여가 활동의 이상은 사회라는 피라미드의 모든 층에 퍼져 나간다. 아주 간단한 예를 하나만 들어 보면, 1950년 대와 60년대에는 극소수의 부유층들만 비행기를 타고 이동할 수 있었다. 그러나 그 뒤로는 수많은 여행자들이 세계를 누빌 수 있게 되었다. 돈이 없는 사람들도 물론 1등석에 앉아 여행을 할 수는 없지만 최소한 가끔씩은 비행기를 타고 세계 곳곳을 다닐 수 있다.

사회 피라미드의 반대편 끝에서는 다니엘 코엔Daniel Cohen이 초부유층의 '프롤레타리아화'라고 부르는 현상이 목격되는데, 그들이 상상하는 것은 돈이 거의 없는 사람들이 상상하는 그것과 더 이상 질적으로 다르지 않다. 즉 더 이상 '고급문화'를 지향하지 않는 그들은 돈이 없는 사람들과 마찬가지로 "똑같은 축구경기를 보고, 똑같이 '블링블링한' 사치품을 갖고 싶어 하고",[8] 진과 티셔츠와 후드 스웨터를 입고 다닌다.

여러 사회계층의 행동이 일치하지 않는다는 것은 분명한 사실이지만, 규범과 대상의 상징적 세계는 점점 더 비슷해져 가고 있다. 경제적 불평등은 심화하고 있지만, 소비지상주의적 열망은 모든 사회계층에 존재한다. 옛날에 존재했던 계급 간 불침투성이 약화되고 개인들이 그들의 원집단에서 빠져나오며, 계급의 전통을 이끌어 가는 힘은 최소한만 존재하고 사람들이 집단적 규범에 대해 독립적인 것이 지금 시대의 특징이다. 이러한 측면에서 보면, 평등은 붕괴되기보다는 그 사회적 역학이 오히려 더 심화된다. 어쨌든, 평등의 '고장'은 일반화된 사회적 사실이 아니다.

그와 동시에 2000년에는 유엔 회원국들이 15년 안에 세계의 절대 빈곤율을 2분의 1로 줄이겠다고 약속했다. 이 목표는 5년 앞당겨 달성되었다. 실제로 30여 년 전부터는 비록 12억 명에 달하는 사람들이 계속 빈곤 상태로 살고 있기는 하지만, 그럼에도 매우 높았던 빈곤율은 점차 낮아지고 있다. 개발도상국에서 하루 최저생계비 1.25달러를 쓸 수 없는 사람의 비율은 1990년에는 47퍼센트였다가 2010년에는 22퍼센트로 줄었다. 지금은 영양실조에 빠진 사람이 1990년에 비해 7억 명이나 줄었다.

그럼에도 불구하고 빈곤율이 감소하면 수입과 부동산의 불평등이 엄청나게 증가한다. 크레디트 스위스 은행의 연구에 따르면, 2010년 전 세계 성인 인구의 0.5퍼센트가 전 세계 금융자산의 3분의 1 이상을 장악하고 있었다. 전 세계 인구의 약 1퍼센트가 전 세계 부의 43퍼센트를 보유하고 있으며, 가장 부유한 10퍼센트가 전 세계 부의 83퍼센트를 보유하고 있다. 가장 빈곤한 50퍼센트는 다 합쳐도 전 세계 금융자산의 2퍼센트밖에 가지고 있지 않다. 비정부기구 옥스팜Oxfam의 연구에 따르면 85명으로 이루어진 소수 엘리트가 가장 빈곤한 35억 명 또는 전 세계 인구의 50퍼센트가 보유하고 있는 것과 똑같은 부를 집중적으로 보유하고 있다. 프랑스의 경우 가장 부유한 10퍼센트가 국부의 62퍼센트를 보유하고 있으며, 미국에서는 가장 부유한 1퍼센트가 국민총소득의 5분의 1을 보유하고 있다.

이러한 통계는 불평등한 반혁명 개념을 정당화할 수 있을까? 불평등의 감소는 오직 1퍼센트 이하의 가구가 포함된 초부유층의 부가 최근 얼마나 증가했는지를 통해서만 충분히 표현된다는 사실을 강조하는 것이 중요하다. 반면 최근 몇 년을 제외한 지난 30년 동안 프랑스인들의 평균 구매력은 꾸준히 증가해 왔다. 극소수의 엄청난 소득을 집중적으로 분석하지 않으면, 사회적 관계를 약화하는 것이 불평등의 심화라기보다는 오히려 장기 실업과 노동의 불안정화, 비타협적인 집단주의, 정치적 전망의 부재라는 사실을 시야에서 놓치게 된다.

어쨌든 이러한 맥락에서 분명하게 드러나는 것은, 가벼움의 지배보다는 불평등의 과잉과 부호들의 극단적인 영향력, 지나칠 정도로 많은 보수다. 우리 세계가 점점 더 미시적으로 기능하는 것도 사실이지만, 그것이 요트와 개인용 제트비행기, 사치의 전당, 스포츠카, 호화 빌라의 과시적인 부와 어마어마한 재산이 펼쳐지는 세계인 것도 사실이다. 가벼운 것의 문명은 초부유층의 점점 더 늘어나는 무게 때문에 무겁다. 디지털 기술, 소형화된 물체, 미디어 문화, 패션 등 모든 영역은 가벼운 것의 혁명이 남긴 흔적을 담고 있다. 그러나 경제적 불평등의 시스템은 절대 그렇지 않다.

이념 : 얼마만큼의 무게를 가지고 있는가?

하이퍼모던한 민주주의에서, 가벼운 것의 혁명은 다른 많은 영역에서도 표현된다. 우리가 문화·정신생활과 유지하는 관계까지 변화시키는 데 크게 기여할 정도로 그 힘은 강력하다.

최초의 현대성은 유례없이 풍부한 이념의 영역에서 일어난 혁명을 토대로 구축되었다. 이 주기가 이어지는 동안 이성과 자유, 평등, 국가, 진보의 개념이 처음으로 정당화의 토대와 체계를 세움으로써 새로운 세계를 만들어 냈다. 물질적 토대의 우위라는 이론이 확립되는 것을 보았던 세계는 또한 이념의 상부구조가 가장 중요한 건설적 역할을 해낸 세계이기도 하다. 민주적 현대성은 사회적·역사저 생활에 대해 도덕적·정치적 이념이 가지는 엄청난 무게와 불가분의 관계에 있다. 아주 오래된 전체론적 사회조직을 파괴했고, 위대한 세속 종교를 창설했으며, 현대인들의 자유와 민주주의 시대를 만들어 낸 것은 이 새로운 사고 기준과 체계다.

새로운 가치 위계와 도덕적·지적 관점이 기초를 이루는 현대성은 이성의 힘에 대한 찬양, 진보에 대한 믿음, 혁명과 민족의 신화, 계몽에 의해 인간이 해방될 수 있다는 세속적 믿음이 발전하는 것을 보고 있다. 과거에 '인간을 속박하던' 무거움에 대해 거둔 승리는 오직 '혁명적인' 현대사상의 무거운 무게에 의해서만 가능했다. '작가의 축성祝聖' 및 지식인들의 영광과 현대적 위광은 반전통적이며 진보주의적인 상상세계에 이끌려 펼쳐질 수 있었다.

우리는 이 세계에서 빠져나왔다. 하이퍼모던 세계는 곧 거대한 이념 갈등의 역사적 역할이 쇠퇴하는 세계다. 물론 이념 대결은 전혀 사라지지 않았다. 그것은 심지어 사회적·윤리적 생활의 점점 더 많은 영역에 관련된다. 자명한 것은 더 이상 아무것도 없다. 모든 것이 문제시된다. 그러나 그와 동시에 이념은 이제 더 이상 세계의 질서를 근본적으로 변화시킬 수 있는 것으로 보이지는 않는다. 이념은 더 이상 현재와 결별하는 미래를, 사람들을 불러 모으는 역사적 유토피아를 담보하지 않는 것이다. 정치적 이념의 세계는 더 이상 새로운 세계를 약속하지 않으며, 더 이상 새로운 것의 동인으로 간주되지 않는다. 이제 이념이 가졌던 힘보다는 기술과학과 경제가 가진 힘이 더 커졌다. 그리하여 우리는 위엄이 쇠퇴하고, 지적 생활에 중요성이 부여되는 전례 없는 상황을 맞이하게 되었다. 근대성의 갈등(자유사상/가톨릭사상, 마르크스주의/자유주의, 혁명/수정주의, 파시즘/공화주의)은 이제 막을 내렸다. 그리고 심지어 얼마 전까지만 해도 사람들에게 큰 충격을 주었던 주요한 '주의(실존주의, 개인주의, 구조주의, 라캉주의)'는 사라지거나, 아니면 여전히 존재하기는 하지만 열렬한 반응을 불러일으키지 못하고 있다. 이 모든 상황을 살펴보면, 우리는 새로운 지적 생활의 시대를 살고 있는 것이다.

○── 정신이 지닌 가치의 평가절하

심지어는 책과의 관계라는 매우 구체적인 행위도 현재 이루어지고 있는 큰 변화를 잘 보여준다. 1년에 책을 25권 이상 읽는 '독서가'의 수가 크게 감소하고 있다는 사실은 잘 알려져 있다. 호기심을 채우기 위한 독서는 줄어드는 대신 실용적인 독서는 증가하는 추세에 있다. 젊은 세대에게 책은 이제 지식과 인식으로 접근하는 왕도가 아니다. 책 읽는 시간 역시 크게 줄었다. 단적인 예를 한 가지만 들면, 지난 30년 사이에 네덜란드인의 주당 독서 시간은 44퍼센트 감소했으며, 10~19세 젊은이들은 이제 하루에 12분밖에 책을 읽지 않는다.[9]

이러한 풍경 속에서 인문과학서는 심각한 위기를 맞고 있다. 인문과학서의 평균 발행 부수는 1996년에는 5200부였던 것이 2007년에는 2400부로 줄어들었다.[10] 그러나 이러한 판매 감소는 고등교육 기관의 연구자들과 교직자들의 수가 매우 크게 증가하는 시점에 이루어졌다. 그렇다면 그것은 정말 우리가 목격하고 있는 "호기심의 폭발"[11]인가? 지적 유행의 필연적 변화를 훨씬 넘어설 만큼 전례가 없는 무슨 일이 일어났다는 느낌을 떨쳐 버리기가 쉽지 않다. 사실 우리는 18세기와 19세기에 시작된 긴 주기에서 벗어났다. 즉 사상의 세계의 찬란한 약속으로 가득 찬 '영웅적'인 순간이 이제 끝난 것이다. 그것은 현대적 환멸의 역학에서 추가적인 한 단계이고, 또한 무거운 것에 대한 가벼운 것의 승리를 표현하는 한 단계다.

또 다른 현상들이 지금 벌어지고 있는 변화를 잘 보여준다. 지난 수십 년 이래로 그것이 예언적인 것이든 비판적인 것이든 참여적인 것이든 간에, 지적인 것은 18세기와 19세기부터 차지하고 있던 상징적 중심성의 지위를 잃어버렸다. 사실, 지식인들의 힘은 미디어의 힘에 밀렸다. 사회적 토론에서 우선순위를 정하는 것도 미디어이고, 전통적으로 항상 발언권이 가장 세다고 인정받아 온 지식인 대신에 유명 인사를 내세우는 것도 미디어다. 지금은 TV 프로그램의 사회자가 지식인들보다 훨씬 유명하다. 지성계의 중요 인물은 계속해서 세계의 큰 사건에 대해 자신의 생각을 개진할 수 있고, 심지어는 항상 그렇게 인정받을 수 있지만, 그럼에도 사회에 미치는 영향력은 거의 아무것도 아닌 것으로 축소되었다. 오늘날의 문화적·사회적 생활에서 지식인들이 차지하는 비중은 얼마나 될까?

지식인은 '권위를 인정받았고', 지금도 "선도자"와 동의어다. 그런데 지금은 어떤 사회적 위신을 누리고 있을까? 우리는 스타와 축구 챔피언, '창조적 인물'을 좋아한다. 지식인들은 더 이상 관심을 불러일으키지 않는다. 혁명과 민족 이데올로기가 붕괴하고, 사회생활의 극단적 개인화를 야기하는 소비지상주의적이며 미디어적인 가벼움의 시대는 사유 속에서 일정한 방향으로 나아가고, 가야 할 길을 보여주고, 프롤레타리아 계급을 가르치고, 세상의 불의에 항의하려는 양심적 지도자와 위대한 안내자들의 요구를 좌절시켰다.

더 광의적으로 말하면, 지적 생활 그 자체는 이제 삶의 모델로서 인정받을 기회가 점점 더 줄어들고 있다. 발레리가 말했던 '정신의 가치'는 무너지는 반면 비즈니스와 돈, 스포츠, 오락, 여가 활동의 가치는 점점 더 높아지고 있다. 한 가지 생각이 끈질기게 이어진다. 이 모든 이성의 복잡한 사슬이 '도대체 무슨 소용이 있단 말인가?' 지금 여기서 잘 사는 것이 중요하지 않으면 도대체 뭐가 중요하냐는 말이다. 그래서 치유 서적과 기술 서적들이 쏟아지면서 우리의 이해를 돕기보다는 우리에게 제기되는 직접적 문제들을 해결하려고 애쓰는 것이다. 가장 중요한 것은, 이제 더 이상 사회적 인간 세계의 궁극적 진실을 전해 준다고 하는 열쇠에 있지 않고 '움직이는' 것 속에, 각자의 삶에 직접적으로 유용한 것 속에 있다. 사람들은 이론적인 질문보다는 실용적이며 개인적인 삶과 연관된 해결책을 더 원한다. 이제 가벼운 사고 체계를 신성한 것으로 만드는 도구주의적 지식과 위안을 주는 철학의 시대가 된 것이다.

이러한 배경에서는 대중 서적과 사진집, 철학 '요약집', 가이드북, 어린아이들이 볼 수 있는 짧은 철학 교과서 등이 늘어난다. 심지어는 권위 있는 주간지까지 '올여름의 스타, 아리스토텔레스와 헤겔' 같은 종류의 '위대한 철학자' 시리즈를 정기적으로 선보인다. 이러한 변화는 일반화된 지적 감퇴의 시대로 들어간다는 것을 의미하는 것일까? 더 정확히 말하면, 사람들은 모든 것에 대해서 조금만, 그리고 빨리 알고 싶어 하며, 아무 노력 없이 복잡한 것에 접근하고, 게다가 즐거움도 느끼고 싶어 한다. 가벼운 것의 문명에서는 지적 호기심이 여전히 존재하지만, 그것은 '빨리 되고', '골치 아프게 하지 않는다는' 조건하에서만 존재한다. 심지어는 고급문화와의 관계도 가벼운 것의 틀 속에서 주조된다.

○── 학교 없이 배우다?

가벼운 것의 혁명은 인식과의 전례 없는 관계와 새로운 지식 습득

방식을 만들어 내는 데 성공했다. 얼마 전까지만 해도 '문화'의 전달은 전통이라든가 가정, 교회, 학교 등 사회의 중심을 차지하는 여러 제도의 활동을 통해 이루어졌다. 물론 이 '무거운' 제도들은 계속해서 주목할 만한 역할을 해내고 있지만, 그와 동시에 엄청난 양의 지식이 이제는 훨씬 더 유동적인 미디어(라디오, 텔레비전, 인터넷) 방식을 통해 접근할 수 있게 되었다. 우리는 지금 제도화된 권력의 통제에서 벗어나는 시대에 살고 있다. 가벼운 것의 혁명이 일어나면서, 지식의 습득은 무거운 집단적 관리와 전통적으로 이러한 목적을 가진 매개체의 무게에서 벗어나는 경향을 보인다.

그와 동시에 지식 습득의 한 부분은 힘든 것과 따분한 것, 느린 것의 무게에서 벗어나는 경향을 보여준다. 사람들은 텔레비전을 보고 기분 전환을 하면서 아무 노력 없이 현실을 인식한다. 인터넷상에서 정보를 찾는 것은 마치 나비가 훨훨 날아다니듯, 숨바꼭질을 하듯 민첩하고 재미있게 이루어진다. 강제적이고 무거운 것은 이제 과소평가되는 반면 가볍고, 쉽고, 기분을 풀어 주고, 비공식적인 것이 각광받는다. 이러한 배경에서, 지식에 접근하기 위해 지속적으로 노력을 기울여야 한다는 것은 점점 더 견디기 힘든 일이 되어 간다. 지식은 단 한 번의 클릭으로 순식간에 제공되어야 하는 것이다. 모든 것은 미리 정해진 프로그램에 따르지 않아도 단시간에, 그리고 원하는 대로 발견되어야 한다. 이러한 가속화 과정은 디지털의 가벼움이 가지는 위력을 통해 지식과의 관계를 점령했다. 즉 마치 놀이를 하듯 내가 원할 때, 내가 원하는 대로 금방 지식을 습득하는 것이다. 이것은 가벼운 형태의 지식이며 일종의 '즐거운 지식'이지만, 또한 니체가 찬양하는 '까다롭고' 어려운 지식과는 정반대되는 지식이다.

이 새로운 행위들이 전통적인 교육적 논리와 얼마나 정면으로 배치되고 또 얼마나 모순되는지가 자주 지적되는데, 이것은 정당한 지적이다. 잘 알다시피, 학교의 교육 방법은 노력과 훈련의 가치, 느림과 통제된 진행성, 체계적인 유형의 습득을 위한 반복되는 연습과 의무적인 프로그램에 근거한다. 화면을 이용한 쌍방향 문화 덕분에 유희적인 것과 빠른 것, 우연한 것, 세분화된 것, 속박과 선형성의 부재가 우세를 점한다. 그렇기 때문에 인터넷에서 이루어지는 행동과 학교가 요구하는 행동 사이에는 대립적 관계가 존재한다. 게다가 첫 번째 행동은 두 번째 행동의 가치를 떨어트리고, 그것을 그 어느 때보다 '낡아 빠지고' 따분하게 만들어 놓는다. 디지털 문화 덕분에 지식에 더 쉽게 접근할 수 있지만, 반면에 스승은 단순한 지식 전달자로 바뀌고, 고전적인 지식 전달 방법은 점점 더 무거워진다. 하이퍼모던 시대에, 무거운 것에 대한 가벼운 것의 전쟁은 지식의 습득이라는 새로운 영역에서 널리 알려진다.

젊은이들을 교육한다는 측면에서 인터넷의 가능성(개인의 자율과 지식의 민주화, 지적 스승들이 이끌어 주지 않아도 문화에 쉽게 접근할 수 있는 힘) 앞에서 열광하지 않는 사람은 아무도 없다. 그리하여 이반 일리치Ivan Illich는 옛날에 '학교 없는 사회'의 유토피아를 권장했는데, 이 유토피아는 이제 정보과학의 위업 덕분에 실현 가능해졌다. 이렇게 해서 미셸 세르는 이제 인터넷이 있어서 "모든 사람이 모든 지식에 접근할 수 있고, 모든 지식은 언제 어디서나 전달되기 때문에"[12] 학교와 교사, 규율이 쓸모없어진다고 생각한다. 대학의 수준에서는 어느 누구도 '캠퍼스'와 '현장에서 이루어지는' 교육의 종말을 예측하고 '디지털 카페'와 가벼운 교육light teaching의 도래를 약속할 수 없다. 인터넷 또는 교수도 없고 교실도 없고 규율을 강제하지도 않는 교육과 개인의 요구와 적응에 집중하는 가벼운 교육의 방법, 그것은 아직 문을 닫지 않은 '고전적' 학교를 재빨리 포기해 버리는 일이다. 아니, 그 정반대다. 우리는 젊은이들에게 기초 지식, 즉 읽는 법과 쓰는 법, 계산하는 법, 말하는 법, 심지어는 엄격함과 추론, 논증, 올바른 진술, 정확한 개념을 사용해 생각하는 법을 가르쳐주기 위해 어느 때보다도 더 교사들이 필요해질 것이다. 그리고 사용할 수 있는 내용이 많으면 많을수록 그 내용을 해석하고, 분류하고, 조직하고, 정리하는 방법은 더 중요하다. '가공하지 않은' 정보는 진짜 정보와 동의어가 아니다. 디지털의 세계는 머리를 '채울' 수는 있지만, 그 자체로 '좋은 머리'를 만들 수 있는 힘은 갖고 있지 않다. 즉 기술적 발전이 인식의 발전은 아니며, 접속되어 있다고 해서 생각할 수 있는 것은 아니다. 생각을 하기 위해서는 기본 원칙과 근본적 지표, '방법의 규칙'을 습득할 필요가 있다. 학습의 방법론적 실천이 과거에도 그랬듯이 지금도 여전히 우리에게 필연적으로 요구된다. 이러한 관점에서 보면 정신의 자유는 반복과 기억, 기본 지표의 전달, 단조로운 수업, 여러 가지 규범의 강제 등 고전적이고 '무거운' 방법론들을 영속화할 것을 요구한다. 많은 것이 불가피하게 바뀔 것이고, 옛날의 학교는 결코 돌아오지 않을 것이다. 그러나 인터넷상에서 손재주를 부리고, 혼자 공부하고, 그 밖의 놀이 활동을 한다고 해서 구조화된 정신을 형성할 수 있다고 믿는 것은 허망한 일이다. 꼼꼼한 학습과 지식 전달의 무게 없이는 진정한 지적 자유가 있을 수 없다.[13]

○──── 그럼에도 불구하고 이해하고 싶은 욕망

완전한 낙관론자들에 맞서, 소비지상주의의 가벼움이건 아니면 흔히 말하는 '비공식적' 학습의 가벼움이건 간에, 가벼움의 위험을 조심하라고 강조하는 이들이 적지 않다. 텔레비전의 폐해에 관한 경고가 끊이지 않았으며, 지금은 인터넷이 불신과 비판의 대상이다. 텔레비전 화면은 중독 현상을 일으킬 뿐 아니라 우리의 사고방식을 바꾸고, 그러면서 부정적인 영향을 미친다. 그래서 텔레비전 다음에는 구글이 우리를 바보로 만들고 있는지도 모른다.[14] 불안감이 점점 더 분명하게 다가오고 있다. 클릭 문화가 지적 생활과 성찰, 집중력, 비판정신을 약화한다. 매개체가 사라지면서 실제로 네티즌들은 논쟁적인 토론을 벌이기보다는 자신과 같은 생각을 하는 사람들과 소통하게 되었다.[15] 정보의 과잉이 정보와 정신생활을 동시에 죽이는 순간이 온다. 더 이상 깊이 생각하지 않는다. 정리하거나 해석하지 않고 자료를 모으고 쌓아 놓기만 한다. 이런 상황에서 도대체 무엇을 이해한단 말인가?

이러한 위험은 의심할 여지 없이 존재하며, 이미 교사들이 찾아낸 큰 피해('복사해서 붙이기' 관행, 규율의 무시, 학습의 속도 저하와 교사들의 이미지에 대한 과소평가)를 야기했다. 가벼운 하이퍼모더니티의 부정적인 측면만 문제되는 것은 아니다. 우리 시대에는 정신생활의 가치만 하락하는 것이 아니다. 수많은 주제에 관해 자신의 생각을 표현하면서 전문 분야에서건, 아니면 더 일반적인 관심사에서건 간에 책과 기사를 쓰고, 분석과 해석을 제안하고, 공개 토론에 참여하는 개인도 크게 증가하고 있다. 이 섬에서 우리는 지적 생활의 전문화뿐 아니라 연구 수준이 높아지고 학위를 가진 사람의 숫자가 늘어남으로써 가능해진 지적 생활의 민주화도 목격하고 있다.

하이퍼모던한 세계는 일반화된 성찰의 허탈 상태와 동의어가 아니다. 오락과 하이퍼소비로 이루어지는 가벼운 사회는 이해하고, 성찰하고, 자기 생각을 표현하고자 하는 욕망을 버리지 않았다. 집단적 사회체제가 와해되자 전체적인 의미와 명료함에 대한 새로운 욕구가 분출되었기 때문에 더더욱 그렇다. 세계와의 관계가 개인화되는 사회에서는 지식과 정보가 분산되면서 정신이 동요하고 흔들릴 뿐 아니라 '전체적인 것'의 이해를 요구하고 '조각들을 다시 붙이고자 하는' 욕구를 느끼게 된다.

우리가 비非사고와 일반화된 유치증이 지배하는 역사 이후의 시대에 살고 있다는 말은 사실이 아니다. 답변은 적지만, 질문은 더 많이 던져진다. 즉 이해하고자 하는 욕구는 사라지지 않은 것이다. 교육과 과학, 기술, 정보는 우리가 체험하고 있는 것의 의미를 이해하고자 하는 욕구를 다시 자극하여 끊임없이 문제 제기를 하도록 만든다. 종교의 영향이 미미해졌고, 모든 것을 아우르는 이데올로기가 와해되었으며, 가지고 있는 정보가 풍부하기 때문에 개인들은 자신의 상황을 다시 한 번 돌이켜 보고 자기가 처음에 가졌던 확신을 충분한 거리를 두고 재검토할 수 있는 가능성을 더 많이 가지게 되었다. 그들은 심지어 문제 전체를 더 잘 비판할 수도 있고, 여기저기서 더 자유롭게 검토할 수도 있으며, 그들의 "소수성"(이매뉴얼 칸트Immanuel Kant)에서 더 잘 벗어날 수도 있다. "더 이상 생각할 수 없도록"[16] 하며, 또한 가벼운 것의 기술적·문화적 혁명에 의해 지탱되는 상반된 경향의 힘에도 불구하고 이럴 수 있는 것이다.

한편으로, 가벼운 것의 문명은 생각을 하도록 자극하기보다는 이 주제에서 저 주제로 옮겨 다니고, 기분 전환을 하도록 부추긴다. 또 다른 한편으로, 그것은 지적 능력을 옛날보다 더 자유롭게 이용하도록 해준다. 그렇기 때문에 교육과 문화의 실제적 위기에도 불구하고 '야만'을 우리 시대의 징후로 꼽는 것은 받아들일 수 없는 일이다. 즉 모든 것이 한 방향으로 가는 것은 아니며, 대립 논리가 작동하여 계속 방침이 흔들리게 만드는 것이다. 우리는 소비지상주의적 가벼움에 대한 안전장치가 존재한다는 사실을 확인할 수밖에 없다. 즉, 배우고 이해하겠다는 의지는 여전히 발휘되고 있다(비록 그러한 의지가 우리 사회에서는 매우 불균등하고 불완전하게 실행되고 있지만).

그렇지만 가벼움의 문화와 기술적 수단이 그것만으로는 우리로 하여금 '다수'의 길로, 또는 인간 정신을 해방하는 길로 나아가게끔 만들 수 없으리라는 것은 분명한 사실이다. 이 임무를 완수하기 위해서는 교육의 영역에 적용된 가벼움의 패러다임이 어떤 한계를 갖고 있으며, 어떤 실패를 맛보았는지 직시해야 한다. 자신의 지식을 스스로 습득하고, 정해진 틀이나 교사·강제·권위 없이 배우는 이 교육적 유토피아는 결국 막다른 길에 도달하고 만다. 제도화된 전달과 강제의 중압감을 느끼지 않는 진정한 교육은 존재하지 않는다.

분명히 말하자. 규율이 엄격한 옛 학교로 다시 돌아간다는 것은 어떤 식으로든 있을 수 없는 일이다. 지금 그렇게 한다는 것은 절대 불가능하고 참기 힘든 일이다. 이 모델은 이미 쓸모없어졌고, 가벼운 것의 혁명이 아직 탐구되지 않은 많은 잠재성으로 가득 차 있기 때문에 더더욱 이 모델이 폐기되었다고 해서 슬퍼할 이유는 없다.[17] 이제 중요한 것은, 전통적인 시스템이 가지고 있는 긍정적 측면을 간직하는 동시에 가벼운 것의 역학이 가지고 있는 긍정적 측면을 '탐구하는' 일이다.[18] 옛날식 주입식 교육은 금지되어야 하지만, 그것이 구조화되고 강제적인 모든 교육적 틀을 포기한다는 의미는 아니다. 설사 이 한 가지 예만 들어서 '고전적' 강의와 동시에 실시하거나 강의를 보충하는 것으로 디지털 도구에 가치를 부여할 수는 있어도 이 강의를 전부 대체할 수는 없을 것이다. 새것 중에서 가장 나은 것과 옛것 중에서 가장 나은 것을 조화시키는 것, 탈구조화되고 탈선형화된 가벼운 교육에서 길을 잃고 헤매지 않고 새로운 교육 방법을 창안해 내는 것, 바로 이것이 하이퍼모던 시대의 민주주의적 교육이 해야 할 가장 큰 도전이다.

욕망, 자유, 그리고 독자성

자유의 문제는 단지 정치적 시민권이나 민주주의의 기능에만 관련된 것은 아니다. 그것은 상품 소비에 관한 규범의 아주 상세한 부분에까지 점점 더 크게 의존하는 개인들의 일상생활과도 관련되어 있다. 토크빌은 다음과 같이 말했다. "인간들이 노예처럼 예속될 위험은 특히 세부 속에 존재한다."[19] 이러한 생각은 맹위를 떨치는 소비지상주의 시대에 점점 더 잘 확인된다. 자유는 단지 주요한 정치제도뿐 아니라 일상생활의 수없이 작은 것들을 관리하는 시스템에도 종속되어 있다. 그렇기 때문에 소비지상주의의 주요한 문제와 그것이 개인들의 자유에 미치는 영향에 대해 재검토하는 것이 유용하다.

수십 년 전부터 하나의 거대한 문학이 소비지상주의적 가벼움이야말로 인간들을 그들 삶의 모든 간극 속에 소외했다며 비난하는 데 몰두해 왔다. 아무 쓸모없는 상품이 계속해서 더 많이 생산되고, 실용성 없는 제품들이 신기하고 기발하다는 이유로 계속해서 더 많이 만들어진다. 풍요의 사회는 가짜 욕구의 무한정한 생산에 근거하고 있다. 인간은 노동에 의해 그 자신으로부터 소외당할 뿐 아니라 오직 이익의 논리와 생산과정의 요구에만 부합하는 가짜 욕구의 확대에 의해서도 소외당한다. 수요는 광고의 홍수와 다른 설득 기술에 의해 전적으로 방향이 정해지고, 상품 공급에 의해 조작된다. 즉 소비자는 일체의 자유와 독자성을 잃어버린다. 그리고 강요되고 대중화된 소비의 상태에 있게 되기 때문에 더더욱 자기 자신에게 낯설어지는 것이다.

소비에 의한 인간의 완전한 예속? 지겹도록 되풀이되는 이 얘기가 다시 문제시되는 것은, 우선 유혹자본주의의 결과가 단지 상품 소비의 영역으로만 제한되지 않기 때문이다. 상품의 '전체주의'를 경멸하는 사람들은 바로 이러한 세계가 쾌락주의적 문화와 끊임없이 이루어지는 공급의 변화를 통해 특히 개인들을 무거운 집단적 틀에서 해방하고, 그들이 오래된 형태의 종교적·가족적·성적·정치적 의무에서 벗어나는 데 기여했다는 사실에 충분히 주의를 기울이지 않았다. 소비라는 금빛 새장은 소비지상주의의 영역 밖에서 개인들을 자율화하는 강력한 벡터로 기능했고, 지금도 그렇게 기능한다. 상품재화에 대한 노예화는 역설적으로 개인 생활의 본질적 차원에서 자기 자신을 스스로 제어할 수 있게 해주는 벡터로 작용했다. 상품 공급의 타율성은 집단적인 중압감을 와해함으로써 자유로운 자기 결정의 넓은 공간을 마련하는 데 성공했다. 저 유명한 소비의 "주인 없는 노예들"(라울 바네겜Raoul Vaneigem)은 실제로 점점 더 개인 생활과 공적 생활에 관련된 자유로운 선택의 세계 속에서 살아왔다. 유혹의 자본주의가 상품재화에 대한 예속 상태를 만들어 내는 것도 사실이지만, 또한 집단화에 맞서 존재들의 자립을 주도하는 탈전통화와 개인화의 거센 물결을 떠받치는 원리이기도 하다.

○── 중독과 지혜

그럼에도 불구하고 최근의 분석은 소비자본주의의 기술이 어떻게 존재들의 정신적·지적 힘은 물론 심지어는 욕망하는 힘까지도 파괴해 버리게 되었는지를 강조함으로써 소비자본주의에 한층 더 확실하게 낙인을 찍는다. 논증은 간단하다. 자본주의가 모든 의식을 똑같은 사물과 이미지 쪽으로 이끌어 가기 때문에, 단독성으로서의 개인은 사라져 버리는 것이다. '나 le Je'가 비개성화되고 군집하는 '사람On'에 불과해지는 순간 그 나는 더 이상 자신을 사랑하지 않고, 욕망이 붕괴하면서 우울증과 불안과 자기파괴에 이르고 만다. 그리고 개인들은 결핍과 불안을 보상하기 위해 소비의 악순환 속으로 점점 더 깊이 빠져든다. 이 전체주의의 영역은 자괴감과 중독증, '리비도 에너지의 소진', 욕망의 상실에 이르러 결국은 소비에 혐오를 느끼게 만든다. 이렇게 해서 사람들은 소비지상주의의 영역은 다름 아니라 "말 그대로 재난에 가까운 마비"와 일반화된 사기 저하, 마지막으로 "장차 소비자의 혐오로 말미암아 일어날 소비의 감소"[20]를 야기하는 마약 의존 체제에 불과하다고 우리에게 주장한다.

문제는 이 이론이 신기루 위에 쌓아 올려져 있다는 사실이다. 소비자의 욕구 상실과 '거부 현상의 확대'를 과연 어디에서 볼 수 있단 말인가? 일부 '탈소비자들'이 이런 주장을 뒷받침해 줄 수는 있겠지만, 대다수의 행동과 욕망은 아무리 불신과 두려움이 커져도 그와 상관없이 그 반대의 경우를 분명하게 보여준다. 텔레비전과 자동차는 옛날에 가지고 있던 매혹의 힘을 잃어버린 것인가? 이제는 스마트폰과 음악, 비디오게임, 공연, 콘서트, 여행, 외출, 식당, 실내장식 등이 사람들을 매혹한다. 그리고 설사 소비자들이 자기들에게 제시된 상품에 대해 더 조심스러운 태도를 보인다 해도, 그것은 '더 잘' 소비하고자 하는 열망이 커졌다는 것을 의미하지 그 상품에 대해 전반적으로 관심을 갖지 않는다는 것을 의미하지는 않는다. 소비지상주의의 질서가 '리비도 에너지를 낮춤으로써' 극단적인 자유주의 경제의 무덤을 파지는 않는다. 유혹의 자본주의가 기술을 혁신하고 감정을 연구함으로써 욕망을 다시 불러일으킬 수 있는 능력을 매일같이 증명해 보여주기 때문이다. 소비 산업은 욕망을 붕괴시키고 '혐오를 널리 확산시키지' 않는다. 그것은 오히려 점점 더 가벼워지는 욕망을 불러일으킨다.

소비지상주의에 과한 측면이 있다는 것은 분명히 부정할 수 없는 사실이다. 패션의 희생자들과 메이커 브랜드에 미친 사람들, 비만증, 과다한 가구 부채, 신용불량자들은 그러한 사실을 명백하게 보여주는 현상이다. 그리고 집단의 규칙이 더 이상 개인의 행동을 규제하지 못하는 사회에서는 중독에 가까울 정도로 무절제한 행위가 증가할 가능성도 있다. 그렇다고 해서, 개인적 욕망과 독자성을 파괴하는 '치명적인' 중독을 소비와 동일시하는 것이 정당화될 수는 없다. 왜냐하면 우리 사회에서 이루어지는 소비는 끊임없는 변화와 선택이라는 논리와 불가분의 관계에 있는 시스템으로서, 중독과는 정반대되는 개념이기 때문이다. 소비를 할 때 사람들은 확실하게 정해진 '대상'에 의존하는 것이 아니라 항상 새로운 것을 원한다. 어떤 특별한 물건이나 행동을 충동적으로 결정하는 것이 아니고 끊임없이 새로워지는 체험이나 감정을 추구하는 것이다. 중독은 고통을 야기하는 의존의 병리학인 반면 소비는 기분 전환을 위한 활동이다. 물론 의존이 이루어지는 것은 사실이지만, 그렇다고 해서 모든 종속이 중독성인 것은 아니다. 도대체 어떻게 전기 난방과 냉장고, 욕실이 중독성이 있다고 말할 수 있겠는가? 우리는 우리의 시대에 살고 있기 때문에 재화와 서비스 없이는 지낼 수 없다. 다시 말해 소비라는 것이 반드시 남용과 종속의 감정, 자율의 상실을 초래하는 의존적 행동에 해당하지는 않는다.

만일 하이퍼모던한 소비가 전반적으로 '마약 없는 마약중독'과 비교된다면, 유럽에서는 수억 명이 과도한 빚을 지고 있어야만 할 것이다. 그런데 그렇지 않다. 그리고 각 가정은 여윳돈이 없어서 이미 오래전에 저축을 중단해야만 했을 것이다. 그런데 그렇지 않다.[21] 텔레비전과 인터넷, 비디오게임, 그리고 때로는 메이커 브랜드에 대한 종속 현상이 나타나는 것은 사실이다. 그러나 이런 현상이 소비와 관련한 진리를 온전히 말해 주는 것은 아니다. 실제로 대부분의 사람들은 구매욕에 저항하고, 메이커라는 마녀의 유혹에 넘어가지 않고, 이런저런 상황을 참작할 만한 능력을 충분히 갖고 있다. 각 가정은 위기가 닥치면 지출을 줄이고, 이것저것 아껴 쓰고, 앞날을 예측하고, 빚을 줄이기 위해 애쓰고, 만약의 경우에 대비하여 수입의 많은 부분을 저축한다. 각 가정은 생활수준이 악화될 때를 대비하기 위해 자신들을 보호하려고 애쓴다. 이것을 노예화 상태라고 말할 수는 없다.

매우 궁핍한 경우를 제외하고, 구매를 제한해야 하는 상황이 일반적으로 도저히 극복할 수 없는 욕구불만의 감정을 동반하지는 않는다. 실제로 우리는 우리가 가진 것에 놀랍도록 잘 적응할 수 있는 능력을 갖고 있으며, 행복하다는 고백이 이러한 사실을 잘 증명해 보여준다. 그와 동시에 사실, 우울증과 불안감이 이렇게까지 널리 퍼졌던 적은 결코 없었다. 그러나 소비가 이 높은 파도를 일으키는 주요한 요인으로 간주될 수는 없다. 소비는 하나의 역할을 해내지만, 이 역할은 직접적인 것이 아니다. 행복의 상처에 관한 한 가장 결정적인 것은 타인(갈등, 불통, 실망)과 나(실업, 낮은 자존감, 일에 대한 무관심)에게 문제를 일으키는 관계다. 그 관계는 무한한 욕구의 소용돌이보다 훨씬 강력하다. "타인은 지옥이다"라고 사르트르는 말했다. 이 저명한 실존주의자의 말에 유보 조항을 달 수는 있다. 그러나 그래도 이 말은 '소비의 지옥'이라는 상투적 표현보다는 정확하다.

○── 시장의 힘과 개인의 자립

그 누구도 똑같은 상품이 똑같은 메이커에 의해 출시되고, 전 세계 모든 곳의 똑같은 상점에 진열된다는 사실에 이의를 제기하지 않는다. 똑같은 영화가 모든 영화관에서 동시에 상영된다. 젊은이들은 어디서나 똑같은 브랜드의 옷을 입고, 똑같은 운동을 하고, 똑같은 리듬으로 춤춘다. 이렇게 우리는 단독성이 사라지게 하는 것처럼 보이는 전 지구적 세계가 출현하는 것을 목도하게 된다. 그렇지만 다양성과 상이함, 개성이 이렇게까지 영광을 누린 적도 일찍이 없었다.

지구상의 생활방식이 서로 닮은 것은 사실이지만, 개인의 행동과 취향은 그렇지 않다. 개인을 집단의 틀에 끼우는 일이 점점 더 줄어들면서 생활 모델과 생활방식이 증가하고 이질화되어 간다. 패션과 트렌드, 히트곡, 영화의 성공이 아무리 중요해도, 개인들의 행동과 취향은 개별화·다양화한다. 집단을 제어하는 힘이 약해져 가고 있기 때문에, 비록 똑같은 상품과 프로그램을 소비할 수는 있으나 힐지리도 취향과 갈망과 개성은 점점 더 달라져 가는 개인들로 이루어진 세계가 서서히 윤곽을 드러내고 있다. 전 세계 구석구석의 개인들은 똑같은 컴퓨터를 사지만, 그들이 사는 사회의 체계와 삶의 여정, 기대, 행동은 점점 더 다양해진다.

개별화는 특히 개인들의 내부적 취향이 점점 더 분명하게 이질화되어 간다는 사실에서 기인한다. 지금 나타나고 있는 것은 표준적인 개인이 아니라 문화적 취향의 비일관성, 각 개인의 문화적 선호와 실천의 이질성, 품위가 넘치는 사람에서부터 전혀 고상하지 못한 사람[22]에 이르기까지 경향이 서로 매우 다른 소비자들의 '부조화한 프로필'이다. 이제 소비자들은 적법한 선택과 덜 적법한 선택을, 세련된 디자인과 키치를, 오페라와 펑크를, 고급 레스트랑과 패스트푸드점을, 공쿠르 문학상과 미국 시리즈물을 결합한다.

그럼에도 불구하고 이 자율화는 점점 더 상품 세계에 지배당하기 때문에 역설적이다. 한편으로 하이퍼모던한 소비자는 그때그때 더 자유로운 선택을 할 수 있지만, 또 한편으로는 그의 욕망을 충족한다는 점에서 그 어느 때보다도 더 시장에 의존한다. 순응주의의 틀에서 조금씩 벗어나는 동시에 서서히 소비를 위주로 하는 시장경제의 지배하에 들어가게 되는 것이다. 실제로 개인들의 세세한 선택에서 소비가 그들의 행동을 덜 강제하기 때문에 그것(소비)이 삶에 가하는 무게는 더욱 무겁다. 시장이 더 큰 승리를 거둘수록 개인의 자율성은 더 커지고, 상업 세계도 우리 삶에 더 큰 무게를 가한다.

가벼움 대 가벼움

이 책에서는 가벼움-세계의 유해한 역효과와 실패를 그것이 준 혜택과 함께 강조하려고 노력했다. 이 세계에서는 모든 것이 더 유연하지만 삶은 방향을 잃고, 불안정하고, 크게 약화되어 있다. 쾌락에 대한 찬가가 여기저기서 들려오지만, 불안과 우울을 느끼는 사람들은 점점 더 늘어나고 있다. 가벼움의 장치가 확대되고 있지만, 성과주의가 야기하는 불편함과 스트레스, 자존감 파괴 같은 현상은 사라지지 않고 있다. 사회생활이 개인화되다 보면 주관적·상호주관적 위기가 되풀이된다. 가벼운 것의 혁명은 확대되어 가고 있지만, 우리의 삶에서는 조화로움이 발견되지 않는다. 이 혁명이 우리를 더 행복하게 만들어 주지 않은 것이다.

모든 것이 유동적이지만, 개인들은 부족한 시간을 좇아다닌다. 날씬함에 대한 강박 때문에 사람들을 정신적으로 피폐해진다. 소비가 승리를 거두고 있지만, 소비자는 쿨하지 못하다. 그만큼 상품들이 갖고 있는 위험에 대한 메시지가 증가하고 있으며, 소비자가 조정 작업과 절약을 위한 끊임없는 계산을 시작했기 때문이다. 우리는 통신이나 인터넷을 이용하여 이동하는 시대에 살고 있으면서도 중독에서 벗어나고 싶어 한다. 가볍게 살 수 있는 가능성이 우리에게 이렇게 많이 주어진 적이 결코 없었지만, 결국 삶의 즐거움은 커지지 않는다. 심지어는 대중음악도 그 사실을 잘 보여준다. 예컨대 모리스 슈발리에Maurice Chevalier와 샤를 트르네Charles Trenet가 불렀고, 뱅상 스코토Vincent Scotto의 오페레타가 박자를 맞추었던 쾌활한 노래들은 이제 더 이상 들을 수 없다. 그 천진스러운 가벼움은 사라져 버렸다.

우리는 무엇인가를 하는 가벼움에서는 많이 나아졌지만, 내적 가벼움에서는 거의 나아지지 못했다. 우리는 가볍게 살기의 어려움을 그 어느 때보다 잘 느낀다. 우리의 사회적·문화적 세계는 가벼워지기를 원하지만, 그 세계에서 자신을 드러내는 인간은 그렇지 못하다. 아무

것도 아닌 일이 그를 짓누르고, 의기소침하게 만들고, 망가뜨린다. 가벼움의 문명 한가운데서 무거움의 정신이 다시 태어나는 것이다. 그리고 모든 면에서 볼 때, 이런 상황은 앞으로도 달라지지 않을 것이다. 기술 발전과 정보, 지식 등 모든 긍정적 장치는 우리로 하여금 삶의 가벼움에서 나아지게 하지 않는다. 이런 장치는 삶을 가볍게 만드는 것이 아니라 오히려 무겁게 만든다. 생활방식이 쾌락주의적이고, 반성적이고, 유동적인 방향으로 이루어질수록 공기처럼 가벼운 삶의 느낌을 즐기기가 더 어려워진다. 쾌락의 부분적인 가벼움은 퍼져 나가고 있지만, 즐거움을 느끼게 해주는 '온전한' 가벼움은 멀리 퍼져 나가지 못하고 기껏해야 제자리에 그냥 머물러 있을 뿐이다.

　내가 지금 새로운 방법으로 가벼움을 비난하는 것은 아니니, 그렇게 이해해서는 안 된다. 다시 한 번 말하지만, 민주적인 공적 생활에서나 개인 생활에서나 가벼움이 전적으로 부정적인 것은 아니다. 경박한 가벼움 그 자체는 위험하지 않다. 그것이 비대해져서 삶을 침범하여 성찰과 창조, 윤리적·정치적 책임감 등 삶의 다른 본질적인 차원들을 억누르는 것이 위험하다. 경박한 가벼움은 그 자체로 비극적인 것은 아니다. 다만 지배적인 생활방식으로 자리 잡아 인간 생활을 '풍요' 하게 만들어 주는 것을 파괴할 때는 비극이 된다. 경박함보다 더 지루한 것이 어디 있겠는가? 그러나 경박한 가벼움이 없는 삶도 서글프고 숨 막힐 듯 답답하다. 비난받아야 할 것은, 최상의 삶의 이상으로 여겨지는 경박한 가벼움이다.

　다른 관점에서 보면 생활방식의 경박한 피상성과 용이함, 쾌락주의를 가벼움과 동류시해서는 안 된다. 진정한 가벼움은 그 반대로 악착스러운 작업과 규율, 불행을 참고 견뎌 낼 용기를 요구한다. 그것은 곧 자신에게 매우 엄격한 제약을 가할 줄 알고, 또 "사슬 속에서 춤을 추는 것"[23]이다. 이 숙련된 가벼움은 다름 아닌 창조와 '위대한 스타일', 자유로운 정신, '즐거운 지식'의 가벼움이다. 쉽게 누릴 수 있는 즐거움에 빠져듦으로써 가벼워질 수 있는 것이 아니다. 배후 세계의 무거움을 떨쳐 버리고, 또한 현대 세계의 혼잡함과 광란에 맞서 싸워야만 가벼워질 수 있다. 가벼움은 자유로운 정신을 통해 얻어진다. 결국은 가장 오랜 철학적 전통에 따라, 사유는 삶을 가볍게 만들 수 있는 장점을 다시 갖게 되었다. "본래 가벼운 정신을 가지든지, 아니면 예술과 과학에 의해 가벼워진 정신을 가지든지, 둘 중 하나만 가져야 한다."[24] 니체에 따르면 진짜로 가벼운 삶은 운명을 긍정적으로 받아들이고, 존재하는 모든 것을 사랑하고, 명료하고 창조적으로 변화에 적응하라고 가르치는 영원회귀의 신화에 의해 가능해진다. 또한 니체는 다음과 같이 썼다. "자유정신은 평온한 삶을 사는 신이다."[25] 즉 삶의 가벼움은, 형이상학적 환상에서 벗어났으며 이런 의미에서 유일하게 우리를 변화시킬 수 있는 사유와 결합되어야 한다는 것이다.

가벼움에 높은 가치가 부여되었다고 해서 힘든 학습과 조직화되고 제어된 작업의 가치가, 달리 말하자면 무겁게 느껴지는 속박의 가치가 절하되어서는 안 된다. 아름답고 가벼운 삶은 소비지상주의적인 쾌락주의의 한계 속에 갇혀 있어서는 안 된다. 그 안에 갇혀 있으면 인간성이 모욕당하고, 우리가 인간과 인간의 존엄성에 대해 갖고 있는 관점이 빈약해지며, 발명과 창조와 정신적 자유의 조건이 소멸된다.

창조적 자유에 대해 가치를 발휘하는 것은 삶에 대해서도 가치를 발휘할까? 일과 '인간관계', 노력이 활동적인 가벼움을 획득하기 위한 진정한 자기교육에 꼭 필요하다는 데는 의심의 여지가 없다. 그러나 그것이 공기처럼 가벼운 삶을, 즉 산다는 것의 즐거움을 보장하지는 않는다. 창조적 가벼움과 삶의 가벼움은 별개의 문제다. 설사 이성과 '진리'가 우리 삶에 미치는 결과가 실제적이라고 하더라도, 그것이 항상 삶을 깃털처럼 가볍게 만든다고는 결코 말할 수 없다. 요컨대, 그 반대가 될 수도 있는 것이다. 깊이 생각하고 진리를 추구한다고 해서 생명의 감정이 느껴지는 것은 아니다. 즐거운 지식은 결코 날개 달린 삶의 조건이 아니다. 그리고 우리는 물론 철학의 도움을 받지 않아도 가볍다고 느낄 수 있다.[26] 우리는 일과 학습 덕분에 무엇인가를 할 수 있는 가벼움에 대한 힘은 가지고 있지만, 삶에서 체험하는 가벼움에 대한 힘은 거의 갖고 있지 못하다. 이 삶에서 체험하는 가벼움은 비판적이고 단정적인 이성에 의해 구축되기보다는 그냥 우리에게 '주어진다.' 그것은 어떤 '훌륭한' 학설의 결과가 아니라 우리의 사생활과 체험, 상황, 우연의 결과다. 가벼움-쾌락을 주는 길은 많지만, 삶의 즐거움을 누리게 해줄 도구상자는 없다.

우리가 '다른 곳에서' 즉 예술이나 스포츠 분야 또는 지적 분야의 활동에서 가벼워지려고 노력해야 하는 것은 바로 우리가 삶의 즐거움에 대해 갖고 있는 힘이 대단히 미세하기 때문이다. 이 활동이 실존적 가벼움과 동의어가 아니라면, 그것이 진정한 만족을 줄 수 있다는 사실을 어떻게 부인할 것인가? 어떻게 해야 행복하거나 가벼운 의식에 도달할 수 있을지를 알지 못하기 때문에, '실용적인' 활동에서 가벼움을 얻으려고 애쓰는 것이 좋다. 우리의 이성과 의식적 사고는 우리가 도달하고 싶어 하는 곳에 우리를 데려갈 수 없다는 사실을 우리가 깨달을 때 지혜는 시작된다. 가벼움-즐거움은 거의 대부분 정신의 자유나 의지에 종속되지 않는 것이므로, 더 한층 실용적인 가벼움을 얻으려고 노력하자. 이 가벼움은 우리 말을 듣지 않는다. 그것은 체계적 윤리나 자신에 대한 의욕적 작업의 결과가 될 수밖에 없다.

물론 행복이 인간들을 도와줄 수는 있지만, 그렇다고 해서 성공을 보장하는 것은 아니다. 그만큼 행복의 내적 변화는 개별적으로 이루어지는 것이다. 각 개인은 시행착오를 거듭해 가며 자기 삶의 흐름을 바꾸고, 그 삶을 가볍게 만들려고 애쓰다가 행복한 결과를 얻기도 하고, 이따금은 덜 행복한 결과를 얻기도 한다. 어쨌든 가벼움의 정복은 불확실하고, 불안정하고, 매우 개인적이다. 그 비밀은 책 속에도 있지 않고, 다른 어떤 곳에도 있지 않다. 왜냐하면 이 비밀은 존재하지 않기 때문이다. 가벼움은 대부분 우리 없이 존재하며, 우리가 그것을 가지고 별다른 일을 하지 않았는데도 소멸되어 버린다. 즐거움의 가벼움은 꼭 샴페인 거품처럼 덧없다. 어느 순간의 가벼움은 필연적으로 무거워져 버리지만, 여기서 우리는 아무것도 할 수가 없다.

지나치게 비관적인가? 나는 그렇게 생각하지 않는다. 가벼운 것도 불안정해서 결국은 흔적도 없이 사라져 버리지만, 무거운 슬픔의 체험 역시 '시간이 지나면 사라지기 때문이다.' 물론 삶의 무거움이 가벼운 것보다 훨씬 더디게 사라지기는 하지만, 그렇다고 해서 영원하지는 않다. 우리는 가벼움도, 무거움도 우리 마음대로 할 수 없다. 그렇다면 이 두 가지는 우리가 극단적인 비관론에 빠지지 않도록 도와주어야 한다. 영원한 것은 없고, 사라져 버린 가벼움은 어느 날 아침 다시 피어날 것이다. 가벼움의 정신이 무거운 것에 대한 확실한 승리를 예고하는 것은 아니다. 다만, 그것은 새로운 기쁨이 언제든지 찾아올 수 있다고 말하며 비극적인 영혼을 위로해 준다. 가벼움-급변동성은 사람들을 낙심시킨다. 지속되지 않기 때문이다. 그러나 그것은 어느 정도 낙관적인 태도를 취할 것을 권유한다. 왜냐하면 사람들은 샴페인 거품이 완전히 사라지는 듯 보여도 그것이 언젠가는 또 춤을 추듯 아롱거릴 수 있을 거라는 사실을 알고 있기 때문이다.

○ 후주

○ 서문

1 Nietzsche, *Le Cas Wagner*, Paris, Jean-Jacques, 1968, p. 40.

2 Pierre Bourdieu, *La Distinction*, Paris, Éditions de Minuit, 1979, p. 196-230.

3 도미니크 로로Dominique Loreau가 쓴 책들의 제목은 이 점에서 매우 시사적이다.《단순함의 책L'Art de la simplicité》,《본질적인 것의 책L'Art de l'essentiel》,《검소함과 즐거움의 책L'Art de la frugalité et de la volupté》,《무한히 적은 것L'Infiniment peu》.

4 Gaston Bachelard, *L'Air et les songes* (1943), Paris, Le Livre de poche, 2010, p. 40.

5 Jean-Jacques Rousseau, *Les Reveries du promeneur solitaire*, Paris, Flammarion, 1978, Cinquième promenade, p. 102.

6 삶이 더욱더 가벼워질 때의 즐거움보다 더 바람직한 것이 있을 수 있을까? 무사태평과 휴식, 웃음, 우아함, 예술의 은총이 불러일으키는 즐거움이 없다면 우리 삶은 어떻게 되겠는가? 삶을 가볍게 하기, 삶과 함께 춤추기. 이런 것을 열망하지 않을 사람이 과연 어디 있겠는가? 이것은 정말이지 멋진 꿈이다. 하지만 존재의 가벼움을 획득하는 것보다 더 어려운 게 또 어디 있으랴?

○ 제1장 —— 삶을 가볍게 하기: 안락함, 경제, 소비

1 Peter Sloterdijk, *Essai d'intoxication volontaire*, Paris, Pluriel, 1999, p. 165.

2 Jean Baudrillard, *La Société de consommation*, Paris, SGPP, 1970, p. 168-173.

3   *L'Œuvre de François Rabelais*, Paris, Gallimard, 1970, p. 83-84에서 미하일 바흐
    친Mikhail Bakhtine이 인용.

4   Pierre Hadot, *Qu'est-ce que la philosophie antique?*, Paris, Folio/Gallimard, 1995.

5   Jean-Pierre Vernant, *Mythe et pensée chez les Grecs*, Paris, Petite collection Maspero,
    1971, tome I, p. 114 ; tome II, p. 110.

6   Michel Hulin, *La Mystique sauvage*, Paris, PUF, 1993, p. 238-251.

7   Peter Sloterdijk, *op. cit.*, p. 171.

8   Jean Baudrillard, "L'Amérique ou la pensée de l'espace", in *Citoyenneté et urbanité*,
    Paris, Seuil, "Esprit", 1991, p. 156.

9   Jean Fourastié, *Les Trente Glorieuses*, Paris, Fayard/Pluriel, 1979, p. 47.

10 Neil Postman, *Se distraire à en mourir*, Paris, Flammarion, 1986.

11 Gilles Lipovetsky, *L'Empire de l'éphémère. La mode et son destin dans les sociétés modernes*,
    Paris, Gallimard, 1986.

12 Georg Simmel, "La sociabilité", dans *Sociologie et épistémologie*, Paris, PUF, 1981, p.
    130.

13 Gilles Lipovetsky et Jean Serroy, *L'Esthétisation du monde*, Paris, Gallimard, 2013;
    également, et en rapport avec le cinéma: Gilles Lipovetsky et Jean Serroy, *L'Écran
    global*, Paris, Points Seuil, 2011.

14 Alvin Toffler, *Le Choc du futur*, Paris, Denoël, "Médiations", 1971, p. 258.

15 1991년에 정기적으로 자전거를 타는 사람의 비율이 벨기에는 28.9퍼센트, 독일은
    33.2퍼센트, 덴마크는 50.1퍼센트, 네덜란드는 65.8퍼센트였던 반면 프랑스는 겨
    우 8.1퍼센트에 불과했다.

16 Paul Yonnet, *Travail, loisir*, Paris, Gallimard, 1999, p. 200.

17 Georges Minois, *Histoire du rire et de la dérision*, Paris, Fayard, 2000, p. 266.

18 이 점에 관해서는 Marie-Anne Dujarier dans *Le Travail du consommateur*, Paris, La
    Découverte, 2008을 참고할 것.

19 Benjamin R. Barber, *Comment le capitalisme nous infantilise*, Paris, Fayard, 2007.

20 1960년에는 주거비가 가계 예산의 10퍼센트를 차지했으나 지금은 20퍼센트를 차
    지한다.

21 Dominique Desjeux, "Du consommateur malin au consommateur contraint", *Le
    Monde*, 23 octobre 2012.

22 Marshall Sahlins, *Âge de pierre, âge d'abondance*, Paris, Gallimard, 1976, p. 37-81.

23 Cf. le numéro spécial d'*Esprit*, "Le temps des religions sans Dieu", juin, 1997.

24 Martine champion, "Croire en l'incroyable : les nouvelles religiosités mystiques-
    ésotériques", dans leïla Babès (sous la direction de), *Les Nouvelles Manières de croire*,

Paris, Éditions de l'Atelier, 1996, p. 83-84.

25 Alexis de Tocqueville, *De la démocratie en Amérique*, t. 1, vol. II, Paris, Gallimard, 1961, p. 66 et 64.

26 Émile Durkheim, *Le Suicide*, Paris, PUF, 1979, p. 285, 287 et 304.

27 필리프 모아티Philippe Moati는 재화의 사용을 늘려 물적 자원을 절약하도록 하는 '유용한 효과의 경제' 모델을 내세운다. cf. "Refonder le modèle de consommation pour une nouvelle croissance", in *Une Croissance intelligente* (sous la direction de Philippe Lemoine), Paris, Descartes & Cie, 2012, p. 217-257.

28 Patrice Flichy, *Le Sacre de l'amateur*, Paris, Le Seuil, 2010.

29 Milan Kundera, *L'Insoutenable Légèreté de l'être*, Paris, Folio/Gallimard, 1989, p. 15.

30 Jean-Marie Domenach, *Le Retour du tragique*, Paris, Le Seuil, 1967, p. 233-253.

31 모리스 블랑쇼Maurice Blanchot는 독서의 '가볍고 투명한 긍정'에 대해 언급한다. *L'Espace littéraire*, Paris, Gallimard, "Idées", 1955, p. 261.

o 제2장 ── 새로운 몸

1 Michel Serres, *Hominescence*, Paris, Le Pommier, 2001, p. 19-50.

2 Hervé Juvin, *L'Avènement du corps*, Paris, Gallimard, 2005를 보라.

3 심지어 이제는 전자카드가 장착되어 있어서 너무 빨리 먹으면 진동을 시작하는 포크(하피포크)까지 등장했다. 건강을 해치는 습관을 고치고, 사용자의 식습관에 관한 정보를 휴대폰에 실시간으로 제공하는 것이 목적이다.

4 Marc Gozlan, "Un médecin à portée de main", *Le Monde*, 5 janvier 2013.

5 미학적 실천과 스포츠의 실천뿐 아니라 자연치료법과 대체치료법(유사요법과 침술, 약용 식물 요법, 손 치료법⋯⋯)의 성공이 증명하는 의학적 실천. 가벼운 것의 문명에서 이 같은 실천은 몸에 덜 '유해하고' 부담이 덜 가는 약물 치료를 원하는 환자들을 점점 더 많이 유혹한다.

6 Claude Sobry, "Le retour d'Icare", *Esprit*, avril 1987.

7 Antoine Maurice, *Le Surfeur et le militant*, Paris, Autrement, 1987, p. 70-76.

8 Alain Loret, *Génération glisse*, Paris, Autrement, 1995, p. 220.

9 앙투안 모리스Antoine Maurice에 따르면, "신스포츠는 그 고독과 간결함에 의해, 가장 높은 단계에서 감각능력을 발휘하고 자연과 교감하도록 해주는 가교 역할을 한다." *op.cit.*, p. 85.

10 Alice Chalanset, *Légèreté. Corps et âme, un rêve d'apesanteur*, Autrement, 1996, p. 94.

11 Alain Loret, *op.cit.*, p. 14.

12 Philippe Muray, *Après l'Histoire 1*, Paris, Les Belles Lettres, 1999, p. 28-29.

13 더 일반적으로 말하면 차이와 대립, 적대의 해소로 생각되는 역사 이후의 변화 모
델은 받아들여질 수 없다. 왜냐하면 부정적인 것의 인류학적 에너지가 어디서나 발
산되고 있기 때문이다. 인류학적 변화는 전혀 이뤄지지 않고 오직 받아들여진 것을
부정하는 영속적인 힘만 존재할 뿐이다. 그리하여, 가벼움의 목표에는 몸무게와 나
이의 효과, 직접성, 몸의 결점에 저항하여 이루어지는 부정의 작업이 확실하게 포
함되어 있다.

14 폴리네시아에서는 뚱뚱한 여성들의 미인대회가 열렸다. 모리타니에는 살을 찌우
는 집이 있으며, 여성들은 자신을 아름답게 꾸미기 위해 아주 어릴 때부터 음식물
을 과잉 섭취했다. 같은 이유로 많은 이슬람 사회에도 하즈바라는 관습이 존재했는
데, 미래의 신부들을 체계적으로 포식시켜서 살을 찌우는 것이다.

15 Jean-Anthelme Brillat-Savarin, *Physiologie du goût*, Paris, Flammarion, "Champs",
1982, p. 135.

16 이에 관해서는 Georges Vigarello, *Les Métamorphoses du gras*, Paris, Le Seuil, 2010을
보라.

17 Philippe Perrot, *Le Travail des apparences ou les transformations du corps féminin, XVIIIe
-XIXe siècle*, Paris, Le Seuil, 1984, p. 68.

18 마른 몸매의 이상은 남성과 여성에게 불평등하게 적용되었다. 물론 조롱받는 '나
쁜' 뚱보도 있었지만, '쾌활한 남자'와 재미있고 명랑하고 따뜻하고 솔직한 남자의
동의어인 '좋은' 뚱보도 있었다. 뚱뚱한 남자는 또한 사회적 성공과 재산, 저명함,
힘과 연관되었다. 알프레드 드 비니는 Georges Vigarello, *op. cit.*, p. 192에서 인용해
"내가 지금까지 살아오면서 가장 크게 잘못한 것은, 머리가 금발이고 허리가 가느
다란 것이다"라고 썼다.

19 Georges Vigarello, *op. cit.*

20 체질량지수로 비만도를 추정할 수 있다. 이 지수는 킬로그램으로 표시된 체중을 미
터로 표시된 신장의 제곱으로 나누어 계산한다.

21 Jean-Pierre Corbeau, "Les canons dégraissés : de l'esthétique de la légèreté au pathos
du squelette", dans Annie Hubert (sous la direction de), *Corps de femmes sous influence.
Questionner les normes*, Paris, Cahiers de l'Ocha, n° 10, 2004.

22 Claude Fischler, *L'Homnivore*, Paris, Points Seuil, 1993을 보라.

23 육류 소비는 19세기 초부터 1980년대까지는 증가했으나 그 이후로는 확실하게 감
소했다. 즉 1999년에서 2007년 사이에 육류 소비가 프랑스 전역에서 20퍼센트 이
상 줄어든 것이다.

24 1970년대부터 프랑스의 '신요리'는 소화가 잘 안 되는 무거운 소스 대신 가벼운 소
스를 사용하면서 지방의 지배가 감소하는 것을 예증해 준다.

25 Estelle Masson, "Le mincir, le grossir, le rester mince", dans Annie Hubert(sous la direction de), *Corps de femmes sous influence. Questionner les normes, op. cit.*

26 Gérard Apfeldorfer, *Je mange, donc je suis*, Paris, Petite Bibliothèque Payot, 1993, p. 51-53.

27 미국에서는 300만 명 이상의 미국인들이 근육량을 늘이기 위해 단백동화스테로이드를 사용한 것으로 추정된다.

28 모든 사회, 직업 계층이 이 같은 현상의 영향을 받지만, 그중 가장 큰 영향을 받는 것은 경제적·문화적 수준이 낮은 계층이다.

29 Gilles Lipovetsky, *La Troisième Femme*, IIe partie, Paris, Gallimard, 1997을 보라.

30 Frédéric Ancillon, cité par Hartmut Rosa, *Accélération*, Paris, La Découverte, 2010, p. 54.

31 Portia de Rossi, *Unbearable Lightness. A Story of Loss and Gain*, Simon & Schuster Ltd, 2011을 보라.

32 France Borel, *Le Vêtement incarné. Les métamorphoses du corps*, Paris, Calmann-Lévy, 1992.

33 Georges Bataille, *L'Érotisme*, Paris, Éditions de Minuit, 1957, p. 237.

34 Alexis de Tocqueville, *De la démocratie en Amérique*, vol. II, *op. cit.*, p. 16.

35 *Ibid.*, p. 17.

36 2011년에 발표된 연구에 따르면, 다이어트를 한 사람 중 20퍼센트만 체중을 줄이고, 나머지는 원래의 체중으로 돌아가거나 체중이 더 늘어났다고 한다.

37 니체는 "새처럼 가벼워지고 싶어 하는 사람은 자기 자신을 사랑해야 한다"라고 썼다. *Ainsi parlait Zarathoustra*, IIIe partie("De l'esprit de lourdeur"), Paris, Gallimard, 1947, p. 180.

○ 제3장 —— 마이크로, 나노, 비물질적인 것

1 Hartmut rosa, *Accélération*, paris, la Découverte, 2010.

2 Henry Ford, *Ma vie et mon œuvre*, Payot, 1928, Yves stourdzé, "Autopsie d'une machine à laver. la société française face à l'innovation grand public", *Le Débat*, n° 17, december 1981, p. 21에서 인용.

3 Yves Stourdzé, *art. cit.*

4 Roland Barthes, *Mythologies*, Paris, Le Seuil, 1957, p.192-194.

5 무게를 1킬로그램 줄이면 항공기 한 대의 수명이 다할 때까지 5000톤에 이르는 등유를 절약할 수 있다.

6 알루미늄 역시 좋은 반응을 얻고 있다. '에어웨어'라고 불리는 알루미늄과 리튬의 신형 합금을 사용하면 비행기 부품 중 일부의 무게를 25퍼센트까지 줄일 수 있다.

7 Suren Erkman, *Vers une écologie industrielle*, Éditions Charles Léopold Mayer, 2004, p. 110-112.

8 Thierry Kazazian, *Il y aura l'âge des choses légères. Design et développement durable*, Victoires, 2003.

9 지금은 주위온도(ambient temperature)에서 원자의 무게를 개별적으로 측정할 수 있는 나노-전기공학적 시스템(Nems)이 만들어졌다. 그리고 2016년이면 카린 저울 덕분에 기본 입자들 중에서 가장 가벼운 뉴트리노의 무게를 잴 수 있게 될 것이다. 입자들 중에서 가장 가벼운 엘렉트론보다 수천만 배 가벼운 나노 물체의 무게를 재기 위해서는 이 세상에서 가장 큰(200톤) 저울이 필요할 것이다.

10 Étienne Klein, *Le Small Bang. Des nanotechnologies*, Paris, Odile Jacob, 2011.

11 Gaston Bachelard, *op. cit.*

12 Nicole Aubert, *Le Culte de l'urgence*, Paris, Flammarion, 2003.

13 유럽연합 사법재판소의 결정에 따라 구글은 2014년부터 유럽의 인터넷 사용자들이 그들과 개인적으로 관련된 하이퍼링크를 삭제해 달라고 요구하면 그것이 '관련이 없고, 더 이상 유효하지 않거나 부절적한' 경우 그 요구를 받아들이고 있다.

14 Commissariat général au Développement durable, "Recyclage et réemploi, une économie de ressources naturelles", mars 2010.

15 Eric D. Larson, Maec H. Ross, Robert H. Williams, "Beyond the Era of Materials", *Scientific American*, vol. 254, n° 6, 1986.

16 Bernadette Bensaude-Vincent, *Se libérer de la matière? Fantasmes autour des nouvelles technologies*, INRA , 2004, p. 11.

17 Chris Goodall, "Peak Stuff : Did the UK Reach a Maximum Use of Material Resources in the Early Part of the Last Decade?", Research paper, 13 octobre 2011. Et l'analyse d'Audrey Garric, "La consommation a de l'avenir", *Le Monde*, 11 janvier 2014.

18 "Produire et consommer en France en 2030", *Futuribles International*, sur Futuribles. com.

19 20세기 초 이후로 광석에 대한 수요는 27배 증가했다. 환경을 위한 유엔 프로그램 보고서에 따르면, 2050년경에는 90억의 인구가 1400억 톤에 달하는 광석과 탄화수소, 생물량(숲, 경작지, 목축지)을 소비하게 될 것이라 한다.

20 Jeremy Rifkin, *La Troisième Révolution industrielle*, Paris, Les Liens qui libèrent, 2012.

21 Jean-Marc Jancovici, "Le mur de l'énergie rare", *Le Débat*, n° 166, septembre-

octobre 2011, p. 91-101.

22 *Art.cit.*, p. 95.

23 Alain Roger, *Court traité du paysage*, Paris, Gallimard, 1997, p.141-144.

24 Rachel Rodriguez Malka, "Esthétique des infrastructures et régénération urbaine", dans *Infrastructures, villes et territoires*, Paris, L'Harmattan, 2000.

25 Alain Roger, *op. cit.*, p.138.

26 "Ingénieurs, paysagistes et autoroutes. La réconciliation du béton et de la nature", *Revue générale des routes et aérodromes*, n° 676, juillet-août 1990, p. 8.

27 Christian Leyrit, cité par Yannick Rumpala, *Régulation publique et environnement*, Paris, L'Harmattan, 2003, p. 220.

o 제4장 —— 패션과 여성성

1 Odile Blanc, *Parades et parures. L'invention du corps de mode à la fin du Moyen age*, Paris, Gallimard, 1997.

2 *Ibid.*, p. 92-94 et 218-222.

3 Georges Vigarello, *Les Métamorphoses du gras, op. cit.*, p. 108-110.

4 Daniel Roche, *La Culture des apparences*, Paris, Seuil, "Points", 1989, p. 43.

5 *Ibid.*, p. 98.

6 *Ibid.*, p. 116-117.

7 Laurence Benaïm, *Yves Saint Laurent*, Paris, Grasset, 1993, p. 188.

8 Laurence Benaïm, "La chair de la mode", *Université de tous les savoirs. L'Art et la culture*, Paris, Odile Jacob Poche, 2002, p. 206-207.

9 더 일반적으로는, 현대에 향수를 가벼움의 미학과 연관시키는 밀접한 관계를 강조해야 한다. 18세기 말 이후로 패션의 코드는 무거운 느낌을 주는 향기를 금지했다. 그 직후에 멋진 스타일의 남성은 몸에 향수를 뿌리는 것을 그만둔 반면 여성은 코를 찌를 듯 강한 동물성 향수(사향, 용연향, 사향고양이 향)를 뿌리는 것을 그만두고 부드럽고 은밀한 꽃 향수로 만족했다. 숨이 막힐 정도로 무거운 향수는 타인에 대한 존중과, 여성적인 것의 예민함과 사람의 개성에 가치를 부여하는 태도와 모순된다고 여겨져 금지되있다. 이러한 추세는 냄새가 강하고 잘 사라지지 않는 향수를 점점 더 비난하는 시대인 오늘날에도 계속되고 있다. 이에 대해서는 Alain Corhin, *Le Miasme et la jonquille*, Paris, Aubier, 1982를 참고하라.

○ 제5장 ── 예술 속의 가벼움에서 예술의 가벼움으로

1 Claude Lévi-Strauss, *La Pensée sauvage*, Paris, Plon, 1962, p. 34.

2 *Ibid.*, p. 34.

3 Hegel, *Esthétique*, vol. I, Paris, Flammarion, "Champs", 1979, p. 212.

4 *Ibid.*, p. 220.

5 *Ibid.*, p. 221.

6 Friedrich Nietzsche, *Ainsi parlait Zarathoutra*, II, Des tarentules, Aubier, p. 215.

7 Heinrich Wölfflin, *Renaissance et baroque* (1888), Le Livre de Poche, 1967, p. 93.

8 Alain, *Propos sur l'esthetique* (1923), Paris, PUF, 1949, p. 10-11.

9 Mikel Dufrenne, *Le Poétique*, Paris, PUF, 1963, p. 40.

10 Castiglione, *Le Livre du courtisan* (1528), Paris, Garnier-Flammarion, 1999, p. 55.

11 Antony Blunt, *La Théorie des arts en Italie de 1450 à 1600*, Paris, Gallimard, "Idées/Art", 1956, p. 164에서 인용.

12 Ching Hao, in François Cheng, *Souffle-Esprit. Textes théoriques chinois sur l'art pictural*, Seuil, "Points", 2006, p. 31.

13 Bergson, *Le Rire* (1940), Paris, PUF, 1962, p. 22.

14 Harold Rosenberg, *La Dé-définition de l'art*, Jacqueline Chambon, 1992, p. 27-37.

15 Bachelard, *op. cit.*, p. 81에서 인용.

16 Florence Müller, "Art et mode, fascination réciproque", dans *Repères Mode 2003*, Institut français de la mode, 2002, p. 364-377.

17 Jean-Michel Tobelem, *Le Nouvel Âge des musées. Les institutions culturelles au défi de la gestion*, Armand Colin, 2005.

18 Danièle Granet, Catherine Lamour, *Grands et petits secrets du monde de l'art*, Pluriel, 2011, p. 32-35 et 266-268.

19 Bernard Edelman, "De la propriété littéraire et artistique" (entretien), dans *Feux pâles*, CAPC , 1990.

20 Irving Sandler, *Le Triomphe de l'art américain, les années soixante*, Paris, Carré, 1990, p. 113에서 인용.

21 *Ibid.*, p. 106.

22 Baudelaire, "Salon de 1846", *De l'héroïsme de la vie moderne*; également, *Le Peintre de la vie moderne*, chap. IV.

23 René König, *Sociologie de la mode*, Paris, Payot, p. 95-96.

24 Octavio Paz, *Point de convergence*, Paris, Gallimard, 1976, p. 16.

25 Harold Rosenberg, *La Tradition du nouveau*, Paris, Éditions de Minuit, 1998을 보라.

26 Jean-Marie Schaeffer, *L'Art de l'âge moderne*, Paris, Gallimard, 1992.

27 Luc Ferry, *Homo Aestheticus*, Paris, Grasset, 1990, p. 292-307.

28 Nathalie Heinich, *Le Triple Jeu de l'art contemporain*, Paris, Éditions de Minuit, 1998, p. 211-215.

29 Rainer Rochlitz, *Subversion et subvention*, Paris, Gallimard, 1994를 보라.

30 *Le Monde*, 5 janvier 2012.

31 플로렌타인 호프만Florentijn Hofman은 거대한 노란색 오리의 친근감이 느껴지는 다정한 겉모습과 더불어 어린아이들이 욕조에서 갖고 노는 장난감을 확대해 놓은 것으로 보이는 공기주입식 조각을 제작했다. 우르스 피셔Urs Fischer도 이마에 등을 단 거대한 노란색 '곰인형'을 만들었다.

32 Valérie Arrault, *L'Empire du kitsch*, Paris, Klincksieck, 2010, p.136-169.

33 Paul Ardenne, *Extrême. Esthétiques de la limite dépassée*, Paris, Flammarion, 2006.

34 플럭서스Fluxus 운동은 "예술-즐거움"이라는 개념을 장려하며, "이 예술은 단순하고, 재미있고, 과장되지 않고, 평범하고 [···] 수수하면서 무한하고, 대중을 위해 만들어져야 하고, 모든 것으로부터 얻어져야 하고, 경우에 따라서는 모든 것으로부터 만들어져야 한다."(플럭서스 선언, 1963년)

35 Jacques Rancière, *Malaise dans l'esthétique*, Paris, Galilée, 2004, p. 76.

36 Jean-Marie Schaeffer, *op. cit.*

37 Schiller, *Lettres sur l'éducation esthétique de l'homme* (1794), Aubier, 1992.

38 Hegel, *Esthétique*, vol. I, *op. cit.*, p. 153.

39 Edgar Wind, *Art et anarchie*, Paris, Gallimard, 1988, p. 39.

40 *Ibid.*, p. 46.

○ 제6장 —— 건축과 디자인: 새로운 가벼움의 미학

1 Sigfried Giedion, *Espace, temps, architecture*, Paris, tome 2, Denoël/Gonthier, 1978, p. 107-140; Pierre Francastel, *Art et Technique*, Paris, Denoël/Gonthier, 1964, p. 163-179.

2 이러한 건축학적 실현에 관해서는 Sigfried Giedion, *ibid.*, tome 1, p. 191-228을 보라.

3 마리네티(Emilio Filippo Tommaso Marinetti)는 이미 〈미래파 건축 신인문〉에서 다음과 같이 썼다. "우리는 거대한 것과 육중한 것, 정적인 것의 의미를 잃고, 가벼운 것과 실용적인 것, 일시적인 것과 빠른 것의 취향에 대한 감수성을 풍부하게 만들었다."

4 Jean-Philippe Hugron et Emmanuelle Borne, "SANAA, esthétique de la disparition,

pratique de la dislocation", *CyberArchi*, 8 avril 2010.

5 2004년 퐁피두 센터에서 '건축과 비표준화' 전시회가 열렸다.

6 하이퍼스펙터클의 개념에 관해서는 Gilles Lipovetsky et Jean Serroy, *L'Esthétisation du monde, op. cit.*, chap. IV를 참고하라.

7 Branko Kolarevic, *Architecture in the digital age: design and manufacturing*, Taylor and Francis, 2003.

8 현대 건축의 이러한 표현적·감정적 차원은 후기현대성의 작품들을 '정서의 약화'와 표현의 종말, 독특하고 개인적인 스타일로 특징짓는 프레드릭 제임슨의 분석에 동의하지 못하게 한다. Fredric Jameson, *Le Postmodernisme*, Beaux-Arts de Paris, 2007, p.46-55를 참고하라.

9 2011년 노르파드칼레 시의 건축관에서 열린 전시회의 타이틀이다.

10 르코르뷔지에의 빌라 사부아는 2층의 수평창과 목욕탕의 빛 우물, 옥상정원으로 면한 커다란 유리창을 보여주었다.

11 Sigfried Giedion, *op. cit.*, tome 2, p. 155.

12 이 작품은 버크민스터 풀러Buckminster Fuller의 지구 모양의 돔을 예고한다.

13 발터 베냐민은 "Expérience et pauvreté", *Œuvres II*, Paris, Folio/Gallimard, 2000, p. 369에서 이렇게 썼다. "유리는 일반적으로 미스터리의 적이다."

14 Kenneth Frampton, "Modernisme et tradition dans l'oeuvre de Mies van der Rohe, 1920-1968", in *Mies van der Rohe. Sa carrière, son héritage et ses disciples*, Paris, Éditions du Centre Georges-Pompidou, 1987, p. 44.

15 Brent Richards, *Nouvelle architecture de verre*, Paris, Le Seuil, 2006.

16 Olivier Boissière *Jean Nouvel*, Paris, éditions Pierre Terrail, 2001, p. 127에서 인용.

17 Jean Nouvel, *Les Objets singuliers*, Arléa, 2013, p.106-113.

18 공기의 의해 지탱되는 가죽막이 씌워진 구조물은 이제 대형 건물의 지붕으로 쓰일 수 있게 되었다. 유리보다 100배 이상 가벼운 합성 소재로 되어 있어서 공기를 넣어 부풀릴 수 있는 지붕은 뮌헨과 미니애폴리스, 도쿄, 디트로이트 등지의 경기장을 덮기 위해 사용되었다. 이 가죽막은 정말 가벼워서 날아가 버릴 수도 있다. 그래서 그것을 지면에 단단히 고정할 만큼 무거운 구조물이 필요하다. 바로 이것이 공기를 이용한 가벼운 건축의 역설이다.

19 지속 가능한 건축이 기본적인 요구로 자리 잡는 동안 유행의 전형인 미리 짜인 구식화의 원칙은 판매 공간으로까지 확대된다. 대도시에는 엄청난 규모의 구조물과 팝업 스토어 또는 일정 기간만 문을 여는 상점들이 증가한다. 정적 가벼움에서 동적 가벼움으로 옮겨가는 것이다. 공기처럼 투명한 가벼움을 추구했던 건축은 이제 소비지상주의적인 일시성과 결합된 가벼움을 중시한다.

20 Italo Calvino, *Leçons américaines*, Paris, Folio/Gallimard, p. 19.

21 *Ibid.*, p. 38.

o 제7장 —— 우리는 쿨한가?

1 François de Singly, *Libres ensemble*, Paris, Nathan Pocket, 2000, p. 319-320.

2 Jean-Claude Kaufmann, *Sociologie du couple*, Paris, PUF, 1993, p. 44-64.

3 Allan Bloom, *L'Amour et l'amitié*, Paris, Éditions de Fallois, 1996, p. 9.

4 Claude Habib, *Le Consentement amoureux*, Paris, Hachette/Pluriel, 1998, p. 283.

5 Roland Barthes, *Fragments d'un discours amoureux*, Paris, Le Seuil, 1997, p. 211.

6 Zygmunt Bauman, *L'Amour liquide*, Paris, Fayard/Pluriel, 2010의 분석을 보라.

7 Jean-Claude Chesnais, *Histoire de la violence*, Paris, Pluriel, 1981, p. 100-101.

8 François de Singly, *op. cit.*, p. 317.

9 '가볍다'고 여겨지는 체벌(엉덩이 때리기, 따귀)도 이제는 34개국(그중 22개국이 유럽에 있다)에서 법으로 금지되어 있다.

10 포르노는 그것이 일체의 위반과 악덕, 타락의 내용을 비운 상태에서 자유롭게 소비 된다는 점에서 가벼운 혁명의 영역에 속한다. 그러나 다른 한편으로 보면, 이 대규 모 섹스 산업은 생식기의 근접 촬영과 해부학적 클로즈업, 유혹의 놀이가 일절 배 제된 하이퍼리얼리즘적 섹스머신에 기초하고 있다. 공기처럼 가벼운 꿈의 정반대 쪽에 존재하는 포르노의 상상세계는 생산제일주의적이고, 하드hard하다. 즉 그 세 계는 리비도적 징후의 축적이며, "실제적인 격화激化이며, 현실 세계에 대한 편집광 적 강박이다." Jean Baudrillard, *De la séduction*, Paris, Galilée, 1979, p. 55 et 57을 참 고하라.

11 Nathalie Bajos et Michel Bozon (sous la direction de), *Enquête sur la sexualité en France*, Paris, La Découverte, 2008, p. 217-229.

12 Helmut Schelsky, Sociologie de la sexualité, Paris, Idées/Gallimard, 1966, p. 224.

13 *Enquête sur la sexualité en France, op.cit.*, p. 225-226 et 554-555.

14 *Op.cit.*, p. 332.

15 Michel Houellebecq, *Extension du domaine de la lutte*, Paris, J'ai lu, 1998, p. 100.

16 Pascal Bruckner, *Le Paradoxe amoureux*, Paris, Grasset, Livre de poche, 2009, p. 39.

17 이 점에 관해서는 내가 쓴 Le Bonheur paradoxal, Paris, Gallimard, 2006, chap. 8을 참고하라.

○ 제8장 ── 자유, 평등, 가벼움

1 Régis Debray, *L'État séducteur*, Paris, Gallimard, 1993을 보라.

2 Pierre Rosanvallon, *La Contre-démocratie*, Paris, Le Seuil, 2006. Loïc Blondiaux, *Le Nouvel Esprit de la démocratie*, Paris, Le Seuil, 2008도 참고하라.

3 그런데 이러한 불신은 일반적인 것은 아니다. 프랑스인 세 명 가운데 두 명 이상이 그들의 시장(군수, 면장)이나 시의회(군의회, 면의회) 의원들에게 만족하거나, 상당히 만족한다.

4 이 점에 관해 말하자면, 모든 상황을 살펴볼 때 이러한 현상이 앞으로도 지속될 것으로 보인다. 하이퍼개인주의적이며 가벼운 영역이 공허감과 허약함, 정체성에 대한 불안 등 '방향을 잃고 어찌할 바를 모르는' 탈구조화된 사람들을 극단적으로 급진화하는 심리적 여건을 만들어 내기 때문이다.

5 Pierre Rosanvallon, *La Société des égaux*, Points, Seuil, 2011, p. 11-21.

6 Maryvonne de Saint-Pulgent, "Déclin de l'idée d'égalité?", *Le Débat*, n° 169, mars-avril 2012, p. 131-132.

7 Éric Maurin, *Le Ghetto français*, Paris, Le Seuil, "La République des idées", 2004, p. 6.

8 Daniel Cohen, *Homo economicus: Prophète (égaré) des temps nouveaux*, Paris, Le Livre de poche, p. 70-71.

9 Jean-Pierre Stroobants, "Pays-Bas: la lecture en danger!", *Le Monde*, 4 octobre 2013.

10 평균 판매 부수도 20여 년 전부터 줄어드는 추세에 있다. 1980년에 이런 유형의 도서는 발행 첫해에 평균 2200부씩 팔렸다. 그러나 1988년에는 1200부로 줄었고, 1999년에는 다시 700부로 줄었다.

11 Marcel Gauchet, *La Démocratie contre elle-même*, Paris, Gallimard, 2002, p. 175.

12 Michel Serres, *Petite Poucette*, Paris, Le Pommier, 2012, p. 21.

13 Marie-Claude Blais, Marcel Gauchet, Dominique Ottavi, *Transmettre, apprendre*, Paris, Stock, 2014.

14 Nicholas Carr, *Internet rend-il bête? Réapprendre à lire et à penser dans un monde fragmenté*, Paris, Laffont, 2011.

15 Azi Lev-On et Bernard Manin, "Internet: la main invisible de la délibération", *Esprit*, mai 2006.

16 Alexis de Tocqueville, *op. cit.*, p.19.

17 특히 온라인 공개 수업(Massively Open Online Courses, MOOCs)은 기업 내의 지속적·직업적 교육 영역에서 큰 성과를 거두는 듯하다. 반대로 대학의 기초 교육에 관한 한, MOOCs는 공개적으로 표방한 민주주의적 목표를 달성할 만한 능력을 그다지 잘 보여주지 못하고 있다. 매우 적은 사용자들만 계획된 강의를 끝까지 들을 수 있

고, 개발도상국에서는 수강 신청자들의 거의 대부분이 이미 대학 학위를 가지고 있는 사람들이다. Antoine Compagnon, "MOOCs et vaches à lait", *Le Débat*, n° 180, mai–août 2014를 참고하라.

18 이 문제에 관해서는 Gilles Lipovetsky et Jean Serroy, *La Culture-monde*, Paris, Odile Jacob, 2008, p.165–180을 보라.

19 Alexis de Tocqueville, *op. cit.*, p. 326.

20 Bernard Stiegler, *Aimer, s'aimer, nous aimer*, Paris, Galilée, 2003, p. 52; et *Mécréance et discrédit*, Paris, Galilée, 2004.

21 현재 프랑스인의 평균 저축률은 약 16퍼센트이며, 유럽인의 경우에는 가처분소득의 약 12퍼센트를 저축한다.

22 Bernard Lahire, *La Culture des individus*, Paris, La Découverte, 2004.

23 Nietzsche, *Le Voyageur et son ombre*, aphorisme 140.

24 *Humain, trop humain*, aphorisme 486.

25 이 경구의 상세한 해석에 대해서는 Olivier Ponton, Nietzsche, *Philosophie de la légàreté*, Walter de Gruyter, 2007, chap. V을 보라.

26 "나는 이 점에 관한 한 에피쿠로스나 몽테뉴를 조금도 부러워하지 않는 프랑스 코레즈 주의 한 농부를 알고 있다."(Marcel Conche, *Confession d'un philosophe*, Paris, Le Livre de poche, 2003, p. 18.)

우리는 처음으로 가벼운 것의 문명을 구성하는 거대한 혁명을 체험하고 있다. 날씬함의 숭배가 지배한다. 활주 스포츠가 한창 유행 중이다. 가상적인 것, 휴대할 수 있는 물체들, 나노 재료들이 우리 삶을 바꾸고 있다. 매스미디어 문화와 예술, 디자인, 건축 역시 지금의 가벼움에 대한 숭배를 표현한다. 어디서나 접속하고, 작게 만들고, 비물질화한다. 가벼운 것은 우리의 일상생활에 침투했으며, 우리의 상상세계를 뒤바꾸어 놓았다. 그것은 하나의 가치와 이상, 중요한 명령이 되었다.

우리가 가볍게 살 가능성은 그 어느 때보다 커졌지만, 일상적인 삶은 점점 더 견디기 힘들어지는 것처럼 보인다. 그런데 아이러니하게도 지금 무거움의 정신을 고양하는 것은 바로 가벼움이다. 왜냐하면 새로운 이상은 사람을 지치게 만들고 때로는 우울하게 만들기까지 하는 까다로운 규범들을 동반하기 때문이다. 그래서 해독과 절식, 감속, 힐링, 선禪 등 삶을 가볍게 만들려는 요구가 증가하는 것이다. 욕망의 유토피아에 이어 육체와 정신의 가벼움, 견디기가 덜 힘든 현재의 경박한 가벼움에 대한 기대가 등장한다. 가벼운 유토피아의 시대가 도래한 것이다.

질 리포베츠키는 이 책에서 "우리는 가벼운 것의 문명 속으로 들어왔다"고 진단한다. 날씬한 몸매에서 활주 스포츠에 이르기까지, 소형화된 물체에서 가벼운 유토피아에 이르기까지, 가벼운 것은 우리가 살고 있는 이 시대의 지배적인 모티프가 되었다.

텅 빈 것에서부터 가벼운 것에 이르기까지의 큰 변화는 30년 전부터 우리 시대에 일어난 혁신에 부합한다. 즉 이 같은 변화는 공기처럼 가볍긴 하지만 구체적이고, 지극히 가볍기는 하지만 명백한 것으로 확인되었다. 저자는 자신의 관심을 1983년에 써서 큰 성공을 거둔《텅 빈 것의 시대》로부터 가벼운 것이라는 모티프로 옮겨가 우리의 현 시대를 정의한다.

《가벼움의 시대》는 가벼운 것과 유동적인 것, 움직이는 것으로 옮겨가는 우리의 사회적 실천과 우리의 환상, 우리의 미학적 명령을 기록한다. 그는 "가벼운 것은 우리의 물질세계와 문화 세계에 점점 더 많이 분포되며, 우리의 상상세계를 다시 바꾸어 놓는다"라고 강조한다. "가벼운 것은 우리 시대가 반영되는 큰 거울들 중 하나가 되었다. 〔…〕 가벼움에 대한 다형多形 숭배가 하이퍼hyper모던 시대에 도처에서 확인된다."

저자는 이 책을 여덟 개의 장으로 나눈 다음 자신의 직관을 풍부한 자료로 뒷받침하면서 소비 세계와 몸을 이용한 행위들, 디지털 혁명, 패션, 예술, 건축과 디자인, 정치와 교육 분야를 탐험한다. 그가 그것들의 고유한 특수성을 밝혀내면서 연구하는 모든 분야(사물, 육체, 음식, 집……)는 니체가 생전에 했던 예언("좋은 것은 가벼운 것이다.")과 딱 들어맞는 듯하다. 가벼움은 또한 기술적·경제적·기능적·심리적·실존적 가치를 가진 '총체적인 사회적 사실'이다. 그리하여 삶을 가볍게 만든다는 하나의 강박이 진단된다.

저자는 논거를 갖춘 관찰을 통해 이 같은 강박을 구체화해 나가면서 이 새로운 가벼움의 시대를 보여주는 산재적 지표들을 보여준다. 사람들은 기름진 것을 없애고, 육체를 유동적으로 만들고, 육체에서 유형성을 제거하고, 육체가 수면(서핑)이나 단단한 표면 위(스케이트)를 미끄러져 가게 만든다. 사람들은 비물질의 경제 덕분에 점점 더 소형화되어 가는 상품을 소비한다.

저자는 이 가벼움의 취향을 도덕적 찬양이나 비난으로 만들려는 이중의 유혹에 저항하면서 자신의 주제를 '인류학적 요구'나 '사회적 구성 원칙'으로, 심지어는 '미학적 가치'로 정의한다. 가벼운 것들이 이렇게 우리의 일상생활을 지배한다는 사실을 유효한 것으로 만드는 이 또렷한 징후들의 총합이 그렇다고 해서 이 가벼움의 어두운 이면(밀란 쿤데라는 이 가벼운 것이 항상 '참을 수 없다'고 말했다)을 보호해 주는 것은 아니다. 그는 여기서 모든 것이 유연하다면 삶도 역시 "방향을 잃고, 불안정하고, 매우 취약하다"고 말한다. 쾌락에 대한 찬가가 급증하지만 또 한편으로 "불안과 우울증도 증가한다." 가벼운 장치들의 급증이 성과우선주의의 폐해인 불쾌감과 스트레스, 자존감의 훼손을 막지는 못한다. 사회생활의 개인화는 '반복되는 주관적·상호주관적 위기'를 동반한다.

저자가 '가벼운 것'을 통해 드러내려는 것은 바로 이 패러독스다. 가벼운 것의 혁명은 계속 진행되지만, 우리 삶의 조화는 발견할 수가 없다. 이 혁명이 우리를 더 행복하게 해주지는 않은 것이다. 모든 것은 유동적이지만, 각자는 부족한 시간을 좇아다닌다.

우리는 '행동의 가벼움'에서 많은 것을 얻었지만 '내적 가벼움'에서 많은 것을 잃을지도 모른다. 저자는 "우리는 가볍게 사는 것의 어려움을 그 어느 때보다도 절감하고 있다"고 주장한다. 저자에 따르면 우리 시대의 위험은 변덕스러운 가벼움이 아니라 가벼움의 '비대함'이다. 즉 가벼움이 삶에 침투하여 삶의 다른 본질적 차원(성찰, 창조, 윤리적·정치적 책임)을 억누르는 방식이 위험하다는 것이다.

2017년 11월
이재형

옮긴이 **이재형**

한국외국어대학교 프랑스어과 박사 과정을 수료하고 한국외국어대학교, 강원대학교, 상명여대 강사를 지냈다. 지금은 프랑스에 머무르면서 프랑스어 전문 번역가로 일하고 있다.

옮긴 책으로 《나는 걷는다 끝.》(베르나르 올리비에·베네딕트 플라테), 《하늘의 푸른빛》(조르주 바타유), 《프랑스 유언》(안드레이 마킨), 《세상의 용도》(니콜라 부비에), 《어느 하녀의 일기》(옥타브 미르보), 《시티 오브 조이》(도미니크 라피에르), 《군중심리》(귀스타브 르 봉), 《사회계약론》(장 자크 루소), 《꾸뻬 씨의 행복 여행》(프랑수아 를로르), 《프로이트: 그의 생애와 사상》(마르트 로베르), 《마법의 백과사전》(까트린 끄노), 《지구는 우리의 조국》(에드가 모랭), 《밤의 노예》(미셸 오스트), 《말빌》(로베르 메를르), 《세월의 거품》(보리스 비앙), 《레이스 뜨는 여자》(파스칼 레네), 《눈 이야기》(조르주 바타유) 등이 있다.

가벼움의 시대
우리 시대를 지배하는 가벼운 것의 문명

1판 1쇄 발행 2017년 12월 20일
1판 2쇄 발행 2018년 1월 20일

지은이 질 리포베츠키 | **옮긴이** 이재형
펴낸곳 (주)문예출판사 | **펴낸이** 전준배
출판등록 1966. 12. 2. 제1-134호
주소 03992 서울시 마포구 월드컵북로 6길 30
전화 393-5681 | **팩스** 393-5685
홈페이지 www.moonye.com | **블로그** blog.naver.com/imoonye
페이스북 www.facebook.com/moonyepublishing | **이메일** info@moonye.com

ISBN 978-89-310-1072-5 03100

이 도서의 국립중앙도서관 출판시도서목록(CIP)은 서지정보유통지원시스템 (http://seoji.nl.go.kr)과 국가자료공동목록시스템(http://www.nl.go.kr/kolisnet)에서 이용하실 수 있습니다. (CIP제어번호 CIP2017032164)